Qingsong Xue Zuozhang

轻松学做账

会计教练教研中心 编

✓ 填制凭证　✓ 登记账簿

✓ 出具报表　✓ 软件操作

西北大学出版社

图书在版编目(CIP)数据

轻松学会计/会计教练教研中心编. —西安:西北大学出版社,2019.12

ISBN 978-7-5604-4488-8

Ⅰ.①轻… Ⅱ.①会… Ⅲ.①会计学 Ⅳ.①F230

中国版本图书馆CIP数据核字(2019)第294026号

轻松学会计

编　者	会计教练教研中心
出版发行	西北大学出版社有限责任公司
地　址	西安市太白北路229号
邮　编	710069
电　话	029-88303042
经　销	全国新华书店
印　刷	陕西隆昌印刷有限公司
开　本	889 mm×1194 mm　1/16
印　张	33.25
字　数	698千字
版　次	2019年12月第1版　2022年12月第3次印刷
书　号	ISBN 978-7-5604-4488-8
定　价	198.00元(全三册)

如有印装质量问题,请与本社联系调换,电话029-88302966。

前　言

会计作为一种专业要求强、知识面要求广的职业,其从业人员既要掌握相关专业知识及实务操作技能,又要全面了解税法、财经知识,同时还需及时获悉最新的法律、法规信息。因此,作为一名合格的会计,想要熟练、高效地做账,必须经过一个漫长的学习和实践过程。

万事开头难,刚刚入职的"菜鸟"会计们肯定希望有这么一本书:既有会计、税务理论知识,又有会计业务实操讲解,还可以手把手地让"菜鸟"变成一名合格的会计从业者。

《轻松学会计》就是为满足"菜鸟"会计从业者的学习需求而编写的。让每个入门的会计从业者能高效地掌握会计做账、报税的精髓,这正是我们"会计教练"教研团队编写《轻松学会计》这套书的初衷。

"会计教练"教研团队主要由各行业从事一线财税工作的优秀专家组成,包括会计师事务所的高级项目经理、集团企业的财务负责人、多行业的财税专家、高校的优秀教师等。我们根据十余年的从业、教学经验,针对入门会计从业者的学习需求编写了这套书。

本书共分为三篇:《轻松学做账》《轻松学税务》《商业会计实战》。从理论讲解到实际动手操作,真正做到理实一体,学以致用。在内容编写上,本书采取图文结合的呈现形式把抽象的理论化为形象的图表,轻松易学,更便于读者理解和掌握,快速提升其专业技能。

由于会计制度、会计准则、税务政策的更新调整,本书所涉及的相关内容也以目前实际法规制度为准。书中所使用的企业信息、印鉴均为虚构,使用的软件、网站仅供教学演示。不足之处,恳请读者在使用过程中给予谅解和支持,并将建议和意见及时反馈给我们,以便我们不断完善。

联系邮箱:tianhuabook@qq.com

会计教练教研中心

2022 年 8 月

目 录

总 述 ·· 1

第一章 初步认识会计 ··· 3
第一节 会计的概念、职能与作用 ·· 3
第二节 会计基础理论 ··· 5

第二章 新的开始——建立账簿 ·· 23
第一节 建账准备 ·· 23
第二节 建账操作 ·· 35

第三章 信息来源——原始凭证 ·· 47
第一节 原始凭证的基本内容及填制要求 ·································· 47
第二节 原始凭证的审核 ·· 48
第三节 原始凭证的整理 ·· 52

第四章 信息传递——记账凭证 ·· 55
第一节 记账凭证的基本内容及编制要求 ·································· 55
第二节 记账凭证的审核及T型账和科目汇总表的编制 ············ 57
第三节 会计凭证的整理和装订 ··· 61

第五章 分类汇总——登记账簿 ·· 64
第一节 账务处理程序 ·· 64
第二节 账簿的格式和登记方法 ··· 67
第三节 错账更正 ·· 76

第六章 归纳总结——对账与结账 ··· 79
第一节 对 账 ·· 79
第二节 结 账 ·· 82

第七章　工作总结——会计报告 …… 85

　　第一节　资产负债表 …… 85

　　第二节　利润表 …… 90

　　第三节　现金流量表、所有者权益变动表及报表附注 …… 93

第八章　会计档案 …… 97

第九章　财务软件的应用 …… 100

总　述

一、手工全盘账的账务处理流程

手工全盘账的账务处理流程,如图1所示。

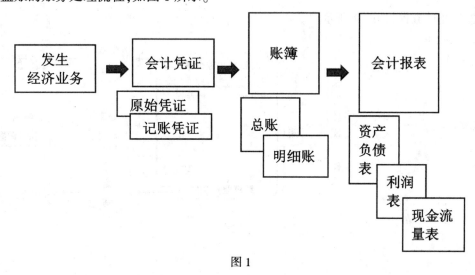

图 1

(一) 建账

建账的内容包括:①建账所需的凭证、账簿、报表等素材;②收集期初数相关资料;③根据企业性质选择会计科目、选择账簿、启用账簿等。

(二) 原始凭证

原始凭证是经济业务发生时填制的书面证明,主要包括发票、单据等。

(三) 记账凭证

记账凭证是根据审核无误的原始凭证,按经济业务的类型进行整理归类,并确定会计分录填制的会计凭证。

(四) 登记账簿

根据审核无误的记账凭证登记各类明细账和日记账,根据T型账或科目汇总表,登记总账并编制试算平衡表。

(五) 对账与结账

期末及时对账、结账并定期或不定期进行财产清查等工作。

(六) 编制报表

期末完成资产负债表、利润表、现金流量表的编制。

(七) 会计档案

按要求完成凭证的整理与装订、账簿与报表的装订并归档保管。

二、会计电算化账务处理流程

电算化账务处理流程,如图2所示。

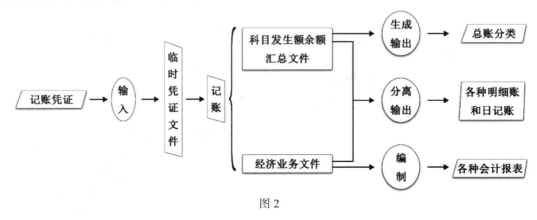

图 2

三、手工账和电子账的对比

(一) 二者的效果不同

手工账日常处理和期末结转都是要手工计算完成,对于记账人员来说工作量非常大,工作效率低,而且出错率高。

电子账只要填制记账凭证就可以自动记账。期末电脑自动结转,只要前期准确地填制凭证,期末将自动生成账簿、报表,工作效率高、出错率低。

(二) 错账更正方法不同

如果手工账记录有误,只要根据相应的更正方法,如划线更正、红字更正等方法进行更正即可。更正后是有痕迹可查的,而电子账则具有特殊性,更改后并不显示。

所以为防止通过计算机擅自篡改凭证账簿,制定了一些措施。如电子账记录有误,在未审核、未记账的情况下可直接更改。已审核的,要由原审核人登录,进行反审核,再由凭证登记人员更改。如果已经记账、结账,就要由主管人员进行反结账,反审核,然后由凭证登记人员更改。如果采用补充登记法就与一般手工记账没有区别,只要再做一张凭证,电脑就可以自动记账。由于电子账的账簿是电脑根据记账凭证自动汇总生成的,所以一般不存在账簿的划线更正法。

第一章 初步认识会计

第一节 会计的概念、职能与作用

一、会计的概念

什么是会计？引用清代学者焦循在《孟子正义》一书中的说法，"会"和"计"概括性的解释："零星算为之计，总合算为之会。"说明会计既要进行连续的个别核算，又要把个别核算加以综合，进行系统、综合、全面地核算。

对于会计的认识主要有以下几方面理解，如图1-1所示。

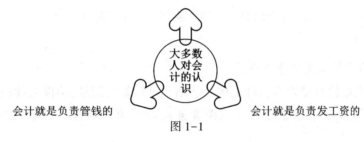

图 1-1

上面这些说法都只是指出会计的基本特征而已，并不能代表会计的全部含义。

现代社会中，会计不但是一门理论性、实操性很强的经济学科，更是一份职业，是对从事会计工作人员的称呼。

会计是以货币为主要计量单位，以会计凭证为依据，运用一系列专门的方法和程序，对企业和行政、事业单位或其他经济组织的经济活动进行全面、综合、连续、系统的反映和监督，它的宗旨就是提供经济信息和提高经济效益，是一项经济管理活动，因而它是企业经济管理的重要组成部分。

二、会计的职能

会计的职能是指会计在经济管理过程中所具有的功能，也是会计所具有的基本功能。现代会计的基本职能可划分为两种：核算职能和监督职能。

（一）核算职能

会计核算职能是会计管理工作的基础，是会计最基本的职能，也是反映职能。会计核算就是以货币作为主要计量单位对大量的经济业务，通过确认、记录、计算和报告等环节，对特定对象的经济活动进行记账、算账、报账等程序，全面、完整、综合地反映经济活动的过程和结果，为企业提供有用的会计信息。

会计核算流程,如图 1-2 所示。

经济业务活动 ➡ 记账 ➡ 算账 ➡ 报账

图 1-2

记账是指对特定对象的经济活动采用一定的记账方法,在账簿中进行登记。

算账是指在记账的基础上,对企业一定时期的收入、费用(成本)、利润进行计算。

报账是指在算账的基础上,对企业的财务状况、经营成果和现金流量情况,以会计报表的形式向有关方面报告。

(二) 监督职能

会计监督职能也称控制职能,是会计的另一个重要功能。会计监督主要是指会计人员以国家财经法规、政策、制度、纪律和会计信息为依据,对特定主体经济活动和相关会计核算的真实性、合法性和合理性的监督和审查。会计监督主要分为以下种类如图 1-3 所示。

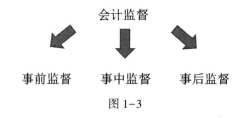

图 1-3

监督过程中的审查职能又有以下几种:

(1)真实性审查,是指检查是否对会计主体经济活动进行如实记录,确保会计信息正确可靠。

(2)合法性审查,是指保证企业的各项经济业务符合国家法律规定及有关财务会计制度的各项规定。

(3)合理性审查,是指检查各项财务收支是否符合客观经济规律及经营管理方面的要求,保证各项财务收支符合特定的财务收支计划,实现预算目标。

(三) 核算和监督职能的关系

会计核算与会计监督两项基本职能相辅相成、辩证统一。会计核算是会计监督的基础,没有核算提供的各种信息,监督就失去了依据;会计监督又是会计核算质量的保障,只有核算没有监督,就难以保证核算提供信息的质量。

三、会计的作用

会计的作用主要包括以下几方面内容:

(1)会计有助于为财务报告使用者提供与企业相关的有用信息,便于管理层做出经济决策。

(2)会计有助于考核企业领导层经济责任的履行情况。

(3)会计有助于考核企业加强经营管理,提高经济效益,促进企业可持续发展。

四、会计人员应具备的基本素质

(一) 要有扎实过硬的专业知识及专业能力

财务工作涉及面广、专业性与实践性强、业务繁杂、法律制度规范较多。因此,要求财会人员必须具备专业基本功,掌握全面的财经法规理论。随着经济社会的发展,会计规范和专业知识不断更新,工作不断提出挑战,对于财务人员来说,就要不断地努力工作和学习。

(二) 具有良好的内部协调与沟通能力

财务会计部门一般是企业的一个综合性管理部门,要和企业内外方方面面的人进行接触,因此必须学会如何与别人沟通协调。良好的语言表达、逻辑思维和待人热情周到也是会计人员的基本素质要求。

(三) 要有强烈的事业心和责任感

高度的事业心和责任感是做好一切工作的前提条件,作为一名财务人员,就是要牢固树立尽好责、理好财的思想,热爱本职工作,忠诚事业。具有认真、任劳任怨的工作作风和工作态度,以熟练的业务技能,提供准确而具有价值的数据。

(四) 要有高尚的职业道德

会计人员应当以诚信为本,严谨务实。在工作中本着实事求是的态度,以客观公正地反映会计内容为己任,按照《会计法》等相关会计从业人员应当遵守的法规和要求,提供完整真实的会计信息。以严谨务实、开拓进取的工作精神进行会计工作。要严于律己,宽以待人,爱岗敬业,扎扎实实地工作,真实准确地反映单位活动。遵守会计纪律,保持清醒的头脑,分析会计信息,并充分运用会计信息的有效性为单位服务。

(五) 要有做好细节的意识

细节决定成败。作为一名财务人员,注重细节是财务人员的职业要求,从原始单据的审核、凭证的填制到报表出具,必须准确无误;要树立准确第一的思想,养成严谨细致的工作作风,在工作中一丝不苟,尽心尽责地做好每一件小事。

第二节 会计基础理论

一、会计基本假设

会计基本假设是对会计核算所处时间、空间环境等所做的合理假定,是企业会计确认、计量和报告的前提。会计基本假设包括会计主体、持续经营、会计分期和货币计量。

(一) 会计主体

会计主体是指会计工作服务的特定对象,是企业会计确认、计量和报告的空间范围。为了向财务报告使用者反映企业财务状况、经营成果和现金流量,提供与其决策有用的信息,会计核算和财务报告的编制应当集中于反映特定对象的活动,并将其与其他经济实体区别开来。在会计主体假设下,企业应当对其本身发生的交易或事项进行会计确认、计量和报告,反映企业本身所从事的各项生产经营活动和其他相关活动。

只有明确会计主体,才能确定会计所要处理的各项交易或事项的范围,才能将会计主体的交易或者事项与会计主体所有者的交易或者事项以及其他会计主体的交易或者事项区分开来。会计工作中通常所讲的资产负债的确认、收入的实现、费用的发生等,都是针对特定会计主体而言的;而企业所有者的经济交易或者事项是属于企业所有者主体所发生的,不应纳入企业会计核算的范围。但是企业所有者投入到企业的资本或者企业向所有者分配的利润,则属于企业主体所发生的交易或者事项,应当纳入企业会计核算的范围。

(二) 持续经营

持续经营是指在可以预见的将来,企业将会按当前的规模和状态继续经营下去,不会停业,也不会大规模削减业务。在持续经营假设下,会计确认、计量和报告应当以企业持续、正常的生产经营活动为前提。

一般情况下,应当假定企业按照当前的规模和状态继续经营下去。明确这个基本假设,就意味着会计主体将按照既定用途使用资产,按照既定的合约条件清偿债务,会计人员就可以在此基础上选择会计原则和会计方法。如果判断企业会持续经营,就可以假定企业的固定资产会在持续经营的生产经营过程中长期发挥作用,并服务于生产经营过程,固定资产就可以根据历史成本进行记录,并采用折旧的方法,将历史成本分摊到各个会计期间或相关产品的成本中。如果判断企业不会持续经营,固定资产就不应采用历史成本进行记录并按期计提折旧。

当然,任何企业都存在破产的可能性,一个企业在不能持续经营时,会计人员应当停止使用根据该假设所选择的会计确认、计量和报告的原则与方法,否则将不能客观反映企业的财务状况、经营成果和现金流量,误导会计信息使用者的经济决策。一旦进入破产清算,持续经营基础将被清算基础所取代,从而使这一假设不复存在。但这不会影响持续经营假设在大多数正常经营企业的会计核算中发挥作用。

(三) 会计分期

会计分期是指将一个企业持续经营的生产经营活动划分为一个个连续的、时间相同的期间。会计分期的目的在于通过会计期间的划分,将持续经营的生产经营活动划分成连续、相等的期间,据以结算盈亏,按期编报财务报告,从而及时向财务报告使用者提供有关企业财务状况、经营成果和现金流量的信息。

会计制度规定,会计核算应当划分会计期间,分期结算账目和编制财务会计报告。会计期间分为年度、半年度、季度和月度,按公历确定起讫时期。

明确会计分期假设意义重大,由于会计分期,才产生了当期与以前期间、以后期间的差别,才使不同类型的会计主体有了记账的基准,进而出现了折旧、摊销等会计处理方法。

(四) 货币计量

货币计量是指会计主体在会计确认、计量和报告时以货币为计量尺度，反映会计主体的生产经营活动。货币是商品的一般等价物，是衡量一般商品价值的共同尺度，具有价值尺度、流通手段、贮藏手段和支付手段等特点。选择货币这一共同尺度进行计量，能够全面、综合反映企业的生产经营情况。

我国会计核算以人民币为记账本位币。业务收支以人民币以外的货币为主的单位，也可以选定其中一种货币作为记账本位币，但编制的财务会计报告应当折算为人民币反映。在境外设立的中国企业向国内报送的财务会计报告，也应当折算为人民币反映。

上述会计核算的四项基本前提，具有相互依存、相互补充的关系。会计主体确立了会计核算的空间范围，持续经营与会计分期确立了会计核算的时间长度，而货币计量则为会计核算提供了必要手段。没有会计主体，就不会有持续经营；没有持续经营，就不会有会计分期；没有货币计量，就不会有核算会计。

二、会计基础

会计基础是指会计确认、计量和报告的基础，具体包括权责发生制和收付实现制。

(一) 权责发生制

权责发生制是指以权责发生为基础来确定本期收入和费用，而不是以款项的实际收付作为记账基础。凡是应属本期的收入和费用，不管其款项是否收付，均作为本期的收入和费用入账；反之，凡不属于本期的收入和费用，即使已收到款项或付出款项，也不作为本期的收入和费用入账。

在实务中，企业交易或者事项的发生时间与相关货币收支时间有时并不完全一致。例如，款项已经收到，但销售并未实现而不能确认为本期的收入；或者款项已经支付，但与本期的生产经营活动无关而不能确认为本期的费用。为了真实、公允地反映特定时点的财务状况和特定期间的经营成果，企业应当以权责发生制为基础进行会计确认、计量和报告。

(二) 收付实现制

收付实现制是指以实际收到或支付款项(包括现金和银行存款等)作为确认收入和费用的标准。

凡属本期实际收到款项的收入和支付款项的费用，不管其是否应归属于本期，都应作为本期的收入和费用入账；反之，凡本期未实际收到款项的收入和未付出款项的支出，即使应归属于本期，也不应作为本期的收入和费用入账。

在我国，政府会计由预算会计和财务会计构成。其中，预算会计采用收付实现制，国务院另有规定的，依照其规定；财务会计采用权责发生制。

三、会计信息质量要求

会计信息质量要求是对企业财务报告所提供的会计信息质量的基本要求，是使财务报告所提供的会计信息对投资者等信息使用者决策有用应具备的基本特征，主要包括可靠性、相关性、可理解性、可比性、实质重于形式、重要性、谨慎性、及时性等。

(一) 可靠性

可靠性要求企业应当以实际发生的交易或者事项为依据进行会计确认、计量和报告,如实反映符合确认和计量要求的各项会计要素及其他相关信息,保证会计信息真实可靠,内容完整。

(二) 相关性

相关性也称有用性。它是要求会计核算所提供的信息应当有助于信息使用者做出经济决策,即企业提供的会计信息应当能够反映企业的财务状况、经营成果和现金流量,以满足会计信息使用者的需要。

(三) 可理解性

可理解性是指企业提供的会计信息应当清晰明了,便于投资者等财务会计报告使用者理解和使用。

(四) 可比性

可比性包括以下两方面内容:

(1) 同一企业不同时期可比(纵向可比)。要求同一企业不同时期发生的相同或相似的交易或者事项,应当采用一致的会计政策,不得随意变更。

(2) 不同企业相同会计期间可比(横向可比)。要求不同企业同一会计期间发生的相同或相似的交易或事项,应当采用规定的会计政策,确保会计信息口径一致、相互可比。

(五) 实质重于形式

实质重于形式原则要求企业应当按照交易或者事项的经济实质进行会计确认、计量和报告,不仅仅以交易或者事项的法律形式为依据。

(六) 重要性

重要性原则要求企业提供的会计信息应当反映与企业财务状况、经营成果和现金流量等有关的所有重要交易或者事项。

在实务中,如果某会计信息对于资产、负债和损益等有较大影响,进而影响财务会计报告使用者据以做出合理判断决策,该信息就具有重要性。重要性的应用需要依赖职业判断,企业应当根据其所处环境和实际情况,从项目的性质和金额大小两方面加以判断。如企业发生的某些支出,金额较小,从支出的受益期来看,可能需要在若干会计期间进行分摊,但根据重要性要求,可以一次性计入当期损益。

(七) 谨慎性

谨慎性要求企业对交易或者事项进行会计确认、计量和报告应当保持应有的谨慎,不应高估资产或者收益、低估负债或者费用。

其要义在于会计人员在面临不确定因素的情况下做出职业判断时,应当保持应有的谨慎,充分估计到各种风险和损失,既不高估资产或者收益,也不低估负债或者费用。

(八) 及时性

及时性要求企业对于已经发生的交易或者事项,应当及时进行确认、计量和报告,不得提前或延后。

及时性要求的体现,如图1-4所示。

（1）要求在交易或事项发生后,及时收集整理会计信息（各种原始单据或凭证）

（2）要求及时对交易或事项进行确认和计量,并编制财务报告

（3）要求及时将编制的财务报告传递给报告使用者,便于及时使用和决策

图1-4

四、会计要素

会计要素是根据交易或者事项的经济特征所确定的财务会计对象和基本分类。会计要素按照其性质分为资产、负债、所有者权益、收入、费用和利润。其中,资产、负债和所有者权益要素侧重于反映企业的财务状况,收入、费用和利润要素侧重于反映企业的经营成果。会计要素之间关系及划分意义如图1-5所示。

会计要素之间的关系	基本会计等式(恒等式):资产=负债+所有者权益
	动态会计等式:收入-费用=利润
划分会计要素的意义	会计要素是对会计对象的科学分类
	会计要素是设置会计科目和账户的基本依据
	会计要素是构成会计报表的基本框架

图1-5

五、会计科目

会计科目是对会计要素进行再分类,以便分门别类地核算,提供详细、分类的指标体系,满足信息使用者的决策需要。会计科目是由国家会计准则统一规定的,是一种专门的会计核算和会计监督的方法,也是设置会计账户和处理账务的依据。

会计科目根据不同的标准可以进行不同的分类。

（一）按反映的经济内容分类

会计科目按其反映的经济内容不同可分为六类,如图1-6所示。

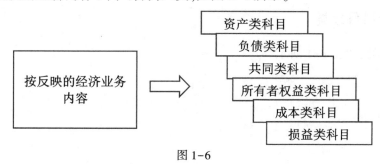

图1-6

每一类会计科目又可按一定标准再分为若干具体科目。

(1) 资产类科目是对资产要素的具体内容进行分类核算的项目。按资产的流动性分为流动资产和非流动资产。反映流动资产的科目主要有"库存现金""银行存款""应收账款""原材料""库存商品"等科目;反映非流动资产的科目主要有"长期股权投资""长期应收款""固定资产""在建工程""无形资产"等科目。

(2) 负债类科目是对负债要素的具体内容进行分类核算的项目。按负债的偿还期限长短分为反映流动负债的科目和反映非流动负债的科目。反映流动负债的科目主要有"短期借款""应付账款""应付职工薪酬""应交税费"等科目;反映非流动负债的科目主要有"长期借款""应付债券""长期应付款"等科目。

(3) 共同类科目是既有资产性质又有负债性质的科目,主要有"清算资金往来""货币兑换""套期工具""被套期项目"等科目。

(4) 所有者权益类科目是对所有者权益要素的具体内容进行分类核算的项目,主要有"实收资本"(或"股本")"资本公积""其他综合收益""盈余公积""本年利润""利润分配""库存股"等科目。

(5) 成本类科目是对可归属于产品生产成本、劳务成本等的具体内容进行分类核算的项目。主要有"生产成本""制造费用""劳务成本""研发支出"等科目。

(6) 损益类科目是对收入、费用等要素的具体内容进行分类核算的项目。其中,反映收入的科目主要有"主营业务收入""其他业务收入"等科目;反映费用的科目主要有"主营业务成本""其他业务成本""销售费用""管理费用""财务费用"等科目。

(二) 按提供信息的详细程度及其统驭关系分类

会计科目按提供信息的详细程度及其统驭关系进行分类,如图 1-7 所示。

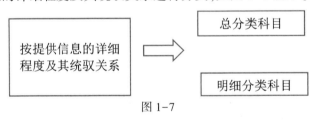

图 1-7

总分类科目又称总账科目或一级科目,是对会计要素的具体内容进行总括分类,提供总括信息的会计科目。

明细分类科目又称明细科目,是对总分类科目做进一步分类,提供更为详细和具体会计信息的科目。如果某一总分类科目所辖的明细分类科目较多,可在总分类科目下设置二级明细科目,也可在二级明细科目下设置三级明细科目,以此类推。

(三) 常见会计科目分类

常见会计科目分类,如表 1-1 所示。

表1-1 常见会计科目分类表

顺序号	编号	会计科目名称	顺序号	编号	会计科目名称
一、资产类			二、负债类		
1	1001	库存现金	70	2001	短期借款
2	1002	银行存款	77	2101	交易性金融负债
5	1012	其他货币资金	79	2201	应付票据
8	1101	交易性金融资产	80	2202	应付账款
10	1121	应收票据	81	2203	预收账款
11	1122	应收账款	82	2211	应付职工薪酬
12	1123	预付账款	83	2221	应交税费
13	1131	应收股利	84	2231	应付利息
14	1132	应收利息	85	2232	应付股利
18	1221	其他应收款	86	2241	其他应付款
19	1231	坏账准备	93	2401	递延收益
26	1401	材料采购	94	2501	长期借款
27	1402	在途物资	95	2502	应付债券
28	1403	原材料	100	2701	长期应付款
29	1404	材料成本差异	101	2702	未确认融资费用
30	1405	库存商品	103	2801	预计负债
31	1406	发出商品	104	2901	递延所得税负债
32	1407	商品进销差价	四、所有者权益类		
33	1408	委托加工物资	110	4001	实收资本
34	1411	周转材料	111	4002	资本公积
35	1421	消耗性生物资产	112	4101	盈余公积
40	1471	存货跌价准备	114	4103	本年利润
41	1501	债权投资	115	4104	利润分配
42	1502	债权投资减值准备	五、成本类		
44	1511	长期股权投资	117	5001	生产成本
45	1512	长期股权投资减值准备	118	5101	制造费用
46	1521	投资性房地产	119	5201	劳务成本
50	1601	固定资产	120	5301	研发支出
51	1602	累计折旧	121	5401	工程施工
52	1603	固定资产减值准备	122	5402	工程结算

续表

顺序号	编号	会计科目名称	顺序号	编号	会计科目名称
53	1604	在建工程			六、损益类
54	1605	工程物资	124	6001	主营业务收入
55	1606	固定资产清理	129	6051	其他业务收入
57	1621	生产性生物资产	131	6101	公允价值变动损益
58	1622	生产性生物资产累计折旧	132	6111	投资收益
59	1623	公益性生物资产	136	6301	营业外收入
62	1701	无形资产	137	6401	主营业务成本
63	1702	累计摊销	138	6402	其他业务成本
64	1703	无形资产减值准备	139	6403	税金及附加
66	1801	长期待摊费用	149	6601	销售费用
67	1811	递延所得税资产	150	6602	管理费用
69	1901	待处理财产损溢	151	6603	财务费用
			153	6701	资产减值损失
			154	6711	营业外支出
			155	6801	所得税费用
			156	6901	以前年度损益调整

（说明："三、共同类"会计科目为不常用科目，此处不做详细介绍。）

（四）常见会计科目的核算内容

常见会计科目的核算内容，如表1-2所示。

表1-2　常见会计科目的核算内容

会计科目	核算内容
库存现金	核算企业库存现金的收入、支出和结存情况。 借方登记企业库存现金的增加（如收到库存现金）； 贷方登记企业库存现金的减少（如支付库存现金）； 期末余额在借方，反映期末企业实际持有的库存现金的金额
银行存款	核算企业存放在银行及其他金融机构的各种款项。 借方登记企业存入的款项（收到银行存款）； 贷方登记提取或支付的款项（支付银行存款）； 期末余额在借方，反映企业实际存放在银行或其他金融机构的款项

续表

会计科目	核算内容
其他货币资金	核算银行汇票存款、银行本票存款、信用卡存款、信用证保证金存款、存出投资款和外埠存款等。 借方登记其他货币资金的增加； 贷方登记其他货币资金的减少； 期末余额在借方，反映企业实际持有的其他货币资金的金额
交易性金融资产	核算以公允价值计量且其变动计入当期损益的金融资产。 借方登记交易性金融资产的取得成本、资产负债表日其公允价值高于账面余额的差额，以及出售交易性金融资产时结转公允价值低于账面余额的变动金额； 贷方登记资产负债表日其公允价值低于账面余额的差额，以及企业出售交易性金融资产时结转的成本和公允价值高于账面余额的变动金额； 期末余额在借方，反映企业持有的交易性金融资产的公允价值。
应收票据	核算企业因销售商品、提供服务等而收到的商业汇票。商业汇票是一种由出票人签发的，委托付款人在指定日期无条件支付确定金额给收款人或者持票人的票据。 借方登记取得的应收票据的面值； 贷方登记到期收回或到期前向银行贴现的应收票据的票面金额； 期末余额在借方，反映企业持有的商业汇票的票面金额
应收账款	核算企业因销售商品、提供服务等经营活动，应向购货单位或接受服务单位收取的款项；主要包括企业销售商品或提供服务等应向有关债务人收取的价款、增值税及代购货单位垫付的包装费、运杂费等。 借方登记企业销售商品、提供劳务等应收的账款； 贷方登记应收账款的收回及确认的坏账损失； 如果期末余额一般在借方，反映企业尚未收回的应收账款；如果期末余额在贷方，一般为企业预收的账款
预付账款	核算企业按照合同规定预付的款项；如预付的材料、商品采购款、在建工程价款等 借方登记预付的款项及补付的款项； 贷方登记收到所购物资时根据有关发票账单计入"原材料"等科目的金额及收回多付款项的金额； 如果期末余额在借方，反映企业实际预付的款项；如果期末余额在贷方，则反映企业应付或应补付的款项
应收股利	核算企业应收取的现金股利或应收取其他单位分配的利润。 借方登记应收现金股利或利润的增加； 贷方登记收到的现金股利或利润； 期末余额一般在借方，反映企业尚未收到的现金股利或利润
应收利息	核算企业根据合同或协议规定应向债务人收取的利息。 借方登记应收利息的增加； 贷方登记收到的利息； 期末余额一般在借方，反映企业尚未收到的利息

续表

会计科目	核算内容
其他应收款	核算企业除应收票据、应收账款、预付账款、应收股利和应收利息以外的其他各种应收及暂付款项;主要内容包括应收的各种赔款、罚款;应收的出租包装物租金;应向职工收取的各种垫付款项;存出保证金;其他各种应收、暂付款项。 借方登记其他应收款的增加; 贷方登记其他应收款的收回; 期末余额一般在借方,反映企业尚未收回的其他应收款项
坏账准备	核算应收款项的坏账准备计提、转销等事项 借方登记实际发生的坏账损失金额和冲减的坏账准备金额; 贷方登记当期计提的坏账准备、收回已转销的应收账款而恢复的坏账准备; 期末贷方余额,反映企业已计提但尚未转销的坏账准备
材料采购	核算购入材料的采购成本。 借方登记采购材料的实际成本; 贷方登记入库材料的计划成本; 借方金额大于贷方金额表示超支,从"材料采购"科目贷方转入"材料成本差异"科目的借方; 贷方金额大于借方金额表示节约,从"材料采购"科目借方转入"材料成本差异"科目的贷方; 期末为借方余额,反映企业在途材料的实际采购成本
在途物资	核算企业采用实际成本(进价)进行材料、商品等物资的日常核算、价款已付尚未验收入库的各种物资(即在途物资)的采购成本。 借方登记企业购入的在途物资的实际成本; 贷方登记验收入库的在途物资的实际成本; 期末余额在借方,反映企业在途物资的采购成本
原材料	核算企业库存各种材料的收入、发出与结存情况。 借方登记入库材料的实际成本; 贷方登记发出材料的实际成本; 期末余额在借方,反映企业库存材料的实际成本
材料成本差异	核算企业已入库各种材料的实际成本与计划成本的差异 借方登记超支差异及发出材料应负担的节约差异; 贷方登记节约差异及发出材料应负担的超支差异; 期末如为借方余额,反映企业库存材料的实际成本大于计划成本的差异(即超支差异); 如为贷方余额,反映企业库存材料实际成本小于计划成本的差异(即节约差异)
商品进销差价	核算企业采用售价进行日常核算的商品售价与进价之间的差额。 借方登记当期销售商品分摊的商品进销差价; 贷方登记购入商品的价格与对应销售商品价格的差价确认; 期末贷方余额,反映企业库存商品的商品进销差价

续表

会计科目	核算内容
委托加工物资	核算企业委托加工物资增减变动及其结存情况 借方登记委托加工物资的实际成本； 贷方登记加工完成验收入库的物资实际成本和剩余物资的实际成本； 期末余额在借方，反映企业尚未完工的委托加工物资的实际成本等
库存商品	核算企业库存商品的收入、发出和结存情况。 借方登记验收入库的库存商品成本； 贷方登记发出的库存商品成本； 期末余额在借方，反映企业期末库存商品的实际成本
发出商品	核算企业商品已发出但客户没有取得商品控制权的商品成本。 借方登记未满足收入确认条件的发出商品的成本； 贷方登记结转发出商品成本或退回发出商品的成本； 期末余额在借方，反映企业发出商品的成本
合同资产	核算企业已向客户转让商品而有权收取对价的权利，且该权利取决于时间流逝之外的其他因素（如履行合同中的其他履约义务）。 借方登记因已转让商品而有权收取的对价金额； 贷方登记取得无条件收款权的金额； 期末余额在借方，反映企业已向客户转让商品而有权收取的对价金额
合同资产减值准备	核算合同资产的减值准备。 借方登记转回已计提的资产减值准备； 贷方登记合同资产发生的减值； 期末余额在贷方，反映企业已计提但尚未转销的合同资产减值准备
合同履约成本	核算企业为履行当前或预期取得的合同所发生的、不属于其他企业会计准则规范范围且按照收入准则应当确认为一项资产的成本。 借方登记发生的合同履约成本； 贷方登记摊销的合同履约成本； 期末余额在借方，反映企业尚未结转的合同履约成本
合同履约成本减值准备	核算与合同履约成本有关的资产的减值准备。 借方登记转回已计提的资产减值准备； 贷方登记与合同履约成本有关的资产发生的减值； 期末余额在贷方，反映企业已计提但尚未转销的合同履约成本减值准备
合同取得成本	核算企业取得合同发生的、预计能够收回的增量成本。 借方登记发生的合同取得成本； 贷方登记摊销的合同取得成本； 期末余额在借方，反映企业尚未结转的合同取得成本

续表

会计科目	核算内容
合同取得成本减值准备	核算与合同取得成本有关的资产的减值准备。 借方登记转回已计提的资产减值准备； 贷方登记与合同取得成本有关的资产发生的减值； 期末余额在贷方，反映企业已计提但尚未转销的合同取得成本减值准备
应收退货成本	核算销售商品时预期将退回商品的账面价值，扣除收回该商品预计发生的成本（包括退回商品的价值减损）后的余额。 借方登记增加的应收退货成本； 贷方登记调减的应收退货成本； 期末余额在借方，反映企业预期将退回商品转让时的账面价值，扣除收回该商品预计发生的成本（包括退回商品的价值减损）后的余额
存货跌价准备	核算企业存货的跌价准备的计提、转回和转销情况。 借方登记实际发生的存货跌价损失金额和转回的存货跌价准备金额； 贷方登记计提的存货跌价准备金额； 期末余额一般在贷方，反映企业已计提但尚未转销的存货跌价准备
投资性房地产	核算企业为赚取租金或资本增值，或两者兼有而持有的房地产；包括已出租的土地使用权；已出租的建筑物；持有并准备增值后转让的土地使用权。 借方登记投资性房地产成本/公允价值增加； 贷方登记投资性房地产成本/公允价值的减少； 期末余额在借方，反映企业采用成本模式计量的投资性房地产成本。企业采用公允价值模式计量的投资性房地产，反映投资性房地产的公允价值
长期应收款	核算企业的长期应收款项，包括融资租赁产生的应收款项、采用递延方式具有融资性质的销售商品和提供劳务等产生的应收款项。 借方登记企业长期应收款的增加； 贷方登记长期应收账款的收回及确认的坏账损失； 期末余额在借方，反映企业尚未收回的长期应收款
固定资产	核算企业固定资产的原价。 借方登记企业增加的固定资产原价； 贷方登记企业减少的固定资产原价； 期末余额在借方，反映企业期末固定资产的账面原价
累计折旧	属于"固定资产"的调整科目，核算企业固定资产的累计折旧。 借方登记因减少固定资产而转出的累计折旧； 贷方登记企业计提的固定资产折旧； 期末余额在贷方，反映企业固定资产的累计折旧额
固定资产减值准备	核算企业固定资产的减值准备。 借方登记处置固定资产转销固定资产减值准备金额； 贷方登记计提的固定资产减值准备金额； 期末余额在贷方，反映企业已计提但尚未转销的固定资产减值准备

续表

会计科目	核算内容
在建工程	核算企业基建、更新改造等在建工程发生的支出。 借方登记企业各项在建工程的实际支出； 贷方登记完工工程转出的成本； 期末余额在借方,反映企业尚未达到预定可使用状态的在建工程成本
工程物资	核算企业为在建工程而准备的各种物资的实际成本。 借方登记企业购入工程物资的成本； 贷方登记领用工程物资的成本； 期末余额在借方,反映企业为在建工程准备的各种物资的成本
固定资产清理	核算企业因出售、报废、毁损、对外投资、非货币性资产交换、债务重组等原因转入清理的固定资产价值以及在清理过程中发生的清理费用和清理收益。 借方登记转出的固定资产账面价值、清理过程中应支付的相关税费及其他费用； 贷方登记出售固定资产取得的价款、残料价值和变价收入； 如果期末余额在借方,反映企业尚未清理完毕的固定资产清理净损失； 如果期末余额在贷方,则反映企业尚未清理完毕的固定资产清理净收益。 固定资产清理完成,其借方登记转出的清理净收益,贷方登记转出的清理净损失,清理净损益结转后,"固定资产清理"科目无余额。
无形资产	核算企业拥有或控制的没有实物形态的可辨认非货币性资产。 借方登记取得无形资产的成本； 贷方登记处置无形资产时转出的账面余额； 期末余额在借方,反映企业无形资产的成本
累计摊销	核算企业对使用寿命有限的无形资产计提的累计摊销,该科目属于"无形资产"的调整科目。 贷方登记企业计提的无形资产摊销； 借方登记处置无形资产转出无形资产的累计摊销； 期末余额在贷方,反映企业无形资产的累计摊销额
无形资产减值准备	核算企业无形资产的减值准备。 借方登记处置无形资产转销的无形资产减值准备金额； 贷方登记计提的无形资产减值金额； 期末余额在贷方,反映企业已计提但尚未转销的无形资产减值准备
长期待摊费用	核算企业已经发生但应由本期和以后各期负担的分摊期限在1年以上的各项费用,如以租赁方式租入的使用权资产发生的改良支出等。 借方登记发生的长期待摊费用； 贷方登记摊销的长期待摊费用； 期末余额在借方,反映企业尚未摊销完的长期待摊费用
短期借款	核算短期借款的取得、偿还等情况。 借方登记偿还短期借款的本金金额； 贷方登记取得短期借款本金的金额； 期末余额在贷方,反映企业尚未偿还的短期借款本金

续表

会计科目	核算内容
应付票据	核算应付票据的开出、偿付等情况。 借方登记支付票据的金额； 贷方登记开出的承兑汇票的面值； 期末余额在贷方，反映企业尚未到期的商业汇票的票面金额
应付账款	核算应付账款的发生、偿还、转销等情况。 借方登记应付未付款项的减少； 贷方登记应付未付款项的增加； 期末余额一般在贷方，反映企业尚未支付的应付账款余额
预收账款	核算预收账款的取得、偿付等情况。 借方登记企业冲销的预收账款金额； 贷方登记发生的预收账款金额； 如果期末余额在贷方，反映企业预收的款项，如果余额在借方，反映企业尚未转销的款项
合同负债	核算企业已收或应收客户对价而应向客户转让商品的义务。 借方登记企业向客户转让商品时冲销的金额； 贷方登记企业在向客户转让商品之前，已经收到或已经取得无条件收取合同对价权利的金额； 期末余额在贷方，反映企业在向客户转让商品之前，已经收到的合同对价或已经取得的无条件收取合同对价权利的金额
应付职工薪酬	核算应付职工薪酬的计提、结算、使用等情况。 借方登记实际发放的职工薪酬，包括扣还的款项等； 贷方登记已分配计入有关成本费用项目的职工薪酬； 期末余额在贷方，反映企业应付未付的职工薪酬
应交税费	核算各种税费的应交、缴纳等情况。 借方登记实际缴纳的税费； 贷方登记应交纳的各种税费； 如果期末余额在贷方，反映企业尚未缴纳的税费；如果期末余额在借方，反映企业多交或尚未抵扣的税费
应付利息	核算应付利息的发生、支付情况。 借方登记实际支付的利息； 贷方登记按照合同约定计算的应付利息； 期末余额在贷方，反映企业应付未付的利息
应付股利	核算企业确定或宣告发放但尚未实际支付的现金股利或利润。 借方登记实际支付的现金股利或利润； 贷方登记应支付的现金股利或利润； 期末余额在贷方，反映企业应付未付的现金股利或利润

续表

会计科目	核算内容
其他应付款	核算其他应付款的增减变动及其结存情况。 借方登记偿还或转销的各种应付、暂收款项； 贷方登记发生的各种应付、暂收款项； 期末余额在贷方，反映企业应付未付的其他应付款项
递延收益	核算企业确认的应在以后期间计入当期损益的政府补助。 借方登记相关资产使用寿命内分配递延收益或在发生相关费用或损失的未来期间，应补偿的金额； 贷方登记企业收到(应收)的与资产相关的政府补助或按收到(应收)的与收益相关的政府补助，用于补偿企业以后期间相关费用或损失的金额； 期末余额在贷方，反映企业应在以后期间计入当期损益的政府补助
长期借款	核算长期借款的借入、归还等情况。 借方登记偿还长期借款的本金和利息； 贷方登记企业借入的长期借款的本金及应付未付的利息； 期末余额在贷方，反映企业尚未偿还的长期借款
长期应付款	核算企业应付的款项及偿还情况。 借方登记偿还的长期应付款； 贷方登记发生的长期应付款； 期末余额在贷方，反映企业尚未偿还的长期应付款
预计负债	核算企业由于对外提供担保、未决诉讼、重组义务、产品质量保证或资产弃置义务产生的预计负债； 借方登记实际清偿或冲减的预计负债； 贷方登记发生的预计负债； 期末余额在贷方，反映企业已确认尚未支付的预计负债
实收资本	核算投资者投入资本的增减变动情况。 借方登记企业按照法定程序报经批准减少的注册资本额； 贷方登记投资者实际投入的资本以及按照有关规定由资本公积、盈余公积等转入实收资本的数额； 期末余额在贷方，反映企业实有的资本额
资本公积	核算企业收到投资者出资额超出其在注册资本(或股本)中所占份额的部分以及直接计入所有者权益的利得和损失等。 借方登记企业用于转增资本或弥补亏损而导致的资本公积的减少数额； 贷方登记投资者出资额超出其在注册资本或股本所占份额以及直接计入所有者权益的利得和损失等； 期末余额在贷方，反映企业期末资本公积结余额
盈余公积	核算企业从利润中提取的盈余公积。 借方登记用盈余公积弥补亏损和转增资本的实际数额； 贷方登记按规定提取的盈余公积数额； 期末余额在贷方，反映企业的盈余公积

续表

会计科目	核算内容
本年利润	核算企业当期实现的净利润或发生的净亏损。 借方登记期末由各费用类账户转入的金额； 贷方登记期末由各收入类账户转入的金额； 年度终了,将"本年利润"账户的余额转入"利润分配——未分配利润"账户。结转后,本科目无余额
利润分配	核算企业分配利润或弥补亏损的情况。 借方登记从"本年利润"账户贷方转入的亏损数、企业提取的盈余公积和已分配的利润； 贷方登记从"本年利润"账户借方转入的净利润； 结转后如为贷方余额,表示累计未分配的利润金额,如为借方余额,表示累计未弥补的亏损金额
库存股	核算股份有限公司因减少注册资本而回购本公司股份,属于"股本"的调整科目。 借方登记回购的本公司股份； 贷方登记注销、转让的库存股； 期末余额在借方,反映企业收购的尚未转让或注销的本公司股份金额
生产成本	核算企业进行工业性生产发生的各项生产成本,包括生产各种产品(产成品、自制半成品等)、自制材料、自制工具、自制设备等。 借方登记发生的各项直接生产成本或由制造费用转入的费用； 贷方登记已经生产完成并已验收入库的产成品以及入库的自制半成品； 期末余额在借方,反映企业尚未加工完成的在产品成本
制造费用	核算企业生产车间为生产产品和提供劳务而发生的各项间接费用。 借方登记实际发生的各项制造费用； 贷方登记期末按照一定标准分配转入"生产成本"账户借方的应计入产品成本的制造费用； 除季节性的生产性企业外,本科目期末应无余额
研发支出	核算企业进行研究与开发无形资产过程中发生的各项支出。 借方登记企业自行开发无形资产发生的研发支出； 贷方登记研究开发项目达到预定用途形成无形资产或期末归集的费用化支出金额； 期末余额为借方,反映企业正在进行无形资产研究开发项目满足资本化条件的支出
主营业务收入	核算企业确认的销售商品、提供服务等主营业务的收入。 借方登记发生销售退回、销售折让应冲减的本期产品销售收入和期末转入"本年利润"科目的主营业务收入； 贷方登记企业主营业务活动实现的收入； 结转后,本科目无余额
其他业务收入	核算企业确认的除主营业务活动以外的其他经营活动实现的收入,包括出租固定资产、出租无形资产、出租包装物和商品、销售材料等实现的收入。 借方登记期末转入"本年利润"科目的其他业务收入； 贷方登记企业其他业务活动实现的收入； 结转后,本科目无余额

续表

会计科目	核算内容
投资收益	核算企业确认的投资收益或投资损失。 借方登记投资损失； 贷方登记投资收益； 期末，应将本科目余额转入"本年利润"科目，结转后，本科目无余额
资产处置损益	核算企业因出售、转让等原因产生资产处置利得或损失。 借方登记资产处置净损失； 贷方登记资产处置净收益； 期末，应将本科目余额转入"本年利润"科目，结转后，本科目无余额
其他收益	核算总额法下与日常活动相关的政府补助以及其他与日常活动相关且应直接计入其他收益的项目。 借方登记其他收益的减少； 贷方登记其他收益的增加； 期末，应将本科目余额转入"本年利润"科目，结转后，本科目无余额
营业外收入	核算企业非日常生产经营活动形成的、应当计入当期损益、会导致所有者权益增加、与所有者投入资本无关的经济利益的净流入。 借方登记期末将"营业外收入"科目余额转入"本年利润"科目的营业外收入； 贷方登记企业确认的营业外收入； 结转后，本科目无余额
主营业务成本	核算企业确认销售商品、提供服务等主营业务收入时应结转的成本。 借方登记企业应结转的主营业务成本； 贷方登记期末转入"本年利润"科目的主营业务成本； 结转后，本科目无余额
其他业务成本	核算企业确认的除主营业务活动以外的其他经营活动所形成的成本，包括出租固定资产的折旧额、出租无形资产的摊销额、出租包装物的成本或摊销额、销售材料的成本等 借方登记企业应结转的其他业务成本； 贷方登记期末转入"本年利润"科目的其他业务成本； 结转后，本科目无余额
税金及附加	核算企业经营活动发生的消费税、城市维护建设税、教育费附加、资源税、房产税、环境保护税、城镇土地使用税、车船税、印花税等相关税费。 借方登记企业经营活动发生的税金及附加； 贷方登记期末转入"本年利润"科目的税金及附加； 结转后，本科目无余额
销售费用	核算企业在销售商品和材料、提供劳务过程中发生的各项费用。 借方登记企业所发生的的各项销售费用； 贷方登记期末转入"本年利润"科目的销售费用； 结转后，本科目无余额

续表

会计科目	核算内容
管理费用	核算企业为组织和管理生产经营活动而发生的各种管理费用。 借方登记企业发生的各项管理费用； 贷方登记期末转入"本年利润"科目的管理费用； 结转后，本科目无余额
财务费用	核算企业为筹集生产经营所需资金等而发生的费用。 借方登记企业发生的各项财务费用； 贷方登记期末转入"本年利润"科目的财务费用； 结转后，本科目无余额
资产减值损失	核算企业计提各项非金融资产（固定资产、无形资产等）减值准备所形成的损失。 借方登记资产减值的增加额； 贷方登记资产减值减少额； 期末，应将本科目余额转入"本年利润"科目，结转后，本科目无余额
信用减值损失	核算企业计提各项金融资产减值准备所形成的损失。 借方登记金融资产减值的增加额； 贷方登记金融资产减值减少额； 期末，应将本科目余额转入"本年利润"科目，结转后，本科目无余额
营业外支出	核算营业外支出的发生及结转情况。 借方登记确认的营业外支出； 贷方登记期末将"营业外支出"科目余额转入"本年利润"科目的营业外支出； 结转后，本科目无余额
所得税费用	核算企业所得税费用的确认及其结转情况。 借方登记计提的所得税费用金额； 贷方登记结转计入"本年利润"科目的金额； 结转后，本科目无余额。
以前年度损益调整	核算企业本年度发生的调整以前年度损益的事项以及本年度发现的重要前期差错更正涉及调整以前年度损益的事项。 借方登记调整减少以前年度利润或增加以前年度亏损或由于以前年度损益调整增加的所得税费用； 贷方登记企业调整增加以前年度利润或减少以前年度亏损或由于以前年度损益调整减少的所得税费用； 结转后，本科目无余额

第二章 新的开始——建立账簿

第一节 建账准备

在会计实务工作中,首先要掌握的是手工全盘账的账务处理,即根据经济业务产生的原始凭证填制记账凭证,再根据记账凭证登记账簿并编制报表,而所有这些工作的起点就是建账。

俗话说"巧妇难为无米之炊",没有账簿就无从下手,我们先从准备材料入手。

北京大河服饰有限公司是一家刚成立的公司,准备建账。老板安排新来的会计去采购建账所需的材料,采购清单如表2-1所示。

表2-1 采购清单

序号	项目	内容	数量
1	记账凭证		5本
2	总账	订本式	1本
3	明细账	1.三栏订本式(现金、银行存款)	2本
		2.三栏活页式	1本
		3.数量金额式(库存商品)	1本
		4.固定资产特种账页(数量金额式)	1本
		5.应交增值税账页	1本
		6.多栏式(销售/管理/财务费用)	1本
4	科目汇总表		2本
5	文具用品	1.黑/红色水笔、尺子、计算器	各1个
		2.口序纸	2张(共32片)
6	财务报表(打印)	资产负债表(月/年报)	13份
		利润表(月/年报)	13份
		现金流量表(月/年报)	13份
		所有者权益变动表(年报)	1份

备注:账簿1本=100页(考虑缺页、浪费和备用)报表需要打印

一、会计凭证

会计凭证包括原始凭证和记账凭证。原始凭证是做账的依据,而记账凭证则是记录会计分录的载体。

(一)原始凭证

原始凭证,又称单据,是在经济业务发生或完成时直接取得或填制的,是用以记录经济业务发生或完成情况的最初书面证明。它是进行会计核算的重要原始资料,是记账的原始依据。如购买原材料时供货单位提供的发票、出差乘车的车票、住宿费发票等。凡是不能证明经济业务已经发生或完成的各种单据、文件,如购货合同、请购单、费用预算等,都不属于原始凭证,不能作为记账的原始依据。

1.原始凭证按填制方法分类

原始凭证按填制方法不同分为一次凭证、累计凭证和汇总凭证3类。

(1)一次凭证指一次性填制完成的,只记录一笔经济业务的原始凭证,如收据、领料单、借款单、银行结算凭证等。一次凭证是一次有效的凭证,票样填写如图2-1所示。

借 款 单

2019年04月01日

借款部门:	业务部	借款人:	李俊杰
借款用途:	出差		
借款数额:	人民币(大写)伍仟元整	(小写)¥5000.00	
付款方式:	现金支付		
本部门负责人意见:	张亮亮	借款人(签章):	李俊杰
财务主管核批:	陈慧珊	出纳:	李顺娇

图2-1

(2)累计凭证是指在一定时期内多次累计记录发生的同类型经济业务的原始凭证。累计凭证的特点是在一张凭证内可以连续登记相同性质的经济业务,随时结出结余数,并按照企业内部规定的费用限额进行费用控制,期末按照实际发生额来记账。具有代表性的累计凭证是限额领料单,格式如图2-2所示。

限 额 领 料 单

领料单位:　　　　　　　　年　月　日　　　　　　　编号:
用　途:　　　　　　　　　　　　　　　　　　　单位消耗定额:
计划产量:　　　　　　　　　　　　　　　　　　材料单价:

材料名称及规格	计量单位	单价	金额	本月领取限额	
				领料限量	实际领用
领料日期	请领数	实发数	结余数	领料人	车间负责人	发料人
合计	×					

生产计划负责人:　　　　　供应部门负责人:　　　　　材料核算员:

图2-2

(3) 汇总凭证是指将一段时期内发生的相同经济业务汇总填制的原始凭证,汇总凭证对同类型的经济业务进行了合并,从而可以有效地简化记账的工作量。格式如图2-3所示。

发料凭证汇总表
年 月份

用途		材料类别				合计
		原料及主要材料	辅助材料	燃料	低值易耗品	
产品生产	A					
	B					
车间一般耗用						
销售						
管理部门一般耗用						
合计						

复核:　　　　　　编制:

图 2-3

2.原始凭证按格式分类

原始凭证按格式的不同可以分为通用凭证和专用凭证。

(1)通用原始凭证是指在全国或某一地区具有统一格式和使用方法的原始凭证,如增值税发票(增值税普通发票和增值税专用发票)、由中国人民银行统一印制的托收承付结算凭证等。票样如图2-4所示。

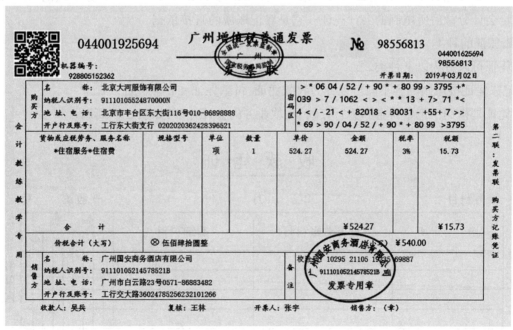

图 2-4

(2)专用原始凭证是指各单位根据其自身管理需要规定其格式和使用方法,且仅限于本单位内部使用的原始凭证,如借款单、差旅费报销单(图2-5)等。

差旅费报销单

日期：2019 年 06 月 09 日

所属部门				采购部	姓名	杜帅	出差事由	洽谈事务	
出发		到达		起止地点		交通费	住宿费	餐饮费	其他
月	日	月	日						
6	6	6	6	北京-广州		862.00	800.00		
6	7	6	7	广州			800.00		
6	8	6	8	广州-北京		862.00		1782.00	
合计	大写金额：伍仟壹佰零陆元整					预支差旅费	¥5000.00	退回金额	
								补付金额	¥106.00

会计教练教学专用

现金付讫

部门负责人：陈芸　　财务审核：陈鸣鸽　　出纳：张莉

图 2-5

3.原始凭证按经济业务类别分类

原始凭证按经济业务的类别不同，可以分为：①款项收付业务凭证；②出入库业务凭证；③成本费用凭证；④购销业务凭证；⑤固定资产业务凭证；⑥转账业务凭证。

(二)记账凭证

1.记账凭证的概念

记账凭证又称记账凭单，是会计人员根据审核无误的原始凭证按照经济业务事项的内容加以归类，并据以确定会计分录后所填制的会计凭证。它是登记账簿的直接依据。

2.记账凭证的种类

记账凭证可以分为以下种类。

(1)记账凭证按填制内容不同可以分为收款凭证、付款凭证和转账凭证。

收款凭证是指用于记录现金和银行存款、收款业务的会计凭证，如图 2-6 所示。

收 款 凭 证

借方科目：　　　　年　　月　　日　　　　收第　　号

摘　　要	贷方总账科目	明细科目	金额 十	万	千	百	十	元	分	角	√
合		计									

附单据　　张

会计主管　　记账　　复核　　出纳　　制单　　交款人

图 2-6

付款凭证是指用于记录现金和银行存款、付款业务的会计凭证,如图2-7所示。

付 款 凭 证

贷方科目:		年 月 日		付第 号	
摘 要	借方总账科目	明细科目	金 额（十万千百十元分角）	√	
					附单据 张
合		计			

会计主管　　　记账　　　复核　　　出纳　　　制单

图 2-7

银行存款和现金之间的往来,只编制付款凭证,不编制收款凭证。

转账凭证是指用于记录不涉及现金和银行存款业务的会计凭证,如图2-8所示。经济业务较少的单位也可以采用通用记账凭证。

转 账 凭 证

总号_____
年　月　日　　　分号_____

摘 要	一级科目	二级明细科目	过账	借方金额（千百十万千百十元分角）	贷方金额（千百十万千百十元分角）
		合 计			

财会主管　　　复核　　　记账　　　制单

图 2-8

（2）按照填列方式的不同可以分为复式凭证和单式凭证。

复式记账凭证是将一项经济业务所涉及的全部会计科目都填制在一张记账凭证上。收款凭证、付款凭证和转账凭证都是复式记账凭证。复式记账凭证能全面反映某项经济业务的全貌和所涉及的会计科目之间的对应关系,便于检查会计分录的正确性,但是不便于分工记账。实际工作中应用最广泛的是复式记账凭证。

单式记账凭证是将一项经济业务所涉及的每个会计科目分别单独填制的记账凭证,每张记账凭证只登记一个会计科目,一项经济业务涉及几个会计科目就要填制几张记账凭证。其中,只填列借方科目的称为借项凭证,只填列贷方科目的称为贷项凭证。单式记账凭证便于分工记账,但是不能反映某项经济业务的全貌和所涉及的会计科目之间的对应关系。单式凭证如图 2-9 所示。

单式记账凭证（贷项记账凭证）

年　月　日　　　　　凭证编号　号

摘　　要	总账科目	明细科目	账页	金额	附件1张

财务主管：　　记账：　　出纳：　　审核：　　制单：

图 2-9

二、会计账簿

(一) 会计账簿的概念

会计账簿是指由一定格式账页组成的,以经过审核的会计凭证为依据,全面、系统、连续地记录各项经济业务的簿籍。设置和登记账簿是编制会计报表的基础,是连接会计凭证与会计报表的中间环节,在会计核算中具有重要意义。

(二) 会计账簿的意义

会计账簿的意义有以下 4 种,如图 2-10 所示。

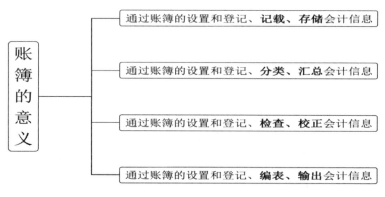

图 2-10

注意事项：

会计账簿与账户的关系

账户存在于账簿之中，账簿中的每一账页就是账户的存在形式和载体，没有账簿，账户就无法存在；账簿序时、分类地记载经济业务，是在个别账户中完成的。

因此，账簿只是一个外在形式，账户才是它的真实内容。账簿与账户的关系，是形式和内容的关系。

(三) 会计账簿的种类

1. 账簿按其用途分类

账簿按其用途可以分为序时账簿、分类账簿和备查账簿。

(1) 序时账簿又称日记账，是按照经济业务发生或完成时间的先后顺序逐日逐笔进行登记的账簿。序时账簿按其记录内容的不同，又分为普通日记账和特种日记账两种。普通日记账是将企业每天发生的所有经济业务，不论其性质如何，按其先后顺序，编成会计分录记入账簿；特种日记账是按经济业务性质单独设置的账簿，它只把特定项目按经济业务顺序记入账簿，反映其详细情况，如库存现金日记账和银行存款日记账。

(2) 分类账簿又称分类账，是对全部经济业务事项按照会计要素的具体类别而设置的分类账户进行登记的账簿。按照分类的概括程度不同，又分为总分类账和明细分类账两种。总分类账簿是按照总分类账户分类登记经济业务事项的账簿，简称总账。明细分类账簿是按照明细分类账户分类登记经济业务事项的账簿，简称明细账。明细分类账是对总分类账的补充和具体化，并受总分类账的控制和统驭。

(3) 备查账簿又称辅助登记簿或补充登记簿，是指对某些在序时账簿和分类账簿中未能记载或记载不全的经济业务进行补充登记的账簿。备查账簿只是对其他账簿记录的一种补充，与其他账簿之间不存在严密的依存和钩稽关系。备查账簿根据企业的实际需要设置，没有固定的格式要求。

2. 账簿按形式分类

账簿按形式可以分为订本式账簿、活页式账簿和卡片式账簿。

(1) 订本式账簿简称订本账，是在启用前将编有顺序页码的一定数量账页装订成册的账簿。这种账簿一般适用于重要的和具有统驭性的总分类账、现金日记账（图2-11）和银行存款日记账。

优点：可以避免账页散失，防止账页被抽换，安全。

缺点：同一账簿在同一时间只能由一人登记，这样不便于会计人员分工协作记账，也不便于计算机打印记账。

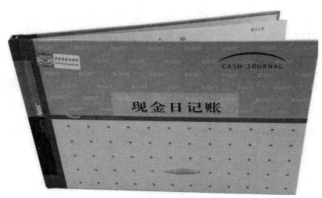

图2-11

（2）活页式账簿简称活页账，是将一定数量的账页置于活页夹内，可根据记账内容的变化而随时增加或减少部分账页的账簿。活页账一般适用于明细分类账，如图2-12所示。

优点：可以根据实际需要增添账页，不会浪费账页，使用灵活，并且便于同时分工记账。

缺点：账页容易散失和被抽换。

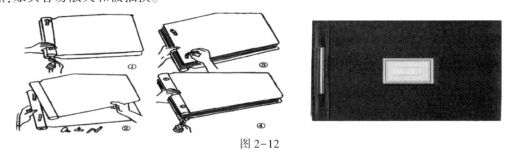

图2-12

（3）卡片式账簿简称卡片账，是将一定数量的卡片式账页存放于专设的卡片箱中，账页可以根据需要随时增添的账簿。在我国一般只对固定资产明细账采用卡片账形式。卡片式账簿如图2-13所示。

固　定　资　产　卡　片					
卡片编号	00008			日期	2019-07-29
固定资产编号	0101	固定资产名称			电瓶车
类别编号	01	类别名称			运输设备
规格型号		部门名称			财务部
增加方式	直接购入	存放地点			
使用状况	在用	使用年限	4年0月	折旧方法	平均年限法(一)
开始使用日期	2019-07-09	已计提月份	0	币种	人民币
原值	2600.00	净残值率	5%	净残值	130.00
累计折旧	0.00	月折旧率	0.0198	月折旧额	0.00
净值	2600.00	对应折旧科目	660206,折旧	项目	
可抵扣税额	0.00				

图2-13

(四) 账簿的组成内容

各单位均应按照会计核算的基本要求和会计规范的有关规定，结合本单位经济业务的特点和经营管理的需要，设置必要的账簿，并认真做好记账工作。虽然账簿的形式和格式多种多样，但均应包括下列内容：

（1）封面，主要用来标明账簿的名称，如总分类账、现金日记账、银行存款日记账。

（2）扉页，主要用来标明会计账簿的使用信息，如科目索引、账簿启用和经管人员一览表等。

（3）账页，是用来记录经济业务事项的载体，其格式根据反映经济业务内容的不同而有所不同，但必须包括以下方面：①账户的名称，一级科目、二级或明细科目；②登记账簿的日期栏；③记账凭证的种类和编号栏；④摘要栏，所记录经济业务内容的简要说明；⑤金额栏，记录经济业务的增减变动和余额；⑥总页次和分户页次栏。

三、会计报表

会计报表是企业对内、外提供的反映其财务状况和经营成果、现金流量等信息的报表,包括资产负债表、利润表、现金流量表等。

以下是一般企业的财务报表格式,一般企业是指适用于未执行新金融准则、新收入准则和新租赁准则的企业。

(一) 资产负债表

资产负债表是反映企业在一定时点的财务状况,并需向税务部门、股东等报表使用者提供的主要会计报表。资产负债表如表 2-2 所示。

表 2-2 资产负债表

编制单位:　　　　　　　　编制日期:　年　月　日　　　　　　　　　　　单位:元

资产	期末余额	上年年末余额	负债和所有者权益(或股东权益)	期末余额	上年年末余额
流动资产:			流动负债:		
货币资金			短期借款		
交易性金融资产			交易性金融负债		
衍生金融资产			衍生金融负债		
应收票据			应付票据		
应收账款			应付账款		
应收款项融资			预收款项		
预付款项			合同负债		
其他应收款			应付职工薪酬		
存货			应交税费		
合同资产			其他应付款		
持有待售资产			持有待售负债		
一年内到期的非流动资产			一年内到期的非流动负债		
其他流动资产			其他流动负债		
流动资产合计			流动负债合计		
非流动资产:			非流动负债:		
债权投资			长期借款		
其他债权投资			应付债券		
长期应收款			租赁负债		

续表

资产	期末余额	上年年末余额	负债和所有者权益(或股东权益)	期末余额	上年年末余额
长期股权投资			长期应付款		
其他权益工具投资			预计负债		
其他非流动金融资产			递延收益		
投资性房地产			递延所得税负债		
固定资产			其他非流动负债		
在建工程			非流动负债合计		
生产性生物资产			负债合计		
油气资产			所有者权益(或股东权益)：		
使用权资产			实收资本(或股本)		
无形资产			其他权益工具		
开发支出			资本公积		
商誉			减：库存股		
长期待摊费用			其他综合收益		
递延所得税资产			专项储备		
其他非流动资产			盈余公积		
非流动资产合计			未分配利润		
			所有者权益(或股东权益)合计		
资产总计			负债和所有者权益(或股东权益)总计		

(二) 利润表

利润表是反映企业在一定会计期间的经营成果，并需向税务部门、股东等报表使用者提供的主要报表，利润表如表 2-3 所示。

表 2-3 利润表

编制单位： 年 月 单位：元

项 目	本期金额	上期金额
一、营业收入		
减：营业成本		
税金及附加		
销售费用		

续表

项 目	本期金额	上期金额
管理费用		
研发费用		
财务费用		
其中：利息费用		
利息收入		
加：其他收益		
投资收益（损失以"-"号填列）		
其中：对联营企业和合营企业的投资收益		
公允价值变动收益（损失以"-"号填列）		
资产减值损失（损失以"-"号填列）		
资产处置收益（损失以"-"号填列）		
二、营业利润（亏损以"-"号填列）		
加：营业外收入		
减：营业外支出		
三、利润总额（亏损总额以"-"号填列）		
减：所得税费用		
四、净利润（净亏损以"-"号填列）		
（一）持续经营净利润（净亏损以"-"号填列）		
（二）终止经营净利润（净亏损以"-"号填列）		
五、其他综合收益的税后净额		
（一）不能重分类进损益的其他综合收益		
1. 重新计量设定受益计划变动额		
2. 权益法下不能转损益的其他综合收益		
……		
（二）将重分类进损益的其他综合收益		
1. 权益法下可转损益的其他综合收益		
2. 可供出售金融资产公允价值变动损益		
3. 持有至到期投资重分类为可供出售金融资产损益		
4. 现金流量套期损益的有效部分		
5. 外币财务报表折算金额		

续表

项　　目	本期金额	上期金额
……		
六、综合收益总额		
七、每股收益		
（一）基本每股收益		
（二）稀释每股收益		

（三）现金流量表

现金流量表是反映在某一固定期间（通常是每月或每季）内，企业的现金（包含银行存款）的增减变动情形，如表2-4所示。

现金流量表，主要是反映资产负债表中各个项目对现金流量的影响，并根据其用途划分为经营、投资及筹资3个活动分类。现金流量表可用于分析一家机构在短期内有没有足够现金去支付开销。

表2-4　现金流量表

编制单位：　　　　　　　　　　　　　　年　　月　　　　　　　　　　　　　单位：元

项　　目	本期金额	上期金额
一、经营活动产生的现金流量：		
销售商品、提供劳务收到的现金		
收到的税费返还		
收到其他与经营活动有关的现金		
经营活动现金流入小计		
购买商品、接受劳务支付的现金		
支付给职工以及为职工支付的现金		
支付的各项税费		
支付其他与经营活动有关的现金		
经营活动现金流出小计		
经营活动产生的现金流量净额		
二、投资活动产生的现金流量：		
收回投资收到的现金		
取得投资收益收到的现金		
处置固定资产、无形资产和其他长期资产收回的现金净额		
处置子公司及其他营业单位收到的现金净额		
收到其他与投资活动有关的现金		
投资活动现金流入小计		

续表

项　目	本期金额	上期金额
购建固定资产、无形资产和其他长期资产支付的现金		
投资支付的现金		
取得子公司及其他营业单位支付的现金净额		
支付其他与投资活动有关的现金		
投资活动现金流出小计		
投资活动产生的现金流量净额		
三、筹资活动产生的现金流量：		
吸收投资收到的现金		
取得借款收到的现金		
收到其他与筹资活动有关的现金		
筹资活动现金流入小计		
偿还债务支付的现金		
分配股利、利润或偿付利息支付的现金		
支付其他与筹资活动有关的现金		
筹资活动现金流出小计		
筹资活动产生的现金流量净额		
四、汇率变动对现金及现金等价物的影响		
五、现金及现金等价物净增加额		
加：期初现金及现金等价物余额		
六、期末现金及现金等价物余额		

第二节　建账操作

建账操作流程，如图 2-14 所示。

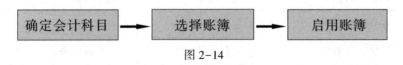

图 2-14

一、确定会计科目

确定会计科目可以分为 3 个步骤：第一步根据行业特点和企业特点选择适用的会计准则；第二步根据会计准则附录选择总账科目；第三步根据核算需要设置明细科目。

总账科目主要依据企业会计准则中确认和计量的规定进行确定，涵盖了各类企业的交易或者事项。

企业在不违反会计准则规定的前提下,可以根据本单位的实际情况自行增设、分拆、合并会计科目。企业不存在的交易或者事项,可不设置相关会计科目。对于明细科目,企业可以比照表2-5中的规定自行设置。会计科目编号供企业填制会计凭证、登记会计账簿、查阅会计账目、采用会计软件系统参考,企业可结合实际情况自行确定会计科目编号。

表2-5 《企业会计准则》附录中最常用的会计科目

资产类	负债类	所有者权益类	成本类	损益类
库存现金	应付账款	实收资本	生产成本	主营业务收入
银行存款	预收账款	资本公积	制造费用	其他业务收入
应收账款	应交税费	盈余公积	劳务成本	营业外收入
预付账款	应付职工薪酬	本年利润	研发支出	营业外支出
库存商品	其他应付款	利润分配		主营业务成本
周转材料	短期借款			其他业务成本
其他应收款	应付利息			税金及附加
固定资产	应付票据			销售费用
累计折旧				管理费用
无形资产				财务费用
累计摊销				所得税费用
长期待摊费用				以前年度损益调整
待处理财产损溢				公允价值变动损益

根据会计准则选定总账科目(一级科目)后,还需根据企业核算需要设置明细科目。其中,"应交税费——应交增值税"应按会计准则的规定设置专栏;其余科目可以按照核算需要设置明细科目。具体可以参考表2-6所示设置。

表2-6 明细科目设置

会计科目	设置明细方式	会计科目	设置明细方式
银行存款	按开立的账户	应付职工薪酬	按项目:如工资、社保等
应收账款	按客户名称	应交税费	按税费名称
预收账款	按客户名称	实收资本	按股东姓名
预付账款	按供应商名称	主营业务收入	按产品或服务
应付账款	按供应商名称	主营业务成本	按产品或服务
其他应付款	按应付单位或个人	管理费用	按费用分类
其他应收款	按收款单位或个人	销售费用	按费用分类
库存商品	按货物名称	财务费用	按费用分类

二、选择账簿

为了能够直观、方便地反映企业的经营状况,企业必须根据选择好的会计科目设置相应的会计账簿,包括总账、现金日记账、银行存款日记账和明细账。

(一) 总账

总账根据总账科目设置,一般一个年度只需要设置一本总账。

(二) 现金日记账

现金日记账根据企业的现金种类设置,一般一个年度只设置一本(如果有外币的,应按外币单独设置)。

(三) 银行存款日记账

银行存款日记账根据企业所开立的银行账户进行设置,一般每个账户对应一本银行存款日记账。现金日记账及银行存款日记账封面如图 2-15 所示。

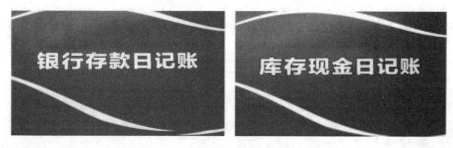

图 2-15

(四) 明细账

明细账通常根据总账科目所属的明细科目设置,用来分类登记某一类经济业务,提供有关的明细核算资料。企业需要设置哪些明细账一般视企业情况而定。实务中明细账的选择如表 2-7 所示。

表 2-7 不同明细账适用对象及科目设置

应设置明细账类型	适用对象	核算科目	建议数量
数量金额式明细账	核算数量与金额	库存商品	1本
多栏式明细账	明细项目过多,为了在同一账簿中进行集中反映	管理费用	合并设1本
		销售费用	
		财务费用	
		应交税费	1本
固定资产明细账	固定资产核算	固定资产	1本
三栏式明细账	只需核算金额,明细账目不多且不必集中反映	其他科目	合并设1本

常用明细账封面如图 2-16 所示。

图 2-16

一个企业究竟应设置和使用何种账簿,要视企业规模大小、经济业务的繁简、会计人员分工、采用的核算形式以及记账的机械化程度等因素而定。根据企业规模的大小,账簿可以做自行选择。

三、启用账簿操作流程

会计按要求设置账簿之后,就可以启用账簿。启用账簿可以按照以下 3 个步骤操作。

(一)填写账簿封面

启用账簿时,应先在账簿封面上写明机构名称和账簿名称,如图 2-17 所示(箭头所指空白处应填制相应的内容)。

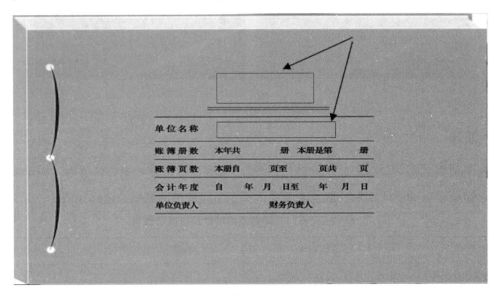

图 2-17

(二)填写账簿扉页

启用账簿时,在账簿扉页上应当附账簿启用及交接表。账簿启用及交接表的内容包括机构名称、账簿名称、账簿编号、账簿页数、启用日期、经管人员、印鉴等,账簿扉页所应填制的内容如图 2-18 所示。

<table>
<tr><th colspan="3">账簿启用表</th></tr>
<tr><td>单位名称</td><td>北京大河服饰有限公司</td><td>单位盖章</td></tr>
<tr><td>账簿名称</td><td>库存现金日记账</td><td rowspan="4"></td></tr>
<tr><td>账簿编号</td><td>2019 年 总 1 册 第 1 册</td></tr>
<tr><td>账簿页数</td><td>本账簿共计 10 页 第 页</td></tr>
<tr><td>启用日期</td><td>2019 年 1 月 1 日至 2019 年 12 月 31 日</td></tr>
</table>

<table>
<tr><td rowspan="3">经管人员</td><td colspan="3">负责人</td><td colspan="3">主办会计</td><td colspan="3">记账</td><td rowspan="3"></td></tr>
<tr><td>职别</td><td>姓名</td><td>盖章</td><td>职别</td><td>姓名</td><td>盖章</td><td>职别</td><td>姓名</td><td>盖章</td></tr>
<tr><td></td><td></td><td></td><td>会计</td><td>陈慧珊</td><td></td><td>出纳</td><td>李晓娇</td><td></td></tr>
</table>

<table>
<tr><td rowspan="8">交接记录</td><td rowspan="2">职别</td><td rowspan="2">姓名</td><td colspan="4">接管</td><td colspan="4">移交</td><td>印花税票粘贴处</td></tr>
<tr><td>年</td><td>月</td><td>日</td><td>盖章</td><td>年</td><td>月</td><td>日</td><td>盖章</td><td rowspan="7"></td></tr>
<tr><td></td><td></td><td></td><td></td><td></td><td></td><td></td><td></td><td></td><td></td></tr>
<tr><td></td><td></td><td></td><td></td><td></td><td></td><td></td><td></td><td></td><td></td></tr>
<tr><td></td><td></td><td></td><td></td><td></td><td></td><td></td><td></td><td></td><td></td></tr>
<tr><td></td><td></td><td></td><td></td><td></td><td></td><td></td><td></td><td></td><td></td></tr>
<tr><td></td><td></td><td></td><td></td><td></td><td></td><td></td><td></td><td></td><td></td></tr>
<tr><td></td><td></td><td></td><td></td><td></td><td></td><td></td><td></td><td></td><td></td></tr>
</table>

图 2-18

(三)粘贴印花税票

印花税票应粘贴在账簿的右下角,并且划线注销。在使用缴款书缴纳印花税时,应在右下角注明“印花税已缴”及缴款金额。(备注:实务工作中相关政策,对按万分之五税率贴花的资金账簿减半征收印花税,对按件贴花五元的其他账簿免征印花税。)

四、各类账簿启用事项

(一)总账

启用订本式账簿,登记扉页后,填制目录,并从第一页到最后一页顺序编定页码,不得跳页、缺号(已经印制页码的不再编定)。

1.填写账户目录

总账应按照会计科目的编号顺序填写科目名称及启用页码。在启用活页式明细分类账时,应按照所属会计科目填写科目名称和页码,在年度结账后,撤去空白账页,填写使用页码。账簿目录表如图 2-19 所示。

账簿目录表								
账户名称	账号	总页码	账户名称	账号	总页码	账户名称	账号	总页码
库存现金								
银行存款								
应收账款								
预付账款								
其他应收款								
库存商品								
固定资产								
累计折旧								
无形资产								
累计摊销								
长期待摊费用								
应付职工薪酬								
应交税费								
其他应付款								
实收资本								
本年利润								
主营业务收入								
主营业务成本								
税金及附加								
销售费用								
管理费用								
所得税费用								

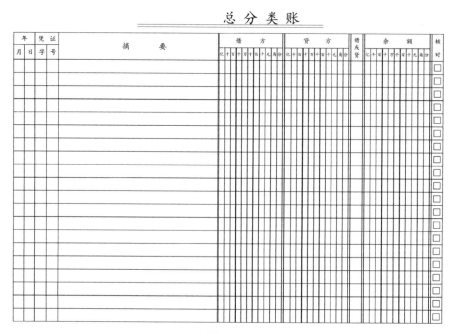

图 2-19

2.按照目录登记账户名称

按照目录把账户名称登记在总分类账页的空白划线处，总分类账账页如图 2-20 所示。

总分类账

年		凭证		摘要	借方	贷方	借或贷	余额	核对
月	日	字	号		亿千百十万千百十元角分	亿千百十万千百十元角分		亿千百十万千百十元角分	
									☐
									☐
									☐

图 2-20

(二)明细账

使用活页式账簿应当按账户顺序编号,并须定期装订成册,装订后再按实际使用的账页顺序编定页码,另加目录以便于记明每个账户的名称和页次。另为了方便起见,每个账户附口序纸,以便快速找到需要的账户,明细账展示如图2-21所示。

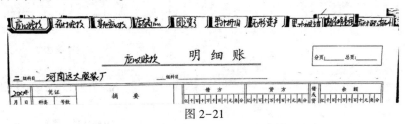

图2-21

(三)账页填写规定

会计人员填写完账簿封面、账簿启用表后,就可以开始填写账页。账页内容包括账户名称、账页编号等。一般来说,企业启用账簿可以分为两种情况:一种是经营期企业更换账簿;另一种是新设企业启用账簿。

1. 经营期企业更换账簿

对于处在经营期的企业,一般在会计年度终了进行账簿更换,才会涉及启用账簿。企业更换账簿时,为了使新、旧账簿中的数据保持连续性,应承接上期同类型的账簿进行启用。

(1)总账账页的填写内容包括账户名称、账页编码、启用年份和期初余额。

期初有余额的,应在首张账页的第一行填写对应账户的上年期末余额及余额方向,并在"摘要"栏注明"上年结转","日期"栏填写"01月01日",其余栏目留空即可。填制要求如图2-22所示。

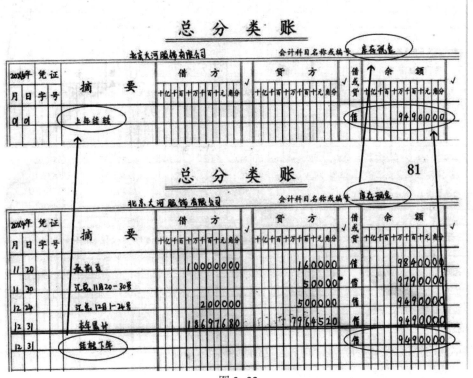

图2-22

期末余额为零时,可不做承接上年余额的处理或者在承接余额时在余额处填"0","0"应覆盖到"元""角""分"3个格子的位置。具体填写方式有3种,如2-23图所示。

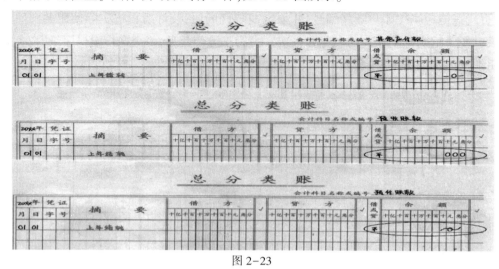

图 2-23

(2)明细账的账页填写内容包括账户名称、明细科目信息、账页编码、启用年份和期初余额。应根据明细账的不同类型填写账页。

启用数量金额式明细账账页填制方法,如图 2-24 所示。

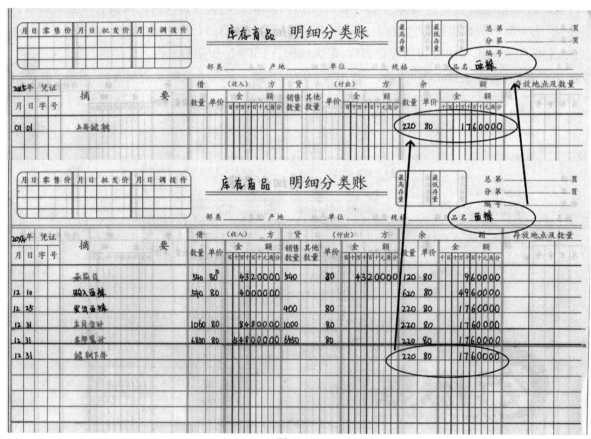

图 2-24

启用三栏式明细账账页填制方法,如图 2-25 所示。

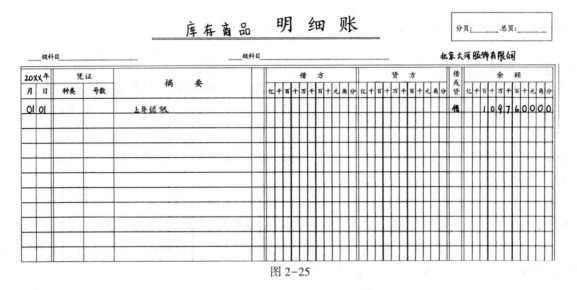

图 2-25

2. 新设企业启用账簿

新设企业初次启用账簿时，总账的账户名称按总账科目（一级科目）填写，一张账页对应一个总账科目。新设企业启用总账账页填制要求，如图 2-26 所示。

图 2-26

需要特别注意的是：由于总账为订本账，不能插入账页，因此设置总账账户时应尽量将可能用到的科目都设置对应的账页。账页编号应从第一页起到最后一页止按顺序编定号码，不得跳页、缺号。

新设企业启用其他账簿除了没有上年结转数据外，其他的流程和经营期更换账簿是一样的。

五、账簿书写基本规范

会计工作离不开书写，没有规范的书写就谈不上好的会计工作质量，书写规范也是衡量会计人员基本素质高低的标准。一个合格的会计人员，首先应当书写规范，以便提供正确、清晰的会计信息，为经济决策服务。

在会计工作中，中文数字主要用于开具支票、发货凭证等有关票据时大写金额的填写；阿拉伯数字主要适用于在会计凭证、会计账簿、财务报告中小写数量、单价、金额等的填写。

(一)阿拉伯数字的书写规范

1.高度

阿拉伯数字应紧贴底线书写,其高度占格距的1/2或2/3之间的高度,以便留有改错的余地。除6、7、9外,其他数码字的高低要一致。"6"比其他数码字上拉1/4,"7"和"9"比其他数码字下拉1/4。

2.角度

根据习惯,阿拉伯数字在书写时应有一定的斜度,一般掌握在向右倾斜60度左右(数字的中心斜线与底线成60度夹角)。

3.间距

阿拉伯数字应一个一个地写,不得连笔写。特别是连着写几个"0"时,要单个地写,不得将几个"0"连在一起一笔写完。数字的排列要整齐,数字之间的间隙要均匀。不得将几个数字挤在一个格里,也不得在数字之间留有空格。具体书写规范如图2-27所示。

图2-27

4.更正

凡发生阿拉伯数字书写错误,不得采用刮擦、挖补、涂改、褪色等手段进行更改,必须采用划线更正法予以更正,即用红笔在错误的全部数字正中划一条单红线,再在其上方空白处书写正确的数字,并加盖更改者印鉴或签名。

(二)数字大写书写规范

(1)数字大写金额用中文正楷书写,如:壹、贰、叁、肆、伍、陆、柒、捌、玖、拾、佰、仟、万、亿、元、角、分、零、整(正)等,不得乱用简化字或自造字。

(2)大写金额前要冠有人民币字样,"人民币"与金额首位数字之间不得留有空格。

(3)金额数字中间连续几个"0"时,只写一个"零"字。例如,5 000.70元,应写作人民币伍仟元零柒角整。大写金额数字到元或角为止的,在"元"字之后应写"整"字或"正"字(注意:"角"字之后可写可不写)。大写金额数字有分的,"分"字后面不写"整"字或"正"字。大写金额写法举例,如表2-8所示。

表2-8 大写金额写法举例

小写金额	大写金额		
	正确写法	写法错误	错误原因
86 000.96	捌万陆仟元零玖角陆分	捌万陆仟零玖角陆分	漏写一个"元"字
1 087 000.00	壹佰零捌万柒仟元整	壹佰万零捌万柒仟元整	多写一个"万"字

(三)整体书写的基本规范

会计书写的基本规范要求为正确、规范、清晰、整洁、美观。

(1)正确。对发生的经济业务,用数字和文字的形式完整准确地记录下来,这是书写的基本前提。只有完整准确的记录经济业务全过程、内容和结果,书写才有意义。

(2)规范。书写应符合财会法规及会计制度的有关规定,要严格按照书写格式书写,文字以国务院公布的简化汉字为标准,阿拉伯数字按规范要求书写。

(3)清晰。书写要做到字迹清楚,容易辨认,无模糊不清的现象。

(4)整洁。要做到账面干净、整洁,文字、阿拉伯数字、表格条理清晰。书写字迹端正,大小均匀,无参差不齐及涂改现象。

(5)美观。除书写准确、规范、整洁外,还要尽量使结构安排合理,字迹流畅、大方,给人以美感。

(四)账簿登记的基本要求

1.注明记账符号

账簿登记完毕后,要在记账凭证上签名或者盖章,并在记账凭证的"过账"栏内注明账簿页数或画对勾,表示记账完毕,避免重记、漏记。

2.正常记账对墨水颜色的要求

为了保持账簿记录的持久性,防止涂改,登记账簿必须使用蓝黑墨水或者碳素墨水并用钢笔书写,不得使用圆珠笔(银行的复写账簿除外)或者铅笔书写。

3.特殊记账对墨水颜色的要求

特殊情况下记账要用红色墨水,使用红色墨水记账的情况主要有以下几种:

(1)填写红字冲账的记账凭证,冲销错误记录。

(2)在三栏式账户的余额栏前,如未标明余额方向的,在余额栏内登记负数余额。

(3)根据国家统一的会计制度的规定可以用红字登记的其他会计记录;会计记录中的红字表示负数。

4.账页登记要求

记账时,必须按账户页次逐页逐行登记,不得隔页、跳行。如果发生隔页、跳行现象,应当在空页、空行处用红色墨水画对角线注销或者注明"此页空白""此行空白"字样,并由记账人员签名或者盖章。具体填制如图 2-28 所示。

会计科目:原材料

20××年		凭证		摘要	借方	贷方	借或贷	金额
月	日	种类	号数					
2	1			月初余额			借	20000
	5	转	25	入库	10000		借	30000
				此行空白 张清				
	7	转	30	出库		5000	借	25000

会计科目:原材料

20××年		凭证		摘要	借方	贷方	借或贷	金额
月	日	种类	号数					
				此页空白 张清				

图 2-28

5.对结出余额的要求

凡需要结出余额的账户,结出余额后,应当在"借或贷"等栏内写明"借"或者"贷"等字样,以示余额的方向；没有余额的账户，应在"借或贷"栏内写"平"字，并在"余额"栏用"0"表示。现金日记账和银行存款日记账必须逐日逐笔结出余额。具体填制如图2-29所示。

总 账

会计科目：原材料

20XX年		凭证		摘 要	借方	贷方	借或贷	余 额
月	日	种类	号数					
2	1			月初余额			借	20000
	5	转	25	入库	100000		借	30000
	7	转	30	出库		5000	借	25000
							平	0

（这里为余额方向栏，有余额时写"借"或"贷"）

（没有余额时写"平"）

图 2-29

6. 过次承前

每一账页登记完毕时，应当结出本页发生额合计及余额，在该账页最末一行"摘要"栏注明"转次页"或"过次页"，并将这一金额记入下一页第一行有关金额栏内，在该行"摘要"栏内注明"承前页"，以保持账簿记录的连续性，便于对账和结账。对需要结计本月发生额的账户，结计"过次页"的本页合计数应当为自本月初起至本页末止的发生额合计数。具体填写如图2-30所示。

总 账

会计科目：原材料

2019年		凭证		摘 要	借方	贷方	借或贷	余 额
月	日	种类	号数					
2	5			承前页			借	20000
	5	转	25	入库	10000		借	30000
	7	转	30	出库		5000	借	25000
	8			过次页	10000	5000	借	25000

（账页的最后一行）

总 账

会计科目：原材料

2019年		凭证		摘 要	借方	贷方	借或贷	余 额
月	日	种类	号数					
2	8			承前页			借	25000

（新账页的第一行）

图 2-30

7. 账簿登记的涂改要求

账簿登记后不得涂改、刮擦、挖补，记账有误需要修改的，要按照要求划线更正。

第三章 信息来源——原始凭证

第一节 原始凭证的基本内容及填制要求

一、原始凭证的基本内容

原始凭证是用来记录经济业务发生或完成情况的,由于日常发生的经济业务是千差万别的,记录经济业务的原始凭证的具体内容、格式也必然是多种多样的。但任何一张原始凭证都是作为经济业务发生的原始证据,必须客观地记录和反映经济业务的发生和完成情况,必须明确经办单位、部门及人员的经济责任。这就决定了各种原始凭证具备着一些共同的基本内容,原始凭证所包含的基本内容,通常称为凭证要素,主要包括:①凭证的名称;②填制凭证的日期;③填制凭证单位名称或者填制人姓名;④经办人员的签名或者盖章;⑤接受凭证单位名称;⑥经济业务内容;⑦数量、单价和金额。

具体原始票据上的凭证要素,如图 3-1 所示。

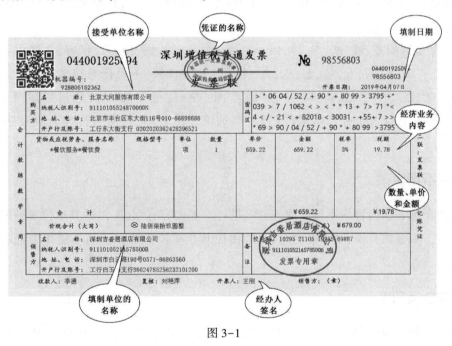

图 3-1

二、原始凭证的填制要求

(一)内容真实可靠

原始凭证应如实记录经济业务发生的完整情况,不能弄虚作假。

(二) 记录完整清晰

原始凭证上的所有项目必须填写齐全,不得遗漏。年月日要按填制原始凭证的实际日期填写;名称要写全,不能简化;品名或用途要明确,不能含糊;有关人员的签章手续要齐全,各项目要清晰,字迹要工整规范。原始凭证一般用蓝、黑墨水填写,若需填制多联原始凭证,可用蓝、黑色圆珠笔书写,但要注意使各联字迹清晰可认。

(三) 凭证填制及时

经济业务发生时应及时填制,并按规定送交会计机构,由会计部门审核无误后据此编制记账凭证。一般来说,原始凭证送交会计机构的时间最迟不应超过一个会计结算期。

(四) 数字填写标准

原始凭证上数字金额的具体填制要求如下:

(1) 阿拉伯数字应当一个一个地写,不得连笔写。阿拉伯数字金额前面应当书写货币币种符号。币种符号与阿拉伯数字金额之间不得留有空白。凡阿拉伯数字前写有币种符号的,数字后面不再写货币单位。

(2) 所有以元为单位(其他货币种类则采用货币基本单位,下同)的阿拉伯数字,除表示单价等情况外,一律填写到角分;无角分的,角位和分位可写"00",或者符号"—";有角无分的,分位应当写"0",不得用符号"—"代替。

(3) 数字大写金额如零、壹、贰、叁、肆、伍、陆、柒、捌、玖、拾、佰、仟、万、亿等,一律用正楷或者行书体书写,不得用 0、一、二、三、四、五、六、七、八、九、十等简化字代替,不得任意编造简化字。大写金额数字到元或者角为止的,在"元"字之后应当写"整"或者"正"字(注意:"角"字之后可写,可不写)。

(4) 大写金额数字前未印有货币名称的,应当加填货币名称,货币名称与金额数字之间不得留有空白。

(五) 内容不得涂改

原始凭证所记载各项内容均不得涂改、刮擦、挖补。如内容有误,应由开具单位重开或按规定更正并在更正处盖公章。如金额有误,则不能更正,只能由原开具单位重开。否则不能作为记账凭证或登记会计账簿的依据。

(六) 加盖合适印章

对外开具原始凭证,必须加盖本单位印鉴章(单位公章、财务或发票专用章);从外单位取得的原始凭证,必须加盖填制单位印鉴章;从个人取得原始凭证,必须有填制人的签名或盖章。

第二节 原始凭证的审核

在收到原始凭证后,还应对其进行严格的审核,审核程序以及相关的审核制度由企业的会计部门制定,并监督执行。

一、原始凭证真实性审核

真实性的具体要求如下：
(1) 经济业务的双方当事人和单位必须是真实的。
(2) 经济业务发生的时间、地点和填制凭证的日期必须是真实的。
(3) 经济业务的内容必须是真实的。
(4) 经济业务的实物量和价值量必须是真实的。

如果是自制的原始凭证，必须由经办部门人员签名或盖章。另外，如果是通用原始凭证，还需审核本身是否真实，以防假冒。审核重点如图3-2所示。

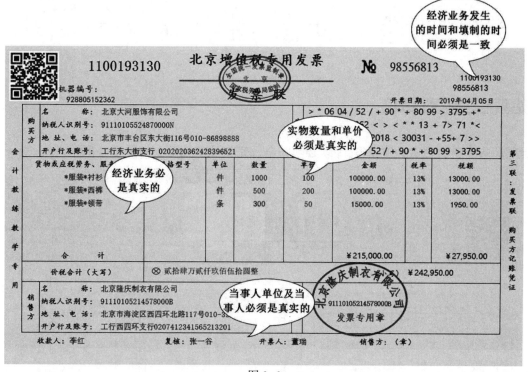

图 3-2

二、原始凭证合法性审核

原始凭证的合法性具体审核要点如下：
(1) 不真实的原始凭证，如假发票、假收据、假车票等均是不合法的。
(2) 虽真实但制度不允许报销的原始凭证也是不合法的，如个人因私购买物品、外出旅游而用公款报销等。
(3) 虽能报销，但超过规定比例和限额的部分也是不合法的，如职工出差超标准乘坐交通工具、住宾馆或超标准开支医药费等。合法性的审核要点，如图3-3所示(假如公司报销金额的上限是500元，而票据金额已超过报销上限，超过部分不予报销)。

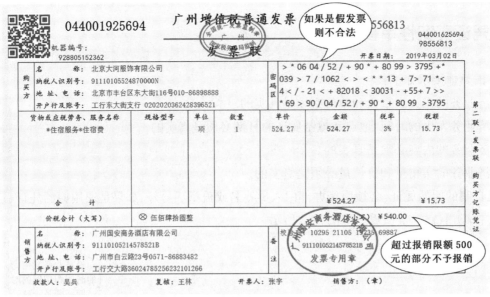

图 3-3

三、原始凭证完整性审核

原始凭证应具备的要素必须完整,手续必须齐全。完整性审核要点如图 3-4 所示。

图 3-4

四、原始凭证准确性审核

原始凭证的文字表述和数字计算必须准确无误。审核原始凭证各项金额的计算以及填写是否正确。

五、原始凭证及时性审核

收到原始凭证后,应当及时传递,最好不要跨月,不可拖延时间进行传递,否则会影响原始凭证的时效性,从而影响原始凭证的使用。审核时,应当注意审查凭证的填制日期,尤其是支票、银行汇票、银行本票等这些时效性比较强的原始凭证,更应当仔细验证其签发日期。审核要点如图3-5所示。

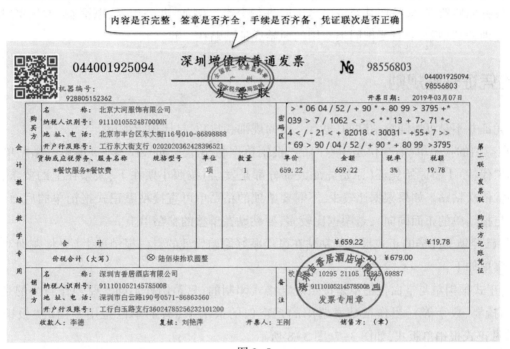

图 3-5

六、原始凭证审核后的处理

原始凭证的审核是一项十分重要的工作,经审核后的原始凭证应该根据不同审核结果进行不同的处理,如图 3-6 所示。

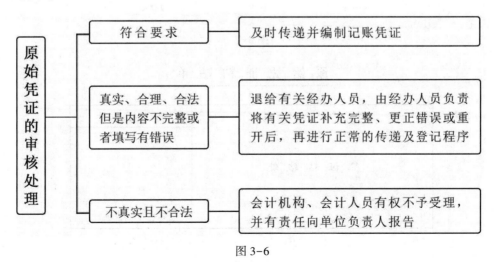

图 3-6

第三节　原始凭证的整理

一、原始凭证的分类

对于各种原始票据,应按照其经济内容不同进行分类。例如,办公用品、电话费、差旅费、招待费等,先按照其类别分别粘贴,而且要把同类费用的原始凭证粘贴在一起。

二、原始凭证粘贴规则

原始凭证并不是可以随意粘贴的,也有一定的规则和技巧,具体规定如下。

(1)在空白的报销单(有单位是用专门的"报销单据粘贴单",如果没有"报销单据粘贴单",就用空白报销单来代替)上将原始凭证(原始凭证大部分都是发票)按照小票在下、大票在上的要求,从右至左要呈阶梯状依次粘贴。如果票据比较少,不需要单独的粘贴单可直接粘贴正式报销单的后面(原始凭证的正面要与报销单的正面同向);若票据比较多,要粘贴在单独的粘贴单上。

(2)将已经填写完毕的正式报销单粘贴在已经贴好原始凭证的空白报销单上(要将左面对齐粘贴)。具体注意事项如下:

第一,正式报销单与空白报销单是按照规定格式印制的,只是用处不同。要当作封面的是正式的报销单(填写摘要、数字等),当作粘贴发票用的是空白的报销单(有的单位是用专门的"报销单据粘贴单")。常见正式报销单版式,如图3-7、图3-8所示。

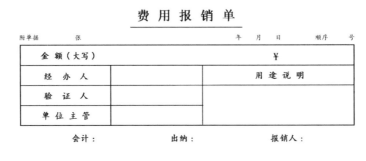

图 3-7

图 3-8

第二，从右至左呈阶梯状依次均匀粘贴，超大凭证要折叠。具体粘贴方式如图3-9所示。

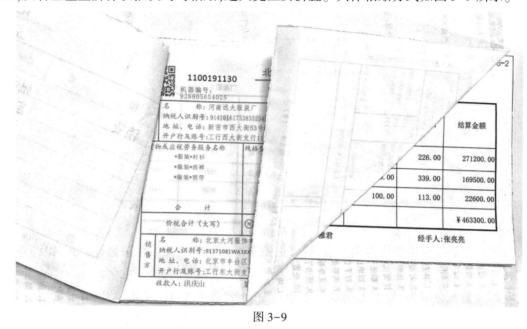

图 3-9

第三，只需要粘牢原始凭证的左侧部分，而不用将背面全部贴实。

第四，要将褶皱的凭证全摊开、压平。

第五，尺寸太小的凭证如汽车票，可按照上、中、下（二行或三行）或右、中、左（二列或三列）的方式来进行复式粘贴，但是不可以累压粘贴。必要的时候，可以多次重复使用单据粘贴单。粘贴样式如图3-10所示。

图 3-10

第六，粘贴超大凭证要通过折叠的办法处理，除了某一些特殊情况外，一般的方法为齐左折右或者齐上折下，并且要在装订位置适度粘贴，以装订后不影响内容的完整性为原则，如图3-11所示。

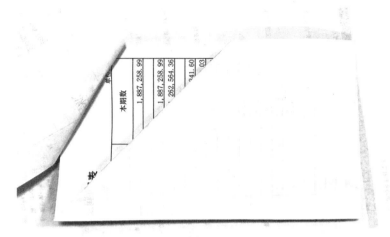

图 3-11

第七，报销票据如果有增值税专用发票，就要把发票抵扣联单独交给相关会计，而不得和发票联一起粘贴到粘贴单上。

第八，发票的盖章必须为"发票专用章"，盖章必须清晰，如图 3-12 所示。

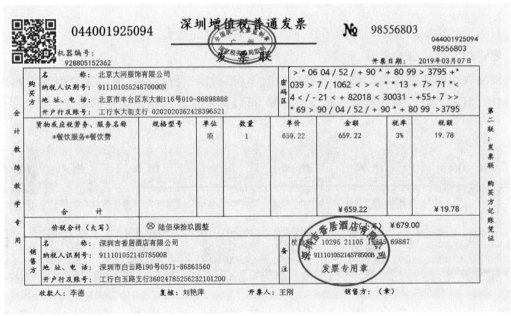

图 3-12

所填制的费用报销单，应该在经办人签字之后交由部门负责人、财务审核，再由总经理审批，之后到财务部办理报销手续。

第四章 信息传递——记账凭证

第一节 记账凭证的基本内容及编制要求

一、记账凭证的基本内容

记账凭证的基本内容包括:①记账凭证的名称及填制单位名称;②填制记账凭证的日期;③记账凭证的编号;④经济业务事项的内容摘要;⑤经济业务事项所涉及的会计科目及其记账方向;⑥经济业务事项的金额;⑦记账标记;⑧所附原始凭证张数;⑨会计主管、记账、审核、出纳、制单等有关人员的签章。

记账凭证编制要求如图4-1所示。

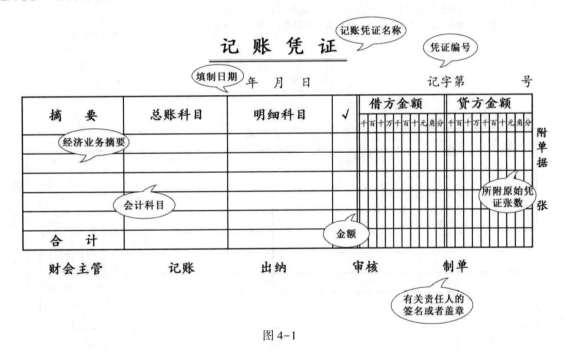

图4-1

二、记账凭证的编制要求

(一)基本要求

记账凭证编制的基本要求有以下几点:
(1)记账凭证各项内容必须完整。
(2)记账凭证的书写应清楚、规范。相关要求同原始凭证。

（3）记账凭证的编号要根据不同情况采纳不同的方法。如果企业采用通用记账凭证，记账凭证的编号可以采取顺序编号法。如果是采取收款凭证、付款凭证和转账凭证的专用记账凭证形式，则记账凭证应该按照字号编号法，如果一项经济业务需要填制一张以上的记账凭证时，记账凭证的编号可以采取分数编号法。反映付款业务的会计凭证不得由出纳人员编号。每月末最后一张记账凭证的编号旁应注明"全"字。

（4）记账凭证可以根据每一张原始凭证或若干张同类原始凭证汇总编制，也可以根据原始凭证汇总表编制。但不得将不同内容和类别的原始凭证汇总填制在一张记账凭证上。

（5）编制记账凭证必须以经过审核无误的原始凭证或汇总原始凭证为依据。除了更正错账和期末结转损益不需原始凭证，其他所有记账凭证必须附有原始凭证。记账凭证填制时，如果发生错误，应该重新填制，不得在记账凭证上做任何修改。记账凭证填制后如果还有空行，应该自最后一笔金额的空行处至合计数上的空行处划斜线注销，以堵塞漏洞，严格会计核算手续。

（二）收款凭证的编制要求

收款凭证的编制要求如图4-2所示。

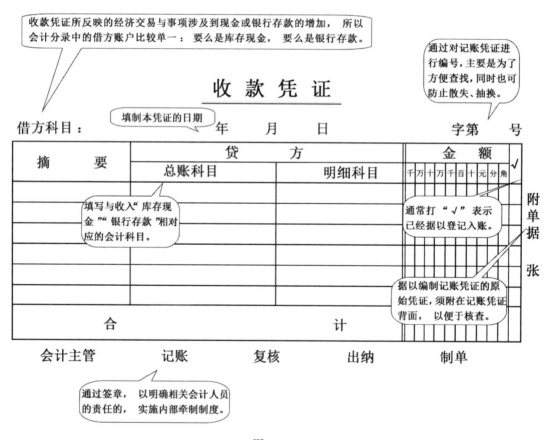

图4-2

收款凭证编制要求可以总结为以下几点内容：

（1）收款凭证左上角的"借方科目"按收款的性质填写"库存现金"或"银行存款"。

（2）日期填写的是编制本凭证的日期。

（3）右上角填写编制收款凭证的顺序号。

(4)"摘要"填写对所记录的经济业务的简要说明。

(5)"贷方科目"填写与收入库存现金或银行存款相对应的会计科目。

(6)"记账"是指该凭证已登记账簿的标记,防止经济业务事项重记或漏记。

(7)"金额"是指该项经济业务事项的发生额;该凭证右边"附件张",是指本记账凭证所附原始凭证的张数;最下边分别由有关人员签章,以明确经济责任。

收款凭证的复合会计分录只能是"一借多贷"。

(三)付款凭证的编制要求

付款凭证的填制方法与收款凭证基本相同,只是左上角由"借方科目"换为"贷方科目",凭证中间的"贷方科目"换为"借方科目"。

付款凭证的复合会计分录只能是"多借一贷",如图4-3所示。

对于涉及"库存现金"和"银行存款"之间的经济业务,一般只编制付款凭证,不编收款凭证。

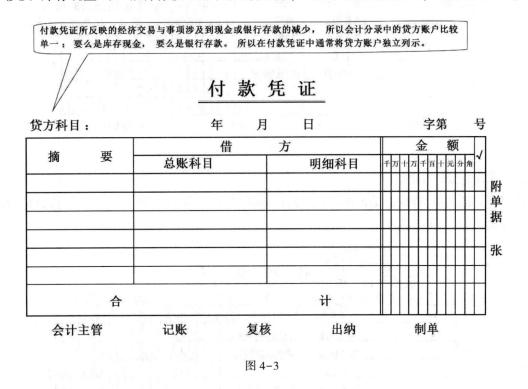

图 4-3

(四)转账凭证的编制要求

转账凭证将经济业务事项中所涉及全部会计科目按照先借后贷的顺序记入"会计科目"栏中的"一级科目"和"二级明细科目",并按借、贷方向分别记入"借方金额"或"贷方金额"栏。其他项目的填列与收、付款凭证相同。

第二节 记账凭证的审核及T型账和科目汇总表的编制

记账凭证是登记账簿(简称登账)的依据,为了保证账簿记录的正确性,在登账之前必须由相关人员对记账凭证进行严格的审核。

一、记账凭证的审核

（一）记账凭证的审核内容

1.内容是否真实

审核记账凭证是否附有经过审核的原始凭证，所附原始凭证的内容与记账凭证的内容是否一致，记账凭证汇总表的内容与其所依据的记账凭证的内容是否一致等，如图4-4所示。

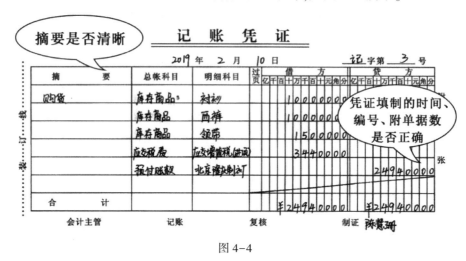

图 4-4

2.会计科目书写是否正确

审核记账凭证的借、贷科目是否正确，是否有明确的账户对应关系，所使用的会计科目是否符合企业会计准则等规定，如图4-5所示。

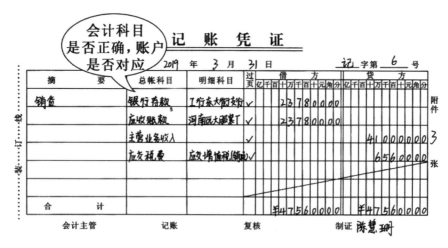

图 4-5

3.项目填写是否齐全

审核记账凭证各项目的填写是否齐全。如日期、凭证编号、摘要、会计科目、金额、所附原始凭证张数及有关人员签章，如图4-6所示。

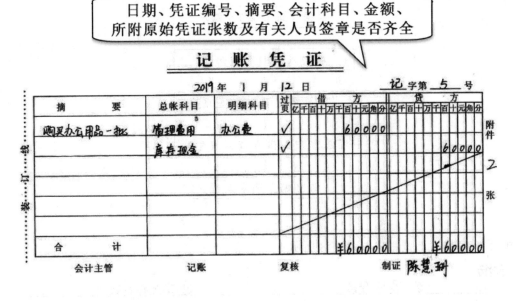

图 4-6

4.金额是否正确

审核记账凭证所记录的金额与原始凭证的有关金额是否一致,计算是否正确,记账凭证汇总表的金额与记账凭证的金额合计是否相符等。

5.书写是否符合要求

是否用规定的笔墨、是否按规定进行更正等。出纳人员在办理收款或付款业务后,应在凭证上加盖"收讫"或"付讫"的戳记,以避免重收重付。发现尚未登记入账的错误记账凭证,应当重新填制。

(二)记账凭证的审核方法

如前所述,记账凭证是根据审核后的合法原始凭证填制的。因此,记账凭证的审核,除了要对原始凭证进行复审外,还应注意以下几点。

1.合规性审核

审核记账凭证是否附有原始凭证,原始凭证是否齐全,内容是否合法,记账凭证所记录的经济业务与所附原始凭证所反映的经济业务是否相符。

2.技术性审核

审核记账凭证的借、贷科目是否正确,账户对应关系是否清晰,所使用的会计科目及其核算内容是否符合会计制度的规定,金额计算是否准确。摘要是否填写清楚、项目填写是否齐全(如日期、凭证编号、二级和明细会计科目、附件张数以及有关人员签章等)。

在审核过程中,如果发现差错,应查明原因,按规定办法及时处理和更正。只有经过审核无误的记账凭证,才能据以登记账簿。对会计凭证进行审核,是保证会计信息质量,发挥会计监督的重要手段。

二、编制 T 型账户

记账凭证需要定期装订成册,在装订之前,为了验证账户是否记录错误,需要编制 T 型账户。编制 T 型账户的步骤如图 4-7 所示。

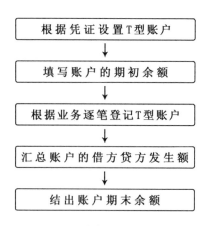

图 4-7

实务中,手工编制的 T 型账户如图 4-8 所示。

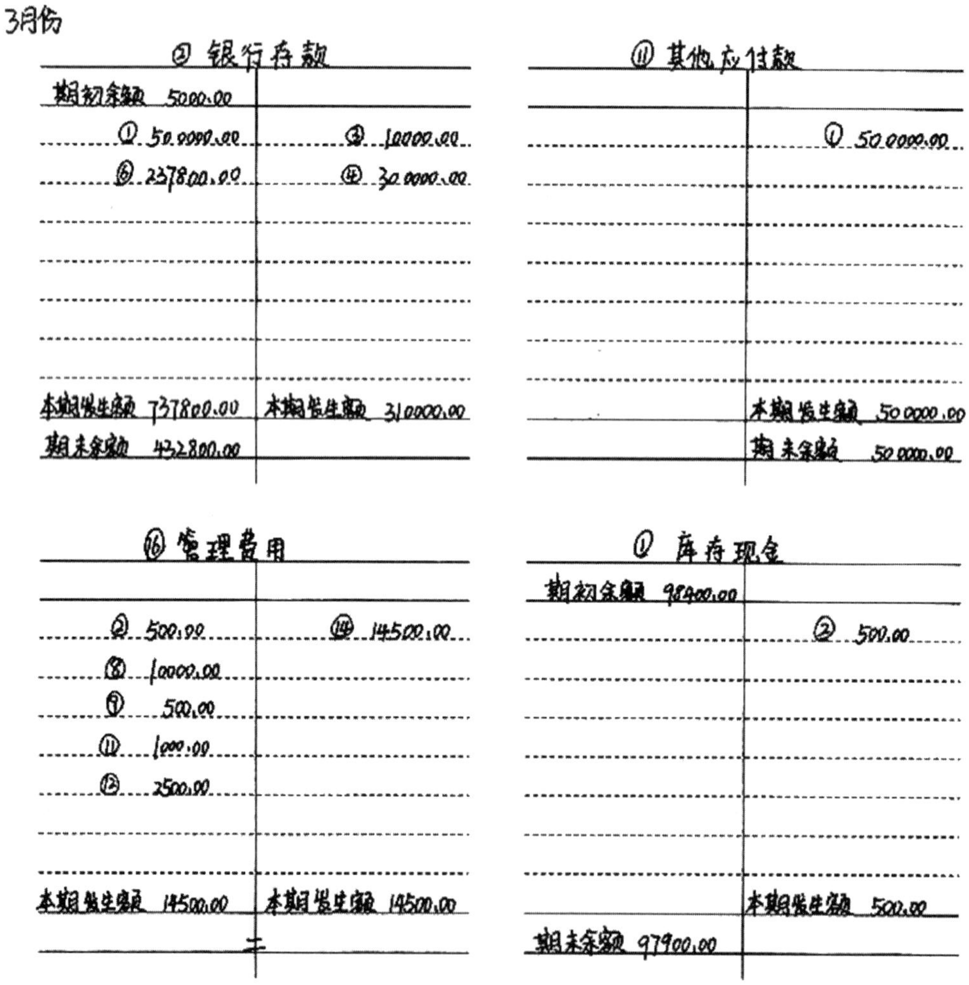

图 4-8

编制结束以后,所有账户的借方期末余额应该等于所有账户的贷方期末余额。如果结果不相等,则账户登记一定错误;相等,账户登记基本正确,因为有一些错误不影响平衡关系。

三、科目汇总表的编制

科目汇总表是将一定时期(每天或每隔数天)所填制的记账凭证,按照相同的会计科目,分借、贷方归类汇总填制在一张表上。这里可以根据 T 型账户直接登记科目汇总表。将 T 型账户的发生额直接抄到科目汇总表的借方贷方发生额内。编制结束,结出所有账户的借方发生额合计和贷方发生额合计,两个合计金额应该是相等的(根据发生额试算平衡的理论)。

实务工作中,手工编制的科目汇总表如图 4-9 所示。

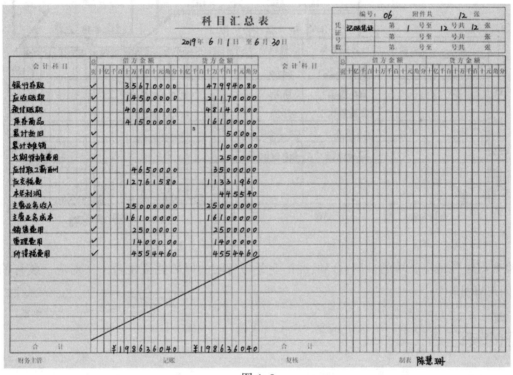

图 4-9

第三节　会计凭证的整理和装订

月底,会计必须将填制完整的记账凭证和对应的原始凭证进行整理,并装订成册。会计凭证装订好后要妥善保管,以方便后期查阅。

一、凭证整理

会计人员整理记账凭证时,主要做两件事。

(1)确保记账凭证号码连续、不跳号。会计人员应按照凭证号、记账日期进行排查,检查记账凭证是否缺失或者跳号。如果记账凭证缺失或者跳号,应当及时进行更正,如图 4-10 所示。

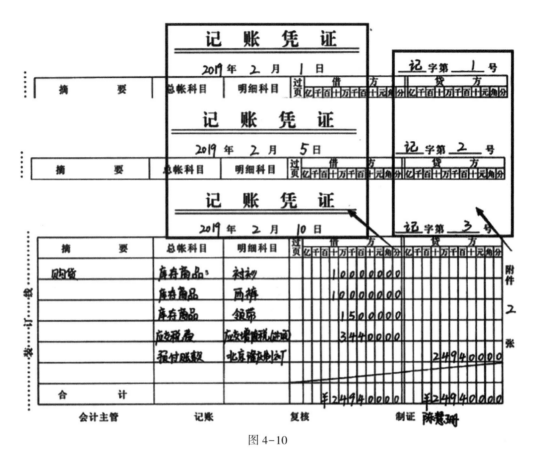

图 4-10

(2)检查记账凭证上所填的日期、金额、经济业务与后附的原始凭证是否一一对应。装订前,应将固定凭证的回形针抽出。

二、凭证的装订

(一)凭证装订的步骤

会计将凭证整理完成后,就可以开始装订。凭证装订的步骤如下:

(1)将凭证封面和封底裁开,分别附在凭证前面和后面,再拿一张质地相同的纸(可以再找一张凭证封皮,裁下一半用,另一半为订下一本凭证备用)放在封面上角,做护角线。在凭证的左上角画一个边长为5厘米的等腰三角形,用夹子夹住,用装订机在底线上分布均匀地打两个孔,如图4-11所示。

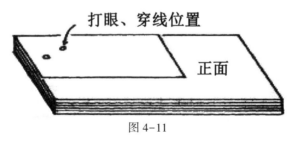

图 4-11

(2)用大针引线绳穿过两个眼儿。如果没有针,可以将回形别针顺直,然后将两端折向同一个方向,将线绳从中间穿过并夹紧,即可把线引过来,因为一般装订机打出的孔是可以穿过的,如图4-12、图4-13

所示。

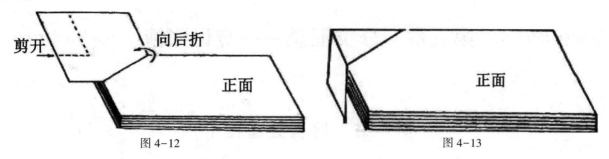

图 4-12　　　　　　　　　　　　　图 4-13

(3) 在凭证的背面打线结。线绳最好在凭证中端系上,如图 4-14 所示。

(4) 将护角向左上侧折,并将一侧剪开至凭证的左上角,然后抹上胶水,如图 4-15 所示。

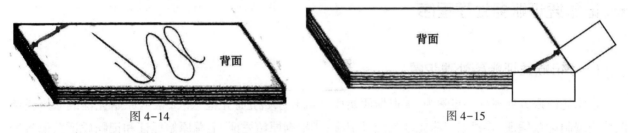

图 4-14　　　　　　　　　　　　　图 4-15

(5) 向后折叠,并将侧面和背面的线绳扣粘牢。

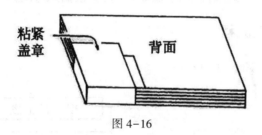

图 4-16

待晾干后,在凭证本的脊背上面写上"某年某月第几册共几册"的字样。装订人在装订线封签处签名或者盖章(图 4-16)。现金凭证、银行凭证和转账凭证,最好依次顺序编号,一个月从头开始编一次序号,如果单位的凭证少,可以全年顺序编号。只有熟悉掌握了会计凭证装订方法,才能更好地提高会计人员工作效率。

(二) 装订中应注意的问题

实务中需要注意的问题主要有以下几方面:

(1) 整理记账凭证时发现跳号,一般是因为工作上的失误,解决方法有两种。

方法一:插入一张空白凭证,在空白凭证右上角写上跳号的凭证号码,并划一条红色的斜对角线,然后用蓝字或黑字在线上表明"此页空白"。

方法二:抽取当天的一笔记账凭证进行拆分。但是由于原始凭证一般是关联的,拆分可能会影响到原始凭证的合法性和合理性。

(2) 凭证装订的厚度一般为 1.5 厘米,这样可保证凭证装订牢靠,美观大方。装订最多不要超过 2 厘米,装订超过 2 厘米的凭证既不美观,也不利于后期查阅。当凭证装订成一本过厚时,可分本装订。

第五章 分类汇总——登记账簿

第一节 账务处理程序

账务处理程序又可以分为记账凭证账务处理程序和科目汇总表账务处理程序。

一、记账凭证账务处理程序

(一) 记账凭证账务处理步骤

记账凭证账务处理程序步骤为：①根据原始凭证编制原始凭证汇总表；②根据原始凭证或原始凭证汇总表编制记账凭证；③根据记账凭证登记日记账；④根据原始凭证、汇总原始凭证和记账凭证登记各种明细账；⑤根据记账凭证登记总分类账；⑥期末账账核对；⑦根据总分类账和明细分类账编制会计报表。

(二) 记账凭证账务处理流程

记账凭证账务处理流程，如图 5-1 所示。

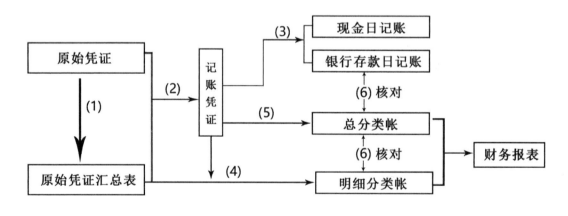

图 5-1

(三) 根据记账凭证登记总分类账的方法

根据记账凭证登记总分类账的方法，如图 5-2 所示。

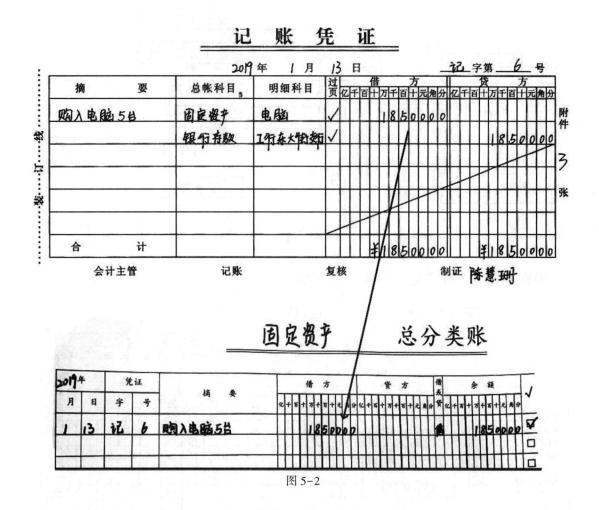

图 5-2

二、科目汇总表账务处理程序

(一) 科目汇总表账务处理步骤

科目汇总表账务处理步骤为：①根据原始凭证编制原始凭证汇总表；②根据原始凭证或原始凭证汇总表编制记账凭证；③根据记账凭证登记日记账；④根据原始凭证、汇总原始凭证和记账凭证登记各种明细账；⑤根据记账凭证定期编制科目汇总表；⑥根据科目汇总表登记总分类账；⑦期末，账账核对；⑧根据总分类账和明细分类账编制会计报表。

(二) 科目汇总表账务处理流程

科目汇总表账务处理流程，如图 5-3 所示。

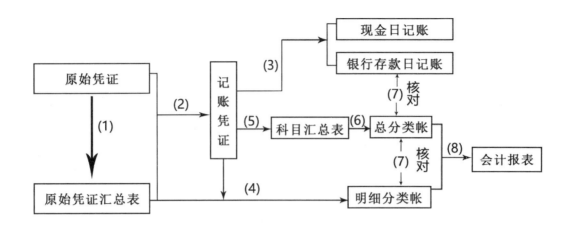

图 5-3

(三)根据科目汇总表登记总分类账的方法

根据科目汇总表登记总分类账的方法,如图 5-4 所示。

科目汇总表

2019年1月1日至1月31日

编号: 01		附件共 12 张		
凭证号数	记账凭证	第 1 号至 12 号共 12 张		
		第 号至 号共 张		
		第 号至 号共 张		

会计科目	总页	借方金额	贷方金额	会计科目	总页	借方金额	贷方金额
库存现金	✓	10000000	160000				
银行存款	✓	50000000	21500000				
固定资产	✓	1850000					
无形资产	✓	3600000					
累计摊销	✓		100000				
长期待摊费用	✓	6000000	250000				
应付职工薪酬	✓		1000000				
实收资本	✓		50000000				
本年利润	✓	1560000					
管理费用	✓	1560000	1560000				

分页 总页: 21

管理费用 总分类账

2019年 月	日	凭证 字	号	摘要	借方	贷方	借或贷	余额	√
1	31	汇	01	汇总1-12号凭证	1560000	1560000	平	θ	☑
2	28	汇	02	汇总1-9号凭证	1400000	1400000	平	θ	☑
3	31	汇	03	汇总1-14号凭证	1450000	1450000	平	θ	☑
4	30	汇	04	汇总1-14号凭证	1400000	1400000	平	θ	☑
5	31	汇	05	汇总1-13号凭证	1400000	1400000	平	θ	☑
6	30	汇	06	汇总1-12号凭证	1400000	1400000	平	θ	☑

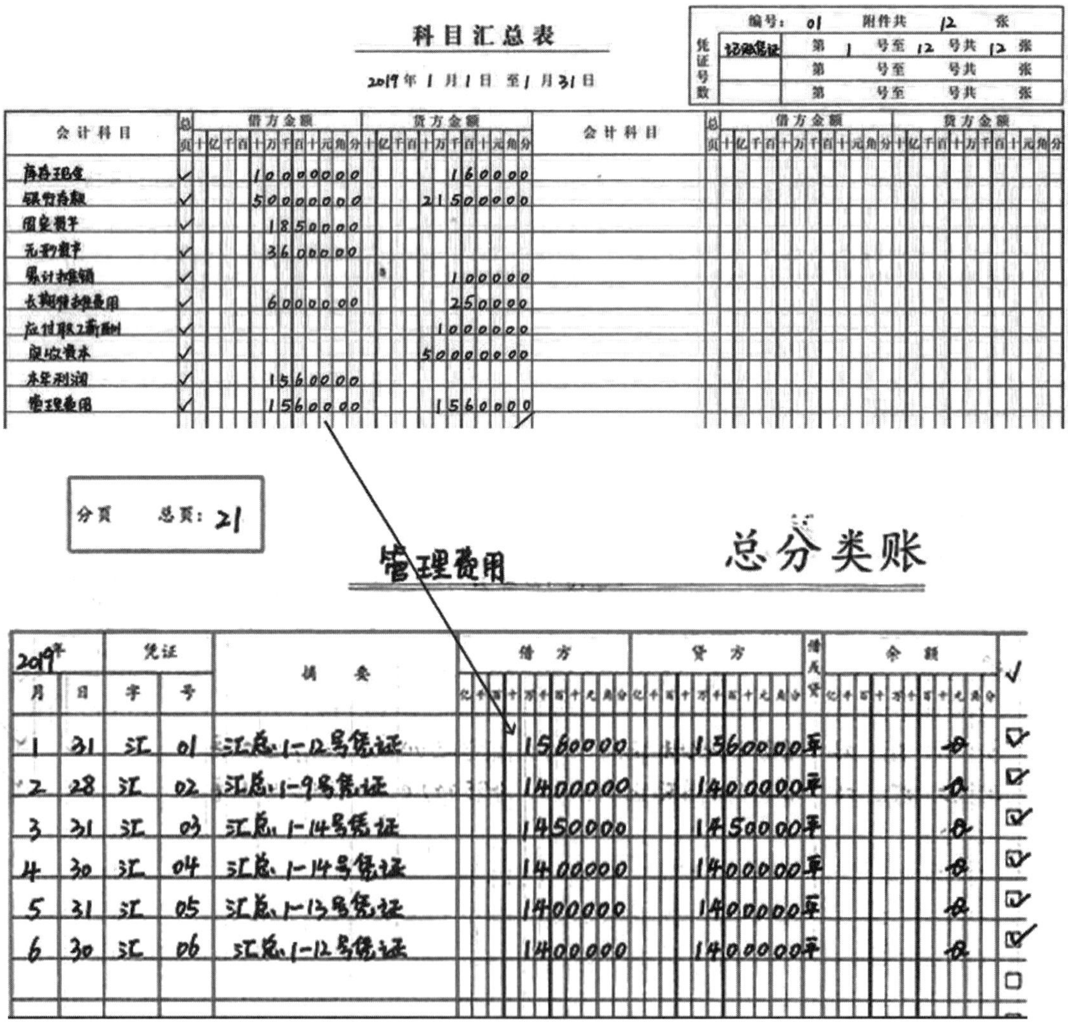

图 5-4

第二节　账簿的格式和登记方法

一、现金日记账的格式和登记方法

(一)现金日记账的三栏式登记方法

由出纳人员根据库存现金收款凭证、库存现金付款凭证以及银行存款的付款凭证,按照库存现金收、付款业务和银行存款付款业务发生时间的先后顺序逐日逐笔登记。库存现金日记账账页格式如图5-5所示。

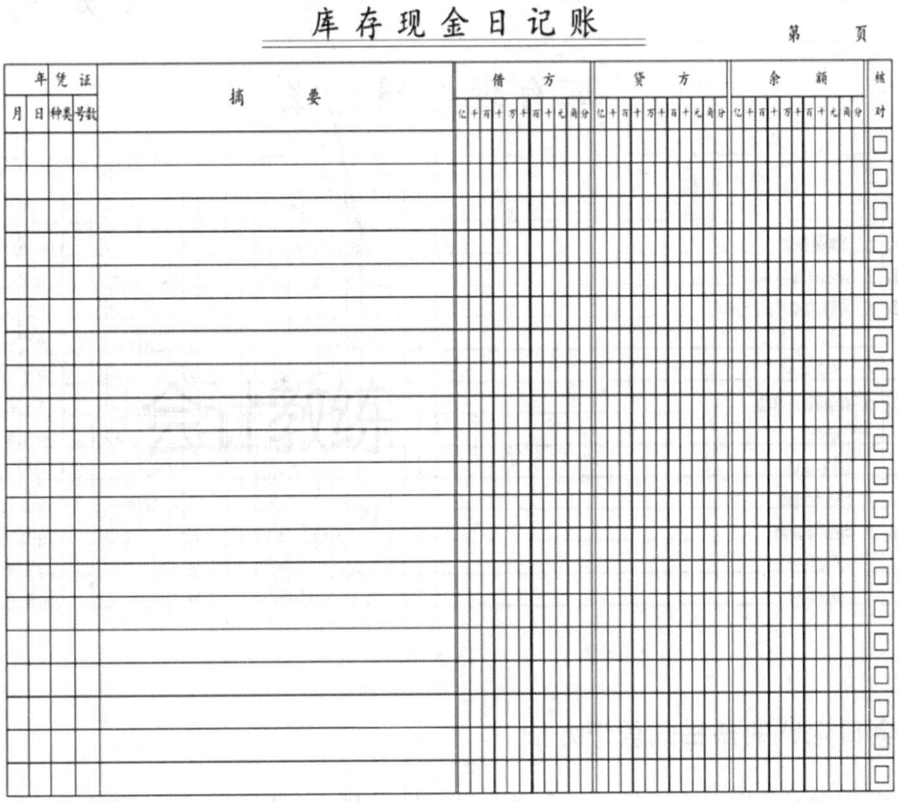

图 5-5

根据记账凭证编制库存现金日记账的方法,如图5-6所示。

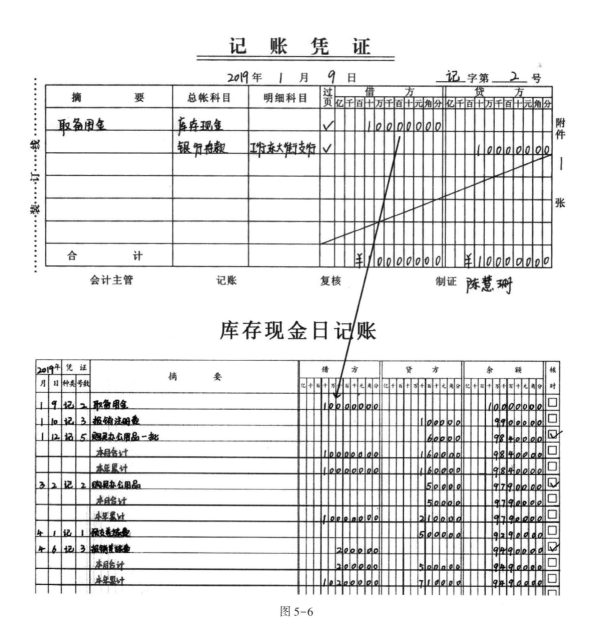

图 5-6

(二)现金日记账的多栏式登记方法

多栏式库存现金日记账是在三栏式库存现金日记账基础上发展起来的。这种日记账的借方(收入)和贷方(支出)金额栏都按对方科目设专栏,也就是按收入的来源和支出的用途设专栏。

不管三栏式还是多栏式日记账,必须采用订本账。

多栏式库存现金日记账格式,如图 5-7 所示。

现金日记账　（多栏式）

20XX年		凭证号数	摘要	对应账户（贷方）		现金收入合计	对应账户（借方）				现金支出合计	余额
月	日			银行存款	营业外收入		原材料	应付账款	营业外支出	其他应收款		
			期初余额									
6	1		发放工资									
			支付购样板									
			运费									
			出租会场收入									
			支付退休金									
			提取现金备用									
			预支差旅费									
	30		本期发生额及期末余额									

图 5-7

这种格式在月末结账时,可以结出各收入来源专栏和支出用途专栏的合计数,便于对现金收支的合理性、合法性进行审核分析,便于检查财务收支计划的执行情况,其全月发生额还可以作为登记总账的依据。

二、银行存款日记账的格式和登记方法

(一)银行存款日记账的格式

银行存款日记账是用来记录银行存款收付业务的特种日记账,用来逐日反映银行存款增加、减少和结存情况。银行存款日记账的格式与现金日记账相同,可以采用三栏式,也可以采用多栏式。为了保证银行存款日记账的安全和完整,无论采用三栏式还是多栏式日记账,都必须采用订本账。

银行存款日记账账页格式,如图 5-8 所示。

银行存款日记账　　　　第　　页

年		凭证		摘要	借方	贷方	余额	核对
月	日	种类	号数		亿千百十万千百十元角分	亿千百十万千百十元角分	亿千百十万千百十元角分	
								□
								□
								□
								□
								□
								□
								□
								□
								□
								□
								□
								□
								□
								□
								□
								□
								□
								□
								□
								□

图 5-8

(二)银行存款日记账的登记方法

根据记账凭证登记银行存款日记账的方法,如图 5-9 所示。

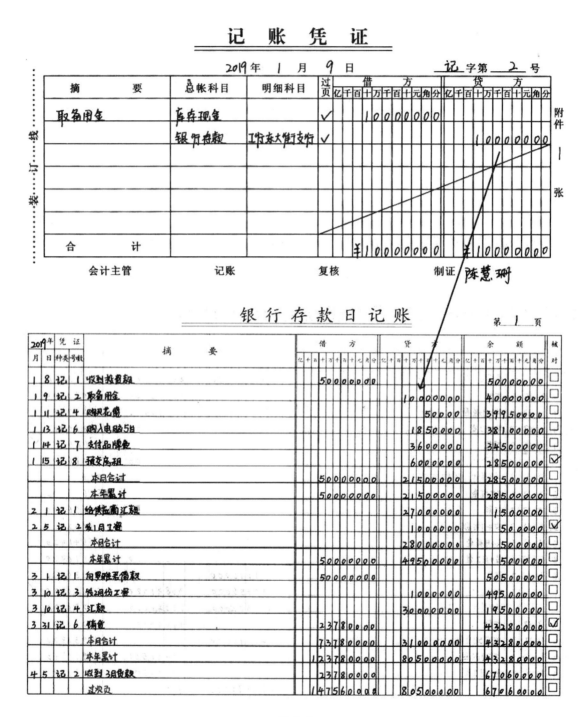

图 5-9

三、总分类账的格式及登记方法

(一) 总分类账的格式

每一个企业都必须设置总分类账。总分类账必须采用订本式账簿。总分类账最常用的格式为三栏式,设置借方、贷方和余额三个基本金额栏目。总分类账账页格式,如图5-10所示。

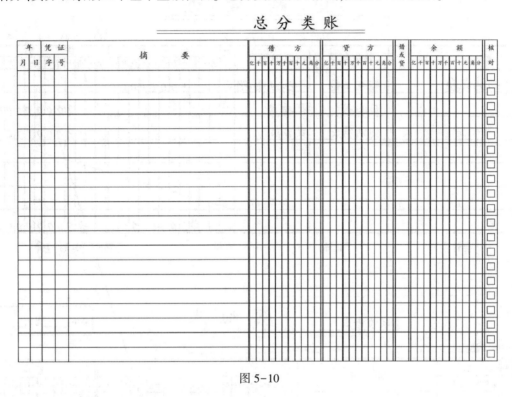

图 5-10

(二) 总分类账的登记方法

总分类账的登记方法因登记的依据不同而有所不同。

经济业务少的小型单位的总分类账,可以根据记账凭证逐笔登记;经济业务多的大中型单位的总分类账,可以根据记账凭证汇总表(又称科目汇总表)或汇总记账凭证等定期登记。

四、明细分类账的格式、登记方法及试算平衡表的编制

明细分类账是根据有关明细分类账户设置并登记的账簿。它能提供交易或事项比较详细、具体的核算资料,以补充总账所提供核算资料的不足。因此,各企业单位在设置总账的同时,还应设置必要的明细账。

明细分类账一般采用活页式账簿和卡片式账簿,一般根据记账凭证和相应的原始凭证来登记。

(一) 明细分类账的格式

明细分类账的格式主要分为三栏式、多栏式、数量金额式、平行式。

1.三栏式明细分类账

三栏式明细账是设有借方、贷方和余额三个栏目,用以分类核算各项经济业务,提供详细核算资料的账簿,其格式与三栏式总账格式相同。

三栏式明细账适用于只进行金额核算、不需要进行数量核算的债权债务科目,如应收账款、应付账款、实收资本等科目,如图5-11所示。

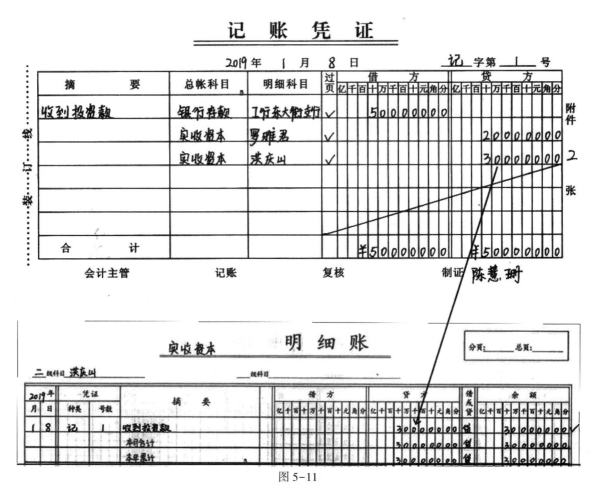

图5-11

2.多栏式明细分类账

多栏式账页是将属于同一个总账科目的各个明细科目合并在一张账页上进行登记,即在这种格式账页的借方或贷方金额栏内按照明细项目设若干专栏。

多栏式明细账适用于收入、成本、费用科目的明细核算,如生产成本、管理费用、营业外收入等,如图5-12所示。

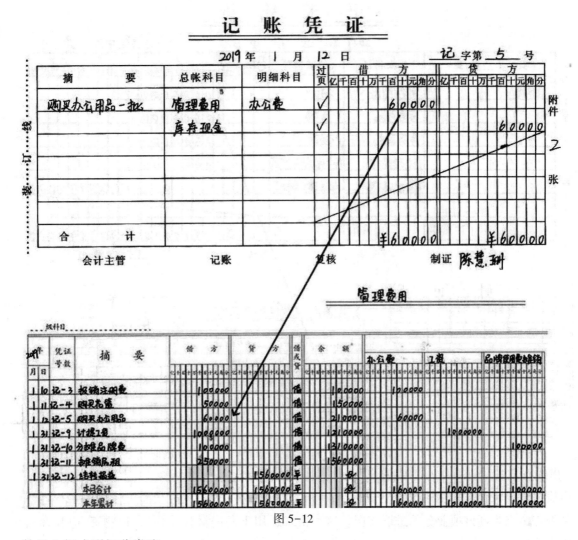

图 5-12

3.数量金额式明细分类账

数量金额式明细分类账其借方(收入)、贷方(付出)和余额都分别设有数量、单价和金额 3 个专栏。

数量金额式明细账适用于既要进行金额核算又要进行数量核算的账户,如原材料、库存商品、周转材料等存货明细账户,如图 5-13 所示。

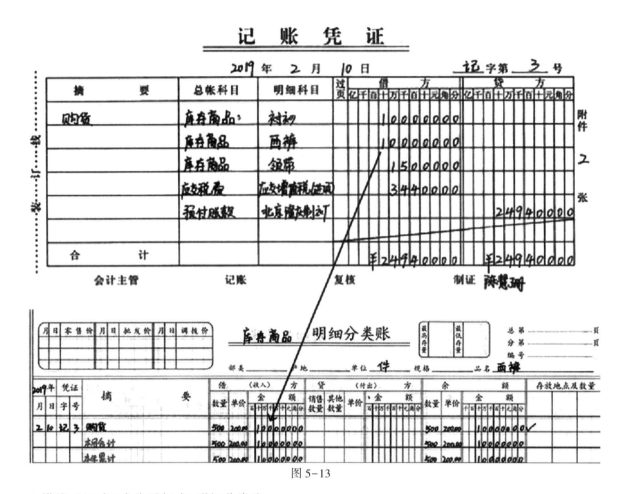

图 5-13

4.横线登记式(或称平行式)明细分类账

横线登记式账页是采用横线登记,即将每一相关的业务登记在一行,从而可依据每一行各个栏目的登记是否齐全来判断该项业务的进展情况。这种格式适用于登记材料采购、在途物资、应收票据和一次性备用金业务。

(二)明细分类账的登记方法

明细分类账的登记方法如下:

(1)固定资产、债权、债务等明细账应逐日逐笔登记。

(2)材料、库存商品收发明细账以及收入、费用明细账可以逐笔登记,也可定期汇总登记。

(三)试算平衡表的编制

所谓试算平衡,就是根据借贷记账法的"有借必有贷,借贷必相等"的平衡原理,检查和验证账户记录正确性的一种方法。

试算平衡工作是通过编制试算平衡表完成的。编制试算平衡表,是为了在核算利润以前及时发现错误并予以更正。同时,它汇集了各账户的资料,依据试算平衡表编制会计报表,将比直接编制会计报表更为方便,这种效果对于拥有大量分类账的企业更为明显。

试算平衡表可定期或不定期地编制,它是企业经营性的会计工作之一。因为试算平衡表使用频繁,所以企业大多会在上面事先印好企业名称、试算平衡表名称、账户名称,实际编制时只要填入各账户余额或发生额并予以汇总即可。与上述试算平衡原理相对应,借贷记账法的试算平衡,有账户发生额试算平衡法和账户余额试算平衡法两种。前者是以借贷记账法的记账规则为依据的,后者是以资产等于权益(负债和所有者权益)的会计等式为依据的。试算平衡表一般设为六栏,既可以进行总分类账户本期发生额的试算平衡,又可以进行总分类账户期初余额和期末余额的试算平衡。

把一定时期(例如一个月或一个季度)的各项经济业务,按照"有借必有贷,借贷必相等"的记账规则做成会计分录,并全部登入总账以后,如果不发生错误,那么每一笔会计分录中的借贷双方金额及全部账户中借方发生额合计和贷方发生额合计,都应能自动保持平衡。在此基础上,企业便可以核算本期利润,编制会计报表。

试算平衡表的编制方法主要有以下几种。

1.账户发生额试算平衡法

账户发生额试算平衡法是以本期全部账户的借方发生额合计数和贷方发生额合计数是否相等来检验账户记录正确性的一种试算平衡方法。其平衡公式如下

全部账户本期借方发生额合计=全部账户本期贷方发生额合计

根据借贷记账法"有借必有贷,借贷必相等"的记账规则,每一笔经济业务的会计分录,其借贷双方的发生额一定是相等的。一定时期内,所有账户的借方发生额合计数和贷方发生额合计数,分别是所有经济业务的会计分录的借方发生额和贷方发生额的累计。因此,将一定时期内的全部经济业务的会计分录登记入账后,所有账户的本期借方发生额和本期贷方发生额的合计数额也必然相等。

2.账户余额试算平衡法

账户余额试算平衡法是以全部账户期末的借方余额合计数和贷方余额合计数是否相等来检验账户记录正确性的一种试算平衡方法。其平衡公式如下

全部账户的借方余额合计=全部账户的贷方余额合计

根据借贷记账法的账户结构可知,所有账户的借方余额之和是资产的合计数,所有账户的贷方余额是负债和所有者权益的合计数,资产必然等于负债和所有者权益合计,因此,所有账户的期末借方余额合计数一定等于期末贷方余额合计数。

如果试算平衡表借方余额合计数和贷方余额合计数不相等,说明肯定存在错误,应当予以查明纠正。一般情况下,首先应检查试算平衡表本身有无差错,即借方余额和贷方余额的合计数有无漏加或错加。如果试算平衡表本身没有计算错误,就须用下列方法依次进行检查,直至找出错误为止。

(1)检查全部账户是否都已列入了试算平衡表,并检查各个账户的发生额和期末余额是否都已正确地抄入试算表。

(2)复核各个账户的发生额和期末余额是否计算正确。

(3)追查由记账凭证登记分类账的过程。核对后,应在已核对数旁作核对记号。追查结束后,再查寻一下记账凭证、分类账上有无未核对的金额。追查记账过程时,不仅要注意金额是否无误,而且要核对过账时借方和贷方有无错位。

(4)核实记账凭证编制是否正确,有无记账方向差错、违反"有借必有贷,借贷必相等"的记账规则,排除凭证编制错误。

通过上述检查,一般来说,错误就可以查出。试算平衡,只能说总分类账的登记基本正确,不能说绝对正确。

如果试算平衡表借方余额合计数和贷方余额合计数相等,并不一定表示账户处理完全正确。有些错

误的发生不会导致试算平衡表中各账户借方余额合计数与贷方余额合计数的失衡。如漏过会计分录、重过会计分录、错过会计分录所确定的借、贷账户,过账错误但数额恰好互相抵消等等。这些错误并不影响试算平衡,试算平衡表难以发现。但是,会计记录上的大多数错误往往会使借贷失衡,试算平衡表在验证会计处理正确性方面仍有其重要的功效,不失为简便、有效的验证工具。

实务中手工编制的试算平衡表,如图 5-14 所示。

试算平衡表

20XX年 1月　　　　　　　　　　　单位:元

科目代码	科目名称	期初余额		本期发生		期末余额	
		借方	贷方	借方	贷方	借方	贷方
1001	库存现金			100000.00	1600.00	98400.00	
1002	银行存款			500000.00	215000.00	285000.00	
1601	固定资产			18500.00		18500.00	
1701	无形资产			36000.00		36000.00	
1702	累计摊销				1000.00		1000.00
1801	长期待摊费用			60000.00	2500.00	57500.00	
2211	应付职工薪酬				10000.00		10000.00
4001	实收资本				500000.00		500000.00
4103	本年利润			15600.00		15600.00	
6602	管理费用			15600.00	15600.00		
	合计			745700.00	745700.00	511000.00	511000.00

复核:　　　　　　　　　　　制表:陈慧珊

图 5-14

第三节　错账更正

常用的会计错账更正方法有三种,分别是划线更正法、红字更正法、补充登记法。下面分别介绍每一种错账更正方法的特点。

一、划线更正法

划线更正法是最简单的方法,该方法是特定情况下使用的更正方法。发现错误时只需要用一条红色横线划去,表示注销,然后用蓝色字迹写上正确的数量与金额,最后盖章确认,明确责任。具体如图 5-15 所示。

应收账款明细账

会计科目名称或户名 __长春市华丰公司__

20XX年		记账凭证号数	摘要	借方	贷方	借或贷	余额
月	日			十万千百十元角分	十万千百十元角分		十万千百十元角分
5	1		期初余额				5 0 0 0 0 0
	2	3	应收货款	3 6 8 4 0 0 ~~6 3 8 4 0 0~~			8 6 8 4 0 0

图 5-15

关于划线更正法还是有许多需要注意的地方,比如划掉错误的数字时,需要划掉整笔数字,不能只画一个或者个别的数字,如图 5-16 所示。

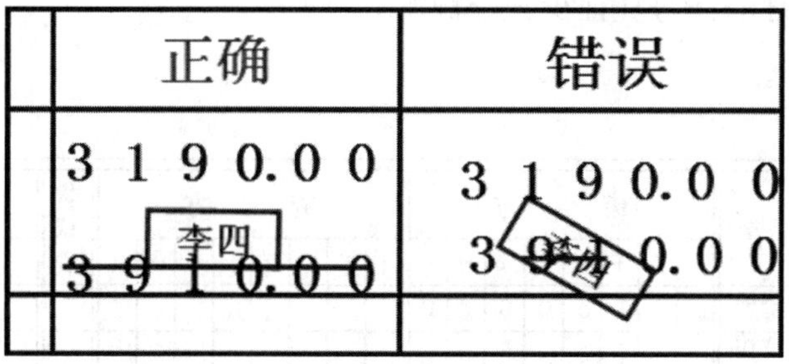

正确	错误
3 1 9 . 0 0 ~~3 9 1 0 0~~ 李四	3 1 9 . 0 0 ~~3 9~~ 李四 0 . 0 0

图 5-16

二、红字更正法

红字更正法是比较重要的方法,适用于因记账凭证错误而导致账簿记录发生错误的情形。常用于记账后发现账簿记录的错误,或记账后发现记账凭证和账簿记录的金额有错误。这时需要做两张记账凭证,一张红字冲销原错误的记账凭证和一张正确的记账凭证。

具体步骤如下:

第一步,编制一张与原错误凭证相同的红字金额凭证,并据以入账。

(注:日期填写编制红字凭证实际日期,编号按当前凭证顺序编号,摘要注明"冲销×月×日×类×号错误凭证"。)

第二步,编制一张正确的蓝字凭证,并据以登账。

(注:日期填写编制凭证实际日期,编号按当前凭证顺序编号,摘要注明"更正×月×日×号错误凭证"。)

如果记账后发现所记金额大于应记金额,然而会计科目和记账方向均正确,此时可编制一张与原错误凭证科目相同、金额为多记金额的红字凭证,并据以登记入账,以冲销原多记金额。

（注：摘要注明“冲销×月×日×号凭证多记金额”。）

红字更正法如图 5-17 所示。

户名 原材料

年		记账凭证号数		摘要	借方								贷方								借或贷	余额							
月	日				十	万	千	百	十	元	角	分	十	万	千	百	十	元	角	分		十	万	千	百	十	元	角	分
1	12	记	05	生产领用材料											1	5	0	0	0	0						略			
	15	记	10	冲销 1 月 12 日第 05 号凭证											1	5	0	0	0	0									

图 5-17

三、补充登记法

补充登记法是比较简单的方法，该方法针对的是金额错误，如原先的错误是金额漏记，那么当你发现时再写一张关于补充上面金额漏记的凭证，写上补充登记少计金额即可，其中需要注意的是用正常墨迹进行登记。具体方法是编制一张与原错误凭证科目相同、金额为少记金额的蓝字凭证，如图 5-18 所示。

（注：摘要注明“补充×月×日×号凭证少记金额”。）

户名 制造费用

年		记账凭证号数		摘要	借方								贷方								借或贷	余额							
月	日				十	万	千	百	十	元	角	分	十	万	千	百	十	元	角	分		十	万	千	百	十	元	角	分
1	12	记	05	生产领用材料			1	5	0	0	0	0														略			
	15	记	10	补充 12日第 05 号凭证少记金额			1	5	0	0	0	0																	

图 5-18

第六章　归纳总结——对账与结账

第一节　对　账

一、账证核对

账证核对是指核对会计账簿记录与原始凭证、记账凭证的时间、凭证字号、内容、金额是否一致，记账方向是否相符。

二、账账核对

账账核对是指核对不同会计账簿之间的账簿记录是否相符，包括内容如下：
(1) 总分类账簿有关账户的余额之间的核对。主要根据"资产=负债+所有者权益"的原理。
(2) 总分类账簿与所属明细分类账簿核对。
(3) 总分类账簿与序时账簿核对。
(4) 明细分类账簿之间的核对。如会计部门的实物资产明细账与财产物资保管部门的明细账核对。

三、账实核对

账实核对是指各项财产物资、债权债务等账面余额与实有数额之间的核对，包括内容如下：
(1) 现金日记账账面余额与库存现金数额是否相符。
(2) 银行存款日记账账面余额与银行对账单的余额是否相符。
(3) 各项财产物资明细账账面余额与财产物资的实有数额是否相符。
(4) 有关债权债务明细账账面余额与对方单位的账面记录是否相符。

四、财产清查

财产清查也是账实核对的一种方法。

(一) 正确认识财产清查

在已经完成账证、账账核对的基础上，为了使账上数据与企业的实际数据相一致，还要进行账实核对，即财产清查。财产清查的范围包括实物资产、货币资金、往来款项等的清查工作。

(二)财产清查的流程

财产清查流程,如图6-1所示。

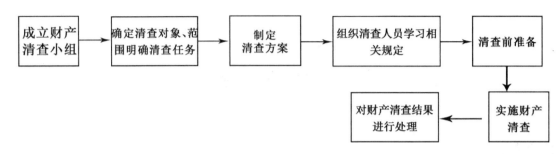

图6-1

(三)财产清查的方法

1.实物资产的清查

企业常见的实物资产包括存货、固定资产。其中存货包括库存商品、包装物、低值易耗品等。实物资产清查最常用的方法是实地盘点法。

实地盘点法就是通过实地盘点确定财产物资的实有数。盘点结束,将盘点的结果记入盘点报告表,同时将盘点报告表记录的实存数与账面结存数核对。发现账实不符时,需填写"对比结果"的信息,确定财产物资的盘盈、盘亏数,如表6-1所示。

表6-1 存货盘点表

单位名称: 填写日期: 年 月 日

存货名称	计量	账存		实存		盘盈		盘亏		备注
		数量	金额	数量	金额	数量	金额	数量	金额	

盘点人签章: 出纳人签章:

2.货币资金的清查(以银行存款为例)

银行存款一般通过与银行对账单核对的形式进行清查。在清查日可以直接到银行打印对账单,然后根据对账单进行核对。核对不符时,要查清情况,属于记录错误,就修改错误;属于未达账项,应编制银行存款余额调节表。

未达账项是指公司与银行之间对同一经济业务由于凭证传递上的时间差所形成的一方已登记入账,而另一方因未收到相关凭证尚未登记入账的事项。未达账项产生的原因及银行存款余额调节表,如图6-2所示。

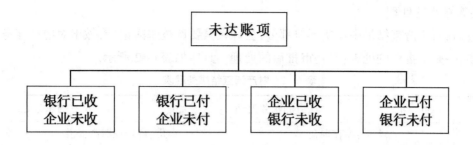

银行存款余额调节表

企业名称： 20XX年11月14日 单位：元

项目	金额	项目	金额
企业银行存款日记账余额	80,000.00	银行对账单余额	90,000.00
加：银行已收，企业未收	30,000.00	加：企业已收，银行未收	15,000.00
减：银行已付，企业未付	10,000.00	减：企业已付，银行未付	5,000.00
调节后余额	100,000.00	调节后余额	100,000.00
企业银行存款日记账余额试算	平	银行对账单余额试算	平

制单： 出纳：

图 6-2

3.往来款项的清查

往来款项的清查主要方式是函证，也就是通过发函给对方进行函证。对于"应收账款"明细科目为某某单位的，一般通过发对账单进行确认；对于明细科目为某某人的"其他应收款"，一般直接查看借款单据或与当事人进行核对。

清查往来款项时，清查人员应编制往来款项对账单，对于差异情况应查明原因，做出说明，如图6-3所示。

结 算 往 来 款 项 对 账 单
年 月 日

总分类账户		明细分类账户		清查结果			核对不符单位及原因				近日到期的票据	
名称	金额	名称	金额	核对相符金额	核对不符金额	核对不符单位	未达账项金额	争执款项金额	无法收回	无法支付	应收票据	应付票据

清查人员签章： 记账员签章：

图 6-3

4.财产清查结果的处理

财产清查后,对于清查结果中账实不符部分,会计人员要调整账簿记录,做出对应的账务处理。账务处理分为两步:一是审批前的处理;二是审批后的处理。具体如表6-2所示。

表6-2 财产清查结果处理表

种 类	时 期	盘盈的账务处理	盘亏的账务处理
库存现金清查	批准前	借:库存现金 　贷:待处理财产损溢	借:待处理财产损溢 　贷:库存现金
	批准后	借:待处理财产损溢 　贷:其他应付款/营业外收入	借:其他应收款/管理费用/营业外支出 　贷:待处理财产损溢
存货(原材料、库存商品等)清查	批准前	借:原材料/库存商品 　贷:待处理财产损溢	借:待处理财产损溢 　贷:原材料/库存商品
	批准后	借:待处理财产损溢 　贷:管理费用	借:管理费用/其他应收款/营业外支出 　贷:待处理财产损溢
固定资产清查	批准前	借:固定资产(重置成本) 　贷:以前年度损益调整	借:待处理财产损溢累计折旧 　贷:固定资产
	批准后	通过借记"以前年度损益调整"科目计算应纳所得税、调整利润分配等	借:其他应收款/营业外支出 　贷:待处理财产损溢

第二节 结 账

一、月 结

所谓月结就是在该月最后一笔经济业务下面画一条通栏单红线,在红线下"摘要"栏内注明"本月合计"或"本月发生额及余额"字样,在"借方"栏、"贷方"栏或"余额"栏分别填入本月合计数和月末余额,同时在"借或贷"栏内注明借贷方向。然后,在这一行下面再画一条通栏红线,以便与下月发生额划清界限,如图6-4所示。

管理费用

2019年		凭证号数	摘要	借方 百十万千百十元角分	贷方 百十万千百十元角分	借或贷	余额 百十万千百十元角分	办公费	工资	品牌使用费
月	日									
1	10	记-3	报销注册费	1 0 0 0 0 0	1 0 0 0 0 0	借	1 0 0 0 0 0	1 0 0 0 0 0		
1	11	记-4	购买花篮	5 0 0 0 0	5 0 0 0 0	借	1 5 0 0 0 0	5 0 0 0 0		
1	12	记-5	购买办公用品	6 0 0 0 0	6 0 0 0 0	借	2 1 0 0 0 0	6 0 0 0 0		
1	31	记-9	计提工资	1 0 0 0 0 0 0	1 0 0 0 0 0 0	借	1 2 1 0 0 0 0		1 0 0 0 0 0 0	
1	31	记-10	分摊品牌费	1 0 0 0 0 0	1 0 0 0 0 0	借	1 3 1 0 0 0 0			1 0 0 0 0 0
1	31	记-11	结转损益		1 3 1 0 0 0 0	平	0			
			本月合计	1 3 1 0 0 0 0	1 3 1 0 0 0 0	平	0	2 1 0 0 0 0	1 0 0 0 0 0 0	1 0 0 0 0 0

（加粗代表红色）

图 6-4

二、季结

通常在每季度的最后一个月月结的下一行，在"摘要"栏内注明"本季合计"或"本季度发生额及余额"，同时结出借、贷方发生总额及季末余额。然后，在这一行下面画一条通栏单红线，表示季结的结束，如图 6-5 所示。

应 交 税 费

本账页数
本户页数

未交增值税科目

20XX年		凭证		摘要	借方 亿千百十万千百十元角分	贷方 亿千百十万千百十元角分	借或贷	余额 亿千百十万千百十元角分
月	日	种类	号数					
4	30	记	8	结转增值税	2 7 9 5 0 0 0		借	2 7 9 5 0 0 0
				本月合计	2 7 9 5 0 0 0		借	2 7 9 5 0 0 0
5	31	记	10	结转增值税		1 9 3 7 0 0 0	借	8 5 8 0 0 0
				本月合计		1 9 3 7 0 0 0	借	8 5 8 0 0 0
6	30	记	11	结转增值税		3 1 0 4 6 3 4	贷	2 2 4 6 6 3 4
				本月合计		3 1 0 4 6 3 4	贷	2 2 4 6 6 3 4
				本季合计	2 7 9 5 0 0 0	5 0 4 1 6 3 4	贷	2 2 4 6 6 3 4

（加粗代表红色）

图 6-5

三、年结

年度终了，在"摘要"栏注明"本年累计"或"本年发生额及余额"，同时结出借、贷方发生额及期末余额。然后，在这一行下面划上通栏双红线，以示封账，如图 6-6 所示。

主营业务收入——甲产品

2019年		凭证		摘要	日期	借方	贷方	借或贷	余额
月	日	字	号			百十万千百十元角分	百十万千百十元角分		百十万千百十元角分
				承前页			3 7 4 9 1 0 0 0	贷	3 7 4 9 1 0 0 0
12	24	记	60	销售产品、收到部分货款			3 7 5 0 0 0	贷	3 7 8 6 6 0 0 0
	26	记	65	销售产品、款未收			3 0 0 0 0 0	贷	3 8 1 6 6 0 0 0
	29	记	69	销售产品、货款收存银行			1 2 0 0 0 0 0	贷	3 9 3 6 6 0 0 0
	31	记	81	结转本月收入		3 9 3 6 6 0 0 0		平	**0**
	31			本月合计		3 9 3 6 6 0 0 0	3 9 3 6 6 0 0 0	平	**0**
	31			本年累计		9 9 3 6 6 0 0 0	9 9 3 6 6 0 0 0	平	**0**

（通栏双红线） （加粗代表红色）

图 6-6

关于结账的划线规定总结，如图 6-7 所示。

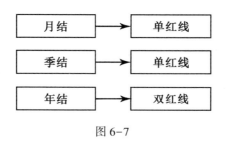

图 6-7

通常年度结账后还会涉及会计账簿的更换及保管问题。

（一）会计账簿的更换

会计账簿的更换通常在新会计年度建账时进行。总账、日记账和多数明细账应每年更换一次。备查账簿可以连续使用。会计账簿更换规定，如表 6-3 所示。

表 6-3　会计账簿更换规定

种　类	范　围
每年更换一次	总账、日记账、多数明细账
跨年度使用，不必每年更换	变动较小的明细账 备查账簿可以连续使用

（二）会计账簿的保管

年度终了，各类账户结转下年，建立新账后，一般都要把旧账送交总账会计统一管理。会计账簿暂由本单位财务会计部门保管一年，期满之后，由财务会计部门编制清册移交本单位的档案部门保管。各种账簿应当按年度分类归档，编制目录，妥善保管。既要保证在需要时能够迅速查阅，又要保证各种账簿的安全和完整。

第七章 工作总结——会计报告

第一节 资产负债表

一、资产负债表的概念与作用

资产负债表是反映企业在某一特定日期的财务状况的财务报表。它由资产、负债和所有者权益3个会计要素组成。资产负债表的作用主要有以下几方面：

(1)可以提供某一日期资产的总额及其结构，表明企业拥有或控制的资源及其分布情况。

(2)可以提供某一日期的负债总额及其结构，表明企业未来需要用多少资产或劳务清偿债务以及清偿期限。

(3)可以反映所有者所拥有的权益，可以据此判断资本保值、增值的情况以及对负债的保障程度。

二、资产负债表的结构

资产负债表一般为账户式结构，又称为水平式结构，分为左右两方，左边为资产，右边为负债和所有者权益。遵循的是"资产=负债+所有者权益"的逻辑关系。其资产项目按照资产的账户式流动性大小列示于报表的左方，分为流动资产和非流动资产两大项目，并根据其流动速度由快至慢将各项目按顺序排列。负债和所有者权益项目列示于报表的右方，一般按求偿权先后顺序排列，报表左右双方总计金额相等。其优点是资产、负债和所有者权益的恒等关系一目了然。资产负债表简易结构如图7-1所示。

资产负债表格式主要由表头和表体两部分组成。表头部分应列明报表名称、编制单位名称、资产负债表日和人民币金额单位；表体部分反映资产、负债和所有者权益的内容。

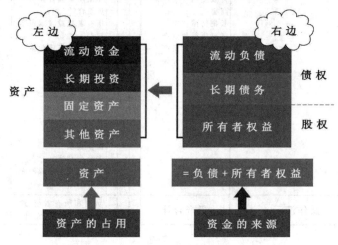

图7-1

三、资产负债表编制

(一) 资产负债表编制方法

资产负债表中因项目不同,编制方法也不一样。有根据总账编制,也有根据明细账编制;有根据几个科目的总账编制,也有根据几个月的明细账编制。资产负债表的编制方法如图7-2所示。

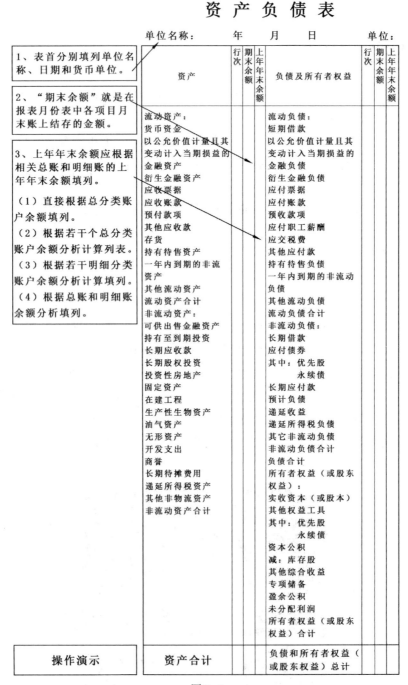

图 7-2

(二)资产负债表中各项目的填列方法

资产负债表各项目期末余额的填列方法总结,如表7-1所示。

表7-1 资产负债表各项目期末余额的填列方法

种 类	举 例
1.根据总账科目的余额填列	资产负债表中的有些项目,可直接根据总账科目的余额填列,如"短期借款""应付票据""应付职工薪酬"等项目
	需根据几个总账科目的期末余额计算填列,如"货币资金"需根据"库存现金""银行存款""其他货币资金"三个总账科目的期末余额的合计数填列
2.根据有关明细科目的余额计算填列	资产负债表中的有些项目,需要根据明细科目的余额计算填列。如"应收账款""预付账款""应付账款""预收账款"等项目
3.根据总账科目和明细科目的余额分析计算填列	资产负债表中的有些项目,需要根据总账和明细科目的余额计算填列。如"长期借款"项目,需根据"长期借款"总账科目余额扣除"长期借款"科目所属的明细科目中将在资产负债表日起一年内到期且企业不能自主地将清偿义务展期的长期借款后的金额填列
4.根据有关科目余额减去其备抵科目余额后的净额填列	如资产负债表中的"持有至到期投资""长期股权投资"等项目,应根据"持有至到期投资""长期股权投资"等科目的期末余额减去"持有至到期投资减值准备""长期股权投资减值准备"等科目余额后的净额填列;"固定资产"项目,应根据"固定资产"科目期末余额减去"累计折旧""固定资产减值准备"科目余额后的净额填列;"无形资产"项目,应根据"无形资产"科目期末余额减去"累计摊销""无形资产减值准备"科目余额后的净额填列
5.综合运用上述填列方法分析填列	如资产负债表中的"存货"项目,需根据"原材料""库存商品""委托加工物资""周转材料""材料采购""在途物资""发出商品""材料成本差异"等总账科目的期末余额的汇总数,再减去"存货跌价准备"科目余额后的净额填列

(三)资产负债表中项目填列示例

1."货币资金"的填列示例

资产负债表项目中"货币资金"的填列方法,如图7-3所示。

货币资金=库存现金总账期末余额+银行存款总账期末余额+其他货币资金总账期末余额

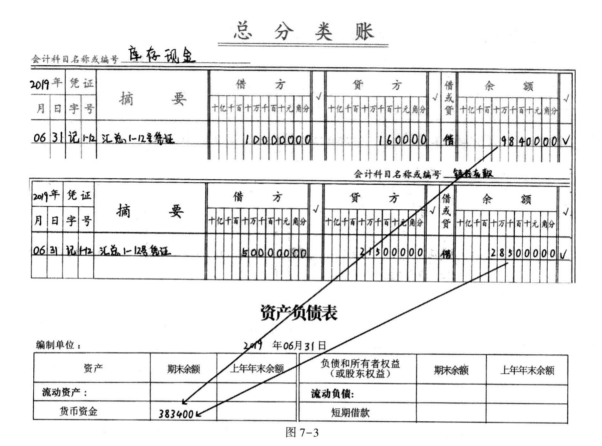

图 7-3

2."固定资产"的填列示例

资产负债表项目中"固定资产"的填列方法,如图 7-4 所示。

 固定资产=固定资产总账期末余额−累计折旧总账期末余额−固定资产减值准备总账期末余额

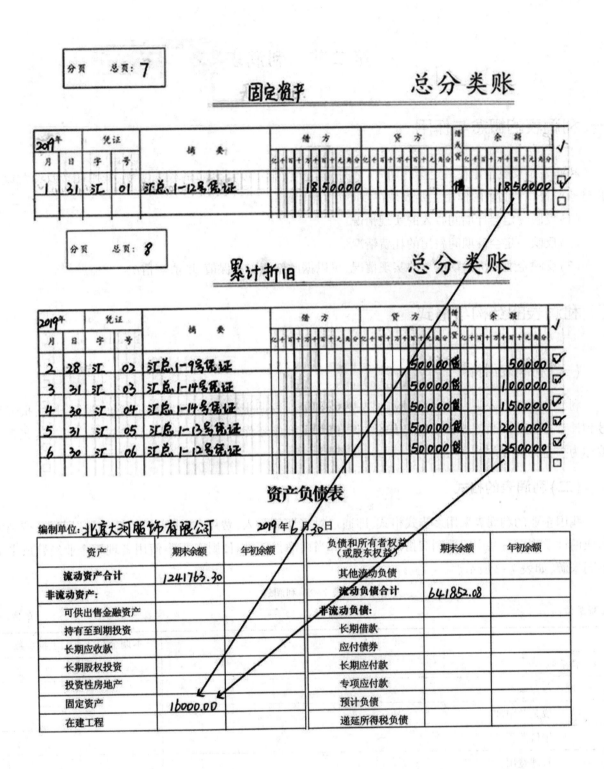

图 7-4

第二节 利润表

一、利润表的概念与作用

利润表是反映企业在一定会计期间(如月份、季度、半年度、年度)的收入实现、费用耗费及经营成果的财务报表。利润表的作用主要表现在以下几方面：

(1)反映一定会计期间收入的实现情况。
(2)反映一定会计期间费用的耗费情况。
(3)反映企业经济活动成果的实现情况,可以据此判断资本保值、增值等情况。

二、利润表的结构与格式

(一)利润表结构

利润表一般由表头、表体两部分组成。表头部分应列明报表名称、编制单位名称、编制日期、报表编号和计量单位等。表体部分是利润表的主体,列示了形成经营成果的各项目和计算过程,所以,这张表也被称为损益计算表。

(二)利润表的格式

我国企业的利润表采用多步式格式,即通过对当期的收入、费用、支出项目按性质加以归类,按利润形成的性质列示一些中间性利润指标,分步计算当期净损益,以便财务报表使用者理解企业经营成果的不同来源,如表7-2所示。

表 7-2 利润表

编制单位：　　　　　　　　　　　　　　年　　月　　　　　　　　　　　　　　单位:元

项　目	本期金额	上期金额
一、营业收入		
减：营业成本		
税金及附加		
销售费用		
管理费用		
研发费用		
财务费用		
其中：利息费用		
利息收入		
加：其他收益		

续表

项　目	本期金额	上期金额
投资收益（损失以"-"号填列）		
其中：对联营企业和合营企业的投资收益		
公允价值变动收益（损失以"-"号填列）		
资产减值损失（损失以"-"号填列）		
资产处置收益（损失以"-"号填列）		
二、营业利润（亏损以"-"号填列）		
加：营业外收入		
减：营业外支出		
三、利润总额（亏损总额以"-"号填列）		
减：所得税费用		
四、净利润（净亏损以"-"号填列）		
（一）持续经营净利润（净亏损以"-"号填列）		
（二）终止经营净利润（净亏损以"-"号填列）		
五、其他综合收益的税后净额		
（一）不能重分类进损益的其他综合收益		
1. 重新计量设定受益计划变动额		
2. 权益法下不能转损益的其他综合收益		
……		
（二）将重分类进损益的其他综合收益		
1. 权益法下可转损益的其他综合收益		
2. 可供出售金融资产公允价值变动损益		
3. 持有至到期投资重分类为可供出售金融资产损益		
4. 现金流量套期损益的有效部分		
5. 外币财务报表折算金额		
……		
六、综合收益总额		
七、每股收益		
（一）基本每股收益		
（二）稀释每股收益		

利润表中利润的构成层次可做如下划分，如图7-5所示。

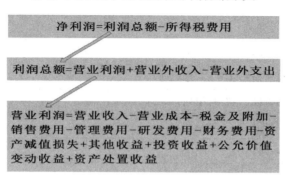

图 7-5

三、利润表的编制方法

(一)"上期金额"栏的填列方法

"上期金额"栏应根据上年该期利润表"本期金额"栏内所列数字填列。如果上年该期利润表规定的各个项目的名称和内容同本期不一致,应对上年该期利润表各项目的名称和数字按本期的规定进行调整,填入利润表"上期金额"栏内。

(二)"本期金额"栏的填列方法

(1)"本期金额"栏中"营业收入"应根据"主营业务收入"和"其他业务收入"的合计数填列。

假如本期无其他业务收入,根据"主营业务收入"填列"营业收入"的"本期金额"栏,如图 7-6 所示。

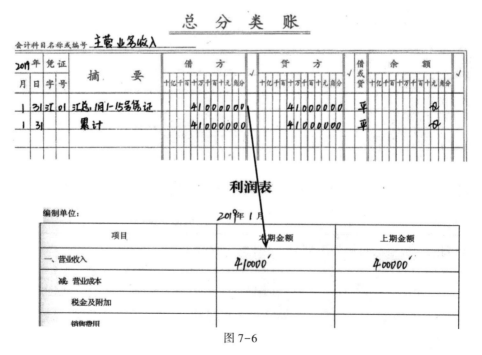

图 7-6

(2)"营业成本"应根据"主营业务成本"和"其他业务成本"的合计数填列。

(3)"税金及附加""销售费用""管理费用""研发费用""财务费用""资产减值损失""其他收益""投资收益""营业外收入""营业外支出""所得税费用"等科目的发生额分析填列。其中,"营业利润""利润总额""净利润"等项目根据该表中相关项目计算填列。

第三节 现金流量表、所有者权益变动表及报表附注

一、现金流量表

(一)现金流量表的概念

现金流量表是用于反映一定期间内企业现金及现金等价物的增减变动情况的报表。

(二)现金流量表的结构

现金流量表采用报告式结构,分类反映经营活动、投资活动和筹资活动产生的现金流量,最后汇总反映企业某一期间现金及现金等价物净增加额,现金流量表主要内容分为六大块。框架结构如表7-3所示。

表7-3 现金流量表结构

编制单位: 　　　　　所属期:　年　月　日　　　　　　　　　　单位:元

项　目	本期金额	上期金额
一、经营活动产生的现金流量:		
二、投资活动产生的现金流量:		
三、筹资活动产生的现金流量:		
四、汇率变动对现金的影响:		
五、现金及现金等价物净增加额		
六、期末现金及现金等价物余额		

现金流量表最常用的项目主要是经营活动、投资活动和筹资活动所产生的现金流量,其具体的项目及框架关系,如图7-7、图7-8所示。

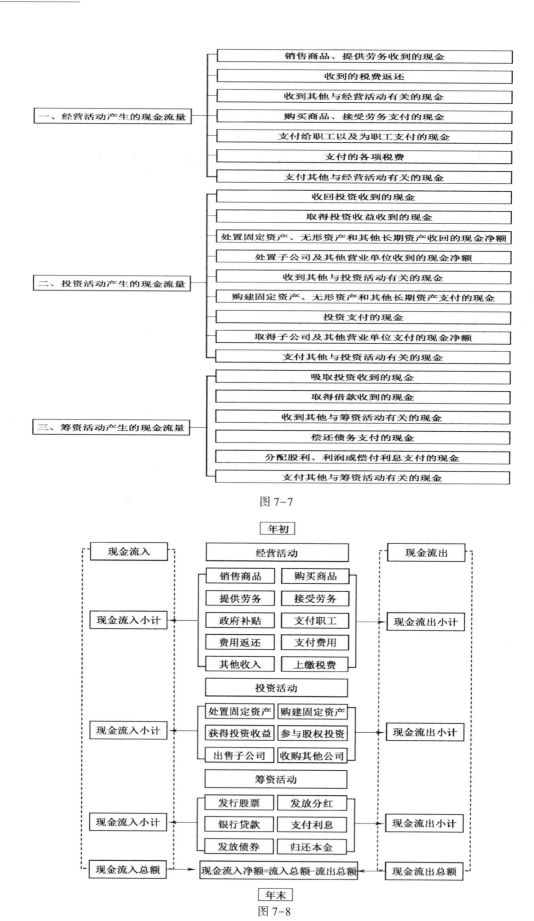

图 7-7

图 7-8

(三) 现金流量表的编制

1.填写基础信息

企业编制现金流量表前,应先填写现金流量表的基础信息,包括编制单位名称、会计期间、计量单位。

2.填写现金流量信息

现金流量信息主要应填写四大现金流量项目的发生额,并计算出净现金流量及余额。四大现金流量项目是指经营活动、投资活动、筹资活动所产生的现金流量以及汇率变动对现金等价物的影响。

资产负债表、利润表和现金流量表之间的钩稽关系,如图7-9所示。

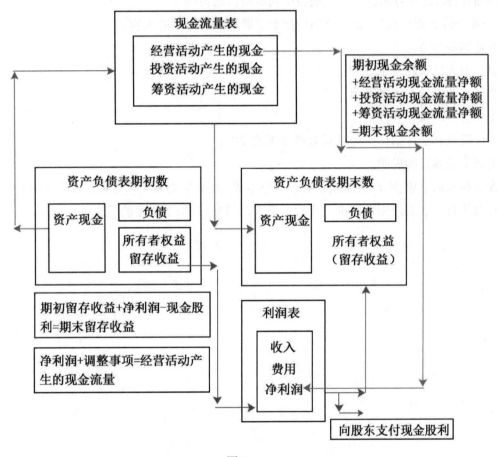

图 7-9

二、所有者权益变动表

(一) 所有者权益变动表的格式和内容

所有者权益变动表反映企业年末所有者权益变动的情况。应在一定程度上体现企业综合收益的特点,除列示直接计入所有者权益的利得和损失外,还包含最终属于所有者权益变动的净利润,从而构成企业的综合收益。

(二) 所有者权益变动表的编制方法

所有者权益变动表各项目应当根据当期净利润、直接计入所有者权益的利得和损失项目、所有者投入资本和向所有者分配利润、提取盈余公积等情况分析填列。

三、附　注

财务报表附注是对在资产负债表、利润表、现金流量表和所有者权益变动表等报表中列示项目的文字描述或明细资料,以及对未能在这些报表中列示项目的说明等。

根据企业会计准则的规定,企业应当按照如下顺序披露附注的内容:

(1)企业的基本情况。

(2)财务报表的编制基础。

(3)遵循企业会计准则的声明。

(4)重要会计政策和会计估计。

(5)会计政策和会计估计变更以及差错更正的说明。

(6)重要报表项目的说明。

(7)或有和承诺事项、资产负债表日后非调整事项、关联方关系及其交易等需要说明的事项。

(8)有助于财务报表使用者评价企业管理资本的目标、政策及程序的信息。

第八章 会计档案

会计档案是指会计凭证、会计账簿、财务会计报告等会计核算专业资料。它是记录和反映经济业务的重要资料和证据。

一、四类要归档的会计资料

新《会计档案管理办法》所称会计档案,是指单位在进行会计核算等过程中接收或形成的,记录和反映单位经济业务事项的,具有保存价值的文字、图表等各种形式的会计资料,包括通过计算机等电子设备形成、传输和存储的电子会计档案。下列会计资料应当进行归档。

(1)会计凭证,包括原始凭证、记账凭证。

(2)会计账簿,包括总账、明细账、日记账、固定资产卡片账及其他辅助性账簿。

(3)财务会计报告,包括月度、季度、半年度、年度财务会计报告。

(4)其他会计资料,包括银行存款余额调节表、银行对账单、纳税申报表、会计档案移交清册、会计档案保管清册、会计档案销毁清册、会计档案鉴定意见书及其他具有保存价值的会计资料。

二、只建电子档案的会计资料需符合的条件

为确保电子会计档案的真实、完整、可用、安全,对于电子会计资料仅以电子形式归档保存的,新《管理办法》提出了如下要求:

(1)形成的电子会计资料来源真实有效,由计算机等电子设备形成和传输。

(2)使用的会计核算系统能够准确、完整、有效接收和读取电子会计资料,能够输出符合国家标准归档格式的会计凭证、会计账簿及财务会计报表等会计资料,设定了经办、审核、审批等必要的审签程序。

(3)使用的电子档案管理系统能够有效接收、管理、利用电子会计档案,符合电子档案的长期保管要求,并建立了电子会计档案与相关联的其他纸质会计档案的检索关系。

(4)采取有效措施,防止电子会计档案被篡改。

(5)建立电子会计档案备份制度,能够有效防范自然灾害、意外事故和人为破坏的影响。

(6)形成的电子会计资料不属于具有永久保存价值或者其他重要保存价值的会计档案。

(7)电子会计资料附有符合《中华人民共和国电子签名法》规定的电子签名。

注:以上要求中,第(1)(7)项规定是确保电子会计档案的真实,第(2)(3)(6)项是确保电子会计档案的准确、完整、可用,第(4)(5)项规定是确保电子会计档案的安全。单位内部生成的电子会计资料仅以电子形式归档保存,必须同时满足第(1)至(6)项规定;单位外部接收的电子会计资料仅以电子形式归档保存,必须同时满足第(1)至(7)项规定。

三、会计档案保管期限

会计档案保管期限,如表 8-1 所示。

表 8-1 会计档案保管期限表

序号	档案名称	保管期限	备注
一	会计凭证		
1	原始凭证	30 年	
2	记账凭证	30 年	
二	会计账簿		
3	总账	30 年	
4	明细账	30 年	
5	日记账	30 年	
6	固定资产卡片		固定资产报废清理后保管 5 年
7	其他辅助性账簿	30 年	
三	财务会计报告		
8	月度、季度、半年度财务会计报告	10 年	
9	年度财务会计报告	永久	
四	其他会计资料		
10	银行存款余额调节表	10 年	
11	银行对账单	10 年	
12	纳税申报表	10 年	
13	会计档案移交清册	30 年	
14	会计档案保管清册	永久	
15	会计档案销毁清册	永久	
16	会计档案鉴定意见书	永久	

为便于单位档案的统一管理,并结合会计档案的实际利用需求,新《会计档案管理办法》将会计档案的定期保管期限由原 3 年、5 年、10 年、15 年、25 年五类调整为 10 年、30 年两类,并将原附表 1,2 中保管期限为 3 年、5 年、10 年的会计档案统一规定保管期限为 10 年,将保管期限为 15 年、25 年的会计档案统一规定保管期限为 30 年。其中会计凭证、会计账簿等主要会计档案的最低保管期限已延长至 30 年,其他辅助会计资料的最低保管期限延长至 10 年。会计档案的保管期限,从会计年度终了后的第一天算起。

四、会计档案的移交销毁程序

(一) 会计档案的移交

移交会计档案的单位,应当编制会计档案移交清册,列明应当移交的会计档案名称、卷号、册数、起止年度、档案编号、应保管期限和已保管期限等内容。

交接会计档案时,交接双方应当按照会计档案移交清册所列内容逐项交接,并由交接双方的单位有关负责人负责监督。交接完毕后,交接双方经办人和监督人应当在会计档案移交清册上签名或盖章。

电子会计档案应当与其原数据一并移交,特殊格式的电子会计档案应当与其读取平台一并移交。档案接受单位应当对保存电子会计档案的载体及其技术环境进行检验,确保所接收的电子会计档案的准确、完整、可用和安全。

(二) 会计档案的销毁程序

新《会计档案管理办法》规定,单位应当定期对已到保管期限的会计档案进行鉴定,并形成会计档案鉴定意见书。经鉴定,仍需继续保存的会计档案,应当重新划定保管期限;对保管期满,确无保存价值的会计档案,可以销毁。

会计档案鉴定工作应当由单位档案管理机构组织单位会计、审计、纪检监察等机构或人员共同进行。经鉴定可以销毁的会计档案,应当按照以下程序销毁:

(1) 单位档案管理机构编制会计档案销毁清册,列明拟销毁会计档案的名称、卷号、册数、起止年度、档案编号、应保管期限、已保管期限和销毁时间等内容。

(2) 单位负责人、档案管理机构负责人、会计管理机构负责人、档案管理机构经办人、会计管理机构经办人在会计档案销毁清册上签署意见。

(3) 单位档案管理机构负责组织会计档案销毁工作,并与会计管理机构共同派员监销,设监销人。

对于电子会计档案的销毁还应当符合国家有关电子档案的规定,并由单位档案管理机构、会计管理机构和信息系统管理机构共同派员监销。

第九章 财务软件的应用

一、财务软件的简介

（一）软硬件要求

1.软件配置

（1）操作系统无要求，Windows、MACOS等均可。

（2）数据库无要求，使用的财务软件为云端模式的，无需安装本地数据库。

（3）浏览器最好为谷歌浏览器或谷歌核心类型的浏览器，如猎豹浏览器、360极速浏览器、QQ浏览器、搜狗浏览器、世界之窗浏览器等。

> 小提示：不推荐使用IE低版本浏览器，否则会出现某些模块兼容问题造成无法查看界面、无法录入数据、无法正常打印预览等现象！

2.硬件配置

（1）电脑主机无明确配置要求，能流畅登录网页即可。

（2）电脑屏幕分辨率1024×768及以上，推荐宽屏1366×768、正屏1280×1024及以上。

（3）网络硬件具备互联网登录条件，带宽8M及以上。

（二）角色功能

（1）管理员：初始手机号注册，即为管理员，同时拥有管理员、会计主管、会计的角色权限（会计主管、会计角色可指定或移交给其他用户）。

（2）会计主管：删除账套、审核凭证（需在账套管理中开通审核凭证功能）——在设置→财税设置勾选一下凭证是否审核。【会计主管的制单，管理员没有权限修改删除，只有浏览的权限，只有会计主管可以修改删除，哪怕之前的会计主管离职交接给新的会计主管，新的会计主管也是可以修改之前会计主管的制单】。

（3）会计：凭证、账簿、报表、固定资产、报税等财税新增、编辑、删除功能。发票、日记账功能若移交给出纳角色，则会计角色可以查看、编辑和删除。

（4）出纳：默认拥有日记账权限，可被分配发票权限（详见角色设置章节）。

（5）角色自定义权限设置，可自定义会计、出纳、老板、角色权限（设置→权限管理→权限设置→编辑角色），如图9-1所示。

第九章　财务软件的应用

图 9-1

(三)财务软件主界面展示

财务软件主界面的功能展示,如图 9-2 所示。

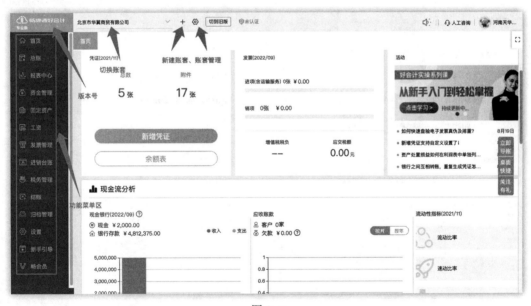

图 9-2

二、账套管理

(一) 新建账套

账号第一次登录,会默认出现建账界面,以后可以点击主界面账套名称的右侧的 ⊕ 按钮新建账套,或者点击账套管理按钮 ⚙ ,在账套管理中单击"新建账套"按钮,如图 9-3 所示。

图 9-3

点击"新建账套"按钮,出现如图 9-4 所示新建账套界面。根据企业相应信息填写或选择。

图 9-4

(1)账套名称:新建账套的名称,会显示在财务软件首页左上方的账套下拉菜单里,供切换账套选用。

(2)会计制度:财务软件目前支持 6 种会计制度(《2007 企业会计准则》《2013 小企业会计准则》《民间非营利组织会计制度》《工会会计制度》《农民专业合作社会计制度》《村集体经济组织会计制度》。

(3)建账期间:建立当前账套的启用年月。

(4)纳税性质:根据增值税纳税人划分的两类纳税人身份,财务软件会根据纳税人身份进行相应的涉税风险提醒,并预制对应的增值税明细科目。

(5)是否需要审核:若凭证需要审核,则选择是,否则选否。审核凭证功能需要在权限管理界面,指定会计主管,由此主管登录后在【总账→查看凭证】界面审核凭证。

(6)凭证类型:记账凭证或收、付、转凭证,创建凭证后,不可修改。如想修改,需删除所有凭证后修改。

(7)立即开通启用发票及一键报税功能:勾选及开通发票和报税功能,发票功能用于增值税一般纳税人管理销项发票与可抵扣的进项发票使用。报税功能用于所有纳税人提交财税报表之用。

(8)纳税识别号、所属行业、报税地区:企业涉税相关信息需正确填写,用于判别相关涉税信息,特别是纳税人识别号,用于发票功能判别销项、进项发票。

> 小提示:企业涉税信息已经跟芝麻信用大数据信息联网,可通过企业名称关键词,自动搜索匹配涉税信息。效果反而会更好。

(二)编辑、删除账套

点击首页上方的"账套管理"按钮,可打开账套管理界面,对账套进行编辑、删除操作。只有管理员、会计主管身份,才会出现"删除"账套的按钮,如图9-5所示。

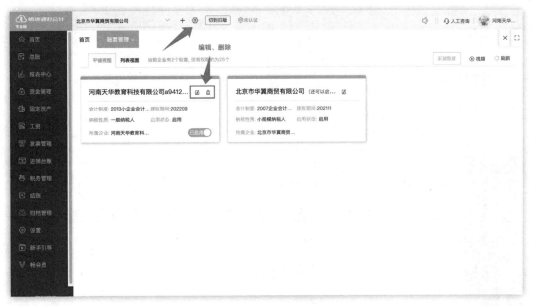

图9-5

(三)隐藏账套

操作方法:打开财务软件,进入总账→查看凭证,按快捷键"Ctrl+Alt+U",可打开"我的工作台"界面,根据需要对已有账套进行隐藏或显示操作。

点击右侧"操作"区域的按钮,即可将对应行次的账套进行隐藏处理。

后期想操作隐藏账套,可再次点击隐藏按钮,将账套显示出来,即可在界面上方的账套选择下拉菜单中看见此账套名称。

以上操作界面,如图9-6所示。

图 9-6

三、期初设置

(一) 科目期初设置

科目期初设置的操作界面,如图 9-7 所示。

图 9-7

第一步,科目根据建账时选择的会计制度预制会计科目。

(1)上方有科目类别标签,方便快速切换不同类别的科目区域。

(2)若建账月份已经结账,科目期初界面会显示"已结账"提示,所有数据锁定。

(3)右上角有"试算平衡"按钮,可对科目期初数据、累计发生数试算平衡。

(4)出现"数量外币"按钮,则表示有科目设置了数量、外币核算,通过此按钮填写期初数据,出现"数量金额"按钮,则表示有科目设置了数量核算。

(5)"新增"按钮,可以新增一级会计科目。

(6)"导入"按钮,可以按指定模版文件导入科目期初信息,模版在导入界面下载。

第二步,编码设置。

(1)点击"科目编码"边的齿轮按钮,可以打开"科目编码设置界面",支持5级科目,1级科目编码长度为4位,不可调整,2级、3级、4级、5级和6级科目编码长度默认为2位,可调整成3位或4位,如图9-8所示。

图 9-8

(2)新增一级科目:点击右上角"新增"按钮,新增一级会计科目,新增后需要手工调整财税报表的取数公式(详见报表章节的操作介绍)【建议严格根据会计制度要求使用一级科目,便于生成符合要求的会计报表】。

(3)新增下级科目:鼠标移动到希望添加下级科目的行次,会在科目编码栏目右侧出现功能按钮,点击"+"按钮即可打开添加下级科目界面,录入科目信息后,保存即可。

红色★标识的项目:科目编码、科目名称,为必填项目;科目编码的上级科目代码不可编辑。

如图 9-9、图 9-10 所示。

图 9-9

图 9-10

(4)编辑科目:鼠标移动到希望添加下级科目的行次,会在科目编码栏目右侧出现"编辑科目"按钮,点击可打开科目编辑界面,与新增科目界面类似。

科目编码位数必须符合科目编码规则。如需增加科目编码长度,可直接去科目编码界面调整。

操作界面如图9-11所示。

图 9-11

(5)批量添加下级科目:鼠标移动到科目行次,在科目编码栏目右侧"…"按钮,可弹出"批量添加下级科目"按钮,点击后出现批量添加科目界面,如图9-12、图9-13、图9-14所示。

第九章　财务软件的应用　107

图 9-12

图 9-13

图 9-14

(6)禁用科目:鼠标移动到科目行次,在科目编码栏目右侧"…"按钮,可弹出"禁用科目"按钮,点击后,此科目会被禁用,在凭证编辑界面,已禁用的科目无法被找到,如图9-15所示。

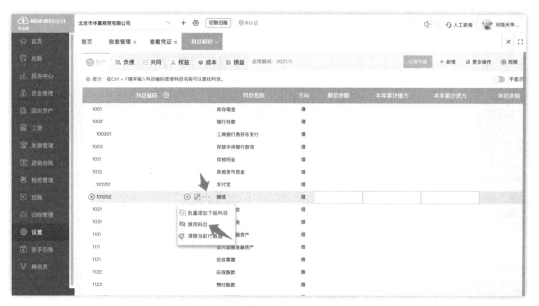

图9-15

若此科目之前,本期有过科目发生数,此科目不会在明细账或余额表隐藏起来,依然会显示数据。但是在【设置→科目期初】界面禁用的科目可以隐藏。

上级科目被设置禁用,下级科目也会被禁用。

(7)删除科目:鼠标移动到科目期初的科目行次上,科目代码前方会出现"×"按钮,点击可删除科目。

若此科目期初、本期有科目数据,则不允许删除科目,需清空数据后删除。财务软件根据会计制度预制的科目,不允许删除。

操作界面如图9-16所示。

图9-16

(8)导入期初:建账时若有大量期初数据,可以使用导入的方法批量操作。先设置自定义科目,然后进入导入界面,下载指定模版,录入数据后导入期初数据。期初数据支持外币、数量核算,如图9-17、图9-18所示。

图 9-17

图 9-18

> 小提示:一般填写数据都是填写在本位币那一栏。

(二) 数量核算

1.数量核算、外币核算设置

新增科目、编辑科目界面,可以设置数量金额核算、外币金额核算。在科目编辑界面,填写数量单位,选择外币符号,即可设置此科目为数量核算、外币核算。

(1)数量核算与"存货"辅助核算冲突,不可同时使用。因为存货辅助核算,默认使用了数量单位核算。

（2）数量核算与外币核算可分别使用或同时使用。

（3）数量核算单位录入一次后，可被记忆，方便以后调用。

（4）外币符号可通过关键字快速检索。

操作界面如图 9-19 所示。

图 9-19

2.数量外币期初数据录入

设置好科目的数量核算、外币核算后，在科目期初界面右上方，会出现"数量外币"按钮，点击可打开数量核算、外币核算的科目期初金额录入界面，如图 9-20、图 9-21 所示。

图 9-20

第九章 财务软件的应用

图 9-21

(三) 辅助核算

第一步,辅助核算设置。新建科目或编辑科目界面(最下方),可以勾选辅助核算项目,设置此科目为辅助核算科目。专业版,支持多辅助核算项目勾选,如图 9-22 所示。

图 9-22

第二步,设置辅助核算项目档案,在"设置→辅助核算"栏目中按类别添加,如图 9-23 所示。

图 9-23

(1)档案界面左上方,有辅助核算大类的标签(如红框所示)。

(2)辅助核算档案的编码由系统自动生成,也可以按需要修改。

(3)辅助核算"状态"选中"可用状态",在凭证录入界面可以被检索到;未勾选,会在凭证编辑界面隐藏显示。

(4)不同的辅助核算类别项目,会有不同的表头信息,可根据需要填写。

(5)通过进项销项发票,可以自动生成辅助核算的客户、供应商档案的企业、纳税人识别号信息。

第三步,设置过辅助核算的科目,在凭证编辑界面,如图 9-24 所示选择辅助核算项(在选择界面,也可以直接增加新的辅助核算档案)。

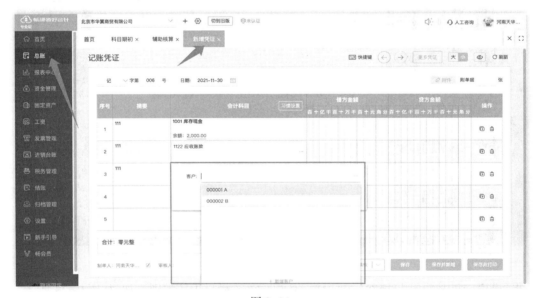

图 9-24

(四)试算平衡

填写科目期初余额数据后,可点击右上方的"试算平衡"按钮,检测期初余额数据是否平衡,如图 9-

25 所示。

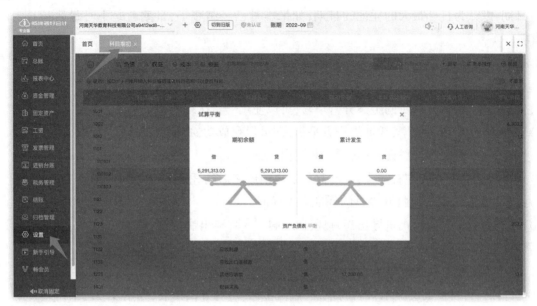

图 9-25

当初录数据有成本、费用数据时，会显示资产负债表不平衡，此为正常现象，待本月期末结转到损益后，即可恢复正常；资产明细和期初，提示不平衡，需检查科目期初界面的固定资产原值、累计折旧数，与"固定资产"模块档案中各项固定资产的原值、累计折旧合计是否一致。

四、总账

(一) 凭证管理

1. 新增凭证

操作方法：总账→新增凭证，界面如图 9-26 所示。

图 9-26

(1)凭证编号:自动生成,可以修改,但不能与本月的其他凭证重复,必填项。

(2)日期:默认为日期最大的凭证的日期,如果本月已经结账了,日期就是下月最后一日,日期可修改,必填项。

(3)摘要:简明扼要说明经济业务,必填项。

(4)会计科目:可通过科目编码、名称、拼音过滤出科目,被禁用的科目不会出现。

(5)借贷金额:借贷方科目的金额分行填写,可以使用"="按键找平。

(6)保存凭证:均填写完毕,凭证借贷方平衡,即可保存成功,必填项。

(7)保存并新增:保存此凭证,并新增一张空白凭证。

(8)点击凭证右上方的左右箭头,翻看此凭证之前或之后的凭证。

(9)点击"凭证列表",可打开本月的凭证列表界面。

(10)在查看凭证界面可批量导出当月凭证 excel 文件,导出快捷键:Ctrl+Shift+Y;凭证导入快捷键:Ctrl+Y;需在"总账→查看凭证"界面使用。

(11)新增凭证批量修改制单人功能。

选择科目后,科目下面会显示科目的余额,点击金额,可打开余额表,如图 9-27 所示。

图 9-27

模糊检索科目:传统财务软件中录入凭证科目,可以输入科目代码、科目中文,智能云财务管理软件中,还可以通过科目中文的汉语拼音首字母直接检索科目,如"应付账款"科目直接可以录入"YFZK"精确检索到,或者"YF"模糊检索"应付、研发、预付"等相同汉语拼音首字母的科目,提高筛选效率,如图 9-28所示。

图 9-28

摘要为必填项,使用过的摘要,会在以后新增凭证时被模糊检索出来,提高效率,如图 9-29 所示(凭证模版介绍详见下一节内容)。

图 9-29

凭证快捷键,有助于提高填制凭证效率,新增凭证右上方,鼠标移动到小键盘图标位置,会有快捷键的介绍,如图 9-30 所示。

修改制单人名称:登录财务软件→总账→查看凭证→批量操作→批量编辑→修改制单人名称,如图 9-31、图 9-32 所示。

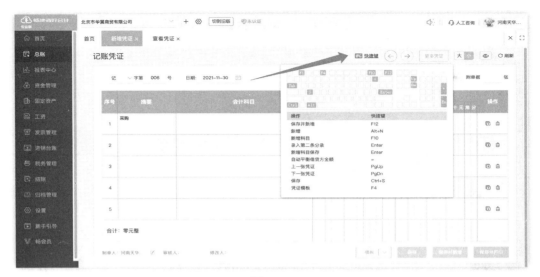

图 9-30

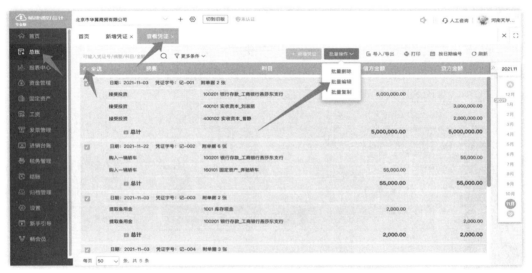

图 9-31

图 9-32

2.凭证模板

凭证模版是为提高会计实务中大量重复出现的业务填制凭证效率,提供"凭证模版"功能来替代传统财务软件中的"凭证复制"功能。允许新增凭证模版供以后直接调用。

使用凭证模版有以下几种方法。

(1)凭证界面新增模版:打开"新增凭证"界面,录入"摘要、科目、金额",单击下方"模版→存为模版",即可保存新模版,并为新模版命名,如图9-33、图9-34所示。

图9-33

图9-34

勾选存为模版界面的"保存金额"选项时,凭证的金额也会被保存进模版,以后调用模版时,金额也被一起带出。

(2)模版管理界面新增模版:在新增凭证界面,点击"模版→使用模版"按钮,打开"凭证模版"界面,点击"新增模版"按钮,也可打开新凭证模版编辑界面,填制完成后,保存即可。

(3)调用模版方法。

首先,录入凭证摘要调用模版:新增凭证界面,录入摘要,若关键字与模版名称一致,则会提示有模版可用,直接选择摘要文字后有"模版"标识的摘要选项,即可快速调用模版,如图9-35所示。

图9-35

其次,在模版管理界面选择调用模版:新增凭证界面,鼠标点击"模版→使用模版"按钮,打开"凭证模版"界面,即可根据需要选择凭证模版,如图9-36所示。

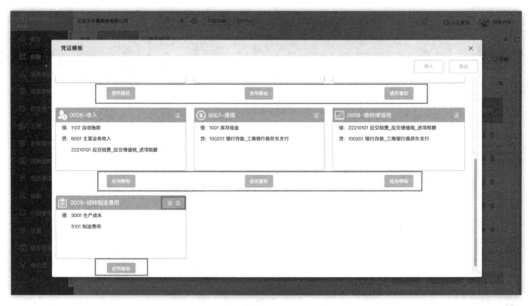

图9-36

在凭证模版界面,可以点击模版右上方的"编辑"或"删除"按钮,对模版进行修改和删除操作。

3.凭证列表

操作方法:总账→查看凭证,或在新增凭证界面点击"更多凭证"按钮,都可以打开查看凭证列表界面,如图9-37、图9-38所示。

凭证模糊搜索,可通过凭证中的任意字符模糊搜索所需凭证,如图9-39所示。

图 9-37

图 9-38

图 9-39

凭证精确搜索,点击"更多条件"按钮,即可出现精确搜索条件选项界面,可通过多种项目及多种项目组合条件,搜索所需凭证,如图9-40所示。

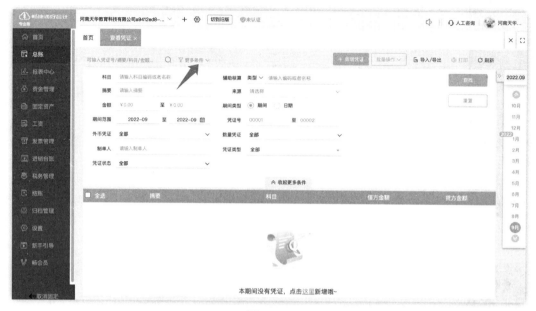

图9-40

凭证期间查询,凭证列表界面上侧,提供凭证期间时间轴,方便快速在当期与之前11个月的凭证列表中快速切换。若希望查看更久之前的凭证列表,可通过最上方的"自定义"按钮,快速跳转年份、月份,如图9-41所示。

图9-41

凭证修改、删除、插入:鼠标移动到某张凭证列表栏次,栏目右上方会出现"修改、删除、插入"按钮,实现编辑凭证、删除凭证、在当前凭证之前插入一张凭证的功能操作;若全选凭证,可以直接批量删除凭证,如图9-42所示。

图 9-42

整理断号:当凭证出现断号时,在查看凭证界面右上方,会出现"整理断号"按钮,一键按当前凭证顺序整理断号凭证。当凭证日期乱序时,会自动出现"按日期编号"按钮,点击可自动根据凭证日期重新排序凭证,如图 9-43 所示。

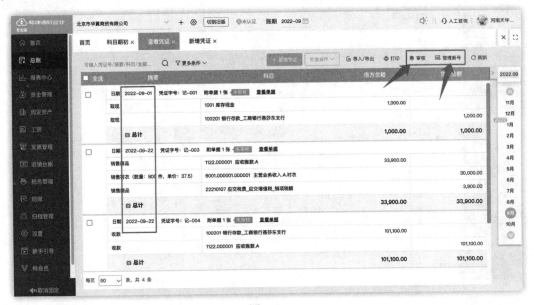

图 9-43

凭证打印(单张):鼠标移动到某张凭证列表栏次,栏目右上方会出现"打印"按钮,实现单张凭证打印,如图 9-44 所示。

图 9-44

凭证打印(批量):在凭证列表界面,勾选"全选"或部分凭证,单击右上角"打印"按钮,可实现指定凭证批量打印功能,如下图 9-45 所示。

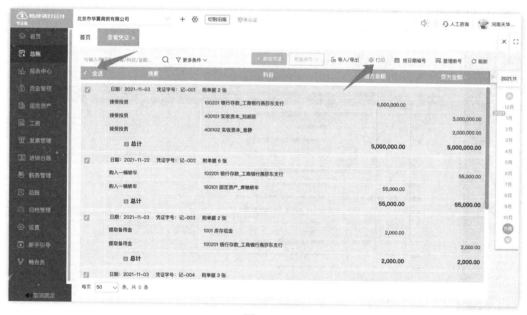

图 9-45

凭证打印格式:选择打印凭证后,会出现凭证打印格式选择界面,目前支持以下三种打印方式,如图 9-46所示。

(1)PDF 打印:以 A4 纸为打印耗材,打印凭证所有内容。

(2)专业打印:以特殊宽高的 A4 纸或发票纸,打印凭证所有内容(需下载打印插件)。

(3)专业套打:适应指定的金额式专业套打凭证纸(需下载打印插件)。

操作界面如图 9-46 所示。

> 小提示：推荐使用360浏览器（谷歌核心）打印凭证，可以直接预览凭证打印效果。若使用IE浏览器预览打印，需提前安装PDF阅读插件。

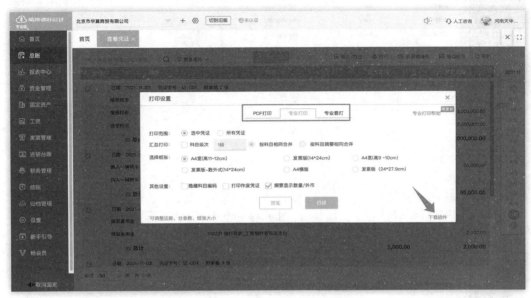

图9-46

凭证删除（批量）：在凭证列表界面，勾选"全选"或部分凭证，单击右上角"删除凭证"按钮，可实现指定凭证批量删除功能，如图9-47所示。

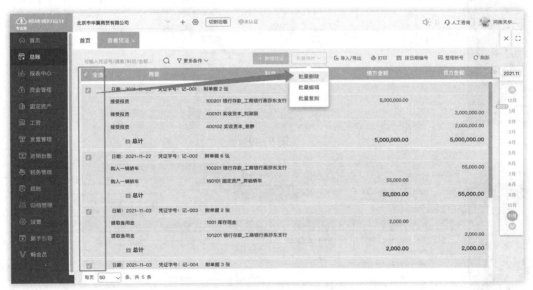

图9-47

4.智能凭证中心

操作方法：总账→智能凭证中心，如图9-48所示。

可以通过发票、日记账的数据，智能生成凭证。发票生成凭证：一般用于生成销售凭证和包含进项税额的凭证。日记账生成凭证：一般用于非销项、非进项的费用类凭证生成。

发票、日记账、各模块的"查看"按钮，查看当前通过发票、日记账已生成的凭证信息，对应显示每条记录与生成凭证的编号，如图9-49，图9-50所示。

图 9-48

图 9-49

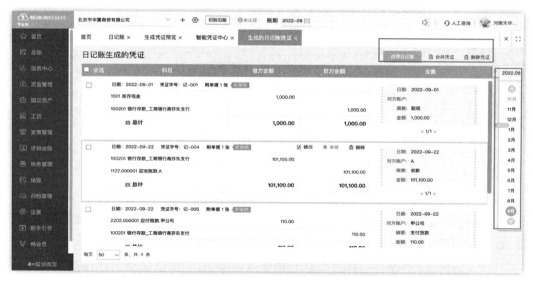

图 9-50

界面右侧选择生成凭证的日期区间(如果是当月数据,则无需选择),右上方可以删除勾选凭证、合并勾选的同类别凭证。

(1)发票生成凭证:

点击发票生成凭证"去生成"按钮,进入选择发票界面,如图9-51所示。

图 9-51

可通过左上方的"销项发票""进项发票""采购发票"按钮选择发票类别。可点击右侧的时间轴,选择发票所属月份,精确筛选发票时间范围,如图9-52所示。

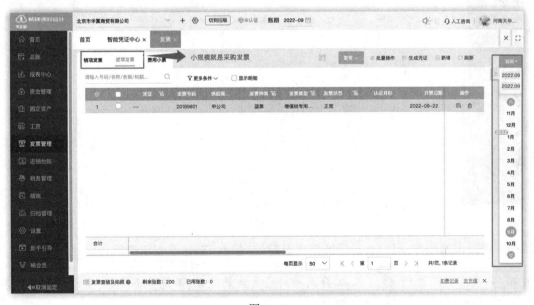

图 9-52

选中需要生成凭证的发票栏次,点击"生成凭证"按钮,出现凭证预览界面,如图9-53所示。

图 9-53

对应发票与凭证模板,如果适配错误,可以手工点击"选择"按钮调整模板,然后点击"生成凭证"按钮,查看最终凭证结果,如图 9-54 所示。

图 9-54

如果有需要微调的地方,可以点击凭证栏次右侧的"修改"按钮修改正确后再保存。

小提示:如果有商品名称、供应商、客户名称对应失败的凭证,系统也会提示,要求回到上个界面,重新指定名称或新建明细科目解决,再生成凭证。

此时回到发票生成的凭证界面,就可以看到凭证已经顺利生成了,如图 9-55 所示。

(2)发票生成日记账:

点击发票界面的发票,结算科目选择银行或现金账户,如结算方式已选择现金或银行账户则日记账记录不可删除,若需修改,需到日记账界面将记录删除,如下图 9-56、图 9-57 所示。

第九章 财务软件的应用

图 9-55

图 9-56

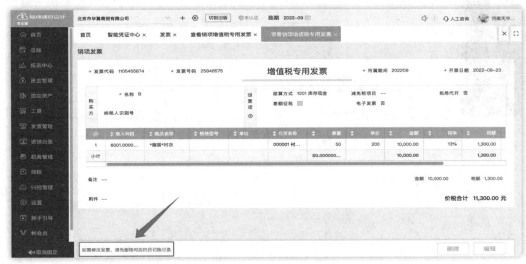

图 9-57

由发票界面勾选发票生成凭证，其发票凭证生成日记账界面的凭证同步生成同一张凭证，如图 9-58、图 9-59、图 9-60 所示。

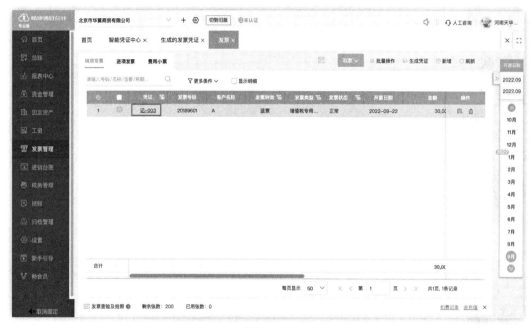

图 9-58

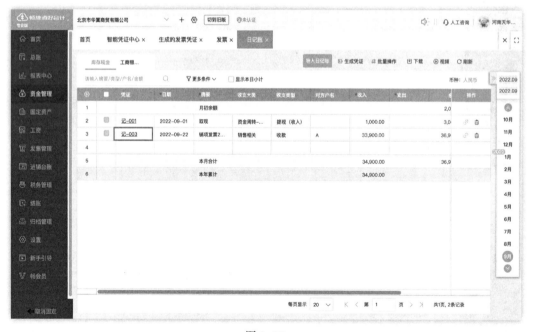

图 9-59

图 9-60

(3) 日记账生成凭证：

点击日记账生成凭证界面中的"去生成"按钮，进入"选择日记账"界面，如图 9-61 所示。

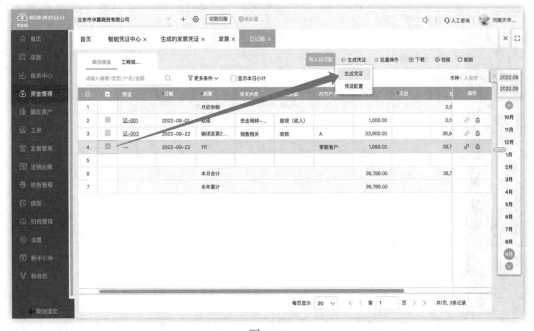

图 9-61

确认日期，确认银行或库存现金项目，查看到需要生成凭证的日记账条目后点击"生成凭证"按钮，进入"生成的凭证预览"界面，如图 9-62 所示。

图 9-62

出现凭证预览后,如果需要调整,类似"发票生成凭证"界面,点击"修改凭证"按钮,即可修改凭证详细信息。然后点击"生成凭证"按钮,显示生成结果,完成操作,如图 9-63 所示。

图 9-63

生成凭证结果界面与发票生成凭证界面类似,此处不再展示。

5.凭证汇总表

操作方法:总账→凭证汇总表,操作界面如图 9-64 所示。

图 9-64

凭证汇总表界面,可通过精确查找,查找对应凭证一级科目的汇总金额,可通过时间轴或月历,快速跳转凭证月份,右下方会显示当月的凭证数量和附件数量,如图 9-65 所示。

图 9-65

6.凭证审核

设置会计主管(详见权限管理章节),并开启账套的凭证审核功能(详见账套管理章节),使用会计主管账号登录,即可在"查看凭证"界面审核凭证。

未审核的凭证,在查看凭证中的附件张数后,会标识"未审核"。

审核方法 1:鼠标滑过某张凭证列表时,单张审核凭证。

审核方法 2:选择需要审核的多张凭证,点击右上方的"审核"按钮,批量完成审核。

具体操作界面如图 9-66 所示。

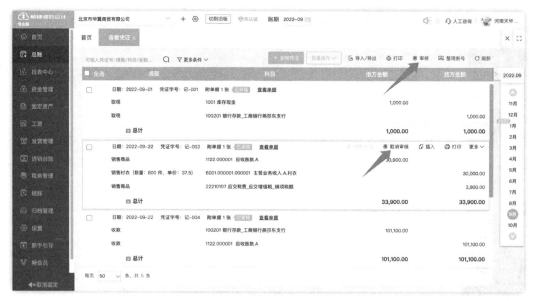

图 9-66

7. 凭证导入

账套科目未进行过导入的操作，没有对照过科目对照表数据，下载凭证导入模板，将数据整理到此模板中进行导入凭证的操作，如图 9-67 所示。

图 9-67

(二) 账簿

账簿资料是把会计凭证所提供的资料归类汇总，形成集中、系统、全面的会计核算资料。进入总账→账簿，可以查看总账、明细账、余额表、序时账、多栏账、科目辅助明细账、科目辅助余额表、辅助核算明细账、辅助核算余额表，操作界面如图 9-68 所示。

图 9-68

进入账簿界面,均可将查询出的当前页面,点击"下载"按钮,保存为 Excel 文件存档或直接点击"打印"按钮打印输出。

1. 总账

左上角可以选择总账科目,支持编码、汉字、拼音首字母模糊查询筛选。右侧有年度时间轴,可以快速查询以前年度总账,如图 9-69 所示。

图 9-69

2. 明细账

明细账操作界面如图 9-70 所示。

图 9-70

"展开更多"选项下面支持筛选科目、科目级次、期间、摘要、期间可根据需要自由筛选出需要的明细账,如图 9-71 所示。

图 9-71

右侧有月份时间轴、月份起止时间,可以选择月份或月份区间查询以前年度总账。时间轴"自定义"按钮提供明细账的起止月份跨月选择。点击栏次上"凭证号"链接,可以联查凭证界面。支持直接修改凭证后保存,重算明细账。若本科目设置了辅助核算,则在明细账页面上方勾选"显示辅助核算"科目,如图 9-72 所示。

图 9-72

3.余额表

余额表的操作界面如图 9-73 所示。

图 9-73

点击左上角"全部"按钮可以选择末级科目,支持编码、汉字、拼音首字母模糊查询筛选。点击"展开更多"按钮支持筛选科目、科目级次、期间,可根据需要自由筛选出需要的余额表。可以勾选是否选择"本年累计数"和"显示辅助核算",如图 9-74 所示。

图 9-74

点击"全部展开"按钮可以选择是否显示明细科目。

勾选显示"本年累计数"按钮,可以查看本年累计发生额,如图 9-75 所示。

图 9-75

点击科目,可以联查"明细账",在明细账界面,点击凭证号,可继续联查凭证、会计科目类别页签,方便快速跳转科目类别。

4.序时账

序时账操作界面如图 9-76 所示。

图 9-76

（1）点击左上角的查询可根据凭证号、摘要、科目、金额进行查找。点击"展开更多"按钮可根据科目、辅助核算、摘要、凭证类型、期间和制单人进行自定义的精确查找。

（2）点击"展开更多"按钮，勾选"显示辅助核算"选项可显示具体辅助科目，隐藏只显示一级科目。

（3）点击右上角的"云打印"按钮可下载或打印该月序时账的数据。

5. 多栏账

多栏账操作界面如图 9-77 所示。

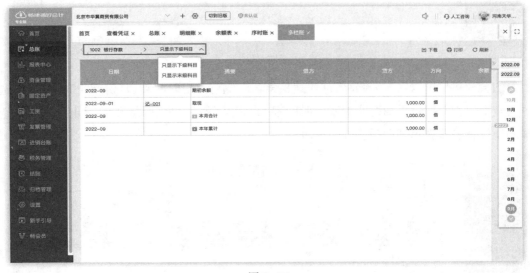

图 9-77

（1）左上角的会计科目可以模糊快速检索。

（2）支持"只显示下级科目"或"只显示末级科目"两种显示方式。

（3）点击凭证号，可联查凭证，修改后保存。

（4）点击账簿→多栏账进入多栏账界面，默认选中的期间范围的起止期间都是最大日期的凭证所在的月份，如果该月已经结账，则为下个期间；没有凭证发生的期间不可选。

（5）选择科目范围：非末级科目以及辅助核算科目，默认选择可选范围内的第一个科目。

（6）多栏账表体包含以下字段列表：日期、凭证字号、摘要、借方、贷方、方向、余额、默认方向分析，其中默认方向分析列中又包含子列，当用户所选择的科目为非末级科目、显示方式为只显示下级科目时，子列显示该科目的下级科目；当用户所选择的科目为末级科目，显示方式为只显示末级科目时，子列显示该科目的末级科目。

（7）如果该科目的凭证，在默认方向的对方有发生，分析栏填列在科目默认方向，数据为相反数。

（三）辅助账簿

1.科目辅助明细表

科目辅助明细账操作界面如图 9-78 所示。

图 9-78

左上角的会计科目可以输入编码/名称快速检索。右侧有月份时间轴、月份起止时间，可以选择月份或月份区间查询以前年度科目辅助明细账。时间轴"自定义"按钮提供明细账的起止月份跨月选择。支持显示辅助项以及隐藏显示辅助项，如图 9-79 所示。

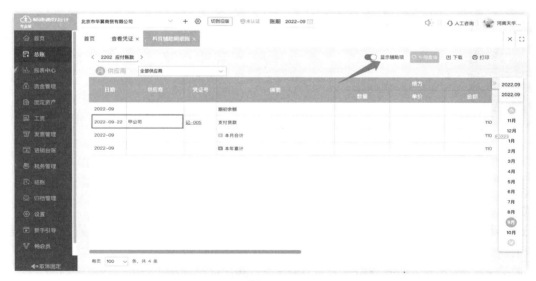

图 9-79

分组查询下面支持筛选科目、期间、辅助项,若无发生额显示本月本年累计,可根据需要自由筛选出需要的明细账,如图9-80所示。

图9-80

点击凭证号,可继续联查凭证,如图9-81所示。

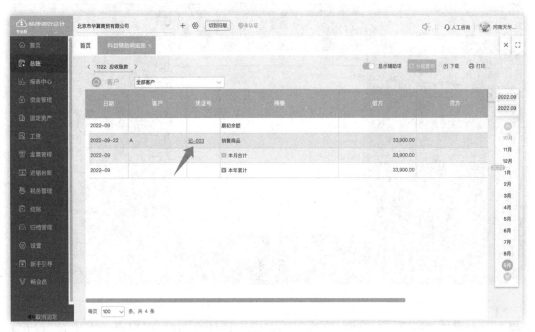

图9-81

2.科目辅助余额表

科目辅助余额表操作界面如图9-82所示。

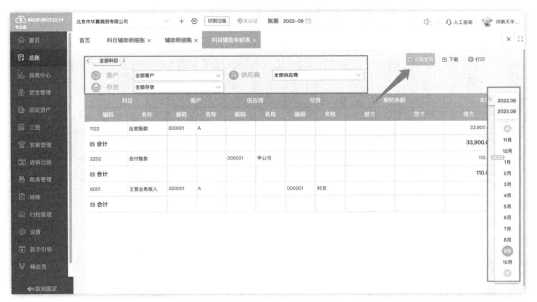

图 9-82

左上角的会计科目可以输入编码/名称快速检索。右侧有月份时间轴、月份起止时间,可以选择月份或月份区间查询以前年度科目辅助余额表。时间轴"自定义"按钮提供余额表的起止月份跨月选择。

分组查询下面支持筛选科目、期间、辅助项,可根据需要自由筛选出需要的明细账,如图 9-83 所示。

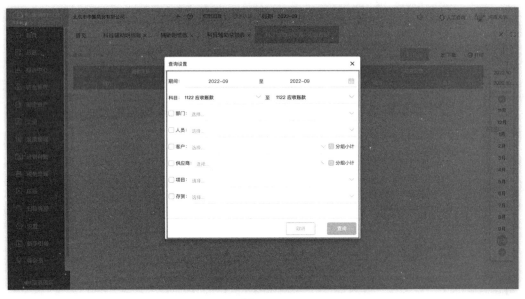

图 9-83

如果想要查询具体卖给客户什么商品、购买哪家供应商什么商品,可以点击左上角"全部科目",选择要筛选的科目,如图 9-84、图 9-85 所示。

图 9-84

图 9-85

3.辅助核算明细账

辅助核算明细账操作界面如图 9-86 所示。

图 9-86

（1）进入"辅助核算明细账"界面，默认显示的是"项目"类别辅助核算，首先要选择上方的辅助核算类别页签，才能正确显示该类别辅助核算明细账。

（2）辅助核算档案，支持显示其涉及的全部科目或某一个科目的明细账数据。

（3）右侧时间轴和月历，方便快速跳转月份或者选择查询期间数据。

（4）点击"展开更多"按钮支持辅助项、科目、期间、隐藏禁用科目的筛选。

操作界面如图9-87所示。

图9-87

4.辅助核算余额表

辅助核算余额表操作界面如图9-88所示。

图9-88

（1）进入"辅助核算余额表"界面，默认显示的是"项目"类别辅助核算，首先要选择上方的辅助核算类别页签，才能正确显示该类别辅助核算余额表。

（2）左上角可快速选择某一具体辅助核算名称，可根据客户自己需要进行筛选。

（3）右侧时间轴和月历，方便快速跳转月份或者选择查询期间数据。

(4)"辅助核算余额表"标题后的项目名称选择,可单选某个项目名称,也可以区间选择某两个类别名称,统计这个区间的余额。

五、报表中心

点击菜单"报表中心",即可查看资产负债表、利润表(含季报)、现金流量表(含季报)、应收统计表、应付统计表、费用统计表、经营状况表、应收账龄表。软件中报表都支持自动取数,无需手工填制,操作界面如图 9-89 所示。可将所有报表下载到本地存为 Excel 文件或打印出来。

图 9-89

(一)资产负债表

资产负债表操作界面如图 9-90 所示。

图 9-90

（1）鼠标滑过科目，会出现"编辑公式"和"查找公式"的图标。

（2）资产负债表不平衡时，会提示"不平衡"，点击后会提示造成不平衡可能的原因。

（3）资产负债表支持两种取数方法，默认是重分类：①应收账款按明细科目的余额取数，如果余额在贷方，则算入预收账款；②预收账款按明细科目的余额取数，如果余额在借方，则算入应收账款；③其他应收款按明细科目的余额取数，如果余额在贷方，则算入其他应付款；④应付账款按明细科目的余额取数，如果余额在借方，则算入预付账款；⑤预付按明细科目的余额取数，如果余额在贷方，则算入应付账款；⑥其他应付款按明细科目的余额取数，如果余额在借方，则算入其他应收款。

（4）不重分类取数：以上几项直接按一级科目余额取数，与一些用户的老的报表编制方式口径一致，用户可选择用任一种方式编制资产负债表。

> 提示：一个账套只能按一种方式编制，不能这个月按不重分类的方法编制，下个月按重分类的方法编制。

编辑公式：单击公式编辑按钮，会出现如图9-91所示编辑公式界面。

图9-91

可模糊检索科目编码或名称，设置取数规则为"余额、本身科目累计借方余额、本身科目累计贷方余额、末级科目累计借方余额、末级科目累计贷方余额、辅助核算借方余额、辅助核算贷方余额"，并进行加减运算。暂时不支持其他运算和取数规则设置。右下角有"公式复位"按钮，可恢复原公式设置。修改报表公式只对未出报表进行计算，不影响已经出具的历史报表取数。

（二）利润表（含季报）

利润表操作界面如图9-92所示。

第九章　财务软件的应用

图 9-92

选择月份(点击右侧的月历或者时间轴)可快速查询。鼠标滑过栏目,会出现"编辑公式"和"数据来源"的图标。如果未结转损益则会有提示,请进一步进行操作。支持利润表季度报表直接生成,满足季度申报的需要。

(三)现金流量表(含季报)

现金流量表操作界面如图 9-93 所示。

图 9-93

选择月份(点击左上角的月历或者时间轴)可快速查询。若建账月份非 1 月,则现金流量表界面会出现"期初"按钮,点击可录入现金流量期初数据。点击数据可以看到该笔现金流对照,如图 9-94 所示。

图 9-94

点击"明细"按钮可以查看现金流量明细账,并允许手工调整流量对应项目,如图 9-95 所示。

图 9-95

六、资金管理

(一)日记账

操作方法:资金管理→日记账,操作界面如图 9-96 所示。

图 9-96

第一步,设置现金银行日记账,根据时间轴,展现该月度下所包含的现金银行日记账明细。

(1)账户:根据"库存现金""银行存款"科目下设置的末级明细科目,列示页签,可切换显示各科目下的明细日记账。

(2)期初余额:需要手工录入。

(3)手工录入日记账:选定月份和账户,按行次录入日期、摘要、收支类型、对方户名、收入/支出项目,日记账自动算出余额。

(4)日记账可以批量修改对方户名以及收支类型。

(5)填写日记账的时候,无论当前日期是什么,下一条日期会自动带出上一笔的日期。

操作界面如图 9-97、图 9-98、图 9-99、图 9-100 所示。

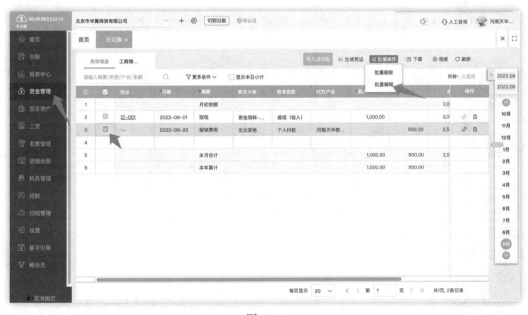

图 9-97

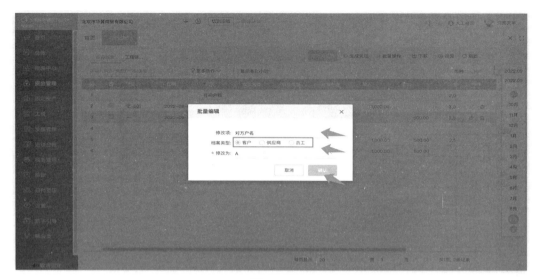

图 9-98

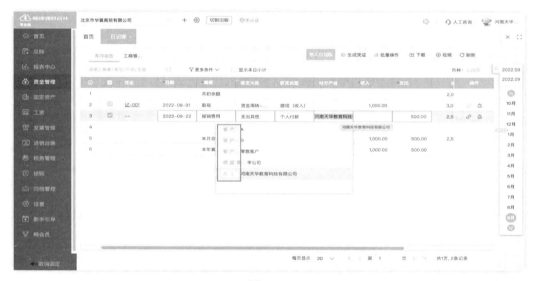

图 9-99

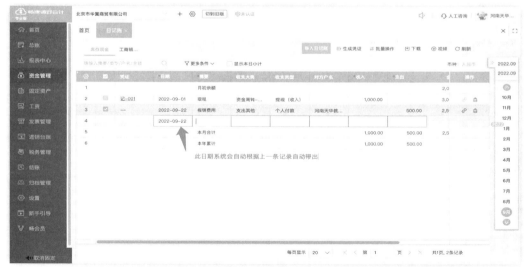

图 9-100

第二步,导入日记账。单击"导入日记账"按钮,出现如图9-101所示导入界面,选择已下载的银行对账单,选择对应的账户,单击"导入对账单"按钮。

图9-101

第三步,日记账生成凭证。根据配置中设置的规则进行生成凭证。"凭证配置"中摘要配置:按系统摘要,日记账上填写的摘要;按模板摘要即凭证模板的摘要。合并规则包含单条记录生成凭证,按账户汇总(每一账户合并到一张凭证),按对方账户汇总(对方账户名称相同则汇总到一张凭证中),按日期汇总(一个账户下日记账日期相同汇总到一张凭证中),按收支类型汇总(一个账户下日记账收支类型相同汇总到一张凭证种),按收支方向汇总(一个账户下收支方向相同汇总在一张凭证),按选择汇总生成凭证(那就是你选择哪几条流水,就能让其生成一条凭证);如图9-102、图9-103所示。

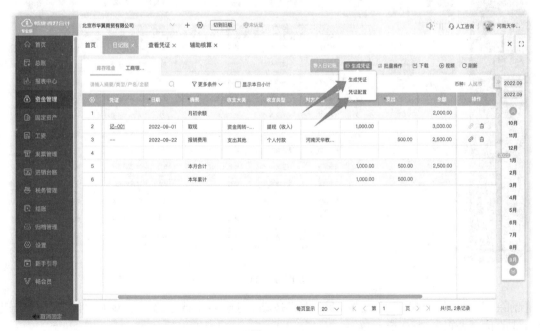

图9-102

图 9-103

支持修改系统预置的收支类型,修改系统预置的收支类型,系统预置会变为自定义,对于最上面这两条置顶的收款和付款只能修改对方科目、匹配关键字,其余系统预置的收支类型所有项目都支持修改,这样我们就可以不用删除系统预置的匹配规则才能去进行添加达到修改的效果,以防止添加错误的匹配规则,如图 9-104 所示。

图 9-104

批量删除:选定月份及账户,单击"批量删除"按钮,勾选多个或全选日记账明细栏次,再次单击"批量删除"按钮,即可删除指定日记账栏次。

下载日记账:选定月份及账户,单击"下载"按钮,即可下载当前月度、当前账户的明细账 Excel 文档。

凭证联查:日记账生成凭证后,单击栏次前的凭证号,可以联查凭证,允许修改后保存。支持显示本日小计。

支持使用关键词简单查找所需类型。更多条件,可根据凭证状态、收支大类、收支类型、收支方向、对方户名、摘要、金额、期间进行筛选。

操作界面如图 9-105、图 9-106 所示。

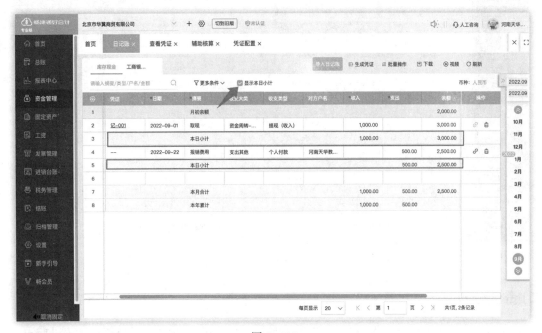

图 9-105

图 9-106

右侧支持视频讲解,如下图 9-107 所示。

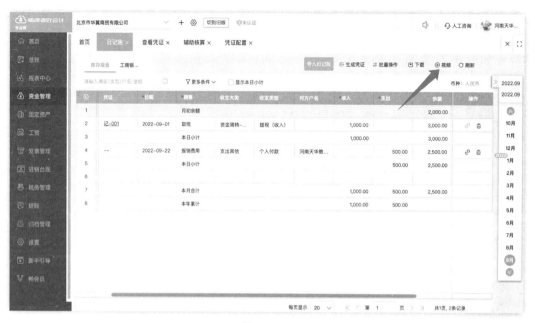

图 9-107

(二) 资金分析

库存现金收入、支出及余额操作：点击"资金管理→资金分析→选中需要分析的月份"后点击"刷新"按钮即可呈现选中月份库存现金/银行存款收入、支出及余额。

资金分析模块中的库存现金余额 2 500＝日记账中库存现金余额 2 500。

资金分析模块中的库存现金流入金额 1 000＝日记账中现金收入金额 1 000。

资金分析模块中的库存现金流出金额 500＝日记账中库存现金支出金额 500。

操作界面如图 9-108、图 9-109 所示。

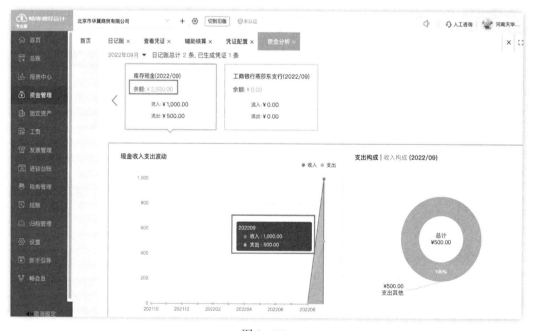

图 9-108

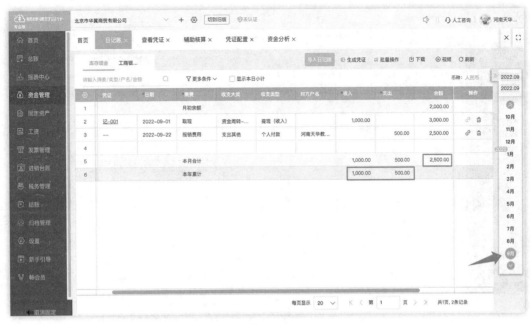

图 9-109

资金分析模块中的银行存款余额 100 990＝日记账中银行存款余额 100 990。

资金分析模块中的银行存款流入金额 101 100＝日记账中银行存款收入金额 101 100。

资金分析模块中的银行存款流出金额 110＝日记账中库存银行存款支出金额 110。

操作界面如图 9-110、图 9-111 所示。

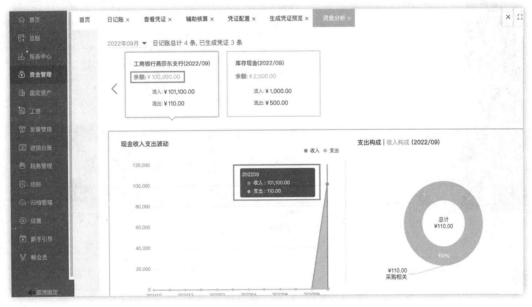

图 9-110

图 9-111

点击图 9-112 中指示处可以联查到日记账数据。

图 9-112

七、工资

(一)工资表

操作方法:工资→工资表,如图 9-113 所示。

(1)新增人员:工资表→新增人员,可以单个新增人员信息,也可以通过表格批量导入人员信息。

方法一:单个新增人员,带 * 号为必填项,如图 9-114、图 9-115 所示。

第九章　财务软件的应用　155

图 9-113

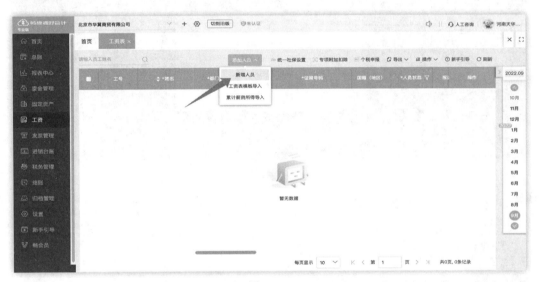

图 9-114

图 9-115

方法二：导入模板文件，将数据粘贴在模板文件中，通过模板导入，如图9-116、图9-117所示。

图9-116

图9-117

方法三：无需整理表格，直接导入个税客户端已申报数据，如图9-118所示。

图9-118

（2）社保配置：可以点击统一社保设置，对公司全部员工设置统一的社保基数及缴纳比列，也可以在每条记录的操作栏中，对单个员工进行单独的社保设置。

方法一：统一社保设置，如图9-119、图9-120所示。

图9-119

图 9-120

点击同步后期,系统会按照设置的统一社保数据同步至当前最大账期并触发工资表的重算。点复制上期,会提取上期间数据。

方法二:单独员工社保设置,如图 9-121、图 9-122 所示。

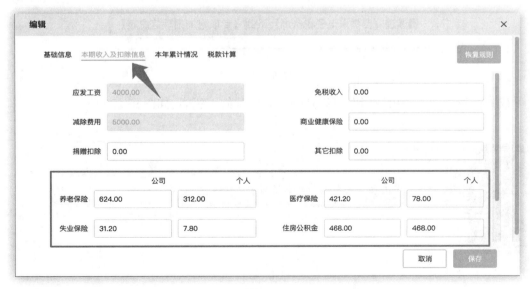

图 9-121

图 9-122

假如先对单独员工设置了个人社保数据,后期在统一社保配置中配置了相关基数,点击"恢复规则"按钮,数据会恢复为统一社保设置中配置的规则。

(3)专项附加扣除:若需要设置员工的专项附加扣除,可点击专项附加扣除信息采集,导入通过税局端下载的专项附加扣除信息表,系统根据导入的信息计算专项附加扣除的当期值和累计值,如图9-123、图9-124、图9-125所示。

图9-123

图9-124

图9-125

(4)下载工资表:点击"导出"按钮,可以选择需要下载的工资表,如图9-126所示。

图9-126

(5)复制上期:点击"操作"→"复制上期",系统会按照上期数据自动生成工资表数据,如图9-127

所示。

图 9-127

(6) 打印工资表:点击"操作"→"打印工资表",如图 9-128 所示。

图 9-128

(7) 工资设置:系统支持自定义工资项目,点击"操作"→"工资设置",可自定义工资项目加项及减项,根据公司实际情况调整工资表,如图 9-129、图 9-130、图 9-131 所示。

图 9-129

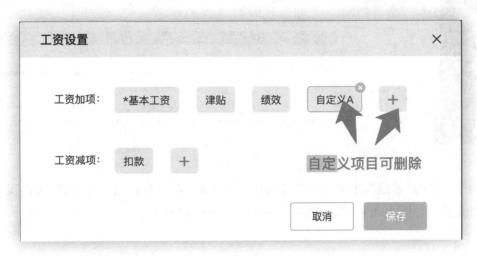

图 9-130

图 9-131

(8) 生成凭证及凭证配置：在"操作"→"凭证配置"中，设置好工资发放规则及计提规则，代扣代缴个税及社保相关科目后，可以根据设定的规则，自动生成相关凭证，如图 9-132、图 9-133 所示。

图 9-132

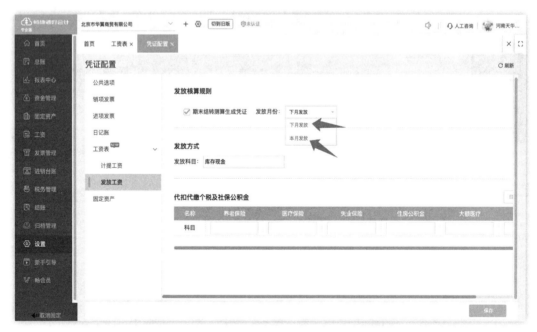

图 9-133

需要先勾选"期末结转测算生成凭证"，才可以在期末结转模块，自动生成凭证，可以设置为本月发放或者是下月发放。如图 9-134、图 9-135、图 9-136、图 9-137 所示。

第九章 财务软件的应用

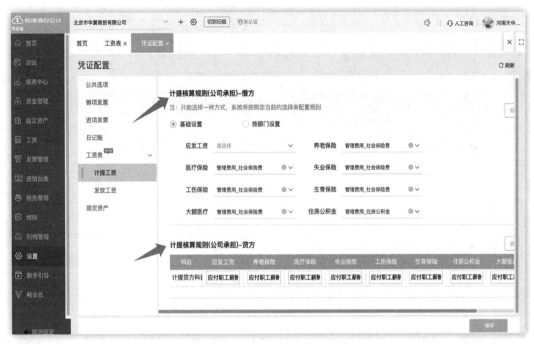

图 9-134

图 9-135

图 9-136

图 9-137

(9) 下发工资条:"工资"→"工资表中",已经生成本月工资数据,可以点击"操作"→"下发工资条",将本月工资条发到某小程序,员工可扫码查看工资条数据。如果下发后需要撤回,可点击操作→撤回工资条,如图 9-138 所示。

图 9-138

(10) 计算个税:系统可以根据工资表明细数据,自动计算个税,在应补(退)税款列查看,如图 9-139 所示。计算方式包含以下两种。

图 9-139

第一种,一次性扣除 60 000:进入"工资"→"工资表"→"编辑工资表"→"基础信息"→"是否扣除减除费用"选择"否",并且在"本年累计情况"→"累计减除费用"勾选"一次性扣除60 000",如图9-140、图9-141所示。

图 9-140

图 9-141

第二种,每月扣除5 000:"编辑工资表"→"基础信息"→"是否扣除减除费用"选择"是(每期扣除5 000)",如图9-142所示。

图 9-142

（二）工资统计报表

操作方法：工资→工资统计报表，在工资统计报表页面，可以筛选部门，查看对应期间的薪酬数据，包括条形图和折线图两种格式，如图 9-143 所示。

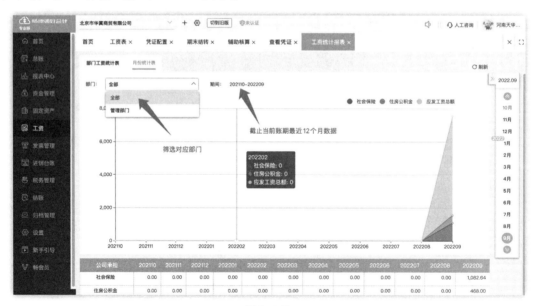

图 9-143

八、结账

（一）期末结转

操作发法：结账→期末结账。智能云财务管理软件，只需要客户根据日常业务填制或通过发票/日记账生成凭证,期末可提供自动测算结转凭证功能,点击"测算金额"按钮可自动测算各结转类凭证的金额;如图9-144、图9-145所示。

图 9-144

图 9-145

一般期末包括以下测算项目。

(1)结转销售成本,结转成本方法目前支持以下两种:

第一种,财务管理软件默认按"收入百分比法"结转,单击结转销售成本金额后的编辑按钮,可以手工调整结转比例,如图9-146、图9-147所示。

> 小提示:灰色底色的模板,表示凭证已经生成,可以点击查看凭证。蓝色底色的模板,表示已经测算金额成功,可以点击"生成凭证"按钮,预览、修改、保存。

图 9-146

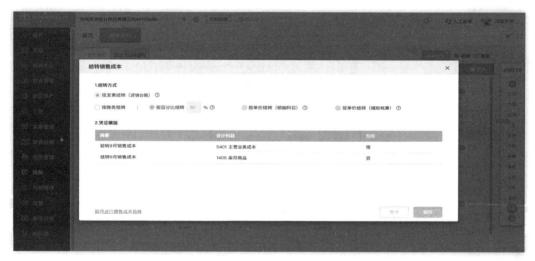

图 9-147

第二种,还可以使用"按单价(明细科目)"结转,在科目期初增加"库存商品"和"主营业务收入"的二级科目并设置数量核算,并让两个科目下的所有二级科目一一对应(即"库存商品"和"主营业务收入"下的科目名称和内容设置完全一致),这样结转成本时的公式,不再是百分比法,如图 9-148 所示。

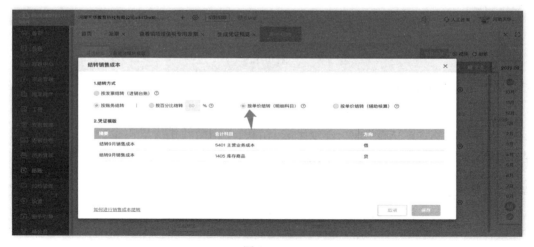

图 9-148

(2)计提工资:按上月计提折旧工资数额自动计提,如需调整,可以手工修改后保存(首月的计提工资凭证,需要手工填制或通过工资模块自动生成)。

(3)计提折旧:按固定资产档案提供的科目信息与月折旧额合计数计提折旧。

(4)摊销待摊费用:按长期待摊费用余额与上期摊销费用测算。

(5)计提税金:点击 ⚙ 按钮,可以修改各附加税费的计提基数与计提比例并记忆,以后月份不用反复调整。在计提税金设置界面,可以选择增值税的计提方式是"月度计提"还是"季度计提",如下图9-149、图9-150、图9-151所示。

图9-149

图9-150

(6)计提印花税借方科目支持匹配到末级(税金及附加的下级科目有印花税,计提印花税凭证可自动匹配到末级),如图9-152所示。

(7)结转未交增值税:结转未交增值税根据应交增值税下级科目。按下级科目方向,借方科目取借方发生额,贷方科目取贷方发生额,如图9-153、图9-154所示。

图 9-151

图 9-152

图 9-153

图 9-154

（8）计提所得税：所得税计提默认按季度计提预缴。税率默认按 25% 执行，若企业可享受税率优惠，可以自行修改，如图 9-155 所示。

图 9-155

（9）结转汇兑损益：可手工修改汇率，如图 9-156 所示。

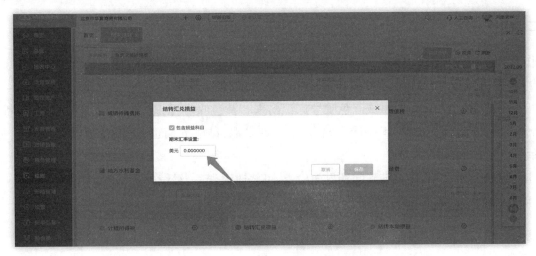

图 9-156

(10)结转损益:可提示收入、成本合计数。可设置收入费用合并或分开结转,如图 9-157 所示。

图 9-157

(11)结转未分配利润,如图 9-158 所示。

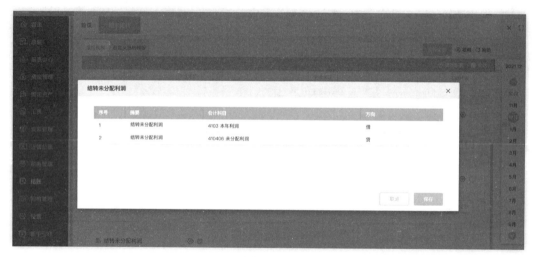

图 9-158

(二) 结账

操作方法:结账→结账。完成期末损益结转后,可以进入"结账"界面,选中需要结账的月份,点击"马上检查"按钮,软件会对结账期间做异常指标检查,如图 9-159 所示。

若检查有异常,会用黄色叹号或红色叹号标识出来。黄色叹号标识允许结账,但需人为判断是否重要,是否需要修改。红色叹号标识有严重异常,不允许结账,结账界面也不会出现"结账"按钮,如图 9-160 所示。

单击异常项目中文字,会跳转到问题界面检查,可修改无误后,继续检查结账。

若检查无异常,则界面出现"结账"按钮,点击可完成本月结账,如图 9-161 所示。

第九章 财务软件的应用 171

图 9-159

图 9-160

图 9-161

注:

(1)年结后,无需新建账套即可持续做账。

(2)反结账:点击已结账月份图标,即可出现"反结账"按钮,或使用快捷键 Ctrl+Alt+Y,进行反结账。

(3)反结账区间:允许跨月反结账,所选期间及之后的期间,在反结账后,都将改为未结账状态。调整后,再一次性按月结账。

Qingsong Xue Shuiwu

轻松学税务

会计教练教研中心 编

✓ 纳税常识　✓ 申报详解

✓ 税务实操　✓ 税收筹划

西北大学出版社

前 言

会计作为一种专业要求强、知识面要求广的职业，其从业人员既要掌握相关专业知识及实务操作技能，又要全面了解税法、财经知识，同时还需及时获悉最新的法律、法规信息。因此，作为一名合格的会计，想要熟练、高效地做账，必须经过一个漫长的学习和实践过程。

万事开头难，刚刚入职的"菜鸟"会计们肯定希望有这么一本书：既有会计、税务理论知识，又有会计业务实操讲解，还可以手把手地让"菜鸟"变成一名合格的会计从业者。

《轻松学会计》就是为满足"菜鸟"会计从业者的学习需求而编写的。让每个入门的会计从业者能高效地掌握会计做账、报税的精髓，这正是我们"会计教练"教研团队编写《轻松学会计》这套书的初衷。

"会计教练"教研团队主要由各行业从事一线财税工作的优秀专家组成，包括会计师事务所的高级项目经理、集团企业的财务负责人、多行业的财税专家、高校的优秀教师等。我们根据十余年的从业、教学经验，针对入门会计从业者的学习需求编写了这套书。

本书共分为三篇：《轻松学做账》《轻松学税务》《商业会计实战》。从理论讲解到实际动手操作，真正做到理实一体，学以致用。在内容编写上，本书采取图文结合的呈现形式把抽象的理论化为形象的图表，轻松易学，更便于读者理解和掌握，快速提升其专业技能。

由于会计制度、会计准则、税务政策的更新调整，本书所涉及的相关内容也以目前实际法规制度为准。书中所使用的企业信息、印鉴均为虚构，使用的软件、网站仅供教学演示。不足之处，恳请读者在使用过程中给予谅解和支持，并将建议和意见及时反馈给我们，以便我们不断完善。

本书在编写的过程中，我们借鉴、参阅了大量文献、互联网资料，在此，谨向所有的相关作者表示诚挚的感谢！

联系邮箱：tianhuabook@qq.com

会计教练教研中心
2022 年 8 月

目 录

第一章 总 论 ·· 1

第二章 企业登记 ··· 3

第三章 票据知识 ··· 8
    第一节 发票知识 ··· 8
    第二节 其他票据知识 ·· 11

第四章 增值税及附加税费 ·· 15
    第一节 增值税概述 ··· 15
    第二节 城市维护建设税、教育附加、地方教育附加概述 ······ 20
    第三节 增值税及附加税费申报表 ····························· 22
    第四节 增值税纳税申报实务 ·································· 48

第五章 消费税 ··· 55
    第一节 消费税概述 ··· 55
    第二节 消费税纳税申报实务 ·································· 58

第六章 企业所得税 ··· 60
    第一节 企业所得税概述 ·· 60
    第二节 查账征收企业所得税预缴申报实务 ·················· 63
    第三节 核定征收企业所得税预缴申报实务 ·················· 77
    第四节 企业所得税年度纳税申报实务 ························ 80

第七章 个人所得税 ··· 94
    第一节 个人所得税概述 ·· 94
    第二节 综合所得申报实务 ····································· 114
    第三节 经营所得申报实务 ····································· 121

第八章　其他税种 …………………………………………………… 127

第一节　土地增值税 …………………………………………… 127

第二节　房产税和城镇土地使用税 …………………………… 130

第三节　印花税 ………………………………………………… 139

第四节　车船税 ………………………………………………… 146

第五节　车辆购置税 …………………………………………… 151

第一章 总 论

一、征税机关

中华人民共和国征税机关是为实现税收职能、行使国家征税权力而设立的专门职能机构,是国家机关的重要组成部分。

征税机关包括:税务机关(具体包括各级国家税务机关,即征税主体),海关(代征进口环节的增值税、消费税),财政机关(代征耕地占用税和契税)。

2018年7月20日,全国省、市、县、乡四级新税务机关全部完成挂牌。将中国税务机关分设如下4级:①国家税务总局;②省、自治区、直辖市税务局;③地区、省辖市、自治州(盟)税务局;④县(市)、自治县(旗)税务局。

基层税务分局和税务所按经济区划设置,作为市、县税务局的派出机构。各级局都规定有具体职责。

为了方便介绍,我们对征收机关所征收的税种做以下分类,如表1-1所示。

表1-1 税种分类明细

征收机关	税 种	备 注
税务机关	增值税	进出口部分由海关代征
	企业所得税	
	消费税	进出口部分由海关代征
	车辆购置税	
	城市维护建设税	附加税(另有:教育费附加、地方教育附加)
	个人所得税	
	土地增值税	
	房产税	
	城镇土地使用税	
	资源税	
	烟叶税	
	车船税	
	印花税	
	契 税	有些地区由财政机关代征
	耕地占用税	有些地区由财政机关代征
	环境保护税	
海 关	关 税	
	船舶吨税	

二、税种、纳税人及征税对象

不同税种的纳税人及征税对象也是有所不同的,具体分类如表1-2所示。

表1-2 税种、纳税人及征税对象分类明细表

税　种	纳税人	征税对象
增值税	销售方	销售和进口货物、劳务,销售服务、无形资产、不动产
消费税	销售方	从增值税范围选取一部分
城市维护建设税	随主税	增、消两税合计
企业所得税	法人自身	法人经营利润
个人所得税	个人自身	个人利润
土地增值税	销售方	转让房地产
房产税	所有人、承典人、代管人、使用人	房屋计税余值或租金收入
城镇土地使用税	所有人、承典人、代管人、使用人	城县镇工矿区土地
资源税	开采人	资源开采及生产盐
烟叶税	购买方	收购的烟叶
车辆购置税	购买方	购买的车辆
车船税	持有人、管理人	车辆、船舶
印花税	当事人双方	书立使用领用相关凭证
契税	购买方	购买房地产
耕地占用税	占用人	占用耕地为非农用途
关税	收发货或持有人	进出口货物及物品
船舶吨税	境外船舶拥有人	境外船舶入境
环境保护税	排污人	污染物排放者

纳税人指税法规定直接负有纳税义务的单位与个人。大部分税种都是由销售方直接缴纳,如增值税、消费税;也有购买方缴纳的,如契税;还有购销双方都要缴纳的,如印花税。

征税对象是指税法规定的对什么征税,有的对流转环节征收、有的对所得(利润)征税、还有的对财产和行为征税,这就形成了不同的税种。通过对不同征税对象的研究,可以判断企业会涉及哪些税种。

第二章 企业登记

一、企业注册登记

在政府"大众创业,万众创新"的政策支持下,越来越多的人都有创业开公司的梦想。注册一家公司虽说不难,但对于初次创业的人员来讲,可能对注册公司的流程还是一无所知的。下面为大家介绍企业注册的流程。

(1)工商部门名称核准:拟定企业的名称(字号),字号要2个中文文字以上(包含2个字),新规定相同行业字号有两个字相同就不可以注册,因此要先拟定3~5个字号,以备选用。

(2)编写公司章程:可以在市场监督管理局网站下载"公司章程"的样本,修改一下就可以了,章程的最后需要所有股东签字。

(3)网上办理:在市场监督管理局网站上进行企业网上登记,在这里登记的是公司注册的全部信息。

(4)预约取号、提交资料:在市场监督管理局网站上预约上缴材料的时间,按照约定时间去工商局缴件,需要上缴的文件有:投资人身份证、公司章程、股东会决议、租赁协议、企业设立登记申请书、委托代理人证明、股东身份证复印件、高管身份证复印件、章程、房产证复印件、住所证明,企业设立登记申请书、委托书等(以上材料需要股东和法人亲笔签字)。

(5)领取营业执照:工商部门受理后,等待5~7个工作日后可领取营业执照。

(6)刻章:在工商部门备案后,凭营业执照到公安局指定的刻章地点刻制公司印章。需要说明的是,公司必须要刻制的印章有3枚,分别是公章、法人代表章和财务章,至于其他印章则根据公司需要进行刻制。

(7)办理税务备案:自领取工商营业执照之日起15个工作日内必须到税务机关办理财务会计制度备案。也需要实名认证和税费税种的认定(此两项无时间限制)。然后按时向税务机关申报纳税,需要注意的是,即使没有开展业务不需要缴税,做完税务登记后也要按时进行纳税申报。

(8)开立银行基本存款账户(简称"对公账户"):对公银行开户可根据企业自身的需要,就近办理。办理时需提供营业执照正、副本、法定代表人身份证、公章、财务专用章、法定代表人章进行银行基本存款账户的开立。需要注意的是,开户后15个工作日内须到税务机关办理备案手续。

(9)签订划缴税款协议(简称"三方协议"):三方协议的"三方"是指税务机关、开立对公账户的银行和企业。这三者之间需要签订税款缴纳协议,方便后续缴款。

二、企业增值税一般纳税人登记

(一)一般纳税人的登记条件

增值税一般纳税人资格实行登记制(以前为审批制),登记事项由增值税纳税人向其主管税务机关办理。

根据《增值税一般纳税人登记管理办法》(国家税务总局令第43号)的规定,增值税纳税人(以下简称"纳税人"),年应税销售额超过财政部、国家税务总局规定的小规模纳税人标准(以下简称"规定标准")的(除①按照政策规定,选择按照小规模纳税人纳税的;②年应税销售额超过规定标准的其他个人外),应当向主管税务机关办理一般纳税人登记手续。所称"年应税销售额",是指纳税人在连续不超过12个月或4个季度的经营期内累计应征增值税销售额,包括纳税申报销售额、稽查查补销售额、纳税评估调整销售额。一般纳税人认定标准中的年应税销售额中的"年"是指连续不超过12个月的经营期内累计销售额。

销售服务、无形资产或者不动产(以下简称"应税行为")有扣除项目的纳税人,其应税行为年应税销售额按未扣除之前的销售额计算。纳税人偶然发生的销售无形资产、转让不动产的销售额,不计入应税行为年应税销售额。

年应税销售额未超过规定标准的纳税人,但是会计核算健全,能够提供准确税务资料的,可以向主管税务机关办理一般纳税人登记。所称"会计核算健全",是指能够按照国家统一的会计制度规定设置账簿,根据合法、有效凭证进行核算。

(二) 一般纳税人登记流程

办理一般纳税人登记的程序如下:①纳税人向主管税务机关填报《增值税一般纳税人登记表》,如实填写固定生产经营场所等信息,并提供税务登记证件;②纳税人填报内容与税务登记信息一致的,主管税务机关当场登记;③纳税人填报内容与税务登记信息不一致,或者不符合填列要求的,税务机关应当场告知纳税人需要补正的内容。

一般纳税人的登记需到税务局申请,税控专用设备需到服务商处购买。登记流程,如图2-1所示。

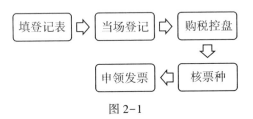

图2-1

需要申请一般纳税人的企业,也可在网上(电子税务局)发起申请,申请以后税务大厅进行受理,主管税务机关受理并审核通过后在线将《税务事项通知书》(登记通知)推送给纳税人。

网上申请的操作步骤:电子税务局——我要办税——综合信息报告——资格信息报告——增值税一般纳税人登记。

注意事项

办理一般纳税人登记的前提:

(1)纳税人登记状态为正常。

(2)存在增值税税种认定信息。

(3)增值税纳税人状态为非一般纳税人或者辅导期一般纳税人。

(4)纳税人不存在相同类别未办结事项。

销售额标准的相关规定:

财税[2018]33号文件规定增值税小规模纳税人标准为年应征增值税销售额500万元及以下。

(三)增值税一般纳税人资格登记表

《增值税一般纳税人资格登记表》,如表2-1所示。

表2-1 增值税一般纳税人资格登记表

纳税人名称			社会信用代码 (纳税人识别号)	
法定代表人 (负责人、业主)		证件名称及号码	联系电话	
财务负责人		证件名称及号码	联系电话	
办税人员		证件名称及号码	联系电话	
税务登记日期				
生产经营地址				
核算地址				
纳税人类别:企业□ 非企业性单位□ 个体工商户□ 其他□				
主营业务类别:工业□ 商业□ 服务业□ 其他□				
会计核算健全:是□				
一般纳税人资格生效之日:当月1日□ 次月1日□				
纳税人(代理人)承诺: 　　会计核算健全,能够准确提供税务资料,上述各项内容真实、可靠、完整。如有虚假,愿意承担相关法律责任。 经办人:　　　法定代表人:　　　代理人:　　　(签章) 　　　　　　　　　　　　　　　　　　　　　　　　　　　　年　月　日				
以下由税务机关填写				
税务机关	受理人:　　　　　　　　　　受理税务机关(章) 　　　　　　　　　　　　　　　　　　年　月　日			

(四)增值税一般纳税人防伪税控系统办理

(1)防伪税控系统办理流程,如图2-2所示。

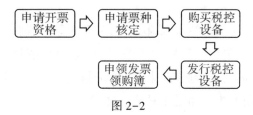

图 2-2

(2)防伪税控系统设备又包括专用设备和通用设备。

专用设备主要包括金税盘和税控盘,纳税人应当使用金税盘或者税控盘开具发票、领购发票、抄报税等。专用设备如图 2-3、图 2-4 所示。但对于 2019 年 9 月之后新成立的企业而言,要求使用税务机关发行的税务 Ukey 开票系统。

通用设备主要包括电脑和针式打印机。

图 2-3

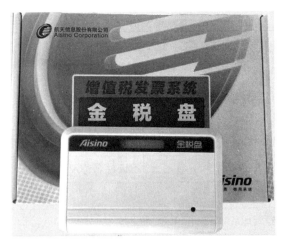

图 2-4

三、企业注销登记

(一) 清税证明免办

对向市场监管部门申请简易注销的纳税人,符合下列情形之一的,可免予到税务机关办理清税证明,直接向市场监管部门申请办理注销登记。

(1) 未办理过涉税事宜的。

(2) 办理过涉税事宜但未领用发票、无欠税(滞纳金)及罚款的。

符合 (1) 的纳税人,税务机关可根据纳税人提供的营业执照即时出具清税文书。

符合 (2) 的纳税人,主动到税务机关办理清税,资料齐全的,税务机关即时出具清税文书;资料不齐的,可采取"承诺制"容缺办理,在其做出承诺后,即时出具清税文书。

(二) 优化税务注销即办

对向市场监管部门申请一般注销的纳税人,税务机关在为其办理税务注销时,进一步落实限时办结规定。对未处于税务检查状态、无欠税(滞纳金)及罚款、已缴销增值税专用发票及税控专用设备,且符合下列情形之一的纳税人,优化即时办结服务,采取"承诺制"容缺办理,即纳税人在办理税务注销时,若资料不齐,可在其做出承诺后,税务机关即时出具清税文书。

(1) 纳税信用级别为 A 级和 B 级的纳税人。

(2) 控股母公司纳税信用级别为 A 级的 M 级纳税人。

(3) 省级人民政府引进人才或经省级以上行业协会等机构认定的行业领军人才等创办的企业。

(4)未纳入纳税信用级别评价的定期定额个体工商户。

(5)未达到增值税纳税起征点的纳税人。

纳税人应按承诺的时限补齐资料并办结相关事项;若未履行承诺的,税务机关将对其法定代表人、财务负责人纳入纳税信用D级管理。

(三)注销流程

企业注销流程,如图2-5所示。

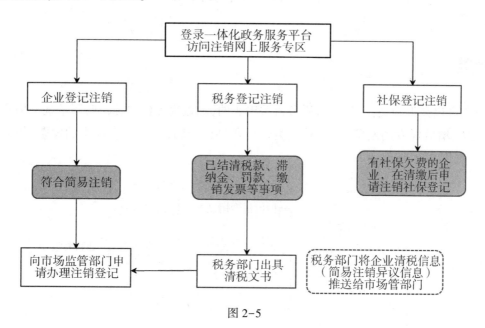

图 2-5

虽然多证合一了(并不是取消整个税务登记流程,流程依然存在,只是简化核准程序,提高办事效率),但是流程和以前基本一致,只是证书共用而已。

注意:除了注销以上内容外,不要忘记要办理银行及公章的注销。

第三章 票据知识

第一节 发票知识

一、发票分类

广义的发票可以分为两类:一类是从税务机关申领的,加盖税务机关统一监制章统一格式的发票,如增值税普通发票、增值税专用发票等;另外一类是行业自行印制,没有统一标志的发票,如火车票、门票等。具体种类,如图3-1所示。

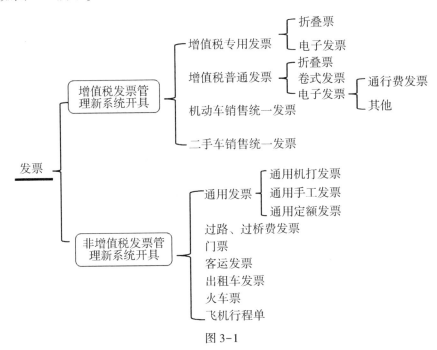

图3-1

二、常见发票展示

(一)增值税专用发票

2014年6月1日启用的增值税专用发票票样,如图3-2所示。

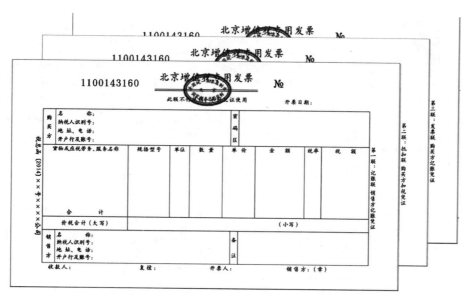

图 3-2

（二）增值税普通发票

2014 年 6 月 1 日启用的增值税普通发票票样，如图 3-3 所示。

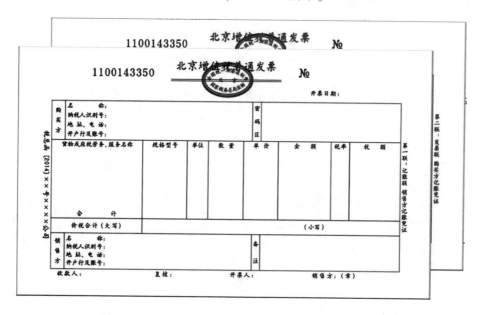

图 3-3

（三）电子普通发票

2019 年 1 月 1 日启用的电子普通发票票样，如图 3-4 所示，电子普通发票只有一联。

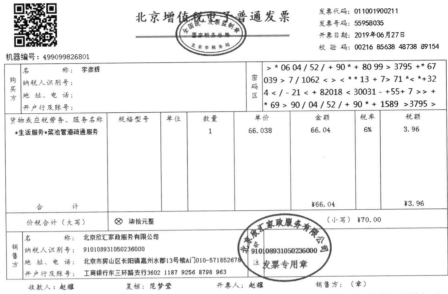

图 3-4

(四) 机动车销售统一发票

2019年1月1日启用的机动车销售统一发票票样,如图3-5所示。

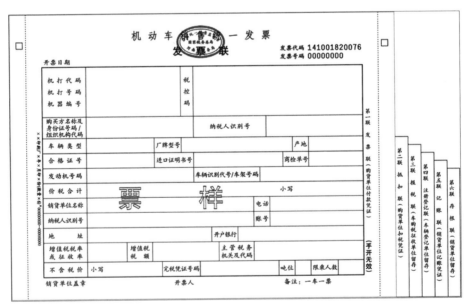

图 3-5

(五) 非增值税发票管理新系统开具的发票

非增值税发票管理新系统开具的发票(高铁票),如图3-6所示。

图 3-6

第二节　其他票据知识

一、其他票据的分类

其他票据是除了前述的发票之外的票据。其他票据的具体分类如图 3-7 所示。

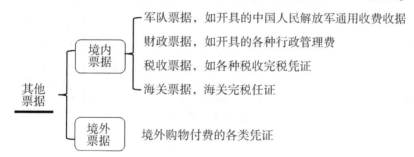

图 3-7

二、境内票据

（一）军队票据

针对近年来打击发票违法犯罪活动中发现的新情况、新问题，从创新管理手段、解决存在突出问题入手，重新划分了军队收费票据种类及适用范围，按照中央军委有关加强军队单位对外有偿服务管理的部署要求，单独设立了有偿服务收费专用票据，规范对外有偿服务行为。军队收费票据由总后勤部按照规定的票据式样、数量和防伪技术要求统一组织印制，由财政部监制，套印"中央财政票据监制章"和"中国人民解放军票据监制章"。票据由各级后勤财务部门按照经费供应系统组织核发，使用单位依据收费许可证和批准收费的文件领购。票据存根按规定时限保存，未使用的过期票据由师级以上单位统一组织销毁，并报上级备案。军队收费单位从 2012 年开始，必须使用全军统一的票据信息管理系统，一律实行机具开票，手写无效，将票据印制、领购、核发、使用、注销、销毁和收费情况纳入系统，进行全程监管。

(二)财政票据

财政票据是财务收支和会计核算的原始凭证，是财政、审计等部门进行监督检查的重要依据。财政票据的种类和适用范围如下。

1.非税收入类票据

非税收入类票据的分类：①非税收入通用票据，是指行政事业单位依法收取政府非税收入时开具的通用凭证(图 3-8)；②非税收入专用票据，是指特定的行政事业单位依法收取特定的政府非税收入时开具的专用凭证，主要包括行政事业性收费票据、政府性基金票据、国有资源(资产)收入票据、罚没票据等；③非税收入一般缴款书，是指实施政府非税收入收缴管理制度改革的行政事业单位收缴政府非税收入时开具的通用凭证。

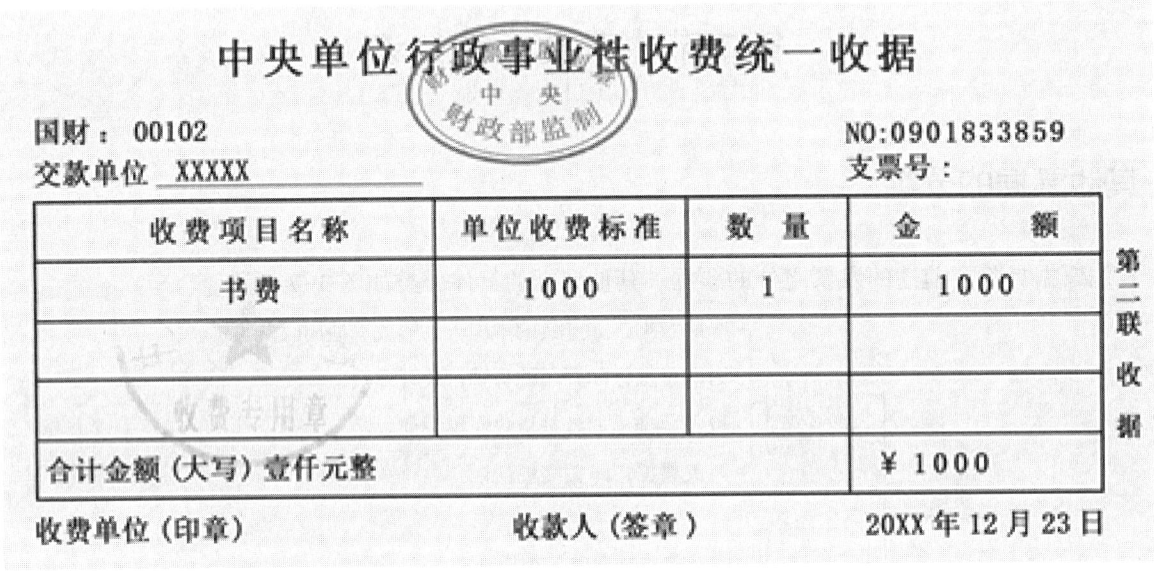

中央单位行政事业性收费统一收据

中央财政部监制

国财： 00102　　NO:0901833859

交款单位 XXXXX　　支票号：

收费项目名称	单位收费标准	数量	金额
书费	1000	1	1000
合计金额(大写)壹仟元整			¥1000

第二联 收据

收费专用章

收费单位(印章)　　收款人(签章)　　20XX 年 12 月 23 日

图 3-8

2.结算类票据

资金往来结算票据，是指行政事业单位在发生暂收、代收和单位内部资金往来结算时开具的凭证。

3.其他财政票据

其他财政票据包括：①公益事业捐赠票据，是指国家机关、公益性事业单位、公益性社会团体和其他公益性组织依法接受公益性捐赠时开具的凭证；②医疗收费票据，是指非营利医疗卫生机构从事医疗服务取得医疗收入时开具的凭证；③社会团体会费票据，是指依法成立的社会团体向会员收取会费时开具的凭证；④其他应当由财政部门管理的票据。

(三)税收票据

税务机关、税务人员、纳税人、扣缴义务人、代征代售人和税收票证印制企业在中华人民共和国境内印制、使用、管理税收票证。税收票证，是指税务机关、扣缴义务人依照法律法规，代征代缴人按照委托协议，征收税款、基金、费、滞纳金、罚没款等各项收入(以下统称“税款”)的过程中，开具的收款、退款和缴库凭证。税收票证是纳税人实际缴纳税款或者收取、退还税款的法定证明。

税收票证包括纸质形式和数据电文形式。税收票证主要包括税收缴款书、税收收入退还书、税收完税证明(图3-9)、出口货物劳务专用税收票证、印花税专用税收票证以及国家税务总局规定的其他税收票证。数据电文税收票证是指通过横向联网电子缴税系统办理税款征收缴库、退库时,向银行、国库发送的电子缴款、退款信息。

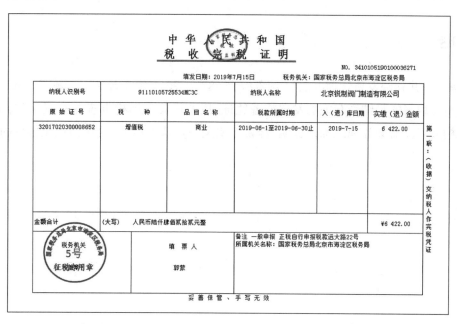

图3-9

(四) 海关票据

海关票据主要是海关进口增值税专用缴款书,是企业进口货物,海关开具给企业的缴款凭证。

海关进口增值税专用缴款书,简称"专用缴款书",也是出口货物办理退还增值税的重要凭证,如图3-10所示。

图3-10

海关税款缴款书一式六联：第一联（收据）由银行收款签章后交缴款单位或者纳税义务人；第二联（付款凭证）由缴款单位开户银行作为付出凭证；第三联（收款凭证）由收款国库作为收入凭证；第四联（回执）由国库盖章后退回海关财务部门；第五联（报查）国库收款后，关税专用缴款书退回海关，海关代征税专用缴款书送当地税务机关；第六联（存根）由填发单位存查。

三、境外票据

依据《中华人民共和国发票管理办法》（国务院令587号2011年2月1日起施行）第三十三条，单位和个人从中国境外取得的与纳税有关的发票或者凭证，税务机关在纳税审查时有疑义的，可以要求其提供境外公证机构或者注册会计师的确认证明，经税务机关审核认可后，方可作为记账核算的凭证。

第四章 增值税及附加税费

第一节 增值税概述

一、增值税纳税义务人及计征方法

(一)纳税义务人

《中华人民共和国增值税暂行条例》第一条,在中华人民共和国境内销售货物或者提供加工、修理修配劳务(以下简称"劳务"),销售服务、无形资产、不动产以及进口货物的单位和个人,为增值税的纳税人,应当依照本条例缴纳增值税。

(二)一般计税方法

从计税原理上说,增值税是对商品生产、流通、劳务服务中多个环节的新增价值或商品的附加值征收的一种流转税。实行价外税,也就是由消费者负担,有增值才征税,没增值不征税。增值税计税原理:购进扣税法,即

$$应纳税额 = 当期全部销项税额 - 当期全部可抵扣进项税额$$

以商品销售为例,税率13%,理想中计税原理,如图4-1所示。

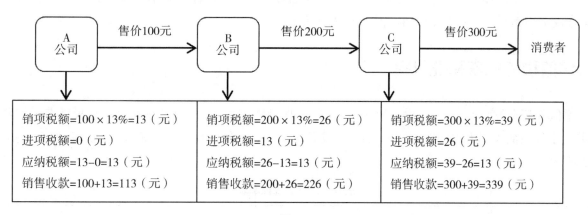

图4-1

(三)简易计税方法

对于一些销售额未超过规定标准的小规模纳税人或者不经常发生纳税行为的增值税纳税人,可以采用简化的纳税方式,即简易计税方法(相对于一般计税方法而言),直接按照销售额的3%计算缴纳增值税,且不允许抵扣进项税。

以商品销售为例,简易计税方法的原理,如图 4-2 所示。

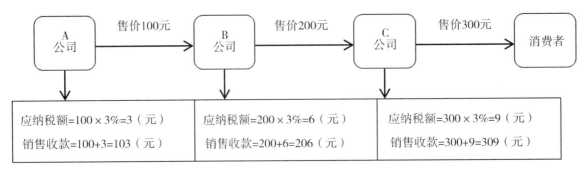

图 4-2

> 注意:一般纳税人发生财政部和国家税务总局规定的特定应税行为,可以选择适用简易计税方法计税,但一经选择,36 个月内不得变更。

(四) 增值税一般纳税人和小规模纳税人的区别

增值税纳税人分为一般纳税人和小规模纳税人,两者间的区别如表 4-1 所示。

表 4-1　一般纳税人和小规模纳税人的区别

纳税人类型	计税方法	应纳税额计算公式
一般纳税人	一般计税方法	∑销售额×税率 − ∑购进额×税率
	简易计税方法	∑销售额×征收率
小规模纳税人	简易计税方法	∑销售额×征收率

以上销售额均指不含增值税的销售额,如果是含税销售额,要替换为不含税销售额。不含税销售额=含税销售额/(1+税率),如为小规模纳税人则为征收率。

二、增值税的税率和征收率

增值税基本税率为 13%,低税率为 9% 和 6%,出口货物零税率(出口货物在整个纳税环节承担税负为零);小规模征收率为 3% 和 5%(减按照 2% 或者 1.5%)。具体征税范围及税率、征收率,如表 4-2、表 4-3 所示。

表 4-2　增值税税率表

税　率		基本项目
基本税率	13%	销售货物、加工修理修配劳务
		有形动产租赁服务
		进口一般货物

续表

税　率		基本项目
低税率	9%	粮食等农产品、食用植物油、食用盐
		自来水、暖气、冷气、热水、煤气、石油液化气、天然气、二甲醚、沼气、居民用煤炭制品
		图书、报纸、杂志、音像制品、电子出版物
		饲料、化肥、农药、农机、农膜
		其　他
		交通运输服务
		邮政服务
		基础电信服务
		不动产租赁服务
		销售不动产
		建筑服务
		转让土地使用权
	6%	增值电信服务
		现代服务
		生活服务
		金融服务
		无形资产
零税率		纳税人出口货物,税率为零,但是国务院另有规定的除外
		境内单位和个人发生的跨境规定范围内应税行为,无形资产税率为零

表 4-3　增值税征收率表

征收率	基本项目
5%	一般纳税人转让其 2016 年 4 月 30 前取得的不动产 & 小规模和个人转让不动产
	一般纳税人出租其 2016 年 4 月 30 前取得的不动产 & 小规模出租不动产
	一般纳税人销售自行开发的房地产项目 & 小规模销售自行开发的房地产项目
	劳务派遣服务:选择差额纳税(包括一般纳税人和小规模纳税人)
	人力资源外包服务选择简易(全部纳税人)
	转让 2016 年 4 月 30 日前取得的土地使用权
	一般纳税人 2016 年 4 月 30 日前签订的不动产融资租赁合同或取得的不动产提供的融资租赁服务
	房地产开发企业不动产租赁
	提供安全保护服务,比照劳务派遣服务
	纳税人提供武装守护押运服务,按照"安全保护服务"缴纳增值税

续表

征收率	基本项目
3%	县级及县级以下小型水力发电单位生产的电力
	建筑用和生产建筑材料所用的砂、土、石料
	以自己采掘的砂、土、石料或其他矿物连续生产的砖、瓦、石灰(不含黏土实心、砖瓦)
	用微生物、微生物代谢产物、动物毒素、人或动物的血液或组织制成的生物制品
	自来水
	商品混凝土(仅限于以水泥为原料生产的水泥混凝土)
	寄售商店代销寄售物品(包括居民个人寄售的物品在内)
	典当业销售死当物品
	经国务院或国务院授权机关批准的免税商店零售的免税品
	药品经营企业销售生物制品
	兽用药品经营企业销售生物制品
	公共交通运输服务
	经认定的符合条件的动漫企业
	电影放映服务、仓储服务、装卸搬运服务、收派服务和文化体育服务
	以纳入营改增试点之日前取得的有形动产为标的物提供的经营租赁服务
	以纳入营改增试点之日前签订的尚未执行完毕的有形动产租赁合同
	建筑清包、甲供工程、老项目
	试点前开工的高速公路通行费
	正常小规模征收率
	提供非学历教育服务,选择适用简易计税
	非企业一般纳税人研发和技术服务、信息技术服务、签证咨询服务以及销售技术、著作权等无形资产
	一般纳税人销售电梯的同时提供安装服务
	建筑工程总承包单位为房屋建筑的地基与基础、主体结构提供工程服务
2%	一般纳税人销售自己使用过的不得抵扣且未抵扣的固定资产
	小规模纳税人(除其他个人外,下同)销售自己使用过的固定资产
	纳税人销售旧货
1.5%	个体户/其他个人出租住房

三、增值税小微企业税收优惠

根据《财政部 税务总局关于明确增值税小规模纳税人免征增值税政策的公告》(财政部 税务总局公告2022年第15号)的规定,自2022年4月1日至2022年12月31日,增值税小规模纳税人适用3%征收率的应税销售收入,免征增值税;适用3%预征率的预缴增值税项目,暂停预缴增值税。

四、增值税纳税地点

固定业户应当向其机构所在地的主管税务机关申报纳税。总机构和分支机构不在同一县(市)的,应当分别向各自所在地的主管税务机关申报纳税;经国务院财政、税务主管部门或者其授权的财政、税务机关批准,可以由总机构汇总向总机构所在地的主管税务机关申报纳税。

固定业户到外县(市)销售货物或者劳务,应当向其机构所在地的主管税务机关报告外出经营事项,并向其机构所在地的主管税务机关申报纳税;未报告的,应当向销售地或者劳务发生地的主管税务机关申报纳税;未向销售地或者劳务发生地的主管税务机关申报纳税的,由其机构所在地的主管税务机关补征税款。

非固定业户销售货物或者劳务,应当向销售地或者劳务发生地的主管税务机关申报纳税;未向销售地或者劳务发生地的主管税务机关申报纳税的,由其机构所在地或者居住地的主管税务机关补征税款。

进口货物,应当向报送地海关申报纳税。

扣缴义务人应当向其机构所在地或者居住地的主管税务机关申报缴纳其扣缴的税款。

五、增值税纳税期限

纳税人以1个月或者1个季度为1个纳税期的,自期满之日起15日内申报纳税。

《中华人民共和国税收征收管理法实施细则》第一百零九条:税收征管法及本细则所规定期限的最后一日是法定休假日的,以休假日期满的次日为期限的最后一日;在期限内有连续3日以上法定休假日的,按休假日天数顺延。

六、增值税一般纳税人纳税申报流程

一般纳税人纳税申报流程如图4-3所示。

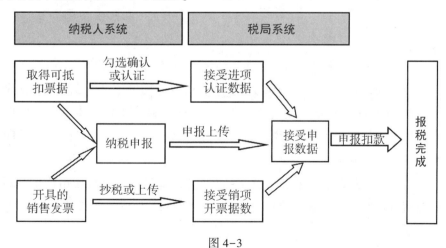

图4-3

销售发票一般通过税控系统开具,并通过抄税或者实时上传到税局系统。抵扣凭证(并非所有的抵扣凭证)和数据通过增值税发票综合服务平台进行勾选认证。纳税人通过纳税申报表将销项税额减去进项税额得出应纳税额等总体信息反映在增值税及附加税费申报表的主表上,销项、进项等具体信息反映在附表上。税务机关接收申报表时在系统进行逻辑等相关比对无误后,纳税人申报并扣款,完成报税。但不要忘记进入防伪税控系统清卡(或反写)。

第二节 城市维护建设税、教育附加、地方教育加概述

一、城市维护建设税概述

(一)纳税义务人

城市维护建设税简称"城建税"。凡缴纳消费税、增值税的单位和个人,都是城市维护建设税的纳税义务人。城市维护建设税以纳税人实际缴纳的消费税、增值税税额(以下简称"两税")为计税依据,分别与消费税、增值税同时缴纳。

(二)税 率

城市维护建设税采用地区差别比例税率:①纳税人所在地在市区的,税率为7%;②纳税人所在地不在市区的,税率为5%;③纳税人所在地不在城市市区、县城或者建制镇的,税率为1%。

(三)计税依据

城建税的计税依据是指纳税人实际缴纳的"两税"税额。纳税人违反"两税"有关规定,被查补"两税"和被处以罚款时,也要对其未缴的城建税进行补税和罚款。纳税人违反"两税"有关税法而加收的滞纳金和罚款,(非税款项)不作为城建税的计税依据。纳税人出口货物免抵的增值税税额纳入计税依据。如果要免征或减征"两税",也就要同时免征或者减征城建税。对实行增值税期末留抵退税的纳税人,允许其从城市维护建设税、教育费附加和地方教育附加的计税(征)依据中扣除退还的增值税税额。

(四)税收优惠

根据财政部、税务总局公告2022年第10号《财政部 税务总局关于进一步实施小微企业"六税两费"减免政策的公告》的相关规定,对增值税小规模纳税人、小型微利企业和个体工商户可以在50%的税额幅度内减征资源税、城市维护建设税、房产税、城镇土地使用税、印花税(不含证券交易印花税)、耕地占用税和教育费附加、地方教育附加。

增值税小规模纳税人、小型微利企业和个体工商户已依法享受资源税、城市维护建设税、房产税、城镇土地使用税、印花税、耕地占用税、教育费附加、地方教育附加其他优惠政策的,可叠加享受上面的优惠政策。

执行期限为2022年1月1日至2024年12月31日。

> 注意:以上小型微利企业是指从事国家非限制和禁止行业,且同时符合年度应纳税所得额不超过300万元、从业人数不超过300人、资产总额不超过5 000万元等三个条件的企业。小型微利判定以企业所得税年度汇算清缴结果为准。

除以上优惠外,城建税原则上不单独减免,但因城建税又具附加税性质,当主税发生减免时,城建税相应发生税收减免。税收优惠有以下几种情况:

(1)城建税按减免后实际缴纳的"两税"税额计征,即随"两税"的减免而减免。

(2)对于因减免税而进行"两税"退库的,城建税也可同时退库。

(3)对"两税"实行先征后返、先征后退、即征即退办法的,除另有规定外,对随"两税"附征的城建税和教育费附加,一律不退(返)还。

(4)海关对进口产品代征的增值税、消费税,不征收城建税。对出口产品退还增值税、消费税的,不退还已缴纳城建税。

(5)为支持国家重大水利工程建设,对国家重大水利工程建设基金免征城建税。

(6)对实行增值税期末留抵退税的纳税人,允许其从城市维护建设税、教育费附加和地方教育附加的计税(征)依据中扣除退还的增值税税额。

二、教育费附加、地方教育附加概述

(一)纳税义务人

教育费附加、地方教育费附件是为加快地方教育事业,扩大地方教育经费的资金而征收的一项专用基金。凡缴纳增值税、消费税的单位和个人,均为教育费附加的缴纳义务人(简称"纳费人")。凡代征增值税、消费税的单位和个人,亦为代征教育费附加的义务人。

(二)税费及计征依据

教育费附加、地方教育附加计征依据与城建税一致。具体如表4-4所示。

表4-4 教育费附加、地方教育附加相关管理表

要 素	教育费附加	地方教育附加
计征比率	3%	2%
征收范围	实际缴纳的增值税、消费税的单位和个人	
计征依据	实际缴纳的增值税、消费税为依据	
缴纳期限	与"两税"同时缴纳	
计算公式	实缴"两税"税额×3%	实缴"两税"税额×2%

(三)减免规定

教育费附加与地方教育附加的减免规定与城建税的税收优惠相同,除此之外,财税〔2016〕12号规定,按月纳税的月销售额或营业额不超过10万元(含10万元),以及按季纳税的季度销售额或营业额不

超过30万元(含30万元)的缴纳义务人,免征教育费附加、地方教育附加。

> 注意:财税[2016]12号文件里所说的纳税人,是不区分一般纳税人或小规模纳税人的。不管是一般纳税人,还是小规模纳税人,只要不超过都可以享受。

对于小企业的教育附加与地方教育附加减征优惠同城市维护建设税规定一致。

第三节 增值税及附加税费申报表

一、增值税及附加税费申报资料

纳税申报资料包括纳税申报表及其附列资料和纳税申报的其他资料。

纳税申报表及其附列资料为必报资料。纳税申报其他资料的申报要求由各省、自治区、直辖市国家税务局确定。

纳税申报表及其附列资料包括内容,如表4-5所示。

表4-5 纳税申报表

分 类	表 单
一般纳税人	增值税及附加税费申报表(一般纳税人适用)
	附列资料(一)(本期销售情况明细)
	附列资料(二)(本期进项税额明细)
	附列资料(三)(服务、不动产和无形资产扣除项目明细)
	附列资料(四)(税额抵减情况表)
	附列资料(五)(附加税费情况表)
	增值税减免税申报明细表
小规模	增值税及附加税费申报表(小规模纳税人适用)
	附列资料(一)(服务、不动产和无形资产扣除项目明细)
	附列资料(二)(附加税费情况表)
	增值税减免税申报明细表

纳税申报其他资料包括内容,如表4-6所示。

表4-6 纳税申报其他资料

表 单
1.已开具的税控机动车销售统一发票和普通发票的存根联
2.符合抵扣条件且在本期申报抵扣的增值税专用发票(含税控机动车销售统一发票)的抵扣联
3.符合抵扣条件且在本期申报抵扣的海关进口增值税专用缴款书、购进农产品取得的普通发票的复印件
4.符合抵扣条件且在本期申报抵扣的税收完税凭证及其清单、书面合同、付款证明和境外单位的对账单或者发票

续表

表 单
5.已开具的农产品收购凭证的存根联或报查联
6.纳税人销售服务、不动产和无形资产,在确定服务、不动产和无形资产销售额时,按照有关规定从取得的全部价款和价外费用中扣除价款的合法凭证及其清单
7.主管税务机关规定的其他资料

二、增值税一般纳税人纳税申报表及填表说明

纳税人不论有无销售额,均应按税务机关核定的纳税期限填写以下申报表,并向当地税务机关申报。增值税一般纳税人需要报送的申报表包括以下内容。

(一)增值税及附加税费申报表——主表

《增值税及附加税费申报表(一般纳税人适用)》,如表4-7所示。

表4-7 增值税及附加税费申报表(一般纳税人适用)(表头表尾略)

	项 目	栏 次	一般项目		即征即退项目	
			本月数	本年累计	本月数	本年累计
销售额	(一)按适用税率计税销售额	1				
	其中:应税货物销售额	2				
	应税劳务销售额	3				
	纳税检查调整的销售额	4				
	(二)按简易办法计税销售额	5				
	其中:纳税检查调整的销售额	6				
	(三)免、抵、退办法出口销售额	7			—	—
	(四)免税销售额	8				
	其中:免税货物销售额	9				
	免税劳务销售额	10				
税款计算	销项税额	11				
	进项税额	12				
	上期留抵税额	13				—
	进项税额转出	14				
	免、抵、退应退税额	15			—	—
	按适用税率计算的纳税检查应补缴税额	16			—	—

续表

项 目		栏 次	一般项目		即征即退项目	
			本月数	本年累计	本月数	本年累计
税款计算	应抵扣税额合计	17＝12＋13－14－15＋16			—	—
	实际抵扣税额	18（如17＜11，则为17，否则为11）				
	应纳税额	19＝11－18				
	期末留抵税额	20＝17－18			—	—
	简易计税办法计算的应纳税额	21				
	按简易计税办法计算的纳税检查应补缴税额	22			—	—
	应纳税额减征额	23				
	应纳税额合计	24＝19＋21－23				
税款缴纳	期初未缴税额（多缴为负数）	25				
	实收出口开具专用缴款书退税额	26			—	—
	本期已缴税额	27＝28＋29＋30＋31				
	①分次预缴税额	28			—	—
	②出口开具专用缴款书预缴税额	29			—	—
	③本期缴纳上期应纳税额	30				
	④本期缴纳欠缴税额	31				
	期末未缴税额（多缴为负数）	32＝24＋25＋26－27				
	其中：欠缴税额（≥0）	33＝25＋26－27			—	—
	本期应补（退）税额	34＝24－28－29			—	—
	即征即退实际退税额	35	—	—		
	期初未缴查补税额	36			—	—
	本期入库查补税额	37			—	—
	期末未缴查补税额	38＝16＋22＋36－37			—	—
附加税费	城市维护建设税本期应补（退）税额	39				
	教育费附加本期应补（退）费额	40				
	地方教育附加本期应补（退）费额	41				

填表说明：

1.名词解释

本表及填写说明所称"货物"，是指增值税的应税货物。

本表及填写说明所称"劳务"，是指增值税的应税加工、修理、修配劳务。

本表及填写说明所称"服务、不动产和无形资产"，是指销售服务、不动产和无形资产。

本表及填写说明所称"按适用税率计税""按适用税率计算"和"一般计税方法",均指按"应纳税额=当期销项税额-当期进项税额"公式计算增值税应纳税额的计税方法。

本表及填写说明所称"按简易办法计税""按简易征收办法计算"和"简易计税方法",均指按"应纳税额=销售额×征收率"公式计算增值税应纳税额的计税方法。

本表及填写说明所称"扣除项目",是指纳税人销售服务、不动产和无形资产,在确定销售额时,按照有关规定允许其从取得的全部价款和价外费用中扣除价款的项目。

2.《增值税及附加税费申报表(一般纳税人适用)》填写说明

"即征即退项目"列:填写纳税人按规定享受增值税即征即退政策的货物、劳务和服务、不动产、无形资产的征(退)税数据。

"一般项目"列:填写除享受增值税即征即退政策以外的货物、劳务和服务、不动产、无形资产的征(免)税数据。

"本年累计"列:一般填写本年度内各月"本月数"之和。其中,第13、20、25、32、36、38栏及第18栏"实际抵扣税额""一般项目"列的"本年累计"分别按填写说明要求填写。

第1栏"(一)按适用税率计税销售额":填写纳税人本期按一般计税方法计算缴纳增值税的销售额,包含在财务上不做销售但按税法规定应缴纳增值税的视同销售和价外费用的销售额;外贸企业作价销售进料加工复出口货物的销售额;税务、财政、审计部门检查后按一般计税方法计算调整的销售额。

营业税改征增值税的纳税人,服务、不动产和无形资产有扣除项目的,本栏应填写扣除之前的不含税销售额。

本栏"一般项目"列"本月数"=《附列资料(一)》第9列第1至5行之和-第9列第6、7行之和;

本栏"即征即退项目"列"本月数"=《附列资料(一)》第9列第6、7行之和。

第2栏"其中:应税货物销售额":填写纳税人本期按适用税率计算增值税的应税货物的销售额,包含在财务上不做销售但按税法规定应缴纳增值税的视同销售货物和价外费用销售额,以及外贸企业作价销售进料加工复出口货物的销售额。

第3栏"应税劳务销售额":填写纳税人本期按适用税率计算增值税的应税劳务的销售额。

第4栏"纳税检查调整的销售额":填写纳税人因税务、财政、审计部门检查,并按一般计税方法在本期计算调整的销售额。但享受增值税即征即退政策的货物、劳务和服务、不动产、无形资产,经纳税检查属于偷税的,不填入"即征即退项目"列,而应填入"一般项目"列。

营业税改征增值税的纳税人,服务、不动产和无形资产有扣除项目的,本栏应填写扣除之前的不含税销售额。

本栏"一般项目"列"本月数"=《附列资料(一)》第7列第1至5行之和。

第5栏"(二)按简易办法计税销售额":填写纳税人本期按简易计税方法计算增值税的销售额,包含纳税检查调整按简易计税方法计算增值税的销售额。

营业税改征增值税的纳税人,服务、不动产和无形资产有扣除项目的,本栏应填写扣除之前的不含税销售额;服务、不动产和无形资产按规定汇总计算缴纳增值税的分支机构,其当期按预征率计算缴纳增值税的销售额也填入本栏。

本栏"一般项目"列"本月数"≥《附列资料(一)》第9列第8至13行之和-第9列第14、15行之和。

本栏"即征即退项目"列"本月数"≥《附列资料(一)》第9列第14、15行之和。

第6栏"其中:纳税检查调整的销售额":填写纳税人因税务、财政、审计部门检查,并按简易计税方法在本期计算调整的销售额。但享受增值税即征即退政策的货物、劳务和服务、不动产、无形资产,经纳税检查属于偷税的,不填入"即征即退项目"列,而应填入"一般项目"列。

营业税改征增值税的纳税人,服务、不动产和无形资产有扣除项目的,本栏应填写扣除之前的不含税销售额。

第7栏"(三)免、抵、退办法出口销售额":填写纳税人本期适用免、抵、退税办法的出口货物、劳务和服务、无形资产的销售额。

营业税改征增值税的纳税人,服务、无形资产有扣除项目的,本栏应填写扣除之前的销售额。

本栏"一般项目"列"本月数"=《附列资料(一)》第9列第16、17行之和。

第8栏"(四)免税销售额":填写纳税人本期按照税法规定免征增值税的销售额和适用零税率的销售额,但零税率的销售额中不包括适用免、抵、退税办法的销售额。

营业税改征增值税的纳税人,服务、不动产和无形资产有扣除项目的,本栏应填写扣除之前的免税销售额。

本栏"一般项目"列"本月数"=《附列资料(一)》第9列第18、19行之和。

第9栏"其中:免税货物销售额":填写纳税人本期按照税法规定免征增值税的货物销售额及适用零税率的货物销售额,但零税率的销售额中不包括适用免、抵、退税办法出口货物的销售额。

第10栏"免税劳务销售额":填写纳税人本期按照税法规定免征增值税的劳务销售额及适用零税率的劳务销售额,但零税率的销售额中不包括适用免、抵、退税办法的劳务的销售额。

第11栏"销项税额":填写纳税人本期按一般计税方法计税的货物、劳务和服务、不动产、无形资产的销项税额。

营业税改征增值税的纳税人,服务、不动产和无形资产有扣除项目的,本栏应填写扣除之后的销项税额。

本栏"一般项目"列"本月数"=《附列资料(一)》(第10列第1、3行之和-第10列第6行)+(第14列第2、4、5行之和-第14列第7行)。

本栏"即征即退项目"列"本月数"=《附列资料(一)》第10列第6行+第14列第7行。

第12栏"进项税额":填写纳税人本期申报抵扣的进项税额。

本栏"一般项目"列"本月数"+"即征即退项目"列"本月数"=《附列资料(二)》第12栏"税额"。

第13栏"上期留抵税额":"本月数"按上一税款所属期申报表第20栏"期末留抵税额""本月数"填写。本栏"一般项目"列"本年累计"不填写。

第14栏"进项税额转出":填写纳税人已经抵扣,但按税法规定本期应转出的进项税额。

本栏"一般项目"列"本月数"+"即征即退项目"列"本月数"=《附列资料(二)》第13栏"税额"。

第15栏"免、抵、退应退税额":反映税务机关退税部门按照出口货物、劳务和服务、无形资产免、抵、退办法审批的增值税应退税额。

第16栏"按适用税率计算的纳税检查应补缴税额":填写税务、财政、审计部门检查,按一般计税方法计算的纳税检查应补缴的增值税税额。

本栏"一般项目"列"本月数"≤《附列资料(一)》第8列第1至5行之和+《附列资料(二)》第19栏。

第17栏"应抵扣税额合计":填写纳税人本期应抵扣进项税额的合计数。按表中所列公式计算填写。

第 18 栏"实际抵扣税额":"本月数"按表中所列公式计算填写。本栏"一般项目"列"本年累计"不填写。

第 19 栏"应纳税额":反映纳税人本期按一般计税方法计算并应缴纳的增值税额。

适用加计抵减政策的纳税人,按以下公式填写:

本栏"一般项目"列"本月数"=第 11 栏"销项税额""一般项目"列"本月数"-第 18 栏"实际抵扣税额""一般项目"列"本月数"-"实际抵减额"。

本栏"即征即退项目"列"本月数"=第 11 栏"销项税额""即征即退项目"列"本月数"-第 18 栏"实际抵扣税额""即征即退项目"列"本月数"-"实际抵减额"。

适用加计抵减政策的纳税人是指,按照规定计提加计抵减额,并可从本期适用一般计税方法计算的应纳税额中抵减的纳税人(下同)。"实际抵减额"是指按照规定可从本期适用一般计税方法计算的应纳税额中抵减的加计抵减额,分别对应《附列资料(四)》第 6 行"一般项目加计抵减额计算"、第 7 行"即征即退项目加计抵减额计算"的"本期实际抵减额"列。

其他纳税人按表中所列公式填写。

第 20 栏"期末留抵税额":"本月数"按表中所列公式填写。本栏"一般项目"列"本年累计"不填写。

第 21 栏"简易计税办法计算的应纳税额":反映纳税人本期按简易计税方法计算并应缴纳的增值税额,但不包括按简易计税方法计算的纳税检查应补缴税额。按以下公式计算填写:

本栏"一般项目"列"本月数"=《附列资料(一)》(第 10 列第 8、9a、10、11 行之和-第 10 列第 14 行)+(第 14 列第 9b、12、13a、13b 行之和-第 14 列第 15 行)。

本栏"即征即退项目"列"本月数"=《附列资料(一)》第 10 列第 14 行+第 14 列第 15 行。

营业税改征增值税的纳税人,服务、不动产和无形资产按规定汇总计算缴纳增值税的分支机构,应将预征增值税额填入本栏。预征增值税额=应预征增值税的销售额×预征率。

第 22 栏"按简易计税办法计算的纳税检查应补缴税额":填写纳税人本期因税务、财政、审计部门检查并按简易计税方法计算的纳税检查应补缴税额。

第 23 栏"应纳税额减征额":填写纳税人本期按照税法规定减征的增值税应纳税额,包含按照规定可在增值税应纳税额中全额抵减的增值税税控系统专用设备费用以及技术维护费。

当本期减征额小于或等于第 19 栏"应纳税额"与第 21 栏"简易计税办法计算的应纳税额"之和时,按本期减征额实际填写;当本期减征额大于第 19 栏"应纳税额"与第 21 栏"简易计税办法计算的应纳税额"之和时,按本期第 19 栏与第 21 栏之和填写。本期减征额不足抵减部分结转下期继续抵减。

第 24 栏"应纳税额合计":反映纳税人本期应缴增值税的合计数。按表中所列公式计算填写。

第 25 栏"期初未缴税额(多缴为负数)":"本月数"按上一税款所属期申报表第 32 栏"期末未缴税额(多缴为负数)""本月数"填写。"本年累计"按上年度最后一个税款所属期申报表第 32 栏"期末未缴税额(多缴为负数)""本年累计"填写。

第 26 栏"实收出口开具专用缴款书退税额":本栏不填写。

第 27 栏"本期已缴税额":反映纳税人本期实际缴纳的增值税额,只反应纳税人本期实际缴纳的增值税额,不包括本期入库的查补税款。按表中所列公式计算填写。

第 28 栏"①分次预缴税额":填写纳税人本期已缴纳的准予在本期增值税应纳税额中抵减的税额。

第 29 栏"②出口开具专用缴款书预缴税额":本栏不填写。

第30栏"③本期缴纳上期应纳税额":填写纳税人本期缴纳上一税款所属期应缴未缴的增值税额。

第31栏"④本期缴纳欠缴税额":反映纳税人本期实际缴纳和留抵税额抵减的增值税欠税额,但不包括缴纳入库的查补增值税额。

第32栏"期末未缴税额(多缴为负数)":"本月数"反映纳税人本期期末应缴未缴的增值税额,但不包括纳税检查应缴未缴的税额。按表中所列公式计算填写。"本年累计"与"本月数"相同。

第33栏"其中:欠缴税额(≥0)":反映纳税人按照税法规定已形成欠税的增值税额。按表中所列公式计算填写。

第34栏"本期应补(退)税额":反映纳税人本期应纳税额中应补缴或应退回的数额。按表中所列公式计算填写。

第35栏"即征即退实际退税额":反映纳税人本期因符合增值税即征即退政策规定,而实际收到的税务机关退回的增值税额。

第36栏"期初未缴查补税额":"本月数"按上一税款所属期申报表第38栏"期末未缴查补税额""本月数"填写。"本年累计"按上年度最后一个税款所属期申报表第38栏"期末未缴查补税额""本年累计"填写。

第37栏"本期入库查补税额":反映纳税人本期因税务、财政、审计部门检查反映纳税人本期因税务、财政、审计部门检查而实际入库的增值税额,包括按一般计税方法计算并实际缴纳的查补增值税额和按简易计税方法计算并实际缴纳的查补增值税额。

第38栏"期末未缴查补税额":"本月数"反映纳税人接受纳税检查后应在本期期末缴纳而未缴纳的查补增值税额。按表中所列公式计算填写,"本年累计"与"本月数"相同。

第39栏"城市维护建设税本期应补(退)税额":填写纳税人按税法规定应缴纳的城市维护建设税。本栏"一般项目"列"本月数"=《附列资料(五)》第1行第11列。

第40栏"教育费附加本期应补(退)费额":填写纳税人按规定应当缴纳的教育费附加。本栏"一般项目"列"本月数"=《附列资料(五)》第2行第11列。

第41栏"地方教育附加本期应补(退)费额":填写纳税人按规定应当缴纳的地方教育附加。本栏"一般项目"列"本月数"=《附列资料(五)》第3行第11列。

(二)增值税及附加税费申报表——附列资料一

《增值税及附加税费申报表附列资料(一)》(本期销售情况明细),如表4-8所示。

表 4-8 增值税及附加税费申报表附列资料（一）（本期销售情况明细）

项目及栏次		开具增值税专用发票		开具其他发票		未开具发票		纳税检查调整		合计			服务、不动产和无形资产扣除项目本期实际扣除金额	扣除后	
		销售额	销项(应纳)税额	销售额	销项(应纳)税额	销售额	销项(应纳)税额	销售额	销项(应纳)税额	销售额	销项(应纳)税额	价税合计		含税(免税)销售额	销项(应纳)税额
		1	2	3	4	5	6	7	8	9=1+3+5+7	10=2+4+6+8	11=9+10	12	13=11-12	14=13÷(100%+税率或征收率)×税率或征收率
一、一般计税方法计税	13%税率的货物及加工修理修配劳务 1														
	13%税率的服务、不动产和无形资产 2												12	13=11-12	
	9%税率的货物及加工修理修配劳务 3	—	—	—	—	—	—	—	—	—	—	—	—	—	—
	9%税率的服务、不动产和无形资产 4	—	—	—	—	—	—	—	—	—	—	—	—	—	—
	6%税率 5	—	—	—	—	—	—	—	—	—	—	—	—	—	—
其中：即征即退项目	即征即退货物及加工修理修配劳务 6	—	—	—	—	—	—	—	—	—	—	—	—	—	—
	即征即退服务、不动产和无形资产 7	—	—	—	—	—	—	—	—	—	—	—	—	—	—
二、简易计税方法计税	6%征收率 8	—	—	—	—	—	—	—	—	—	—	—	—	—	—
全部征税项目	5%征收率的货物及加工修理修配劳务 9a	—	—	—	—	—	—	—	—	—	—	—	—	—	—
	5%征收率的服务、不动产和无形资产 9b	—	—	—	—	—	—	—	—	—	—	—	—	—	—

续表

项目及栏次			开具增值税专用发票		开具其他发票		未开具发票		纳税检查调整		合计			服务、不动产和无形资产扣除项目本期实际扣除金额	扣除后	
			销售额	销项（应纳）税额	销售额	销项（应纳）税额	销售额	销项（应纳）税额	销售额	销项（应纳）税额	销售额	销项（应纳）税额	价税合计		含税（免税）销售额	销项（应纳）税额
			1	2	3	4	5	6	7	8	9=1+3+5+7	10=2+4+6+8	11=9+10	12	13=11-12	14=13÷(100%+税率或征收率)×税率或征收率
二、简易计税方法计税	全部征税项目	4%征收率	10													
		3%征收率的货物及加工修理修配劳务	11													
		3%征收率的服务、不动产和无形资产	12													
		预征率　　%	13a											—	—	—
		预征率　　%	13b											—	—	—
		预征率　　%	13c											—	—	—
	其中：即征即退项目	即征即退货物及加工修理修配劳务	14											—	—	—
		即征即退服务、不动产和无形资产	15											—	—	—
三、免抵退税		货物及加工修理修配劳务	16	—	—									—	—	—
		服务、不动产和无形资产	17	—	—									—	—	—
四、免税		货物及加工修理修配劳务	18	—	—									—	—	—
		服务、不动产和无形资产	19	—	—									—	—	—

填表说明：

"税款所属时间""纳税人名称"的填写同《增值税及附加税费申报表（一般纳税人适用）》（以下简称"主表"）。

第 1 至 2 列"开具增值税专用发票"：反映本期开具增值税专用发票（含税控机动车销售统一发票，下同）的情况。

第 3 至 4 列"开具其他发票"：反映除增值税专用发票以外本期开具的其他发票的情况。

第 5 至 6 列"未开具发票"：反映本期未开具发票的销售情况。

第 7 至 8 列"纳税检查调整"：反映经税务、财政、审计部门检查并在本期调整的销售情况。

第 9 至 11 列"合计"：按照表中所列公式填写。

营业税改征增值税的纳税人，服务、不动产和无形资产有扣除项目的，第 1 至 11 列应填写扣除之前的征（免）税销售额、销项（应纳）税额和价税合计额。

第 12 列"服务、不动产和无形资产扣除项目本期实际扣除金额"：营业税改征增值税的纳税人，服务、不动产和无形资产有扣除项目的，按《附列资料（三）》第 5 列对应各行次数据填写，其中本列第 5 栏等于《附列资料（三）》第 5 列第 3 行与第 4 行之和；服务、不动产和无形资产无扣除项目的，本列填写"0"。其他纳税人不填写。

营业税改征增值税的纳税人，服务、不动产和无形资产按规定汇总计算缴纳增值税的分支机构，当期服务、不动产和无形资产有扣除项目的，填入本列第 13 行。

第 13 列"扣除后""含税（免税）销售额"：营业税改征增值税的纳税人，服务、不动产和无形资产有扣除项目的，本列各行次=第 11 列对应各行次-第 12 列对应各行次。其他纳税人不填写。

第 14 列"扣除后""销项（应纳）税额"：营业税改征增值税的纳税人，按要求填写本列，其他纳税人不填写。

（三）增值税及附加税费申报表——附表二

《增值税及附加税费申报表附列资料（二）》（本期进项税额明细），如表 4-9 所示。

表 4-9 增值税及附加税费申报表附列资料（二）（本期进项税额明细）

一、申报抵扣的进项税额				
项　　目	栏　　次	份　　数	金　　额	税　　额
（一）认证相符的税控增值税专用发票	1=2+3			
其中：本期认证相符且本期申报抵扣	2			
前期认证相符且本期申报抵扣	3			
（二）其他扣税凭证	4=5+6+7+8a+8b			
其中：海关进口增值税专用缴款书	5			
农产品收购发票或者销售发票	6			
代扣代缴税收缴款凭证	7			—
加计扣除农产品进项税额	8a	—	—	
其他	8b			

续表

项 目	栏 次	份 数	金 额	税 额
(三)本期用于构建不动产的扣税凭证	9			
(四)本期用于抵扣的旅客运输服务扣税凭证	10			
(五)外贸企业进项税额抵扣证明	11	—	—	
当期申报抵扣进项税额合计	12 = 1+4+11			

二、进项税额转出额

项 目	栏 次	税 额
本期进项税转出额	13 = 14 至 23 之和	
其中:免税项目用	14	
集体福利、个人消费	15	
非正常损失	16	
简易计税方法征税项目用	17	
免抵退税办法不得抵扣的进项税额	18	
纳税检查调减进项税额	19	
红字专用发票信息表注明的进项税额	20	
上期留抵税额抵减欠税	21	
上期留抵税额退税	22	
异常凭证转出进项税额	23a	
其他应作进项税额转出的情形	23b	

三、待抵扣进项税额

项 目	栏 次	份 数	金 额	税 额
(一)认证相符的税控增值税专用发票	24	—	—	—
期初已认证相符但未申报抵扣	25			
本期认证相符且本期未申报抵扣	26			
期末已认证相符但未申报抵扣	27			
其中:按照税法规定不允许抵扣	28			
(二)其他扣税凭证	29 = 30 至 33 之和			
其中:海关进口增值税专用缴款书	30			
农产品收购发票或者销售发票	31			
代扣代缴税收缴款凭证	32		—	
其　他	33			
	34			

续表

四、其他				
项 目	栏 次	份 数	金 额	税 额
本期认证相符的税控增值税专用发票	35			
代扣代缴税额	36	—	—	

填表说明：

"税款所属时间""纳税人名称"的填写同主表。

第1至12栏"一、申报抵扣的进项税额"：分别反映纳税人按税法规定符合抵扣条件，在本期申报抵扣的进项税额。

第1栏"（一）认证相符的税控增值税专用发票"：反映纳税人取得的认证相符本期申报抵扣的增值税专用发票情况。该栏应等于第2栏"本期认证相符且本期申报抵扣"与第3栏"前期认证相符且本期申报抵扣"数据之和。适用取消增值税发票认证规定的纳税人，通过增值税发票选择确认平台选择用于抵扣的增值税专用发票，视为"认证相符"（下同）。

第2栏"其中：本期认证相符且本期申报抵扣"：反映本期认证相符且本期申报抵扣的增值税专用发票的情况。本栏是第1栏的其中数，本栏只填写本期认证相符且本期申报抵扣的部分。

第3栏"前期认证相符且本期申报抵扣"：反映前期认证相符且本期申报抵扣的增值税专用发票的情况。

纳税人本期申报抵扣的收费公路通行费增值税电子普通发票（以下简称"通行费电子发票"）应当填写在第1至3栏对应栏次中。

第1至3栏中涉及的增值税专用发票均不包含从小规模纳税人处购进农产品时取得的专用发票，但购进农产品未分别核算用于生产销售13%税率货物和其他货物服务的农产品进项税额情况除外。

第4栏"（二）其他扣税凭证"：反映本期申报抵扣的除增值税专用发票之外的其他扣税凭证的情况。具体包括：海关进口增值税专用缴款书、农产品收购发票或者销售发票（含农产品核定扣除的进项税额）、代扣代缴税收完税凭证、加计扣除农产品进项税额和其他符合政策规定的扣税凭证。该栏应等于第5至8b栏之和。

5~12栏填表说明：

第5栏"海关进口增值税专用缴款书"：反映本期申报抵扣的海关进口增值税专用缴款书的情况。

第6栏"农产品收购发票或者销售发票"：反映纳税人本期购进农业生产者自产农产品取得（开具）的农产品收购发票或者销售发票情况。从小规模纳税人处购进农产品时取得增值税专用发票情况填写在本栏，但购进农产品未分别核算用于生产销售13%税率货物和其他货物服务的农产品进项税额情况除外。

"税额"栏=农产品销售发票或者收购发票上注明的农产品买价×9%+增值税专用发票上注明的金额×9%。

上述公式中的"增值税专用发票"是指纳税人从小规模纳税人处购进农产品时取得的专用发票。

执行农产品增值税进项税额核定扣除办法的，填写当期允许抵扣的农产品增值税进项税额，不填写"份数""金额"。

第7栏"代扣代缴税收缴款凭证"：填写本期按规定准予抵扣的完税凭证上注明的增值税额。

第8a栏"加计扣除农产进项税额"：填写纳税人购进的农产品用于生产销售或委托加工13%税率货

物时加计扣除的农产品进项税额。该栏不填写"份数""金额"。

第8b栏"其他"：反映按规定本期可以申报抵扣的其他扣税凭证情况。

纳税人按照规定不得抵扣且未抵扣进项税额的固定资产、无形资产、不动产，发生用途改变，用于允许抵扣进项税额的应税项目，可在用途改变的次月将按公式计算出的可以抵扣的进项税额，填入本栏"税额"中。

第9栏"（三）本期用于购建不动产的扣税凭证"：反映按规定本期用于构建不动产的扣税凭证上注明的金额和税额。

购建不动产是指纳税人2016年5月1日后取得并在会计制度上按固定资产核算的不动产或者2016年5月1日后取得的不动产在建工程。取得不动产，包括以直接购买、接受捐赠、接受投资入股、自建以及抵债等各种形式取得不动产，不包括房地产开发企业自行开发的房地产项目。

本栏次包括第1栏中本期用于购建不动产的增值税专用发票和第4栏中本期用于购建不动产的其他扣税凭证。

本栏"金额""税额"≧0。

第10栏"（四）本期用于抵扣的旅客运输服务扣税凭证"：反映按规定本期购进旅客运输服务，所取得的扣税凭证上注明或按规定计算的金额和税额。

本栏次包括第1栏中按规定本期允许抵扣的购进旅客运输服务取得的增值税专用发票和第4栏中按规定本期允许抵扣的购进旅客运输服务取得的其他扣税凭证。

本栏"金额""税额"≧0。

第9栏"（三）本期用于购建不动产的扣税凭证"+第10栏"（四）本期用于抵扣的旅客运输服务扣税凭证"税额≦第1栏"认证相符的增值税专用发票"+第4栏"其他扣税凭证"税额。

第11栏"（五）外贸企业进行税额抵扣证明"：填写本期申报抵扣的税务机关出口退税部门开具的《出口货物转内销证明》列明允许抵扣的进项税额。

第12栏"当期申报抵扣进项税额合计"：反映本期申报抵扣进项税额的合计数。按表中所列公式计算填写。

第13至23b栏"二、进项税额转出额"各栏：分别反映纳税人已经抵扣但按规定应在本期转出的进项税额明细情况。

第13栏"本期进项税额转出额"：反映已经抵扣但按规定应在本期转出的进项税额合计数。按表中所列公式计算填写。

第14栏"其中：免税项目用"：反映用于免征增值税项目，按规定应在本期转出的进项税额。

第15栏"集体福利、个人消费"：反映用于集体福利或者个人消费，按规定应在本期转出的进项税额。

第16栏"非正常损失"：反映纳税人发生非正常损失，按规定应在本期转出的进项税额。

第17栏"简易计税方法征税项目用"：反映用于按简易计税方法征税项目，按规定应在本期转出的进项税额。

营业税改征增值税的纳税人，服务、不动产和无形资产按规定汇总计算缴纳增值税的分支机构，当期应由总机构汇总的进项税额也填入本栏。

第18栏"免抵退税办法不得抵扣的进项税额"：反映按照免、抵、退税办法的规定，由于征税税率与退税税率存在税率差，在本期应转出的进项税额。

第 19 栏"纳税检查调减进项税额":反映税务、财政、审计部门检查后而调减的进项税额。

第 20 栏"红字专用发票信息表注明的进项税额":填写增值税发票管理系统校验通过的《开具红字增值税专用发票信息表》注明的在本期应转出的进项税额。

第 21 栏"上期留抵税额抵减欠税":填写本期经税务机关同意,使用上期留抵税额抵减欠税的数额。

第 22 栏"上期留抵税额退税":填写本期经税务机关批准的上期留抵税额退税额。

第 23a 栏"异常凭证转出进项税额":填写本期异常增值税扣税凭证转出的进项税额。异常增值税扣税凭证转出后,经核实允许继续抵扣的,纳税人重新确认用于抵扣的,在本栏次填入负数。

第 23b 栏"其他应作进项税额转出的情形":反映除上述进项税额转出情形外,其他应在本期转出的进项税额。

第 24 至 34 栏"三、待抵扣进项税额"各栏:分别反映纳税人已经取得,但按税法规定不符合抵扣条件,暂不予在本期申报抵扣的进项税额情况及按税法规定不允许抵扣的进项税额情况。

第 24 至 28 栏涉及的增值税专用发票均不包括从小规模纳税人处购进农产品时取得的专用发票,但购进农产品未分别核算用于生产销售 13%税率货物和其他货物服务的农产品进项税额情况除外。

第 25 栏"期初已认证相符但未申报抵扣":反映前期认证相符,但按照税法规定暂不予抵扣及不允许抵扣,结存至本期的增值税专用发票情况。

第 26 栏"本期认证相符且本期未申报抵扣":反映本期认证相符,但按税法规定暂不予抵扣及不允许抵扣,而未申报抵扣的增值税专用发票情况。

第 27 栏"期末已认证相符但未申报抵扣":反映截至本期期末,按照税法规定仍暂不予抵扣及不允许抵扣且已认证相符的增值税专用发票情况。

第 28 栏"其中:按照税法规定不允许抵扣":反映截至本期期末已认证相符但未申报抵扣的增值税专用发票中,按照税法规定不允许抵扣的增值税专用发票情况。

纳税人本期期末已认证相符待抵扣的通行费电子发票应当填写在第 24 至 28 栏对应栏次中。

第 29 栏"(二)其他扣税凭证":反映截至本期期末仍未申报抵扣的除增值税专用发票之外的其他扣税凭证情况。具体包括:海关进口增值税专用缴款书、农产品收购发票或者销售发票、代扣代缴税收完税凭证和其他符合政策规定的扣税凭证。该栏应等于第 30 至 33 栏之和。

第 30 栏"海关进口增值税专用缴款书":反映已取得但截至本期期末仍未申报抵扣的海关进口增值税专用缴款书情况。

第 31 栏"农产品收购发票或者销售发票":反映已取得但截至本期期末仍未申报抵扣的农产品收购发票或者农产品销售发票情况。从小规模纳税人处购进农产品时取得增值税专用发票情况填写在本栏,但购进农产品未分别核算用于生产销售 13%税率货物和其他货物服务的农产品进项税额情况除外。

第 32 栏"代扣代缴税收缴款凭证":反映已取得但截至本期期末仍未申报抵扣的代扣代缴税收完税凭证情况。

第 33 栏"其他":反映已取得但截至本期期末仍未申报抵扣的其他扣税凭证的情况。

第 35 至 36 栏"四、其他"各栏。

第 35 栏"本期认证相符的增值税专用发票":反映本期认证相符的增值税专用发票的情况。纳税人本期认证相符的通行费电子发票应当填写在本栏次中。

第 36 栏"代扣代缴税额":填写纳税人根据《中华人民共和国增值税暂行条例》第十八条扣缴的应税

劳务增值税额与根据营业税改征增值税有关政策规定扣缴的服务、不动产和无形资产增值税额之和。

(四) 增值税及附加税费申报表——附表三

《增值税及附加税费申报表附列资料(三)》(服务、不动产和无形资产扣除项目明细),如表4-10所示。

表4-10 增值税及附加税费申报表附列资料(三)(服务、不动产和无形资产扣除项目明细)

项目及栏次	本期应税服务价税合计额(免税销售额)	服务、不动产和无形资产扣除项目				
		期初余额	本期发生额	本期应扣除金额	本期实际扣除金额	期末余额
	1	2	3	4=2+3	5(5≤1且5≤4)	6=4-5
13%税率的项目	1					
9%税率的项目	2					
6%税率的项目(不含金融商品转让)	3					
6%税率的金融商品转让项目	4					
5%征收率的项目	5					
3%征收率的项目	6					
免抵退税的项目	7					
免税的项目	8					

填表说明:

本表由服务、不动产和无形资产有扣除项目的营业税改征增值税纳税人填写。其他纳税人不填写。

"税款所属时间""纳税人名称"的填写同主表。

第1列"本期应税服务价税合计额(免税销售额)":营业税改征增值税的服务、不动产和无形资产属于征税项目的,填写扣除之前的本期服务、不动产和无形资产价税合计额;营业税改征增值税的服务、不动产和无形资产属于免抵退税或免税项目的,填写扣除之前的本期服务、不动产和无形资产免税销售额。本列各行次等于《附列资料(一)》第11列对应行次,其中本列第3行和第4行之和等于《附列资料(一)》第11列第5栏。

营业税改征增值税的纳税人,服务、不动产和无形资产按规定汇总计算缴纳增值税的分支机构,本列各行次之和等于《附列资料(一)》第11列第13a,13b行之和。

第2列"服务、不动产和无形资产扣除项目""期初余额":填写服务、不动产和无形资产扣除项目上期期末结存的金额,试点实施之日的税款所属期填写"0"。本列各行次等于上期《附列资料(三)》第6列对应行次。

本列第4行"6%税率的金融商品转让项目""期初余额"年初首期填报时应填"0"。

第3列"服务、不动产和无形资产扣除项目""本期发生额":填写本期取得的按税法规定准予扣除的服务、不动产和无形资产扣除项目金额。

第4列"服务、不动产和无形资产扣除项目""本期应扣除金额":填写服务、不动产和无形资产扣除项目本期应扣除的金额。

本列各行次=第2列对应各行次+第3列对应各行次。

第5列"服务、不动产和无形资产扣除项目""本期实际扣除金额":填写服务、不动产和无形资产扣除项目本期实际扣除的金额。

本列各行次≤第4列对应各行次,且本列各行次≤第1列对应各行次。

第6列"服务、不动产和无形资产扣除项目""期末余额":填写服务、不动产和无形资产扣除项目本期期末结存的金额。

本列各行次=第4列对应各行次-第5列对应各行次。

(五)增值税及附加税费申报表——附表四

《增值税及附加税费申报表附列资料(四)》(税额抵减情况表),如表4-11所示。

表4-11 增值税及附加税费申报表附列资料(四)(税额抵减情况表)

一、税额抵减情况					
序号	抵减项目	期初余额	本期发生额	本期应抵减税额	本期实际抵减税额	期末余额
		1	2	3=1+2	4≤3	5=3-4
1	增值税税控系统专用设备费及技术维护费					
2	分支机构预征缴纳税款					
3	建筑服务预征缴纳税款					
4	销售不动产预征缴纳税款					
5	出租不动产预征缴纳税款					
二、加计抵减情况						
序号	加计抵减项目	期初余额	本期发生额	本期调减额	本期可抵减额	本期实际抵减额	期末余额
		1	2	3	4=1+2-3	5	6=4-5
6	一般项目加计抵减额计算						
7	即征即退项目加计抵减额计算						
8	合 计						

填表说明:

1.税额抵减情况

本表第1行由发生增值税税控系统专用设备费用和技术维护费的纳税人填写,反映纳税人增值税税控系统专用设备费用和技术维护费按规定抵减增值税应纳税额的情况。

本表第2行由营业税改征增值税纳税人,服务、不动产和无形资产按规定汇总计算缴纳增值税的总机构填写,反映其分支机构预征缴纳税款抵减总机构应纳增值税税额的情况。

本表第3行由销售建筑服务并按规定预缴增值税的纳税人填写,反映其销售建筑服务预征缴纳税款抵减应纳增值税税额的情况。

本表第 4 行由销售不动产并按规定预缴增值税的纳税人填写,反映其销售不动产预征缴纳税款抵减应纳增值税税额的情况。

本表第 5 行由出租不动产并按规定预缴增值税的纳税人填写,反映其出租不动产预征缴纳税款抵减应纳增值税税额的情况。

2.加计抵减情况

本表第 6 至 8 行仅限适用加计抵减政策的纳税人填写,反映其加计抵减情况。其他纳税人不需填写。第 8 行"合计"等于第 6 行、第 7 行之和。各列说明如下:

(1)第 1 列"期初余额":填写上期期末结余的加计抵减额。

(2)第 2 列"本期发生额":填写按照规定本期计提的加计抵减额。

(3)第 3 列"本期调减额":填写按照规定本期应调减的加计抵减额。

(4)第 4 列"本期可抵减额":按表中所列公式填写。

(5)第 5 列"本期实际抵减":反映按照规定本期实际加计抵减额,按以下要求填写。

若第 4 列≥0,且第 4 列<主表第 11 栏-主表第 18 栏,则第 5 列=第 4 列;

若第 4 列≥主表第 11 栏-主表第 18 栏,则第 5 列=主表第 11 栏-主表第 18 栏;

若第 4 列<0,则第 5 列等于 0。

计算本列"一般项目加计抵减额计算"行和"即征即退项目加计抵减额计算"行时,公式中主表各栏次数据分别取主表"一般项目""本月数"列、"即征即退项目""本月数"列对应数据。

(6)第 6 列"期末余额":填写本期结余的加计抵减额,按表中所列公式填写。

(六) 增值税及附加税费申报表——附表五

《增值税及附加税费申报表附列资料(五)》(附加税费情况表),如表 4-12 所示。

表 4-12 增值税及附加税费申报表附列资料(五)(附加税费情况表)

本期是否适用小微企业"六税两费"减免政策						减免政策适用主体	□个体工商户 □小型微利企业				
	□是 □否					适用减免政策起止时间	年 月 至 年 月				
税(费)种	计税(费)依据			税(费)率(%)	本期应纳税(费)额	本期减免税(费)额	小微企业"六税两费"减免政策		试点建设培育产教融合型企业	本期已缴税(费)额	本期应补(退)税(费)额
	增值税税额	增值税免抵税额	留抵退税本期扣除额			减免性质代码	减免税(费)额	减征比例(%)	减征额	减免性质代码	本期抵免金额		
	1	2	3	4	5=(1+2-3)×4	6	7	8	9=(5-7)×8	10	11	12	13=5-7-9-11-12
城市维护建设税	1									—	—		
教育费附加	2												

续表

地方教育附加	3								
合计	4	—	—	—	—	—	—	—	—
本期是否适用试点建设培育产教融合型企业抵免政策	□是 □否	当期新增投资额					5		
		上期留抵可抵免金额					6		
		结转下期可抵免金额					7		
可用于扣除的增值税留抵退税额使用情况		当期新增可用于扣除的留抵退税额					8		
		上期结存可用于扣除的留抵退税额					9		
		结转下期可用于扣除的留抵退税额					10		

填写说明：

"税（费）款所属时间"：指纳税人申报的附加税费应纳税（费）额的所属时间，应填写具体的起止年、月、日。

"纳税人名称"：填写纳税人名称全称。

"本期是否适用小微企业'六税两费'减免政策"：纳税人在税款所属期内适用个体工商户、小型微利企业减免政策的，勾选"是"；否则，勾选"否"。

"减免政策适用主体"：适用小微企业"六税两费"减免政策的，填写本项。纳税人是个体工商户的，在"□个体工商户"处勾选；纳税人是小型微利企业的，在"□小型微利企业"处勾选。登记为增值税一般纳税人的新设立企业，从事国家非限制和禁止行业，且同时符合设立时从业人数不超过300人、资产总额不超过5000万元两项条件的，勾选"□小型微利企业"。

"适用减免政策起止时间"：填写适用减免政策的起止月份，不得超出当期申报的税款所属期限。

"本期是否适用试点建设培育产教融合型企业抵免政策"：符合《财政部关于调整部分政府性基金有关政策的通知》（财税〔2019〕46号）规定的试点建设培育产教融合型企业，选择"是"；否则，选择"否"。

第5行"当期新增投资额"：填写试点建设培育产教融合型企业当期新增投资额减去股权转让、撤回投资等金额后的投资净额，该数值可为负数。

第6行"上期留抵可抵免金额"：填写上期的"结转下期可抵免金额"。

第7行"结转下期可抵免金额"：填写本期抵免应缴教育费附加、地方教育附加后允许结转下期抵免部分。

第8行"当期新增可用于扣除的留抵退税额"：填写本期经税务机关批准的上期留抵税额退税额。本栏等于《附列资料二》第22栏"上期留抵税额退税"。

第9行"上期结存可用于扣除的留抵退税额"：填写上期的"结转下期可用于扣除的留抵退税额"。

第10行"结转下期可用于扣除的留抵退税额"：填写本期扣除后剩余的增值税留抵退税额，结转下期可用于扣除的留抵退税额＝当期新增可用于扣除的留抵退税额＋上期结存可用于扣除的留抵退税额－留抵退税本期扣除额。

第1列"增值税税额"：填写主表增值税本期应补（退）税额。

第2列"增值税免抵税额"：填写上期经税务机关核准的增值税免抵税额。

第 3 列"留抵退税本期扣除额":填写本期因增值税留抵退税扣除的计税依据。当第 8 行与第 9 行之和大于第 1 行第 1 列与第 1 行第 2 列之和时,第 3 列第 1 至 3 行分别按对应行第 1 列与第 2 列之和填写。当第 8 行与第 9 行之和(大于 0)小于或等于第 1 行第 1 列与第 1 行第 2 列之和时,第 3 列第 1 至 3 行分别按第 8 行与第 9 行之和对应填写。当第 8 行与第 9 行之和(小于等于 0)小于或等于第 1 行第 1 列与第 1 行第 2 列之和时,第 3 列第 1 至 3 行均填写 0。

第 4 列"税(费)率":填写适用税(费)率。

第 5 列"本期应纳税(费)额":填写本期按适用的税(费)率计算缴纳的应纳税(费)额。计算公式为:本期应纳税(费)额=(增值税税额+增值税免抵税额-留抵退税本期扣除额)×税(费)率。

第 6 列"减免性质代码":按《减免税政策代码目录》中附加税费适用的减免性质代码填写,增值税小规模纳税人、小型微利企业和个体工商户"六税两费"减免政策优惠不填写,试点建设培育产教融合型企业抵免不填写。有减免税(费)情况的必填。

第 7 列"减免税(费)额":填写本期减免的税(费)额。

第 8 列"减征比例(%)":填写当地省级政府根据《……》(财税〔2022〕××号)确定的减征比例填写。

第 9 列"减征额":填写纳税人本期享受小微企业"六税两费"减征政策减征额。计算公式为:小微企业"六税两费"减征额=(本期应纳税(费)额-本期减免税(费)额)×减征比例。

第 10 列"减免性质代码":符合《财政部关于调整部分政府性基金有关政策的通知》(财税〔2019〕46 号)规定的试点建设培育产教融合型企业分别填写教育费附加产教融合试点减免性质代码 61101402、地方教育附加产教融合试点减免性质代码 99101401。不适用建设培育产教融合型企业抵免政策的则为空。

第 11 列"本期抵免金额":填写试点建设培育产教融合型企业本期抵免的教育费附加、地方教育附加金额。

第 12 列"本期已缴税(费)额":填写本期应纳税(费)额中已经缴纳的部分。该列不包括本期预缴应补(退)税费情况。

第 13 列"本期应补(退)税(费)额":该列次与主表第 39 至 41 栏对应相等。计算公式为:本期应补(退)税(费)额=本期应纳税(费)额-本期减免税(费)额-试点建设培育产教融合型企业本期抵免金额-本期已缴税(费)额。

(七)增值税减免税申报明细表

《增值税减免税申报明细表》,如表 4-13 所示。

表 4-13 增值税减免税申报明细表

一、减税项目					
减税性质代码及名称	栏次	期初余额	本期发生额	本期应抵减税额	本期实际抵减税额	期末余额
		1	2	3=1+2	4≤3	5=3-4
合　计	1					
	2					
	3					

续表

减税性质代码及名称	栏次	期初余额	本期发生额	本期应抵减税额	本期实际抵减税额	期末余额
		1	2	3=1+2	4≤3	5=3-4
	4					
	5					
	6					
二、免税项目						
合　计	7					
出口免税	8					
其中:跨境服务	9					
	10					
	11					
	12					
	13					
	14					

填表说明：

本表由享受增值税减免税优惠政策的增值税一般纳税人和小规模纳税人(以下简称"增值税纳税人")填写。仅享受支持小微企业免征增值税政策或未达起征点的增值税小规模纳税人不需填报本表，即小规模纳税人当期《增值税及附加税费申报表(小规模纳税人适用)》第12栏"其他免税销售额""本期数"和第16栏"本期应纳税额减征额""本期数"均无数据时，不需填报本表。

"税款所属时间""纳税人名称"的填写同申报表主表，申报表主表是指《增值税及附加税费申报表(一般纳税人适用)》或者《增值税及附加税费申报表(小规模纳税人适用)》(下同)。

"一、减税项目"由本期按照税收法律、法规及国家有关税收规定享受减征(包含税额式减征、税率式减征)增值税优惠的增值税纳税人填写。

(1)"减税性质代码及名称"：根据国家税务总局最新发布的《减免性质及分类表》所列减免性质代码、项目名称填写。同时有多个减征项目的，应分别填写。

(2)第1列"期初余额"：填写应纳税额减征项目上期"期末余额"，为对应项目上期应抵减而不足抵减的余额。

(3)第2列"本期发生额"：填写本期发生的按照规定准予抵减增值税应纳税额的金额。

(4)第3列"本期应抵减税额"：填写本期应抵减增值税应纳税额的金额。本列按表中所列公式填写。

(5)第4列"本期实际抵减税额"：填写本期实际抵减增值税应纳税额的金额。本列各行≤第3列对应各行。

一般纳税人填写时，第1行"合计"本列数=申报表主表第23行"一般项目"列"本月数"。

小规模纳税人填写时，第1行"合计"本列数=申报表主表第16行"本期应纳税额减征额""本期数"。

(6)第5列"期末余额":按表中所列公式填写。

"二、免税项目"由本期按照税收法律、法规及国家有关税收规定免征增值税的增值税纳税人填写。仅享受小微企业免征增值税政策或未达起征点的小规模纳税人不需填写,即小规模纳税人申报表主表第12栏"其他免税销售额""本期数"无数据时,不需填写本栏。

(1)"免税性质代码及名称":根据国家税务总局最新发布的《减免性质及分类表》所列减免性质代码、项目名称填写。同时有多个免税项目的,应分别填写。

(2)"出口免税"填写增值税纳税人本期按照税法规定出口免征增值税的销售额,但不包括适用免、抵、退税办法出口的销售额。小规模纳税人不填写本栏。

(3)第1列"免征增值税项目销售额":填写增值税纳税人免税项目的销售额。免税销售额按照有关规定允许从取得的全部价款和价外费用中扣除价款的,应填写扣除之前的销售额。

一般纳税人填写时,本列"合计"等于申报表主表第8行"一般项目"列"本月数"。

(4)第2列"免税销售额扣除项目本期实际扣除金额":免税销售额按照有关规定允许从取得的全部价款和价外费用中扣除价款的,据实填写扣除金额;无扣除项目的,本列填写"0"。

(5)第3列"扣除后免税销售额":按表中所列公式填写。

(6)第4列:本列不填写。

(7)第5列"免税额":一般纳税人不填写本列。小规模纳税人按下列公式计算填写,且本列各行数应大于或等于0。

小规模纳税人公式:第5列"免税额"=第3列"扣除后免税销售额"×征收率。

三、增值税小规模纳税人申报表及填表说明

(一)增值税及附加税费申报表——主表

《增值税及附加税费申报表(小规模纳税人适用)》,如表4-14所示。

表4-14 增值税及附加税费申报表(小规模纳税人适用)

	项 目	栏 次	本期数		本年累计	
			货物及劳务	服务、不动产和无形资产	货物及劳务	服务、不动产和无形资产
一、计税依据	(一)应征增值税不含税销售额(3%征收率)	1				
	增值税专用发票不含税销售额	2				
	其他增值税发票不含税销售额	3				
	(二)应征增值税不含税销售额(5%征收率)	4	—		—	
	增值税专用发票不含税销售额	5	—		—	
	其他增值税发票不含税销售额	6	—		—	
	(三)销售使用过的固定资产不含税销售额	7(7≥8)		—		—
	其中:其他增值税发票不含税销售额	8				

续表

项目	栏次	本期数		本年累计	
		货物及劳务	服务、不动产和无形资产	货物及劳务	服务、不动产和无形资产
一、计税依据 (四)免税销售	9=10+11+12				
其中:小微企业免税销售额	10				
未达起征点销售额	11				
其他免税销售额	12				
(五)出口免税销售额	13(13≥14)				
其中:其他增值税发票不含税销售额	14				
二、税款计算 本期应纳税额	15				
本期应纳税额减征额	16				
本期免税额	17				
其中:小微企业免税额	18				
未达起征点免税额	19				
应纳税额合计	20=15-16				
本期预缴税额	21			—	—
本期应补(退)税额	22=20-21			—	—
三、附加税费 城市维护建设税本期应补(退)税额	23				
教育费附加本期应补(退)费额	24				
地方教育附加本期应补(退)费额	25				

填表说明:

本表"货物及劳务"与"服务、不动产和无形资产"各项目应分别填写。

(1)第1栏"(一)应征增值税不含税销售额(3%征收率)":填写本期销售货物及劳务、发生应税行为适用3%征收率的不含税销售额,不包括应税行为适用5%征收率的不含税销售额、销售使用过的固定资产和销售旧货的不含税销售额、免税销售额、出口免税销售额、查补销售额,国家税务总局另有规定的除外。

纳税人发生适用3%征收率的应税行为且有扣除项目的,本栏填写扣除后的不含税销售额,与当期《增值税及附加税费申报表(小规模纳税人适用)附列资料》第8栏数据一致,适用小微企业免征增值税政策的纳税人除外。

(2)第2栏"增值税专用发票不含税销售额":填写纳税人自行开具和税务机关代开的增值税专用发票销售额合计。

(3)第3栏"其他增值税发票不含税销售额":填写增值税发票管理系统开具的增值税专用发票之外的不含税销售额。

(4)第4栏"(二)应征增值税不含税销售额(5%征收率)":填写本期发生应税行为适用5%征收率的

不含税销售额。

纳税人发生适用5%征收率应税行为且有扣除项目的,本栏填写扣除后的不含税销售额,与当期《附列资料(一)》第16栏数据一致,适用小微企业免征增值税政策的纳税人除外。

(5)第5栏"增值税专用发票不含税销售额":填写纳税人自行开具和税务机关代开的增值税专用发票销售额合计。

(6)第6栏"其他增值税发票不含税销售额":填写增值税发票管理系统开具的增值税专用发票之外的其他发票不含税销售额。

(7)第7栏"(三)销售使用过的固定资产不含税销售额":填写销售自己使用过的固定资产(不含不动产,下同)和销售旧货的不含税销售额,销售额=含税销售额/(1+3%)。

(8)第8栏"其中:其他增值税发票不含税销售额":填写纳税人销售自己使用过的固定资产和销售旧货,在增值税发票管理系统开具的增值税专用发票以外的其他发票不含税销售额。

(9)第9栏"(四)免税销售额":填写销售免征增值税的货物及劳务、应税行为的销售额,不包括出口免税销售额。

应税行为有扣除项目的纳税人,填写扣除之前的销售额。

(10)第10栏"其中:小微企业免税销售额":填写符合小微企业免征增值税政策的免税销售额,不包括符合其他增值税免税政策的销售额。个体工商户和其他个人不填写本栏次。

(11)第11栏"未达起征点销售额":填写个体工商户和其他个人未达起征点(含支持小微企业免征增值税政策)的免税销售额,不包括符合其他增值税免税政策的销售额。本栏次由个体工商户和其他个人填写。

(12)第12栏"其他免税销售额":填写销售免征增值税的货物及劳务、应税行为的销售额,不包括符合小微企业免征增值税和未达起征点政策的免税销售额。

(13)第13栏"(五)出口免税销售额":填写出口免征增值税货物及劳务、出口免征增值税应税行为的销售额。

应税行为有扣除项目的纳税人,填写扣除之前的销售额。

(14)第14栏"其中:其他增值税发票销售额":填写在增值税发票管理系统开具的增值税专用发票以外的其他发票销售额。

(15)第15栏"本期应纳税额":填写本期按征收率计算缴纳的应纳税额。

(16)第16栏"本期应纳税额减征额":填写纳税人本期按照税法规定减征的增值税应纳税额。包含可在增值税应纳税额中全额抵减的增值税税控系统专用设备费用以及技术维护费,可在增值税应纳税额中抵免的购置税控收款机的增值税税额,支持和促进重点群体创业就业、扶持自主就业退役士兵创业就业等有关税收政策可抵减的增值税税额,按照规定可填列的减按继收对应的减征增值税税额少。

当本期减征额小于或等于第15栏"本期应纳税额"时,按本期减征额实际填写;当本期减征额大于第15栏"本期应纳税额"时,按本期第15栏填写,本期减征额不足抵减部分结转下期继续抵减。

(17)第17栏"本期免税额":填写纳税人本期增值税免税额,免税额根据第9栏"免税销售额"和征收率计算。

(18)第18栏"其中:小微企业免税额":填写符合小微企业免征增值税政策的增值税免税额,免税额根据第10栏"小微企业免税销售额"和征收率计算。

(19)第19栏"未达起征点免税额":填写个体工商户和其他个人未达起征点(含支持小微企业免征增值税政策)的增值税免税额,免税额根据第11栏"未达起征点销售额"和征收率计算。

(20)第21栏"本期预缴税额":填写纳税人本期预缴的增值税额,但不包括查补缴纳的增值税额。

(21)第23栏"城市维护建设税本期应补(退)税额":填写《附列资料(二)》城市维护建设税对应第9栏本期应补(退)税(费)额。

(22)第24栏"教育费附加本期应补(退)费额":填写《附列资料(二)》教育费附加对应第9栏本期应补(退)税(费)额。

(23)第25栏"地方教育附加本期应补(退)费额":填写《附列资料(二)》地方教育附加对应第9栏本期应补(退)税(费)额。

(二)增值税及附加税费申报表附列资料

《增值税及附加税费申报表(小规模纳税人适用)附列资料(一)》,如表4-15所示。

表4-15 增值税及附加税费申报表(小规模纳税人适用)附列资料(一)

(服务、不动产和无形资产扣除项目明细)

应税行为(3%征收率)扣除额计算			
期初余额	本期发生额	本期扣除额	期末余额
1	2	3(3≤(1+2)之和,且3≤5)	4=1+2-3
应税行为(3%征收率)计税销售额计算			
全部含税收入(适用3%征收率)	本期扣除额	含税销售额	不含税销售额
5	6=3	7=5-6	8=7÷1.03
应税行为(5%征收率)扣除额计算			
期初余额	本期发生额	本期扣除额	期末余额
9	10	11(11≤9+10之和,且11≤13)	12=9+10-11
应税行为(5%征收率)计税销售额计算			
全部含税收入(适用5%征收率)	本期扣除额	含税销售额	不含税销售额
13	14=11	15=13-14	16=15÷1.05

填表说明:

本附列资料由发生应税行为且有扣除项目的纳税人填写,各栏次均不包含免征增值税项目的金额,但适用小微企业免征增值税政策且有扣除项目的纳税人应填写。

"税款所属期"是指纳税人申报的增值税应纳税额的所属时间,应填写具体的起止年、月、日。

"纳税人名称":填写纳税人名称全称。

(1)第1栏"期初余额":填写适用3%征收率的应税行为扣除项目上期期末结存的金额。

(2)第2栏"本期发生额":填写本期取得的按税法规定准予扣除的适用3%征收率的应税行为扣除项目金额。

(3)第3栏"本期扣除额":填写适用3%征收率的应税行为扣除项目本期实际扣除的金额。

第3栏"本期扣除额"≤第1栏"期初余额"+第2栏"本期发生额"之和,且第3栏"本期扣除额"≤第5栏"全部含税收入(适用3%征收率)"。

(4)第4栏"期末余额":填写适用3%征收率的应税行为扣除项目本期期末结存的金额。

(5)第5栏"全部含税收入(适用3%征收率)":填写纳税人适用3%征收率的应税行为取得的全部价款和价外费用数额。

(6)第6栏"本期扣除额":填写本附列资料第3栏"本期扣除额"的数据。

第6栏"本期扣除额"=第3栏"本期扣除额"。

(7)第7栏"含税销售额":填写适用3%征收率的应税行为的含税销售额。

第7栏"含税销售额"=第5栏"全部含税收入(适用3%征收率)"−第6栏"本期扣除额"。

(8)第8栏"不含税销售额":填写适用3%征收率的应税行为的不含税销售额。

第8栏"不含税销售额"=第7栏"含税销售额"÷(1+征收率),其中"征收率"按照第7栏"含税销售额"对应的征收率计算。

第8栏与《增值税及附加税费申报表(小规模纳税人适用)》第1栏"应征增值税不含税销售额(3%征收率)""本期数""服务、不动产和无形资产"栏数据一致,适用小微企业免征增值税政策的纳税人除外。

(9)第9栏"期初余额":填写适用5%征收率的应税行为扣除项目上期期末结存的金额。

(10)第10栏"本期发生额":填写本期取得的按税法规定准予扣除的适用5%征收率的应税行为扣除项目金额。

(11)第11栏"本期扣除额":填写适用5%征收率的应税行为扣除项目本期实际扣除的金额。

第11栏"本期扣除额"≤第9栏"期初余额"+第10栏"本期发生额"之和,且第11栏"本期扣除额"≤第13栏"全部含税收入(适用5%征收率)"。

(12)第12栏"期末余额":填写适用5%征收率的应税行为扣除项目本期期末结存的金额。

(13)第13栏"全部含税收入(适用5%征收率)":填写纳税人适用5%征收率的应税行为取得的全部价款和价外费用数额。

(14)第14栏"本期扣除额":填写本附列资料第11栏"本期扣除额"的数据。

第14栏"本期扣除额"=第11栏"本期扣除额"。

(15)第15栏"含税销售额":填写适用5%征收率的应税行为的含税销售额。

第15栏"含税销售额"=第13栏"全部含税收入(适用5%征收率)"−第14栏"本期扣除额"。

(16)第16栏"不含税销售额":填写适用5%征收率的应税行为的不含税销售额。

第16栏"不含税销售额"=第15栏"含税销售额"÷1.05。

第16栏与《增值税及附加税费申报表(小规模纳税人适用)》第4栏"应征增值税不含税销售额(5%征收率)""本期数""服务、不动产和无形资产"栏数据一致,适用小微企业免征增值税政策的纳税人除外。

(三)增值税及附加税费申报表——附表二

《增值税及附加税费申报表(小规模纳税人适用)附列资料(二)(附加税费情况表)》,如表4-16所示。

表4-16 增值税及附加税费申报表(小规模纳税人适用)附列资料(二)
(附加税费情况表)

税(费)种	计税(费)依据 增值税税额	税(费)率(%)	本期应纳税(费)额	本期减免税(费)额		增值税小规模纳税人"六税两费"减征政策		本期已缴税(费)额	本期应补(退)税(费)额
				减免性质代码	减免税(费)额	减征比例(%)	减征额		
	1	2	3=1×2	4	5	6	7=(3-5)×6	8	9=3-5-7-8
城市维护建设税									
教育费附加									
地方教育附加									
合 计	—		—		—		—		

填写说明:

(1)第1栏"增值税税额":填写主表增值税本期应补(退)税额。

(2)第2栏"税(费)率(征收率)":填写适用税(费)率或征收率。

(3)第3栏"本期应纳(费)额":填写本期按适用的税(费)率(征收率)计算缴纳的应纳税(费)额。

本期应纳税(费)额=增值税税额×税(费)率(征收率)

(4)第4栏"减免性质代码":按《减免税政策代码目录》中附加税费适用的减免性质代码填写,增值税小规模纳税人"六税两费"减征政策优惠不在此栏填写。有减免税(费)情况的必填。

(5)第5栏"减免税(费)额":填写本期减免的税(费)额。

(6)第6栏"减征比例(%)":填写当地省级政府根据《财政部 税务总局关于实施小微企业普惠性税收减免政策的通知》(财税〔2019〕13号)确定的减征比例填写。

(7)第7栏"减征额":填写纳税人本期享受增值税小规模纳税人"六税两费"减征政策减征额。

增值税小规模纳税人"六税两费"减征额=(本期应纳税(费)额-本期减免税(费)额)×减征比例

(8)第8栏"本期已缴税(费)额":填写本期应纳税(费)额中已经缴纳的部分。该栏不包括本期预缴应补(退)税费情况。

(9)第9栏"本期应补(退)税(费)额":该列次与主表第23至25栏对应相等。

本期应补(退)税(费)额=本期应纳税(费)额-本期减免税(费)额-增值税小规模纳税人"六税两费"减征额-本期已缴税(费)额

(四)减免税申报明细表

《增值税减免税申报明细表》为一般纳税人与小规模纳税共用的申报表,报表同表4-13。

第四节　增值税纳税申报实务

一、一般纳税人申报实务

(一) 申报资料

【例 4-1】甲公司为增值税一般纳税人，202×年10月10日申报9月份增值税。9月10日申报缴纳了8月份的增值税5 000元。该公司不是小型微利企业，不能享受小型微利企业"六税两费"的减免优惠政策。

202×年9月份销售、购进情况如下：

本月销售商品全部为服装，其中批发开具增值税专用发票，零售开具增值税普通发票，销售及开票情况，如表4-17所示。

表4-17　本期销售开票汇总表

票种	发票份数	不含税销售额	税率	税额
增值税专用发票	10	100 000.00	13%	13 000.00
增值税普通发票	10	100 000.00	13%	13 000.00
合计	20	200 000.00		26 000.00

本月购入服装取得的增值税专用发票已勾选确认，并在本月抵扣，进项发票情况，如表4-18所示。

表4-18　本期认证进项发票汇总表

票种	发票份数	不含税购进额	税率	税额
增值税专用发票	10	100 000.00	13%	13 000.00

本月支付增值税税控系统专用设备及技术维护费440元。

根据财税2012第15号文件规定，此项支出符合规定，允许在缴纳增值税的时候，从应纳税额中全额抵减。当月应纳税额不足以抵减的，可以结转以后继续抵减。

账务处理也在财会2012第13号文件有详细规定。减免的增值税反映在"应交税费——应交增值税（减免税款）"中。

> 注意：此项支出，是可以全额抵减的，而且没有时间限制。属于税收减免，和增值税抵扣不同，所以不存在抵扣的问题。

(二) 申报表填列

根据【例4-1】需要填写数字的申报表有6张：主表（主表中大部分数据不需要手动填，填好附表后数据会被提取到主表）、附表一（销售情况）、附表二（进项税额）、附表四（税额抵减情况表）、附表五（附加税费情况表）、增值税减免税申报明细表，其他申报表保存一下零申报即可。

增值税应纳税额的计算过程如下：

应纳税额 = 26 000 - 13 000 - 440 = 12 560(元)

附加税费计算过程如下：

城市维护建设税 = 12 560×7% = 879.20(元)

教育附加 = 12 560×3% = 376.80(元)

地方教育附加 = 12 560×2% = 251.20(元)

根据以上资料，填制甲公司的增值税及附加税费申报表，如表4-19至表4-24所示(未涉及申报表四)。

表4-19 增值税及附加税费申报表(一般纳税人适用)

项 目		栏 次	一般货物、劳务和应税服务	
			本月数	本年累计
销售额	(一)按适用税率计税销售额	1	200 000.00	
	其中:应税货物销售额	2	200 000.00	
	应税劳务销售额	3		
	纳税检查调整的销售额	4		
	(二)按简易办法计税销售额	5		
	其中:纳税检查调整的销售额	6		
	(三)免、抵、退办法出口销售额	7		
	(四)免税销售额	8		
	其中:免税货物销售额	9		
	免税劳务销售额	10		
税款计算	销项税额	11	26 000.00	
	进项税额	12	13 000.00	
	上期留抵税额	13		
	进项税额转出	14		
	免、抵、退应退税额	15		
	按适用税率计算的纳税检查应补缴税额	16		
	应抵扣税额合计	17=12+13-14-15+16	13 000.00	—
	实际抵扣税额	18(如17<11,则为17,否则为11)	13 000.00	
	应纳税额	19=11-18	13 000.00	
	期末留抵税额	20=17-18		
	简易计税办法计算的应纳税额	21		
	按简易计税办法计算的纳税检查应补缴税额	22		
	应纳税额减征额	23	440.00	
	应纳税额合计	24=19+21-23	12 560.00	

续表

项 目		栏 次	一般货物、劳务和应税服务	
			本月数	本年累计
税款缴纳	期初未缴税额(多缴为负数)	25	5 000.00	
	实收出口开具专用缴款书退税额	26		
	本期已缴税额	27=28+29+30+31	5 000.00	
	①分次预缴税额	28		—
	②出口开具专用缴款书预缴税额	29		—
	③本期缴纳上期应纳税额	30	5 000.00	
	④本期缴纳欠缴税额	31		
	期末未缴税额(多缴为负数)	32=24+25+26-27	12 560.00	
	其中:欠缴税额(≥0)	33=25+26-27		—
	本期应补(退)税额	34=24-28-29	12 560.00	—
	即征即退实际退税额	35	—	—
	期初未缴查补税额	36		
	本期入库查补税额	37		
	期末未缴查补税额	38		
附加税费	城市维护建设税本期应补(退)税额	39	879.20	
	教育费附加本期应补(退)费额	40	378.60	
	地方教育附加本期应补(退)费额	41	251.20	

表4-20 增值税及附加税费申报表附列资料(一)(销售情况明细)(中间5、6、7、8列略)

项目及栏次		开具税控增值税专用发票		开具其他发票		合 计		
		销售额	销项(应纳)税额	销售额	销项(应纳)税额	销售额	销项(应纳)税额	价税合计
		1	2	3	4	9=1+3+5+7	10=2+4+6+8	11=9+10
一、一般计税方法计税	全部征税项目							
	13%税率的货物及加工修理修配劳务 1	100 000.00	13 000.00	100 000.00	13 000.00	200 000.00	26 000.00	—
	13%税率的服务、不动产和无形资产 2							
	9%税率的货物及加工修理修配劳务 3							—
	9%税率的服务、不动产和无形资产 4							
	6%税率 5							

表 4-21 增值税及附加税费申报表附列资料(二)(本期进项税额明细)

一、申报抵扣的进项税额				
项 目	栏 次	份 数	金 额	税 额
(一)认证相符的税控增值税专用发票	1=2+3	10	100 000.00	13 000.00
其中:本期认证相符且本期申报抵扣	2	10	100 000.00	13 000.00
前期认证相符且本期申报抵扣	3			
(二)其他扣税凭证	4=5+6+7+8			
其中:海关进口增值税专用缴款书	5			
农产品收购发票或者销售发票	6			
代扣代缴税收缴款凭证	7			
加计扣除农产品进项税额	8a			
其 他	8b			
(三)本期用于构建不动产的扣税凭证	9			
(四)本期用于抵扣的旅客运输服务扣税凭证	10			
(五)外贸企业进项税额抵扣证明	11			
当期申报抵扣进项税额合计	12=1+4+11	10	100 000.00	13 000.00
四、其他				
项 目	栏 次	份 数	金 额	税 额
本期认证相符的税控增值税专用发票	35	10	100 000.00	13 000.00
代扣代缴税额	36			

表 4-22 增值税及附加税费申报表附列资料(四)(税额抵减情况表)

一、税额抵减						
序号	抵减项目	期初余额	本期发生额	本期应抵减税额	本期实际抵减税额	期末余额
		1	2	3=1+2	4≤3	5=3-4
1	增值税税控系统专用设备费及技术维护费	0.00	440.00	440.00	440.00	0.00
2	分支机构预征缴纳税款					
3	建筑服务预征缴纳税款					
4	销售不动产预征缴纳税款					
5	出租不动产预征缴纳税款					

表 4-23　增值税及附加税费申报表附列资料(五)(附加税情况表)

本期是否适用小微企业"六税两费"减免政策					□是 □否		减免政策适用主体		□个体工商户　□小型微利企业			
					适用减免政策起止时间				年　　月 至　　年　　月			
税(费)种	计税(费)依据			税(费)率(%)	本期应纳税(费)额	本期减税(费)额		小微企业"六税两费"减免政策		试点建设培育产教融合型企业		本期已缴税(费)额	本期应补(退)税(费)额
	增值税税额	增值税免抵税额	留抵退税本期扣除额			减免性质代码	减免税(费)额	减征比列(%)	减征额	减免性质代码	本期抵免金额		
	1	2	3	4	5=(1+2-3)×4	6	7	8	9=(5-7)×8	10	11	12	13=5-7-9-11-12
城市维护建设税	1	12 560.00			7%	879.20							879.20
教育费附加	2	12 560.00			3%	376.80							376.80
地方教育附加	3	12 560.00			2%	251.20							251.20
合计	4	—	—	—	—	1507.20	—		—				1 507.20

表 4-24　增值税减免税申报明细表

一、减税项目						
减税性质代码及名称	栏次	期初余额	本期发生额	本期应抵减税额	本期实际抵减税额	期末余额
		1	2	3=1+2	4≤3	5=3-4
合　计		0.00	440.00	440.00	440.00	0.00
财税 2012 年第 15 号 01129914	1	0.00	440.00	440.00	440.00	0.00

二、小规模纳税人申报实务

(一) 申报资料

【例 4-2】乙公司为增值税小规模纳税人,2022 年 7 月 10 日申报第二季度增值税。第二季度开具的增值税普通发票不含税销售额为 180 000 元。

应纳税额 = 180 000×3% = 5 400(元)

根据国家税务总局公告2022年第15号文规定,自2022年4月1日至2022年12月31日,增值税小规模纳税人适用3%征收率的应税销售收入,免征增值税;适用3%预征率的预缴增值税项目,暂停预缴增值税。所以上边计算的应纳税额5 400元,是免征的。对于免征增值税的对应的附加税也予以免征。

所涉及有数据的申报表只有一个主表,其他申报表保存零申报即可。

(二) 申报表填列

根据上面资料填制乙公司的增值税申报表,如表4-25所示。(未涉申报表略)

表4-25 增值税及附加税费申报表(小规模纳税人适用)

	项 目	栏 次	本期数	
			货物及劳务	服务、不动产和无形资产
一、计税依据	(一)应征增值税不含税销售额(3%征收率)	1		
	增值税专用发票不含税销售额	2		
	其他增值税发票不含税销售额	3		
	(二)应征增值税不含税销售额(5%征收率)	4	—	
	增值税专用发票不含税销售额	5	—	
	其他增值税发票不含税销售额	6	—	
	(三)销售使用过的固定资产不含税销售额	7(7≥8)		—
	其中:其他增值税发票不含税销售额	8		—
	(四)免税销售额	9=10+11+12	180 000.00	
	其中:小微企业免税销售额	10	180 000.00	
	小未达起征点销售额	11		
	其他免税销售额	12		
	(五)出口免税销售额	13(13≥14)		
	其中:其他增值税发票不含税销售额	14		
二、税款计算	本期应纳税额	15		
	本期应纳税额减征额	16		
	本期免税额	17	5 400.00	
	其中:小微企业免税额	18	5 400.00	
	未达起征点免税额	19		
	应纳税额合计	20=15-16	0.00	
	本期预缴税额	21		
	本期应补(退)税额	22=20-21	0.00	

续表

三、附加税费	城市维护建设税本期应补(退)税额	23	0.00
	教育费附加本期应补(退)费额	24	0.00
	地方教育附加本期应补(退)费额	25	0.00

注意：享受小规模免征增值税的，金额不要填错行，第10行是企业填写的位置，第11行是个体工商户填写的位置。增值税小规模纳税人发生增值税应税销售行为，合计月销售额未超过15万元(以1个季度为1个纳税期的，季度销售额未超过45万元，下同)的，免征增值税的销售额等项目应当填写在《增值税及附加税费申报表(小规模纳税人适用)》"小微企业 免税销售额"或者"未达起征点销售额"相关栏次，如果没有其他免税项目，则无需填报《增值税减免税申报明细表》；合计月销售额超过15万元的，免征增值税的全部销售额等项目应当填写在《增值税及附加税费申报表(小规模纳税人适用)》"其他免税销售额"栏次及《增值税减免税申报明细表》对应栏次。上述月销售额是否超过15万元，按照《国家税务总局关于小规模纳税人免征增值税征管问题的公告》(2021年第5号)第一条和第二条确定。千万不要把可以享受免征增值税的销售额填写到带有征收率的栏次。

第五章 消费税

第一节 消费税概述

一、消费税的认识

消费税是对我国境内从事生产、委托加工和进口应税消费品的单位和个人,就其销售额或销售数量,在特定环节征收的一种税。消费税是在对货物普遍征收增值税的基础上,选择少数消费品再征收的一个税种,主要是为了调节产品结构,引导消费方向,保证国家财政收入。可简单地理解为:只要是消费税的征税对象都是增值税的征税范围和征税对象,但征收增值税的并不一定征收消费税,所以消费税的计算方式和计税依据与增值税原理基本相同。但二者也有不同之处。

消费税与增值税的区别:

(1)增值税在最终消费的所有环节都征收(可通俗地理解为:只要有流转,只要流转增值,就要缴纳增值税)。而消费税一般只在生产、委托加工及进口环节征收;特殊的有卷烟在批发环节再加征一次;超豪华小汽车在零售环节加征一次消费税;金银首饰、钻石铂金首饰在零售环节缴纳。

(2)增值税采用税款抵扣方法,消费税也存在抵免的情况(连续加工交过消费税的不用再重复缴纳)。增值税目前购进取得相关票据就可以抵扣,消费税则根据使用情况抵免。

二、纳税义务人

消费税的纳税人是指在中华人民共和国境内生产、委托加工和进口应税消费品的单位和个人。

三、税目和税率

(一)税目

现行消费税税目共有15个,具体包括烟、酒及酒精、高档化妆品、贵重首饰及珠宝玉石、鞭炮、焰火、成品油、摩托车、小汽车、高尔夫球及球具、高档手表、游艇、木制一次性筷子、实木地板、电池、涂料。

(二)税率

消费税的税率,有两种形式:比例税率和定额税率。定额税率即单位税额。一般情况下,对一种消费品只选择一种税率形式,但为了更有效地保全消费税税基,对一些应税消费品如卷烟、白酒,则采用了定额税率和比例税率双重征收的形式。税目、税率(额)表,如表5-1所示。

表 5-1 消费税税目、税率(额)表

税 目			税 率
一、烟	1.卷烟	(1)甲类卷烟(生产或进口环节)	56%加 0.003 元/支
		(2)乙类卷烟(生产或进口环节)	36%加 0.003 元/支
		(3)批发环节	11%加 0.005 元/支
	2.雪茄烟		36%
	3.烟丝		30%
二、酒及酒精	1.白酒		20%加 0.50 元/500 克/毫升
	2.黄酒		240.00 元/吨
	3.啤酒	(1)甲类啤酒	250.00 元/吨
		(2)乙类啤酒	220.00 元/吨
	4.其他酒		10%
三、高档化妆品			15%
四、贵重首饰及珠宝玉石	1.金银首饰、铂金首饰和钻石及钻石饰品		5%
	2.其他贵重首饰和珠宝玉石		10%
五、鞭炮、焰火			15%
六、成品油	1.汽油		1.52 元/升
	2.柴油		1.20 元/升
	3.航空煤油		1.20 元/升
	4.石脑油		1.52 元/升
	5.溶剂油		1.52 元/升
	6.润滑油		1.52 元/升
	7.燃料油		1.20 元/升
七、摩托车	1.气缸容量(排气量)在 250 毫升(含)以下		3%
	2.气缸容量在 250 毫升以上的		10%
八、小汽车	1.乘用车	(1)气缸容量(排气量)在 1.0 升(含 1.0)以下	1%
		(2)气缸容量在 1.0 升以上至 1.5 升(含 1.5 升)	3%
		(3)气缸容量在 1.5 升以上至 2.0 升(含 2.0 升)	5%
		(4)气缸容量在 2.0 升以上至 2.5 升(含 2.5 升)	9%
		(5)气缸容量在 2.5 升以上至 3.0 升(含 3.0 升)	12%
		(6)气缸容量在 3.0 升以上至 4.0 升(含 4.0 升)	25%
		(7)气缸容量在 4.0 升以上的	40%
	2.中轻型商用客车		5%
	3.超豪华小汽车(零售环节)		10%
九、高尔夫球及球具			10%
十、高档手表			20%

续表

税　　目	税　率
十一、游艇	10%
十二、木制一次性筷子	5%
十三、实木地板	5%
十四、电池	4%
十五、涂料	4%

四、计税依据

国家在确定消费税的计税依据时,主要从应税消费品的价格变化情况和便于征纳等角度出发。消费税应纳税额的计算分为从价计征、从量计征和从价从量复合计征 3 种方法。

五、应纳税额的计算

(1) 从价计征其计算公式为

应纳税额＝应税消费品的销售额×比例税率

(2) 从量计征其计算公式为

应纳税额＝应税消费品的销售数量×定额税率

(3) 复合计征其计算公式为

应纳税额＝应税消费品的销售额×比例税率＋应税消费品的销售数量×定额税率

六、征收管理

(一) 消费税的纳税义务发生时间

纳税人生产的应税消费品,于纳税人销售时纳税。纳税人自产自用的应税消费品,用于连续生产应税消费品的,不纳税;用于其他方面的,于移送使用时纳税。

委托加工的应税消费品,除受托方为个人外,由受托方在向委托方交货时代收代缴税款。委托加工的应税消费品,委托方用于连续生产应税消费品的,所纳税款准予按规定抵扣。

进口的应税消费品,于报关进口时纳税。

(二) 消费税的纳税地点

纳税人销售的应税消费品,以及自产自用的应税消费品,除国务院财政、税务主管部门另有规定外,应当向纳税人机构所在地或者居住地的主管税务机关申报纳税。

委托加工的应税消费品,除受托方为个人外,由受托方向机构所在地或者居住地的主管税务机关解缴消费税税款。

进口的应税消费品,应当向报关地海关申报纳税。

第二节 消费税纳税申报实务

一、申报资料

消费税申报表不断变化,但是基本原理和填列方式差不多,这里用通用的申报表来举例(即其他应税消费品消费税纳税申报表)。

【例5-1】某化妆品企业本月销售额为200 000元(不含税),其中口红100 000元,数量2 000支;香水100 000元,数量1 000瓶。已知消费税税率为15%。(该公司不是小型微利企业,不能享受小型微利企业"六税两费"的减免优惠政策。)

应纳消费税 = 200 000×15% = 30 000(元)

应纳城建税 = 30 000×7% = 2 100(元)

应纳教育附加 = 30 000×3% = 900(元)

应纳地方教育附加 = 30 000×2% = 600(元)

二、申报表填列

根据以上资料填写申报表,如表5-2所示。

表5-2 消费税及附加税费申报表

单位:元

应税消费品名称	适用税率		计量单位	销售数量	销售额	应纳税额
	定额税率	比列税率				
	1	2	3	4	5	6=1×4+2×5
口红		15%		2 000 支	100 000.00	15 000.00
香水		15%		1 000 瓶	100 000.00	15 000.00
合计	—	—	—	—	200 000.00	30 000.00
				栏次	本期税费额	
本期减(免)税额				7		
期初留底税额				8		
本期准予扣除税额				9		
本期应扣除额				10=8+9		

续表

项目 应税消费品名称	适用税率		计量单位	销售数量	销售额	应纳税额
	定额税率	比列税率				
	1	2	3	4	5	6=1×4+2×5
本期实际扣除税额				11[10<(6-7),则为10,否则为6-7]		
期末留抵税额				12=10-11		
本期预缴税额				13		
本期应(退)税额				14=6-7-11-13		30 000.00
城市维护建设税本期应补(退)税额				15		2 100.00
教育费附加本期应补(退)费额				16		900.00
地方教育附加本期应补(退)费额				17		600.00

第六章 企业所得税

第一节 企业所得税概述

一、纳税义务人

企业所得税的纳税义务人,是指在中华人民共和国境内的企业和其他取得收入的组织。依照《企业所得税法》的规定缴纳企业所得税。个人独资企业、个体工商户、自然人合伙企业不适用本法。依法在中国境内成立的企业,包括依照中国法律、行政法规在中国境内成立的企业、事业单位、社会团体以及其他取得收入的组织。

> 注意:这里的企业不等于工商执照上面的企业,实质是指具有经营项目的法人和其他组织。行政单位不允许经营,所以不包括在内。事业单位除了财政拨款,允许有自己的经营项目,所以事业单位自营也会涉及企业所得税。

所得税分类关系如图 6-1 所示。

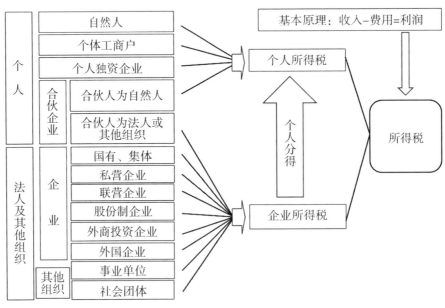

图 6-1

二、税　率

企业所得税除了基本税率25%外,还有其他优惠税率,主要适用情况,如表6-1所示。

表6-1　企业所得税税率表

种类	税率	适用范围
基本税率	25%	适用于居民企业
		中国境内设有机构、场所且所得与机构、场所有实际联系的非居民企业
两档优惠税率	减按20%	符合条件的小型微利企业
		适用于在中国境内未设立机构、场所,或者虽设立机构、场所但取得的所得与其所设机构、场所没有实际联系的非居民企业(实际征税时适用10%税率)
	减按15%	国家重点扶持的高新技术企业 经认定的技术先进型服务企业

三、应纳税额的计算

企业所得税的应纳税额是根据应纳税所得额乘以税率计算出来的,即

应纳税额=应纳税所得额×税率

应纳税所得额的计算方法有两种:直接法和间接法。

(一) 直接法

应纳税所得额=收入总额-不征税收入-免税收入-各项扣除-以前年度亏损

收入总额主要包括销售货物收入、提供劳务收入、转让财产收入、权益性投资收益、利息收入、租金收入、特许权使用费收入、捐赠收入、其他收入。

不征税收入主要包括财政拨款,依法收取并纳入财政管理的行政事业性收费,其他专款专用的财政性资金。

免税收入主要包括国债利息收入,符合条件的居民之间的股息、红利等投资性收益,非居民企业常设机构有联系的投资性收益,符合条件的非营利性组织收入,股权分置改革相关收入。

各项扣除主要是指成本、费用、税金、损失、其他支出等。

以前年度亏损是指允许弥补的5年以内的亏损(特殊除外),具体是指从亏损年度的下一年度算起,依次向后延续5年,超过5年的,不允许弥补亏损。

(二) 间接法

应纳税所得额=会计利润±纳税调整

实务中,我们会用第二种方法,并不需要另外建账,只是把会计处理和税法规定不一致的地方做相应调整,按照税法规定进行调整,按照调整之后的利润(也就是应纳税所得额)计算缴纳企业所得税。

第一种方法便于我们理解企业所得税的原理,第二种方法方便我们计算企业所得税。

四、常见的企业所得税纳税调整

(一) 视同销售

所得税法的视同销售主要看所有权有没有转移。

根据规定企业发生非货币性资产交换,以及将货物、财产、劳务用于捐赠、偿债、赞助、集资、广告、样品、职工福利或者利润分配等用途的,应当视同销售。货物、转让财产或者提供劳务,但国务院财政、税务主管部门另有规定的除外。

(二) 资产损失

税法不承认会计上的减值损失,相关损失只有在实际发生的时候才允许扣除。

资产损失,是指企业在生产经营活动中实际发生的、与取得应税收入有关的资产损失,包括现金损失、存款损失、坏账损失、贷款损失、股权投资损失、固定资产和存货的盘亏、毁损、报废、被盗损失,自然灾害等不可抗力因素造成的损失以及其他损失。

企业对其扣除的各项资产损失,应当提供能够证明资产损失确属已实际发生的合法证据,包括具有法律效力的外部证据、具有法定资质的中介机构的经济鉴证证明、具有法定资质的专业机构的技术鉴定证明等。

(三) 保险费

企业依照国务院有关主管部门或者省级人民政府规定的范围和标准为职工缴纳的基本养老保险费、基本医疗保险费、失业保险费、工伤保险费、生育保险费等基本社会保险费和住房公积金,准予扣除。企业为投资者或者职工支付的补充养老保险费、补充医疗保险费,在国务院财政、税务主管部门规定的范围和标准内,准予扣除。

除企业依照国家有关规定为特殊工种职工支付的人身安全保险费和国务院财政、税务主管部门规定可以扣除的其他商业保险费外,企业为投资者或者职工支付的商业保险费,不得扣除。

企业参加财产保险,按照规定缴纳的保险费,准予扣除。

(四) 职工福利费、工会经费和职工教育经费

"三费"放在一起,是因为它们的扣除限额都是以工资薪金总额乘以一定的比例计算得来的,具体规定如下:

企业发生的职工福利费支出,不超过工资薪金总额14%的部分,准予扣除。企业拨缴的工会经费,不超过工资薪金总额2%的部分,准予扣除。

企业发生的职工教育经费支出,不超过工资薪金总额8%的部分,准予在计算企业所得税应纳税所得额时扣除;超过部分,准予在以后纳税年度结转扣除。

(五) 业务招待费和广告宣传费

企业发生的与生产经营活动有关的业务招待费支出,按照发生额的60%扣除,但最高不得超过当年

销售(营业)收入的5‰。

企业发生的符合条件的广告费和业务宣传费支出,除国务院财政、税务主管部门另有规定外,不超过当年销售(营业)收入15%的部分,准予扣除;超过部分,准予在以后纳税年度结转扣除。

(六)其他差异

常见的差异有永久性差异和时间性差异,如行政性罚款,税收滞纳金等,这类属于永久性差异,汇算清缴时需全额调增;固定资产的折旧年限,会计上没有具体规定折旧年限,企业按照实际情况进行估计,而企业所得税法方面规定了最低折旧年限,如会计与税法处理不同,这类属于时间性差异,一般主要表现为企业所得税早缴或晚缴的不同。

五、企业所得税预缴

企业所得税采用按年计征。分月或分季预缴,按年汇算清缴,多退少补。

为方便理解,对某企业的经营成果以表格方式列示介绍企业按季预缴所得税的原理(不考虑小型微利优惠政策),如表6-2所示。

表6-2 企业经营成果表

月份	1	2	3	4	5	6	7	8	9	10	11	12
按季申报	无	无	4月申报	无	无	7月申报	无	无	10月申报	无	无	1月申报
本季利润	100万			-100万			400万			-100万		

(1)第1季度应纳税额:100×25%=25(万元),本季度累计应纳税所得额为正数,不管以后如何,先预缴税款。

(2)第2季度应纳税额:(100-100)×25%-25=-25(万元),累计已经缴足,不需预缴企业所得税,多缴税款也不退还。

(3)第3季度应纳税额:(100-100+400)×25%-25=75(万元),本季需预缴企业所得税75万元。

(4)第4季度应纳税额:(100-100+400-100)×25%-100=-25(万元),本季无须预缴企业所得税,多缴税款也不退还。

(5)多缴的企业所得税待汇算清缴后再予退款或抵下年企业所得税。

> 注意:企业所得税是按累计的应纳税所得额计算的,并非单月或单季度计算的。正是因为企业所得税是按年计征的,所以平时缴纳的企业所得税叫"预缴"。

第二节 查账征收企业所得税预缴申报实务

一、企业所得税预缴申报表

企业所得税预缴申报表主要包括:①中华人民共和国企业所得税月(季)度预缴纳税申报表(A类);

②固定资产加速折旧(扣除)优惠明细表。

跨地区经营汇总纳税企业的总机构,还需申报《企业所得税汇总纳税分支机构所得税分配表》。

(一) 企业所得税预缴申报主表

《中华人民共和国企业所得税月(季)度预缴纳税申报表(A类)》,如表6-3所示。

表6-3 中华人民共和国企业所得税月(季)度预缴纳税申报表(A类)

优 惠 及 附 报 事 项 有 关 信 息									
项目	一季度		二季度		三季度		四季度		季度平均值
	季初	季末	季初	季末	季初	季末	季初	季末	
从业人数									
资产总额(万元)									
国家限制或禁止行业	□是□否				小型微利企业				□是□否
	附 报 事 项 名 称								金额或选项
事项1	(填写特定事项名称)								
事项2	(填写特定事项名称)								
	预 缴 税 款 计 算								本年累计
1	营业收入								
2	营业成本								
3	利润总额								
4	加:特定业务计算的应纳税所得额								
5	减:不征税收入								
6	减:资产加速折旧、摊销(扣除)调减额(填写 A201020)								
7	减:免税收入、减计收入、加计扣除(7.1+7.2+…)								
7.1	(填写优惠事项名称)								
7.2	(填写优惠事项名称)								
8	减:所得减免(8.1+8.2+…)								
8.1	(填写优惠事项名称)								
8.2	(填写优惠事项名称)								
9	减:弥补以前年度亏损								
10	实际利润额(3+4-5-6-7-8-9)\按照上一纳税年度应纳税所得额平均额确定的应纳税所得额								
11	税率(25%)								
12	应纳所得税额(10×11)								
13	减:减免所得税额(13.1+13.2+…)								
13.1	(填写优惠事项名称)								

续表

13.2	（填写优惠事项名称）	
14	减：本年实际已缴纳所得税额	
15	减：特定业务预缴(征)所得税额	
16	本期应补(退)所得税额(12-13-14-15)\税务机关确定的本期应纳所得税额	
汇总纳税企业总分机构税款计算		
17	总机构	总机构本期分摊应补(退)所得税额(18+19+20)	
18		其中：总机构分摊应补(退)所得税额(16×总机构分摊比例_%)	
19		财政集中分配应补(退)所得税额(16×财政集中分配比例_%)	
20		总机构具有主体生产经营职能的部门分摊所得税额(16×全部分支机构分摊比例_%×总机构具有主体生产经营职能部门分摊比例_%)	
21	分支机构	分支机构本期分摊比例	
22		分支机构本期分摊应补(退)所得税额	
实际缴纳企业所得税计算		
23	减：民族自治地区企业所得税地方分享部分：□免征 □减征：减征幅度_%	本年累计应减免金额[(12-13-15)×40%×减征幅度]	
24	实际应补(退)所得税额		

填报说明（详见国家税务总局公告2021年第3号文件附件）：

预缴方式为"按照实际利润额预缴"的纳税人，填报第1行至第16行，预缴方式为"按照上一纳税年度应纳税所得额平均额预缴"的纳税人填报第10、11、12、13、14、16行，预缴方式为"按照税务机关确定的其他方法预缴"的纳税人填报第16行。

第1行"营业收入"：填报纳税人截至本税款所属期末，按照国家统一会计制度规定核算的本年累计营业收入。例如：以前年度已经开始经营且按季度预缴纳税申报的纳税人，第二季度预缴纳税申报时本行填报本年1月1日至6月30日期间的累计营业收入。

第2行"营业成本"：填报纳税人截至本税款所属期末，按照国家统一会计制度规定核算的本年累计营业成本。

第3行"利润总额"：填报纳税人截至本税款所属期末，按照国家统一会计制度规定核算的本年累计利润总额。

第4行"特定业务计算的应纳税所得额"：从事房地产开发等特定业务的纳税人，填报按照税收规定计算的特定业务的应纳税所得额。房地产开发企业销售未完工开发产品取得的预售收入，按照税收规定的预计计税毛利率计算出预计毛利额，扣除实际缴纳且在会计核算中未计入当期损益的土地增值税等税金及附加后的金额，在此行填报。

第5行"不征税收入"：填报纳税人已经计入本表"利润总额"行次但税收规定不征税收入的本年累计金额。

第6行"资产加速折旧、摊销（扣除）调减额"：填报资产税收上享受加速折旧、摊销优惠政策计算的折旧额、摊销额大于同期会计折旧额、摊销额期间发生纳税调减的本年累计金额。

本行根据《资产加速折旧、摊销(扣除)优惠明细表》A201020填报。

第7行"免税收入、减计收入、加计扣除":根据相关行次计算结果填报。根据《企业所得税申报事项目录》,在第7.1行、第7.2行……填报税收规定的免税收入、减计收入、加计扣除等优惠事项的具体名称和本年累计金额。发生多项且根据税收规定可以同时享受的优惠事项,可以增加行次,但每个事项仅能填报一次。

第8行"所得减免":根据相关行次计算结果填报。第3+4-5-6-7行≤0时,本行不填报。根据《企业所得税申报事项目录》,在第8.1行、第8.2行……填报税收规定的所得减免优惠事项的名称和本年累计金额。发生多项且根据税收规定可以同时享受的优惠事项,可以增加行次,但每个事项仅能填报一次。每项优惠事项下有多个具体项目的,应分别确定各具体项目所得,并填写盈利项目(项目所得>0)的减征、免征所得额的合计金额。

第9行"弥补以前年度亏损":填报纳税人截至本税款所属期末,按照税收规定在企业所得税税前弥补的以前年度尚未弥补亏损的本年累计金额。当本表第3+4-5-6-7-8行≤0时,本行=0。

第10行"实际利润额\按照上一纳税年度应纳税所得额平均额确定的应纳税所得额":预缴方式为"按照实际利润额预缴"的纳税人,根据本表相关行次计算结果填报,第10行=第3+4-5-6-7-8-9行;预缴方式为"按照上一纳税年度应纳税所得额平均额预缴"的纳税人,填报按照上一纳税年度应纳税所得额平均额计算的本年累计金额。

第11行"税率(25%)":填报25%。

第12行"应纳所得税额":根据相关行次计算结果填报。第12行=第10×11行,且第12行≥0。

第13行"减免所得税额":根据相关行次计算结果填报。根据《企业所得税申报事项目录》,在第13.1行、第13.2行……填报税收规定的减免所得税额优惠事项的具体名称和本年累计金额。发生多项且根据税收规定可以同时享受的优惠事项,可以增加行次,但每个事项仅能填报一次。

第14行"本年实际已缴纳所得税额":填报纳税人按照税收规定已在此前月(季)度申报预缴企业所得税的本年累计金额。建筑企业总机构直接管理的跨地区设立的项目部,按照税收规定已经向项目所在地主管税务机关预缴企业所得税的金额不填本行,而是填入本表第15行。

第15行"特定业务预缴(征)所得税额":填报建筑企业总机构直接管理的跨地区设立的项目部,按照税收规定已经向项目所在地主管税务机关预缴企业所得税的本年累计金额。本行本期填报金额不得小于本年上期申报的金额。

第16行"本期应补(退)所得税额\税务机关确定的本期应纳所得税额":按照不同预缴方式,分情况填报:

预缴方式为"按照实际利润额预缴"以及"按照上一纳税年度应纳税所得额平均额预缴"的纳税人,根据本表相关行次计算填报。第16行=第12-13-14-15行,当第12-13-14-15行<0时,本行填0。其中,企业所得税收入全额归属中央且按比例就地预缴企业的分支机构,以及在同一省(自治区、直辖市、计划单列市)内的按比例就地预缴企业的分支机构,第16行=第12行×就地预缴比例-第13行×就地预缴比例-第14行-第15行,当第12行×就地预缴比例-第13行×就地预缴比例-第14行-第15行<0时,本行填0。

预缴方式为"按照税务机关确定的其他方法预缴"的纳税人,本行填报本期应纳企业所得税的金额。

第17行"总机构本期分摊应补(退)所得税额":跨地区经营汇总纳税企业的总机构根据相关行次计算结果填报,第17行=第18+19+20行。

第18行"总机构分摊应补(退)所得税额(16×总机构分摊比例__%)":根据相关行次计算结果填报,第18行=第16行×总机构分摊比例。其中:跨省、自治区、直辖市和计划单列市经营的汇总纳税企业"总机构分摊比例"填报25%,同一省(自治区、直辖市、计划单列市)内跨地区经营汇总纳税企业"总机构分摊比例"按照各省(自治区、直辖市、计划单列市)确定的总机构分摊比例填报。

第19行"财政集中分配应补(退)所得税额(16×财政集中分配比例__%)":根据相关行次计算结果填报,第19行=第16行×财政集中分配比例。其中:跨省、自治区、直辖市和计划单列市经营的汇总纳税企业"财政集中分配比例"填报25%,同一省(自治区、直辖市、计划单列市)内跨地区经营汇总纳税企业"财政集中分配比例"按照各省(自治区、直辖市、计划单列市)确定的财政集中分配比例填报。

第20行"总机构具有主体生产经营职能的部门分摊所得税额(16×全部分支机构分摊比例__%×总机构具有主体生产经营职能部门分摊比例__%)":根据相关行次计算结果填报,第20行=第16行×全部分支机构分摊比例×总机构具有主体生产经营职能部门分摊比例。其中:跨省、自治区、直辖市和计划单列市经营的汇总纳税企业"全部分支机构分摊比例"填报50%,同一省(自治区、直辖市、计划单列市)内跨地区经营汇总纳税企业"分支机构分摊比例"按照各省(自治区、直辖市、计划单列市)确定的分支机构分摊比例填报;"总机构具有主体生产经营职能部门分摊比例"按照设立的具有主体生产经营职能的部门在参与税款分摊的全部分支机构中的分摊比例填报。

第21行"分支机构本期分摊比例":跨地区经营汇总纳税企业分支机构填报其总机构出具的本期《企业所得税汇总纳税分支机构所得税分配表》"分配比例"列次中列示的本分支机构的分配比例。

第22行"分支机构本期分摊应补(退)所得税额":跨地区经营汇总纳税企业分支机构填报其总机构出具的本期《企业所得税汇总纳税分支机构所得税分配表》"分配所得税额"列次中列示的本分支机构应分摊的所得税额。

第23行"民族自治地方的自治机关对本民族自治地方的企业应缴纳的企业所得税中属于地方分享的部分减征或免征(□免征□减征:减征幅度____%)":根据《中华人民共和国企业所得税法》《中华人民共和国民族区域自治法》《财政部国家税务总局关于贯彻落实国务院关于实施企业所得税过渡优惠政策有关问题的通知》(财税〔2008〕21号)等规定,实行民族区域自治的自治区、自治州、自治县的自治机关对本民族自治地方的企业应缴纳的企业所得税中属于地方分享的部分,可以决定免征或减征,自治州、自治县决定减征或者免征的,须报省、自治区、直辖市人民政府批准。

纳税人填报该行次时,根据享受政策的类型选择"免征"或"减征",二者必选其一。选择"免征"是指免征企业所得税税收地方分享部分;选择"减征:减征幅度____%"是指减征企业所得税税收地方分享部分。此时需填写"减征幅度",减征幅度填写范围为1至100,表示企业所得税税收地方分享部分的减征比例。例如,地方分享部分减半征收,则选择"减征",并在"减征幅度"后填写"50%"。

本行填报纳税人按照规定享受的民族自治地方的自治机关对本民族自治地方的企业应缴纳的企业所得税中属于地方分享的部分减征或免征额的本年累计金额。

第24行"本期实际应补(退)所得税额":本行填报民族自治地区纳税人本期实际应补(退)所得税额。

(二)资产加速折旧、摊销(扣除)优惠明细表

《资产加速折旧、摊销(扣除)优惠明细表》,如6-4所示。

表6-4　A201020 资产加速折旧、摊销(扣除)优惠明细表

行次	项目	本年享受优惠的资产原值	本年累计折旧\摊销(扣除)金额				
			账载折旧\摊销金额	按照税收一般规定计算的折旧\摊销金额	享受加速政策计算的折旧\摊销金额	纳税调减金额	享受加速政策优惠金额
		1	2	3	4	5	6(4-3)
1	一、加速折旧、摊销(不含一次性扣除,1.1+1.2+…)						
1.1	(填写优惠事项名称)						
1.2	(填写优惠事项名称)						
2	二、一次性扣除(2.1+2.2+…)						
2.1	(填写优惠事项名称)						
2.2	(填写优惠事项名称)						
3	合计(1+2)						

填报说明：

第1行"一、加速折旧、摊销(不含一次性扣除)"：根据相关行次计算结果填报。根据《企业所得税申报事项目录》，在第1.1行、第1.2行……填报税收规定的资产加速折旧、摊销(不含一次性扣除)优惠事项的具体信息。同时发生多个事项的可以增加行次，但每个事项仅能填报一次。一项资产仅可适用一项优惠事项，不得重复填报。

第2行"二、一次性扣除"：根据相关行次计算结果填报。根据《企业所得税申报事项目录》，在第2.1行、第2.2行……填报税收规定的资产一次性扣除优惠事项的具体信息。发生多项且根据税收规定可以同时享受的优惠事项，可以增加行次，但每个事项仅能填报一次。一项资产仅可适用一项优惠事项，不得重复填报。

列次填报时间口径：纳税人享受加速折旧、摊销和一次性扣除优惠政策的资产，仅填报采取税收加速折旧、摊销计算的税收折旧、摊销额大于按照税法一般规定计算的折旧、摊销金额期间的金额；税收折旧、摊销小于一般折旧、摊销期间的金额，不再填报本表。同时，保留本年税收折旧、摊销大于一般折旧摊销期间最后一期的本年累计金额继续填报，直至本年度最后一期月(季)度预缴纳税申报。

第1列"本年享受优惠的资产原值"：填报纳税人按照文件规定享受资产加速折旧、摊销和一次性扣除优惠政策的资产，会计处理计提折旧、摊销的资产原值(或历史成本)的金额。

第2列"账载折旧\摊销金额"：填报纳税人按照文件规定享受资产加速折旧、摊销和一次性扣除优惠政策的资产，会计核算的本年资产折旧额、摊销额。

第3列"按照税收一般规定计算的折旧\摊销金额"：填报纳税人按照文件规定享受资产加速折旧、摊销优惠政策的资产，按照税收一般规定计算的允许税前扣除的本年资产折旧、摊销额；享受一次性扣除的资产，本列填报该资产按照税法一般规定计算的一个月的折旧、摊销金额。所有享受上述优惠的资产都须计算填报一般折旧、摊销额，包括税收和会计处理不一致的资产。

第4列"享受加速政策计算的折旧\摊销金额"：填报纳税人文件规定享受资产加速折旧、摊销和一次

性扣除优惠政策的资产,按照税收规定的加速折旧、摊销方法计算的本年资产折旧、摊销额和按上述文件规定一次性税前扣除的金额。

第5列"纳税调减金额":纳税人按照文件规定享受资产加速折旧、摊销和一次性扣除优惠政策的资产,在列次填报时间口径规定的期间内,根据会计折旧、摊销金额与税收加速折旧、摊销金额填报:

当会计折旧、摊销金额小于等于税收折旧、摊销金额时,该项资产的"纳税调减金额"="享受加速政策计算的折旧\摊销金额"-"账载折旧\摊销金额"。

当会计折旧、摊销金额大于税收折旧、摊销金额时,该项资产"纳税调减金额"按0填报。

第6列"享受加速政策优惠金额":根据相关列次计算结果填报。本列=第(4-3)列。

二、企业所得税预缴申报案例(非小型微利的情况)

(一)预缴申报资料

【例6-1】某企业采用实际利润额预缴,假设不考虑小微优惠政策,不存在欠税及其他情况。资料如下:

第一季度:营业收入:1 000万元,营业成本800万元,期间费用100万元。
第二季度:营业收入:1 000万元,营业成本900万元,期间费用200万元。
第三季度:营业收入:1 000万元,营业成本500万元,期间费用100万元。
第四季度:营业收入:1 000万元,营业成本900万元,期间费用50万元。

(二)预缴申报表填报

1.第一季度申报表(截取相关部分)

一季度营业收入:1 000万元,营业成本800万元,期间费用100万元,利润总额100万元,本季度应缴企业所得税=100×25%=25(万元)。报表填写如表6-5所示。

表6-5 中华人民共和国企业所得税月(季)度预缴纳税申报表(A类)

行次	预缴税款计算	本年累计金额
1	营业收入	10 000 000.00
2	营业成本	8 000 000.00
3	利润总额	1 000 000.00
4	加:特定业务计算的应纳税所得额	
5	减:不征税收入	
6	减:资产加速折旧、摊销(扣除)调减额(填写A201020)	
7	减:免税收入、减计收入、加计扣除(7.1+7.2+…)	
7.1	(填写优惠事项名称)	
7.2	(填写优惠事项名称)	
8	减:所得减免(8.1+8.2+…)	

续表

行次	预缴税款计算	本年累计金额
8.1	（填写优惠事项名称）	
8.2	（填写优惠事项名称）	
9	减：弥补以前年度亏损	
10	实际利润额(3+4-5-6-7-8-9)\按照上一纳税年度应纳税所得额平均额确定的应纳税所得额	1 000 000.00
11	税率(25%)	25%
12	应纳所得税额(10×11)	250 000.00
13	减：减免所得税额(13.1+13.2+…)	
13.1	（填写优惠事项名称）	
13.2	（填写优惠事项名称）	
14	减：实际已缴纳所得税额	0.00
15	减：特定业务预缴(征)所得税额	
16	本期应补(退)所得税额(12-13-14-15)\税务机关确定的本期应纳所得税额	250 000.00

2.第二季度申报表（截取相关部分）

二季度累计营业收入：2 000万元，累计营业成本1 700万元，累计期间费用300万元，利润总额0，本季度应缴企业所得税=0×25%-25=-25（万元），虽多缴税款，但不退税，待汇算清缴时多退少补。报表填写如表6-6所示。

表6-6 中华人民共和国企业所得税月（季）度预缴纳税申报表（A类）

行次	预缴税款计算	本年累计金额
1	营业收入	20 000 000.00
2	营业成本	17 000 000.00
3	利润总额	0.00
4	加：特定业务计算的应纳税所得额	
5	减：不征税收入	
6	减：资产加速折旧、摊销(扣除)调减额（填写A201020）	
7	减：免税收入、减计收入、加计扣除(7.1+7.2+…)	
7.1	（填写优惠事项名称）	
7.2	（填写优惠事项名称）	
8	减：所得减免(8.1+8.2+…)	
8.1	（填写优惠事项名称）	
8.2	（填写优惠事项名称）	
9	减：弥补以前年度亏损	

续表

行次	预缴税款计算	本年累计金额
10	实际利润额(3+4-5-6-7-8-9)\按照上一纳税年度应纳税所得额平均额确定的应纳税所得额	0.00
11	税率(25%)	25%
12	应纳所得税额(10×11)	0.00
13	减:减免所得税额(13.1+13.2+…)	
13.1	(填写优惠事项名称)	
13.2	(填写优惠事项名称)	
14	减:实际已缴纳所得税额	250 000.00
15	减:特定业务预缴(征)所得税额	
16	本期应补(退)所得税额(12-13-14-15)\税务机关确定的本期应纳所得税额	0.00

3.第三季度申报表(截取相关部分)

三季度累计营业收入:3 000万元,累计营业成本2 200万元,累计期间费用400万元,利润总额400万元,本季度应缴企业所得税=400×25%-25=75(万元),报表填写如表6-7所示。

表6-7 中华人民共和国企业所得税月(季)度预缴纳税申报表(A类)

行次	预缴税款计算	本年累计金额
1	营业收入	30 000 000.00
2	营业成本	22 000 000.00
3	利润总额	4 000 000.00
4	加:特定业务计算的应纳税所得额	
5	减:不征税收入	
6	减:资产加速折旧、摊销(扣除)调减额(填写A201020)	
7	减:免税收入、减计收入、加计扣除(7.1+7.2+…)	
7.1	(填写优惠事项名称)	
7.2	(填写优惠事项名称)	
8	减:所得减免(8.1+8.2+…)	
8.1	(填写优惠事项名称)	
8.2	(填写优惠事项名称)	
9	减:弥补以前年度亏损	
10	实际利润额(3+4-5-6-7-8-9)\按照上一纳税年度应纳税所得额平均额确定的应纳税所得额	4 000 000.00
11	税率(25%)	25%
12	应纳所得税额(10×11)	1 000 000.00
13	减:减免所得税额(13.1+13.2+…)	

续表

行次	预缴税款计算	本年累计金额
13.1	（填写优惠事项名称）	
13.2	（填写优惠事项名称）	
14	减：实际已缴纳所得税额	250 000.00
15	减：特定业务预缴（征）所得税额	
16	本期应补（退）所得税额（12-13-14-15）\ 税务机关确定的本期应纳所得税额	750 000.00

4.第四季度申报表（截取相关部分）

四季度累计营业收入4 000万元，累计营业成本3 100万元，累计期间费用450万元，利润总额450万元，本季度应缴企业所得税=450×25%-100=12.5（万元）。报表填写如表6-8所示。

表6-8　中华人民共和国企业所得税月（季）度预缴纳税申报表（A类）

行次	预缴税款计算	本年累计金额
1	营业收入	40 000 000.00
2	营业成本	31 000 000.00
3	利润总额	4 500 000.00
4	加：特定业务计算的应纳税所得额	
5	减：不征税收入	
6	减：资产加速折旧、摊销（扣除）调减额（填写A201020）	
7	减：免税收入、减计收入、加计扣除（7.1+7.2+……）	
7.1	（填写优惠事项名称）	
7.2	（填写优惠事项名称）	
8	减：所得减免（8.1+8.2+……）	
8.1	（填写优惠事项名称）	
8.2	（填写优惠事项名称）	
9	减：弥补以前年度亏损	
10	实际利润额（3+4-5-6-7-8-9）\ 按照上一纳税年度应纳税所得额平均额确定的应纳税所得额	4 500 000.00
11	税率（25%）	25%
12	应纳所得税额（10×11）	1 125 000.00
13	减：减免所得税额（13.1+13.2+……）	
13.1	（填写优惠事项名称）	
13.2	（填写优惠事项名称）	
14	减：实际已缴纳所得税额	1 000 000.00
15	减：特定业务预缴（征）所得税额	
16	本期应补（退）所得税额（12-13-14-15）\ 税务机关确定的本期应纳所得税额	125 000.00

三、A 类企业所得税享受减免的情况(小型微利企业)

(一)小型微利优惠条件

(1)对小型微利企业年应纳税所得额不超过100万元的部分,减按12.5%计入应纳税所得额,按20%的税率缴纳企业所得税;对年应纳税所得额超过100万元但不超过300万元的部分,减按25%计入应纳税所得额,按20%的税率缴纳企业所得税。

小型微利企业无论按查账征收方式或核定征收方式缴纳企业所得税,均可享受上述优惠政策。

(2)本公告所称小型微利企业是指从事国家非限制和禁止行业,且同时符合年度应纳税所得额不超过300万元、从业人数不超过300人、资产总额不超过5 000万元等三个条件的企业。

(3)小型微利企业所得税统一实行按季度预缴。预缴企业所得税时,小型微利企业的资产总额、从业人数、年度应纳税所得额指标,暂按当年度截至本期申报所属期末的情况进行判断。其中,资产总额、从业人数指标比照《关于实施小微企业普惠性税收减免政策的通知》(以下简称《通知》)第二条中"全年季度平均值"的计算公式,计算截至本期申报所属期末的季度平均值;年度应纳税所得额指标暂按截至本期申报所属期末不超过300万元的标准判断。

(4)原不符合小型微利企业条件的企业,在年度中间预缴企业所得税时,按本公告第三条规定判断符合小型微利企业条件的,应按照截至本期申报所属期末累计情况计算享受小型微利企业所得税减免政策。当年度此前期间因不符合小型微利企业条件而多预缴的企业所得税税款,可在以后季度应预缴的企业所得税税款中抵减。

(5)小型微利企业在预缴和汇算清缴企业所得税时,通过填写纳税申报表相关内容,即可享受小型微利企业所得税减免政策。

(6)实行核定应纳所得税额征收的企业,根据小型微利企业所得税减免政策规定需要调减定额的,由主管税务机关按照程序调整,并及时将调整情况告知企业。

(7)企业预缴企业所得税时已享受小型微利企业所得税减免政策,汇算清缴企业所得税时不符合《通知》第二条规定的,应当按照规定补缴企业所得税税款。

(二)文件主要明确的问题

1.明确小型微利企业普惠性所得税减免政策的适用范围

为了确保小型微利企业应享尽享普惠性所得税减免政策,《公告》明确了无论企业所得税实行查账征收方式还是核定征收方式的企业,只要符合条件,均可以享受小型微利企业普惠性所得税减免政策。

2.明确预缴企业所得税时小型微利企业的判断方法

从2019年度开始,在预缴企业所得税时,企业可直接按当年度截至本期末的资产总额、从业人数、应纳税所得额等情况判断是否为小型微利企业。与此前需要结合企业上一个纳税年度是否为小型微利企业的情况进行判断相比,方法更简单、确定性更强。

具体判断方法为:资产总额、从业人数指标比照财税〔2019〕13号文件第(2)条规定中"全年季度平均值"的计算公式,计算截至本期末的季度平均值;年应纳税所得额指标按截至本期末不超过300万元的标准判断。示例如下：

(1)属于1季度符合，以后各季度均不符合小型微利的情况。

A企业2017年成立，从事国家非限制和禁止行业，2021年各季度的资产总额、从业人数以及累计应纳税所得额情况如表6-9所示。

表6-9 A企业有关小型微利资料

季 度	从业人数		资产总额(万元)		应纳税所得额(累计值,万元)
	期初	期末	期初	期末	
第1季度	120	200	2 000	4 000	150.00
第2季度	400	500	4 000	6 600	200.00
第3季度	350	200	6 600	7 000	280.00
第4季度	220	210	7 000	2 500	350.00

解析：A企业在预缴2021年度企业所得税时，判断是否符合小型微利企业条件的具体过程如表6-10所示：

表6-10 A企业判断小型微利资料明细表

指 标		第1季度	第2季度	第3季度	第4季度
从业人数	季初	120	400	350	220
	季末	200	500	200	210
	季度平均值	(120+200)÷2=160	(400+500)÷2=450	(350+200)÷2=275	(220+210)÷2=215
	截至本期末季度平均值	160	(160+450)÷2=305	(160+450+275)÷3=295	(160+450+275+215)÷4=275
资产总额(万元)	季初	2 000	4 000	6 600	7 000
	季末	4 000	6 600	7 000	2 500
	季度平均值	(2 000+4 000)÷2=3 000	(4 000+6 600)÷2=5 300	(6 600+7 000)÷2=6 800	(7 000+2 500)÷2=4 750
	截至本期末季度平均值	3 000	(3 000+5 300)÷2=4 150	(3 000+5 300+6 800)÷3=5 033.33	(3 000+5 300+6 800+4 750)÷4=4 962.5
应纳税所得额(累计值,万元)		150	200	280	350
判断结果		符合	不符合(从业人数超标)	不符合(资产总额超标)	不符合(应纳税所得额超标)

(2)属于前期符合，中间不符合，后期又符合小型微利的情况。

B企业2019年5月成立，从事国家非限制和禁止行业，2021年各季度的资产总额、从业人数以及累计应纳税所得额情况如表6-11所示。

表 6-11　B 企业判断小型微利资料汇总表

季度	从业人数		资产总额(万元)		应纳税所得额(累计值/万元)
	期初	期末	期初	期末	
第 2 季度	100	200	1 500	3 000	200
第 3 季度	260	300	3 000	5 000	350
第 4 季度	280	330	5 000	6 000	280

解析:B 企业在预缴 2021 年度企业所得税时,判断是否符合小型微利企业条件的具体过程如表 6-12 所示。

表 6-12　B 企业判断小型微利资料明细表

指标		第 2 季度	第 3 季度	第 4 季度
从业人数	季初	100	260	280
	季末	200	300	330
	季度平均值	(100+200)÷2=150	(260+300)÷2=280	(280+330)÷2=305
	截至本期末季度平均值	150	(150+280)÷2=215	(150+280+305)÷3=245
资产总额(万元)	季初	1 500	3 000	5 000
	季末	3 000	5 000	6 000
	季度平均值	(1 500+3 000)÷2=2 250	(3 000+5 000)÷2=4 000	(5 000+6 000)÷2=5 500
	截至本期末季度平均值	2 250	(2 250+4 000)÷2=3 125	(2 250+4 000+5 500)÷3=3 916.67
应纳税所得额(累计值,万元)		200	350	280
判断结果		符合	不符合(应纳税所得额超标)	符合

3.明确预缴企业所得税时小型微利企业实际应纳所得税额和减免税额的计算方法

小型微利企业年应纳税所得额不超过 100 万元、超过 100 万元但不超过 300 万元的部分,分别减按 12.5%、25%计入应纳税所得额,按 20%的税率缴纳企业所得税。示例如下:

C 企业 2022 年第 1 季度预缴企业所得税时,经过判断不符合小型微利企业条件,但是此后的第 2 季度和第 3 季度预缴企业所得税时,经过判断符合小型微利企业条件。第 1 季度至第 3 季度预缴企业所得税时,相应的累计应纳税所得额分别为 20 万元、100 万元、200 万元。

解析:C 企业在预缴 2022 年第 1 季度至第 3 季度企业所得税时,实际应纳所得税额和减免税额的计算过程如表 6-13 所示。

表 6-13　C 企业判断小型微利资料明细表

计算过程	第 1 季度	第 2 季度	第 3 季度
预缴时,判断是否为小型微利企业	不符合小型微利企业条件	符合小型微利企业条件	符合小型微利企业条件
应纳税所得额(累计值/万元)	20	100	200
实际应纳所得税额(累计值/万元)	20×25%＝5	100×12.5%×20%＝2.5	100×12.5%×20%＋(200－100)×25%×20%＝7.5
本期应补(退)所得税额(万元)	5	0(2.5－5)＜0,本季度应缴税款为 0)	7.5－5＝2.5
已纳所得税额(累计值/万元)	5	5＋0＝5	5＋0＋2.5＝7.5
减免所得税额(累计值/万元)	20×25%－5＝0	100×25%－2.5＝22.5	200×25%－7.5＝42.5

4.明确小型微利企业的企业所得税预缴期限

为了推进办税便利化改革,从 2016 年 4 月开始,小型微利企业统一实行按季度预缴企业所得税。因此,按月度预缴企业所得税的企业,在年度中间 4 月、7 月、10 月的纳税申报期进行预缴申报,如果按照规定判断为小型微利企业的,其纳税期限将统一调整为按季度预缴。同时,为了避免年度内频繁调整纳税期限,《公告》规定,一经调整为按季度预缴,当年度内不再变更。

5.明确实行核定应纳所得税额征收方式的企业也可以享受小型微利企业普惠性所得税减免政策

与实行查账征收方式和实行核定应税所得率征收方式的企业通过填报纳税申报表计算享受的税收优惠不同,实行核定应纳所得税额征收方式的企业,由主管税务机关根据小型微利企业普惠性所得税减免政策的条件与企业的情况进行判断,符合条件的,由主管税务机关按照程序调整企业的应纳所得税额。具体调整情况,主管税务机关应当及时告知企业。

四、小微企业申报案例

(一)申报资料

【例 6-2】假设某企业符合小微企业的条件,按照季度预缴,第一季度营业收入 100 万元,营业成本 80 万元,其他费用 10 万元,实际利润 10 万元。

应交企业所得税＝10×12.5%×20%＝0.25(万元)

(二)申报表填列

根据【例 6-2】填列申报表(简表)如表 6-14 所示。

表 6-14　中华人民共和国企业所得税月(季)度预缴纳税申报表(A 类)

	预 缴 税 款 计 算	本年累计
1	营业收入	1 000 000.00
2	营业成本	800 000.00

续表

	预 缴 税 款 计 算	本年累计
3	利润总额	100 000.00
4	加:特定业务计算的应纳税所得额	
5	减:不征税收入	
6	减:资产加速折旧、摊销(扣除)调减额(填写 A201020)	
7	减:免税收入、减计收入、加计扣除(7.1+7.2+…)	
8	减:所得减免(8.1+8.2+…)	
9	减:弥补以前年度亏损	
10	实际利润额(3+4-5-6-7-8-9)\按照上一纳税年度应纳税所得额平均额确定的应纳税所得额	100 000.00
11	税率(25%)	25%
12	应纳所得税额(10×11)	25 000.00
13	减:减免所得税额(13.1+13.2+…)	22 500.00
13.1	符合条件的小型微利企业减免企业所得税	22 500.00
14	减:本年实际已缴纳所得税额	0.00
15	减:特定业务预缴(征)所得税额	
16	本期应补(退)所得税额(12-13-14-15)\税务机关确定的本期应纳所得税额	2 500.00

第三节 核定征收企业所得税预缴申报实务

一、核定征收的范围

纳税人具有下列情形之一的,应采取核定征收方式征收企业所得税。
(1)依照税收法律法规规定可以不设账簿的或按照税收法律法规规定应设置但未设置账簿的。
(2)只能准确核算收入总额,或收入部分能够查实,但其成本费用支出不能准确核算的。
(3)只能准确核算成本费用支出,或成本费用支出能够查实,但其收入总额不能准确核算的。
(4)收入总额及成本费用支出均不能正确核算,不能向主管税务机关提供真实、准确、完整纳税资料,难以查实的。
(5)账目设置和核算虽然符合规定,但并未按规定保存有关账簿、凭证及有关纳税资料的。
(6)发生纳税义务,未按照税收法律法规规定的期限办理纳税申报,经税务机关责令限期申报,逾期仍不申报的。

二、核定征收的方式

核定征收方式包括定额征收和核定应税所得率征收两种办法,以及其他合理的办法。

定额征收，是指税务机关按照一定的标准、程序和办法，直接核定纳税人年度应纳企业所得税额，由纳税人按规定进行申报缴纳的办法。

核定应税所得率征收，是指税务机关按照一定的标准、程序和方法，预先核定纳税人的应税所得率，由纳税人根据纳税年度内的收入总额或成本费用等项目的实际发生额，按预先核定的应税所得率计算缴纳企业所得税的办法。

实行核定应税所得率征收办法的，应纳所得税额的计算公式为

$$应纳所得税额 = 应纳税所得额 \times 适用税率$$

$$应纳税所得额 = 收入总额 \times 应税所得率$$

或

$$= \frac{成本费用支出额}{1-应税所得率} \times 应税所得税$$

> 注意：税务部门会给出一份应税所得率表，比如工业、交通运输业、商业 7%~20%；建筑业、房地产开发业 10%~20%；饮食服务业 10%~25%；娱乐业 10%~25%；其他行业 10%~30%。企业经营多业的，无论其经营项目是否单独核算，均由主管税务机关根据其主营项目，核定其适用某一行业的应税所得率。

三、核定征收不同情况下的计算原理

（一）按收入总额核定

该方法适用于能够准确核算收入，成本费用比较混乱的纳税人。假设当期账面收入 1 000 元，营业成本 900 元，期间费用 100 元，核定应税所得率为 10%时。

$$应纳税额 = 1\,000 \times 10\% \times 25\% = 25（元）$$

（二）按成本费用核定

该方法适用于能够准确核算成本费用不能准确核算收入的纳税人。假设当期账面收入 500 元，营业成本 800 元，期间费用 100 元，核定应税所得率为 10%时。

$$应纳税额 = (800+100) \div (1-10\%) \times 10\% \times 25\% = 25（元）$$

（三）核定应纳所得税额

该方法适用于没有按照规定做账或无账可查的纳税人，收入情况只能参照市场，假设核定应税所得率为 10%，市场同行业、同规模的收入水平为 1 000 元时。

$$应纳税额 = 1\,000（估计） \times 10\% \times 25\% = 25（元）$$

以上 3 种情况均应填报 B 类预缴申报表。

四、填报案例

【例6-3】假设某企业按季申报企业所得税，税务机关核定的应税所得率为 10%，第一季度收入总额为 10 万元。符合小微企业标准，年应纳税所得额不超过 100 万元的部分，减按 12.5%计入应纳税所得额，按 20%的税率缴纳企业所得税。

应纳税额=100 000×10%×12.5%×20%=250(元)

则第一季度的企业所得税申报表填报如表6-15所示。

表6-15　B100000中华人民共和国企业所得税月(季)度预缴和年度纳税申报表(B类,2018年版)

税款所属期间:20××年01月01日至20××年03月31日

纳税人识别号(统一社会信用代码):据实填写

纳税人名称:某企业　　　　　　　　　　　　　　　　金额单位:人民币元(列至角分)

核定征收方式	√核定应税所得率(能核算收入总额的)　　□核定应税所得率(能核算成本费用总额的) □核定应纳所得税额								
按 季 度 填 报 信 息									
项　目	一季度		二季度		三季度		四季度		季度平均值
	季初	季末	季初	季末	季初	季末	季初	季末	
从业人数		据实填	据实填						据实填
资产总额(万元)		据实填	据实填						据实填
国家限制或禁止行业		□是　√否			小型微利企业			√是　□否	
按 年 度 填 报 信 息									
从业人数(填写平均值)					资产总额(填写平均值,单位:万元)				
国家限制或禁止行业		□是　□否			小型微利企业			□是　□否	

（该部分内容年报时填报）

行次	项　目	本年累计金额
1	收入总额	100 000.00
2	减:不征税收入	
3	减:免税收入(4+5+10+11)	
4	国债利息收入免征企业所得税	
5	符合条件的居民企业之间的股息、红利等权益性投资收益免征企业所得税(6+7.1+7.2+8+9)	
6	其中:一般股息红利等权益性投资收益免征企业所得税	
7.1	通过沪港通投资且连续持有H股满12个月取得的股息红利所得免征企业所得税	
7.2	通过深港通投资且连续持有H股满12个月取得的股息红利所得免征企业所得税	
8	居民企业持有创新企业CDR取得的股息红利所得免征企业所得税	
9	符合条件的居民企业之间属于股息、红利性质的永续债利息收入免征企业所得税	
10	投资者从证券投资基金分配中取得的收入免征企业所得税	
11	取得的地方政府债券利息收入免征企业所得税	
12	应税收入额(1−2−3)\成本费用总额	100 000.00
13	税务机关核定的应税所得率(%)	10%
14	应纳税所得额(第12×13行)\[第12行÷(1−第13行)×第13行]	10 000.00

续表

15	税率(25%)	25%
16	应纳所得税额(14×15)	2 500.00
17	减:符合条件的小型微利企业减免企业所得税	2 000.00
18	减:实际已缴纳所得税额	0.00
L19	减:符合条件的小型微利企业延缓缴纳所得税额(是否延缓缴纳所得税 □是 √否)	
19	本期应补(退)所得税额(16-17-18-L19)\税务机关核定本期应纳所得税额	500.00
20	民族自治地方的自治机关对本民族自治地方的企业应缴纳的企业所得税中属于地方分享的部分减征或免征(□免征 □减征:减征幅度____%)	
21	本期实际应补(退)所得税额	500.00

谨声明:本纳税申报表是根据国家税收法律法规及相关规定填报的,是真实的、可靠的、完整的。

纳税人(签章):某企业　20××年04月10日

经办人: 经办人身份证号: 代理机构签章: 代理机构统一社会信用代码:	受理人: 受理税务机关(章): 受理日期:　年　月　日

第四节　企业所得税年度纳税申报实务

不管是A类纳税人还是B类纳税人,都需要年终进行汇算清缴。A类企业所得税汇算比较复杂,但B类企业相对比较简单,年度纳税申报表和预缴申报表都使用《中华人民共和国企业所得税月(季)度预缴和年度纳税申报表(B类)》,只是年报时要填写"年度申报填报"栏,而本栏次平时不需要填写。

一、A类企业所得税年终汇算清缴

(一)A类企业汇算清缴报表

1.年度申报表表单

企业所得税年度纳税申报表很多,但只需要填报本企业经济业务所涉及的报表即可,其他申报表可以选择不填也不申报。具体37张年度申报表名称如表6-16所示。

表6-16　企业所得税年度纳税申报表填报表单

表单编号	表单名称	是否填报
A000000	企业所得税年度纳税申报基础信息表	□
A100000	中华人民共和国企业所得税年度纳税申报表(A类)	□

续表

表单编号	表单名称	是否填报
A101010	一般企业收入明细表	☐
A101020	金融企业收入明细表	☐
A102010	一般企业成本支出明细表	☐
A102020	金融企业支出明细表	☐
A103000	事业单位、民间非营利组织收入、支出明细表	☐
A104000	期间费用明细表	☐
A105000	纳税调整项目明细表	☐
A105010	视同销售和房地产开发企业特定业务纳税调整明细表	☐
A105020	未按权责发生制确认收入纳税调整明细表	☐
A105030	投资收益纳税调整明细表	☐
A105040	专项用途财政性资金纳税调整明细表	☐
A105050	职工薪酬支出及纳税调整明细表	☐
A105060	广告费和业务宣传费等跨年度纳税调整明细表	☐
A105070	捐赠支出及纳税调整明细表	☐
A105080	资产折旧、摊销及纳税调整明细表	☐
A105090	资产损失税前扣除及纳税调整明细表	☐
A105100	企业重组及递延纳税事项纳税调整明细表	☐
A105110	政策性搬迁纳税调整明细表	☐
A105120	贷款损失准备金及纳税调整明细表	☐
A106000	企业所得税弥补亏损明细表	☐
A107010	免税、减计收入及加计扣除优惠明细表	☐
A107011	符合条件的居民企业之间的股息、红利等权益性投资收益优惠明细表	☐
A107012	研发费用加计扣除优惠明细表	☐
A107020	所得减免优惠明细表	☐
A107030	抵扣应纳税所得额明细表	☐
A107040	减免所得税优惠明细表	☐
A107041	高新技术企业优惠情况及明细表	☐
A107042	软件、集成电路企业优惠情况及明细表	☐
A107050	税额抵免优惠明细表	☐
A108000	境外所得税收抵免明细表	☐
A108010	境外所得纳税调整后所得明细表	☐

续表

表单编号	表单名称	是否填报
A108020	境外分支机构弥补亏损明细表	☐
A108030	跨年度结转抵免境外所得税明细表	☐
A109000	跨地区经营汇总纳税企业年度分摊企业所得税明细表	☐
A109010	企业所得税汇总纳税分支机构所得税分配表	☐

说明:企业应当根据实际情况选择需要填报的表单。

以上37张申报表中,除了信息表和主表,一般企业涉及的附表就6张左右。小型微利企业的申报表就更少了,[国家税务总局公告2018年第58号小型微利企业免于填报《一般企业收入明细表》(A101010)、《金融企业收入明细表》(A101020)、《一般企业成本支出明细表》(A102010)、《金融企业支出明细表》(A102020)、《事业单位、民间非营利组织收入、支出明细表》(A103000)、《期间费用明细表》(A104000)]。如果平时预缴申报表的原理理解了,那么年报也比较好填。每年5月份之前,税务机关会做一些辅导、培训等,会简单地把一些注意事项说明一下。

填表的时候,是在税务机关的网站上填列,或者下载相关软件填好后上传。表格里所有公式关系已经设定好,主表除了个别项目需要填列,其他数据都是在填完后面对应的附表后,自动计算出来的。附表的填列相对比较简单,更多是涉及对政策的理解和运用,逻辑关系也比较明显。一般企业涉及的附表比较少。以前是不管有没有数据都要保存申报,2017年版本的A类申报表则采用选报的方法:在表单里面选择需要申报的申报表,其他的申报表不需要填列也不需要申报。

2.主要申报表

常涉及的申报表如表6-17至表6-21所示。

表6-17 企业所得税年度纳税申报表基础信息表

基本经营情况(必填项目)			
101 纳税申报企业类型(填写代码)		102 分支机构就地纳税比例(%)	
103 资产总额(填写平均值,单位:万元)		104 从业人数(填写平均值,单位:人)	
105 所属国民经济行业(填写代码)		106 从事国家限制或禁止行业	☐是☐否
107 适用会计准则或会计制度(填写代码)		108 采用一般企业财务报表格式(2018年版)	☐是☐否
109 小型微利企业	☐是☐否	110 上市公司	是(☐境内☐境外)☐否
有关涉税事项情况(存在或者发生下列事项时必填)			
201 从事股权投资业务	☐是	202 存在境外关联交易	☐是
203 境外所得信息	203-1 选择采用的境外所得抵免方式	☐分国(地区)不分项　☐不分国(地区)不分项	
	203-2 新增境外直接投资信息	☐是(产业类别:☐旅游业　☐现代服务业　☐高新技术产业)	
204 有限合伙制创业投资企业的法人合伙人	☐是	205 创业投资企业	☐是
206 技术先进型服务企业类型(填写代码)		207 非营利组织	☐是

续表

208 软件、集成电路企业类型(填写代码)			209 集成电路生产项目类型	☐130 纳米 ☐65 纳米 ☐28 纳米	
210 科技型中小企业	210-1 年(申报所属期年度)入库编号1			210-2 入库时间1	
	210-3 年(所属期下一年度)入库编号2			210-4 入库时间2	
211 高新技术企业申报所属期年度有效的高新技术企业证书	211-1 证书编号1			211-2 发证时间1	
	211-3 证书编号2			211-4 发证时间2	
212 重组事项税务处理方式		☐一般性 ☐特殊性	213 重组交易类型(填写代码)		
214 重组当事方类型(填写代码)			215 政策性搬迁开始时间	__年__月	
216 发生政策性搬迁且停止生产经营无所得年度		☐是	217 政策性搬迁损失分期扣除年度	☐是	
218 发生非货币性资产对外投资递延纳税事项		☐是	219 非货币性资产对外投资转让所得递延纳税年度	☐是	
220 发生技术成果投资入股递延纳税事项		☐是	221 技术成果投资入股递延纳税年度	☐是	
222 发生资产(股权)划转特殊性税务处理事项		☐是	223 债务重组所得递延纳税年度	☐是	
224 研发支出辅助账样式		☐2015 版 ☐2021 版 ☐自行设计			
主要股东及分红情况(必填项目)					
股东名称	证件种类	证件号码	投资比例(%)	当年(决议日)分配的股息、红利等权益性投资收益金额	国籍(注册地址)
其余股东合计		—	—		—

表 6-18 中华人民共和国企业所得税年度纳税申报表(A 类)

行次	类别	项目	金额
1	利润总额计算	一、营业收入(填写 A101010\101020\103000)	
2		减:营业成本(填写 A102010\102020\103000)	
3		减:税金及附加	
4		减:销售费用(填写 A104000)	
5		减:管理费用(填写 A104000)	
6		减:财务费用(填写 A104000)	
7		减:资产减值损失	
8		加:公允价值变动收益	
9		加:投资收益	
10		二、营业利润(1-2-3-4-5-6-7+8+9)	
11		加:营业外收入(填写 A101010\101020\103000)	
12		减:营业外支出(填写 A102010\102020\103000)	
13		三、利润总额(10+11-12)	
14	应纳税所得额计算	减:境外所得(填写 A108010)	
15		加:纳税调整增加额(填写 A105000)	
16		减:纳税调整减少额(填写 A105000)	
17		减:免税、减计收入及加计扣除(填写 A107010)	
18		加:境外应税所得抵减境内亏损(填写 A108000)	
19		四、纳税调整后所得(13-14+15-16-17+18)	
20		减:所得减免(填写 A107020)	
21		减:弥补以前年度亏损(填写 A106000)	
22		减:抵扣应纳税所得额(填写 A107030)	
23		五、应纳税所得额(19-20-21-22)	
24	应纳税额计算	税率(25%)	
25		六、应纳所得税额(23×24)	
26		减:减免所得税额(填写 A107040)	
27		减:抵免所得税额(填写 A107050)	
28		七、应纳税额(25-26-27)	
29		加:境外所得应纳所得税额(填写 A108000)	
30		减:境外所得抵免所得税额(填写 A108000)	
31		八、实际应纳所得税额(28+29-30)	

续表

行次	类别	项目	金额
32	应纳税额计算	减:本年累计实际已缴纳的所得税额	
33		九、本年应补(退)所得税额(31-32)	
34		其中:总机构分摊本年应补(退)所得税额(填写 A109000)	
35		财政集中分配本年应补(退)所得税额(填写 A109000)	
36		总机构主体生产经营部门分摊本年应补(退)所得税额(填写 A109000)	
37	实际应纳税额计算	减:民族自治地区企业所得税地方分享部分:(□免征　□减征:减征幅度＿＿%)□	
38		十、本年实际应补(退)所得税额(33-37)	

表 6-19　纳税调整项目明细表

行次	项目	账载金额	税收金额	调增金额	调减金额
		1	2	3	4
1	一、收入类调整项目(2+3+…8+10+11)	*	*		
2	(一)视同销售收入(填写 A105010)	*			*
3	(二)未按权责发生制原则确认的收入(填写 A105020)				
4	(三)投资收益(填写 A105030)				
5	(四)按权益法核算长期股权投资对初始投资成本调整确认收益	*	*	*	
6	(五)交易性金融资产初始投资调整	*	*		*
7	(六)公允价值变动净损益		*		
8	(七)不征税收入	*	*		
9	其中:专项用途财政性资金(填写 A105040)	*	*		
10	(八)销售折扣、折让和退回				
11	(九)其　他				
12	二、扣除类调整项目(13+14+…24+26+27+28+29+30)	*	*		
13	(一)视同销售成本(填写 A105010)	*		*	
14	(二)职工薪酬(填写 A105050)				
15	(三)业务招待费支出				*
16	(四)广告费和业务宣传费支出(填写 A105060)	*	*		
17	(五)捐赠支出(填写 A105070)				
18	(六)利息支出				
19	(七)罚金、罚款和被没收财物的损失			*	*
20	(八)税收滞纳金、加收利息			*	*
21	(九)赞助支出			*	*

续表

行次	项　　目	账载金额	税收金额	调增金额	调减金额
		1	2	3	4
22	（十）与未实现融资收益相关在当期确认的财务费用				
23	（十一）佣金和手续费支出(保险企业填写 A105060)				
24	（十二）不征税收入用于支出所形成的费用	*	*		*
25	其中：专项用途财政性资金用于支出所形成的费用(填写 A105040)	*	*		*
26	（十三）跨期扣除项目				
27	（十四）与取得收入无关的支出		*		*
28	（十五）境外所得分摊的共同支出		*		*
29	（十六）党组织工作经费				
30	（十七）其　他				
31	三、资产类调整项目(32+33+34+35)	*	*		
32	（一）资产折旧、摊销(填写 A105080)				
33	（二）资产减值准备金		*		
34	（三）资产损失(填写 A105090)				
35	（四）其　他				
36	四、特殊事项调整项目(37+38+…+43)	*	*		
37	（一）企业重组及递延纳税事项(填写 A105100)				
38	（二）政策性搬迁(填写 A105110)	*	*		
39	（三）特殊行业准备金(39.1+39.2+39.3+39.4+39.5+39.6+39.7)				
39.1	1.保险公司保险保障基金				
39.2	2.保险公司准备金				
39.3	其中：已发生未报案未决赔偿金				
39.4	3.证券行业准备金				
39.5	4.期货行业准备金				
39.6	5.中小企业融资(信用)担保机构准备金				
40	（四）房地产开发企业特定业务计算的纳税调整额(填写 A105010)	*			
41	（五）合伙企业法人合伙人应分得的应纳税所得额				
42	（六）发行永续债利息支出	*	*		
43	（七）其　他	*	*		
44	五、特别纳税调整应税所得	*	*		
45	六、其　他	*	*		
46	合计(1+12+31+36+44+45)	*	*		

表 6-20 职工薪酬支出及纳税调整明细表

行次	项目	账载金额	实际发生额	税收规定扣除率	以前年度累计结转扣除额	税收金额	纳税调整金额	累计结转以后年度扣除额
		1	2	3	4	5	6(1-5)	7(2+4-5)
1	一、工资薪金支出			*	*			*
2	其中:股权激励			*	*			*
3	二、职工福利费支出			*				*
4	三、职工教育经费支出			*				
5	其中:按税收规定比例扣除的职工教育经费							
6	按税收规定全额扣除的职工培训费用				*			*
7	四、工会经费支出			*	*			*
8	五、各类基本社会保障性缴款			*	*			*
9	六、住房公积金			*	*			*
10	七、补充养老保险			*	*			*
11	八、补充医疗保险			*	*			*
12	九、其他			*	*			*
13	合计(1+3+4+7+8+9+10+11+12)			*				

表 6-21　资产折旧、摊销及纳税调整明细表

行次	项目	账载金额			资产计税基础	税收金额				纳税调整金额
		资产原值	本年折旧、摊销额	累计折旧、摊销额		税收折旧、摊销额	享受加速折旧政策的资产按税收一般规定计算的折旧、摊销额	加速折旧、摊销统计额	累计折旧、摊销额	
		1	2	3	4	5	6	7=5-6	8	9(2-5)
1	一、固定资产(2+3+4+5+6+7)									
2	（一）房屋、建筑物						*	*		*
3	（二）飞机、火车、轮船、机器、机械和其他生产设备						*	*		*
4	（三）与生产经营活动有关的器具、工具、家具等						*	*		*
5	（四）飞机、火车、轮船以外的运输工具						*	*		*
6	（五）电子设备						*	*		*
7	（六）其他						*	*		*
8	（一）重要行业固定资产加速折旧（不含一次性扣除）									*
9	（二）其他行业研发设备加速折旧									*
10	（三）特定地区企业固定资产加速折旧(10.1+1.2)									*
10.1	1.海南自由贸易港企业固定资产加速折旧									*
10.2	2.其他特定地区企业固定资产加速折旧									*
11	（四）500万以下神器具一次性扣除									*
12	（五）疫情防控重点保障物资生产企业单价500万元以上设备一次性扣除									*
13	（六）特定地区企业固定资产一次性扣除(13.1+13.2)									*
13.1	1.海南自由贸易港企业固定资产一次性扣除									*

续表

行次	项目	账载金额			税收金额				累计折旧、摊销额	纳税调整金额
		资产原值	本年折旧、摊销额	累计折旧、摊销额	资产计税基础	税收折旧、摊销额	享受加速折旧政策的资产按税收一般规定计算的折旧、摊销额	加速折旧、摊销统计额		
		1	2	3	4	5	6	7=5-6	8	9(2-5)
13.2	2.其他特定地区企业固定资产一次性扣除									*
14	(七)技术进步、更新换代固定资产加速折旧							*		*
15	(八)常年强震动、高腐蚀固定资产加速折旧							*		*
16	(九)外购软件加速折旧							*		*
17	(十)集成电路企业生产设备加速折旧							*		*
18	二、生产性生物资产(19+20)						*	*		
19	(一)林木类						*	*		
20	(二)畜类						*	*		
21	三、无形资产(21+22+23+24+25+26+27+28+29)						*	*		
22	(一)专利权						*	*		
23	(二)商标权						*	*		
24	(三)著作权						*	*		
25	所有无形资产 (四)土地使用权						*	*		
26	(五)非专利技术						*	*		
27	(六)特许权使用费						*	*		
28	(七)软件						*	*		
29	(八)其他						*	*		

续表

行次	项目	账载金额			税收金额					纳税调整金额
		资产原值	本年折旧摊销额	累计折旧摊销额	资产计税基础	税收折旧摊销额	享受加速折旧政策的资产按税收规定计算的折旧摊销额	加速折旧摊销统计额	累计折旧摊销额	
		1	2	3	4	5	6	7=5-6	8	9(2-5)
30	其中:(一)企业外购软件加速摊销									*
31	(二)特定地区企业无形资产加速摊销(31.1+31.2)									*
31.1	1.海南自由贸易港企业无形资产加速摊销									*
31.2	2.其他特定地区企业无形资产加速摊销									*
32	(三)特定地区企业无形资产一次性摊销(32.1+32.2)									*
32.1	1.海南自由贸易港企业无形资产一次性摊销									*
32.2	2.其他特定地区企业无形资产一次性摊销									*
33	四、长期待摊费用(34+35+36+37+38)							*		
34	(一)已足额提取折旧的固定资产的改建支出						*	*		
35	(二)租入固定资产的改建支出						*	*		
36	(三)固定资产的大修理支出						*	*		
37	(四)开办费						*	*		
38	(五)其他						*	*		
39	五、油气勘探投资									
40	六、油气开发投资									
41	合计(1+18+21+33+39+40)						*	*		
附列资料	全民所有制企业公司制改制资产评估增值政策资产									

(二) A类企业汇算清缴案例

【例6-4】甲企业本年利润表数据如表6-22所示。

表6-22 利润表

项　　目	行次	本期金额	上期金额
一、营业收入	1	40 000 000.00	
减：营业成本	2	32 000 000.00	
税金及附加	3		
销售费用	4	2 500 000.00	
管理费用	5	1 800 000.00	
研发费用	6		
财务费用	7	700 000.00	
其中：利息费用	8	700 000.00	
利息收入	9		
资产减值损失	10		
信用减值损失	11		
加：其他收益	12		
投资收益（净损失以"-"号填列）	13		
其中：对联营企业和合营企业的投资收益	14		
净敞口套期收益（损失以"-"号填列）	15		
公允价值变动收益（净损失以"-"号填列）	16		
资产处置收益（损失以"-"号填列）	17		
二、营业利润（亏损以"-"号填列）	18	3 000 000.00	
加：营业外收入	19		
减：营业外支出	20		
三、利润总额（亏损总额以"-"号填列）	21	3 000 000.00	
减：所得税费用	22	125 000.00	
四、净利润（净亏损以"-"号填列）	23	2 875 000.00	

甲企业费用中除了业务招待费需要做纳税调整外，其他无纳税调整事项，预缴时符合小微企业标准。本年业务招待费为50万元。

根据规定，企业发生的与生产经营活动有关的业务招待费支出，按照发生额的60%扣除，但最高不得超过当年销售（营业）收入的5‰。

则 支出标准=50×60%=30(万元)

最高收入标准=4 000×5‰=20(万元)

该企业应按照最低标准,可以税前扣除的招待费为20万元,实际发生业务招待费为50万元,超出标准的30万元需调增应纳税所得额。

汇算清缴时,调增后的应纳税所得额为300+30=330(万元),故汇算清缴时不能享受小型微利的优惠,需要补缴企业所得税。应补交企业所得税=330×25%-12.5=70(万元)

根据以上资料填写企业所得税年度纳税申报表,如表6-23所示。

表6-23 A100000 中华人民共和国企业所得税年度纳税申报表

行次	类别	项 目	金 额
1	利润总额计算	一、营业收入(填写 A101010\101020\103000)	40 000 000.00
2		减:营业成本(填写 A102010\102020\103000)	32 000 000.00
3		减:税金及附加	
4		减:销售费用(填写 A104000)	2 500 000.00
5		减:管理费用(填写 A104000)	1 800 000.00
6		减:财务费用(填写 A104000)	700 000.00
7		减:资产减值损失	
8		加:公允价值变动收益	
9		加:投资收益	
10		二、营业利润(1-2-3-4-5-6-7+8+9)	3 000 000.00
11		加:营业外收入(填写 A101010\101020\103000)	
12		减:营业外支出(填写 A102010\102020\103000)	
13		三、利润总额(10+11-12)	3 000 000.00
14	应纳税所得额计算	减:境外所得(填写 A108010)	
15		加:纳税调整增加额(填写 A105000)	300 000.00
16		减:纳税调整减少额(填写 A105000)	
17		减:免税、减计收入及加计扣除(填写 A107010)	
18		加:境外应税所得抵减境内亏损(填写 A108000)	
19		四、纳税调整后所得(13-14+15-16-17+18)	3 300 000.00
20		减:所得减免(填写 A107020)	
21		减:弥补以前年度亏损(填写 A106000)	
22		减:抵扣应纳税所得额(填写 A107030)	
23		五、应纳税所得额(19-20-21-22)	3 300 000.00

续表

行次	类别	项 目	金 额
24	应纳税额计算	税 率(25%)	25%
25		六、应纳所得税额(23×24)	825 000.00
26		减:减免所得税额(填写A107040)	
27		减:抵免所得税额(填写A107050)	
28		七、应纳税额(25-26-27)	825 000.00
29		加:境外所得应纳所得税额(填写A108000)	
30		减:境外所得抵免所得税额(填写A108000)	
31		八、实际应纳所得税额(28+29-30)	825 000.00
32		减:本年累计实际已缴纳的所得税额	125 000.00
33		九、本年应补(退)所得税额(31-32)	700 000.00
34		其中:总机构分摊本年应补(退)所得税额(填写A109000)	
35		财政集中分配本年应补(退)所得税额(填写A109000)	
36		总机构主体生产经营部门分摊本年应补(退)所得税额(填写A109000)	
37	实计应纳税额计算	减:民族自治地区企业所得税地方分享部分:(□免征 □减征:减征幅度___%)	
38		十、本年实际应补(退)所得税额(33-37)	700 000.00

> 注意:本例中申报表填列只展现主表的数据,附表略。一般企业只要知道主表的原理,其他附表可以自行掌握,特殊企业需要专门的人员进行填写,或者让税务师事务所或代理记账公司的人员帮忙填写即可。

二、B类企业所得税年终汇算清缴

根据规定,纳税人实行核定应税所得率方式的,纳税人预缴税款或在年终进行汇算清缴时,应按规定填写《中华人民共和国企业所得税月(季)度预缴纳税申报表(B类)》,在规定的纳税申报时限内报送主管税务机关。

纳税人实行核定应纳所得税额方式的,纳税人于年度终了后,在规定的时限内按照实际经营额或实际应纳税额向税务机关申报纳税。申报额超过核定经营额或应纳税额的,按申报额缴纳税款;申报额低于核定经营额或应纳税额的,按核定经营额或应纳税额缴纳税款。

第七章 个人所得税

第一节 个人所得税概述

个人所得税主要是以个人(含个体工商户、个人独资企业、合伙企业中的个人投资者、承租承包者个人)取得的各项应税所得为征税对象所征收的一种税。

一、纳税义务人及应税项目等

个人所得税纳税义务人依据住所和居住时间两个标准,区分为居民个人和非居民个人,分别承担不同的纳税义务。

在中国境内有住所,或者无住所而一个纳税年度内在中国境内居住累计满183天的个人,为居民个人。

在中国境内无住所又不居住,或者无住所而一个纳税年度内在中国境内居住累计不满183天的个人,为非居民个人。

对于居民个人不管是从中国境内或是境外取得的所得,均应依照规定缴纳个人所得税,对于非居民个人只就从中国境内取得的所得缴纳个人所得税。

个人所得税应税项目、计征方法、应纳税所得额及税率的总结如表7-1所示。

表7-1 个人所得税项目及内容

应税项目	计征方法	应纳税所得额	税率
1.工资、薪金所得	统称综合所得居民个人按年计征,分月预缴非居民个人按月/次分项计算	居民个人的综合所得,以每一纳税年度的收入额减除费用6万元以及专项扣除、专项附加扣除和依法确定的其他扣除后的余额,为应纳税所得额 非居民个人的工资、薪金所得,以每月收入额减除费用5千元后的余额为应纳税所得额;劳务报酬所得、稿酬所得、特许权使用费所得,以每次收入额为应纳税所得额 劳务报酬所得、稿酬所得、特许权使用费所得以收入减除20%的费用后的余额为收入额。稿酬所得的收入额减按70%计算	第一项的日常预缴及四项合并的年底汇算清缴适用3%~45%的7级超额累进税率,第二项日常预缴适用20%~40%的累进税率,第三至四项的日常预缴适用20%的税率
2.劳务报酬所得			
3.稿酬所得			
4.特许权使用费所得			
5.经营所得	按年计征分月或季预缴	收入总额减除成本、费用以及损失后的余额	5%~35%的超额累进税率

续表

应税项目	计征方法	应纳税所得额	税率
6.利息、股息、红利所得	按月/次	每次收入额为应纳税所得额	20%
7.财产租赁所得		每次收入不超过4千元的,减除费用8百元;4千元以上的,减除20%的费用,其余额为应纳税所得额	
8.财产转让所得		转让财产的收入额减除财产原值和合理费用后的余额	
9.偶然所得		每次收入额为应纳税所得额	

二、个人所得税税率

(一)居民个人综合所得适用税率

居民个人工资、薪金所得预扣税率如表7-2所示。

表7-2 个人所得税税率表一
(综合所得适用)

级　数	全年应纳税所得额	税　率	速算扣除额
1	不超过36 000元	3%	0
2	超过36 000元至144 000元的部分	10%	2 520
3	超过144 000元至300 000元的部分	20%	16 920
4	超过300 000元至420 000元的部分	25%	31 920
5	超过420 000元至660 000元的部分	30%	52 920
6	超过660 000元至960 000元的部分	35%	85 920
7	超过960 000元的部分	45%	181 920

(二)综合所得预扣预缴率

(1)居民个人工资、薪金所得预扣税率如表7-3所示。

表7-3 个人所得税预扣税率表一
(居民个人工资、薪金所得预扣预缴适用)

级　数	年应纳税额范围	税　率	速算扣除额
1	不超过36 000元	3%	0
2	超过36 000元至144 000元的部分	10%	2 520
3	超过144 000元至300 000元的部分	20%	16 920
4	超过300 000元至420 000元的部分	25%	31 920

续表

级 数	年应纳税额范围	税 率	速算扣除额
5	超过420 000元至660 000元的部分	30%	52 920
6	超过660 000元至960 000元的部分	35%	85 920
7	超过960 000元的部分	45%	181 920

（2）居民个人劳务报酬所得预扣预缴税率如表7-4所示。

表7-4 个人所得税预扣税率表二

（居民个人劳务报酬所得预扣预缴适用）

级 数	应纳税额范围	税 率	速算扣除额
1	不超过20 000元的	20%	0
2	超过20 000元至50 000元的部分	30%	2 000
3	超过50 000的部分	40%	7 000

（三）经营所得税率

个人所得经营所得税率如表7-5所示。

表7-5 个人所得税预扣税率表

（居民个人劳务报酬所得预扣预缴适用）

级 数	应纳税额范围	税 率	速算扣除额
1	不超过30 000元的	5%	0
2	超过30 000元至90 000元的部分	10%	1 500
3	超过90 000元至300 000元的部分	20%	10 500
4	超过300 000元至500 000元的部分	30%	40 500
5	超过500 000元的部分	35%	65 500

（四）非居民个人工资、薪金所得，劳务报酬所得，稿酬所得、特许权使用费所得税率

非居民个人工资、薪金所得，劳务报酬所得，稿酬所得、特许权使用费所得税率如表7-6所示。

表7-6 个人所得税税率表三

（非居民个人工资、薪金所得，劳务报酬所得，稿酬所得、特许权使用费所得适用）

级 数	应纳税额范围	税 率	速算扣除额
1	不超过3 000	3%	0
2	超过36 000元至12 000元的部分	10%	210
3	超过12 000元至25 000元的部分	20%	1 410
4	超过25 000元至35 000的部分	25	2 660

续表

级 数	应纳税额范围	税 率	速算扣除额
5	超过 35 000 元至 55 000 元的部分	30	4 410
6	超过 55 000 元至 80 000 元的部分	35	7 160
7	超过 80 000 元的部分	45	15 160

三、个人所得税专项附加扣除

(一) 子女教育

纳税人的子女接受全日制学历教育的相关支出，按照每个子女每月 1 000 元的标准定额扣除。

学历教育包括义务教育(小学、初中教育)、高中阶段教育(普通高中、中等职业、技工教育)、高等教育(大学专科、大学本科、硕士研究生、博士研究生教育)。

年满 3 岁至小学入学前处于学前教育阶段的子女，按上述规定执行。

父母可以选择由其中一方按扣除标准的 100% 扣除，也可以选择由双方分别按扣除标准的 50% 扣除，具体扣除方式在一个纳税年度内不能变更。

纳税人子女在中国境外接受教育的，纳税人应当留存境外学校录取通知书、留学签证等相关教育的证明资料备查。

(二) 继续教育

纳税人在中国境内接受学历(学位)继续教育的支出，在学历(学位)教育期间按照每月 400 元定额扣除。同一学历(学位)继续教育的扣除期限不能超过 48 个月。纳税人接受技能人员职业资格继续教育、专业技术人员职业资格继续教育的支出，在取得相关证书的当年，按照 3 600 元定额扣除。

个人接受本科及以下学历(学位)继续教育，符合规定扣除条件的，可以选择由其父母扣除，也可以选择由本人扣除。

纳税人接受技能人员职业资格继续教育、专业技术人员职业资格继续教育的，应当留存相关证书等资料备查。

(三) 大病医疗

在一个纳税年度内，纳税人发生的与基本医保相关的医药费用支出，扣除医保报销后个人负担(指医保目录范围内的自付部分)累计超过 15 000 元的部分，由纳税人在办理年度汇算清缴时，在 80 000 元限额内据实扣除。

纳税人及其配偶、未成年子女发生的医药费用支出，按上述规定分别计算扣除额。

纳税人发生的医药费用支出可以选择由本人或者其配偶扣除；未成年子女发生的医药费用支出可以选择由其父母一方扣除。

纳税人应当留存医药服务收费及医保报销相关票据原件(或者复印件)等资料备查。医疗保障部门应当向患者提供在医疗保障信息系统记录的本人年度医药费用信息查询服务。

(四) 住房贷款利息

纳税人本人或者其配偶单独或者共同使用商业银行或者住房公积金个人住房贷款为本人或者其配偶购买中国境内住房,发生的首套住房贷款利息支出,在实际发生贷款利息的年度,按照每月 1 000 元的标准定额扣除,扣除期限最长不超过 240 个月。纳税人只能享受一次首套住房贷款的利息扣除。

首套住房贷款是指购买住房享受首套住房贷款利率的住房贷款。

经夫妻双方约定,可以选择由其中一方扣除,具体扣除方式在一个纳税年度内不能变更。

夫妻双方婚前分别购买住房发生的首套住房贷款,其贷款利息支出,婚后可以选择其中一套购买的住房,由购买方按扣除标准的 100% 扣除,也可以由夫妻双方对各自购买的住房分别按扣除标准的 50% 扣除,具体扣除方式在一个纳税年度内不能变更。

纳税人应当留存住房贷款合同、贷款还款支出凭证备查。

(五) 住房租金

纳税人在主要工作城市没有自有住房而发生的住房租金支出,可以按照以下标准定额扣除:

(1) 直辖市、省会(首府)城市、计划单列市以及国务院确定的其他城市,扣除标准为每月 1 500 元。

(2) 除第一项所列城市以外,市辖区户籍人口超过 100 万的城市,扣除标准为每月 1 100 元;市辖区户籍人口不超过 100 万的城市,扣除标准为每月 800 元。

纳税人的配偶在纳税人的主要工作城市有自有住房的,视同纳税人在主要工作城市有自有住房。

市辖区户籍人口,以国家统计局公布的数据为准。

主要工作城市是指纳税人任职受雇的直辖市、计划单列市、副省级城市、地级市(地区、州、盟)全部行政区域范围;纳税人无任职受雇单位的,为受理其综合所得汇算清缴的税务机关所在城市。

夫妻双方主要工作城市相同的,只能由一方扣除住房租金支出。

住房租金支出由签订租赁住房合同的承租人扣除。

纳税人及其配偶在一个纳税年度内不能同时分别享受住房贷款利息和住房租金专项附加扣除。

纳税人应当留存住房租赁合同、协议等有关资料备查。

(六) 赡养老人

纳税人赡养一位及以上被赡养人的赡养支出,统一按照以下标准定额扣除:

(1) 纳税人为独生子女的,按照每月 2 000 元的标准定额扣除。

(2) 纳税人为非独生子女的,由其与兄弟姐妹分摊每月 2 000 元的扣除额度,每人分摊的额度不能超过每月 1 000 元。可以由赡养人均摊或者约定分摊,也可以由被赡养人指定分摊。约定或者指定分摊的须签订书面分摊协议,指定分摊优先于约定分摊。具体分摊方式和额度在一个纳税年度内不能变更。

被赡养人是指年满 60 岁的父母,以及子女均已去世的年满 60 岁的祖父母、外祖父母。

(七) 三岁以下婴幼儿照护

(1) 纳税人照护 3 岁以下婴幼儿子女的相关支出,按照每个婴幼儿每月 1 000 元的标准定额扣除。

(2) 父母可以选择由其中一方按扣除标准的 100% 扣除,也可以选择由双方分别按扣除标准的 50% 扣除,具体扣除方式在一个纳税年度内不能变更。

3岁以下婴幼儿照护。为婴幼儿出生的当月至年满3周岁的前一个月。

四、个人综合所得的计算及纳税申报

(一) 工资、薪金所得预扣预缴的计算

1.计算及扣除规定

个人所得税纳税义务发生时间为实际取得的时候。由于个人的范围特别广,征收成本比较大,除了个体户和个人承包户,一般都是在支付的时候由支付方预扣预缴。

扣缴义务人向居民个人支付工资、薪金所得时,应当按照累计预扣法计算预扣税款,并按月办理全员全额扣缴申报。具体计算公式如下

本期应预扣预缴税额=(累计预扣预缴应纳税所得额×预扣率-速算扣除数)-累计减免税额-累计已预扣预缴税额

累计预扣预缴应纳税所得额=累计收入-累计免税收入-累计减除费用-累计专项扣除-累计专项附加扣除-累计依法确定的其他扣除

其中,累计减除费用,按照5 000元/月乘以纳税人当年截至本月在本单位的任职受雇月份数计算。

专项扣除,包括居民个人按照国家规定的范围和标准缴纳的基本养老保险、基本医疗保险、失业保险等社会保险费和住房公积金等。

专项附加扣除,包括子女教育、继续教育、大病医疗、住房贷款利息或者住房租金、赡养老人及3岁以下婴幼儿照护等支出。

2.纳税申报表

《个人所得税扣缴申报表》如表7-7所示。

表 7-7　个人所得税扣缴申报表

税款所属期：　年　月　日至　年　月　日

扣缴义务人名称：

扣缴义务人纳税人识别号（统一社会信用代码）：□□□□□□□□□□□□□□□□□□

金额单位：人民币元（列至角分）

序号	姓名	身份证件类型	身份证件号码	纳税人识别号	是否为非居民个人	所得项目	本月（次）情况													累计情况（工资、薪金）										税款计算					备注
							收入额计算			专项扣除					其他扣除					累计收入额	累计减除费用	累计专项扣除	累计专项附加扣除						准予扣除的捐赠额	应纳税所得额	税率/预扣率	速算扣除数	应纳税额	减免税额	已扣缴税额	应补（退）税额	
							收入	费用	免税收入	减除费用	基本养老保险费	基本医疗保险费	失业保险费	住房公积金	年金	商业健康保险	税延养老保险	财产原值	允许扣除的税费	其他				子女教育	赡养老人	住房贷款利息	住房租金	继续教育	3岁以下婴幼儿照护	累计其他扣除	按比例计税								
1	2	3	4	5	6	7	8	9	10	11	12	13	14	15	16	17	18	19	20	21	22	23	24	25	26	27	28	29	30	31	32	33	34	35	36	37	38	39	40	41
合计																																								

谨声明：本扣缴申报表是根据国家税收法律法规及相关规定填报的，是真实的、可靠的、完整的。

扣缴义务人（签章）：　　　　　　　　　年　月　日

代理机构签章：

代理机构统一社会信用代码：

经办人签字：

经办人身份证件号码：

受理人：

受理税务机关（章）：

受理日期：　年　月　日

个人所得税扣缴申报表填表说明。

第2列"姓名":填写纳税人姓名。

第3列"身份证件类型":填写纳税人有效的身份证件名称。中国公民有中华人民共和国居民身份证的,填写居民身份证;没有居民身份证的,填写中华人民共和国护照、港澳居民来往内地通行证或者港澳居民居住证、台湾居民通行证或者台湾居民居住证、外国人永久居留身份证、外国人工作许可证或者护照等。

第4列"身份证件号码":填写纳税人有效身份证件上载明的证件号码。

第5列"纳税人识别号":有中国公民身份号码的,填写中华人民共和国居民身份证上载明的"公民身份号码";没有中国公民身份号码的,填写税务机关赋予的纳税人识别号。

第6列"是否为非居民个人":纳税人为居民个人的填"否"。为非居民个人的,根据合同、任职期限、预期工作时间等不同情况,填写"是,且不超过90天"或者"是,且超过90天不超过183天"。不填默认为"否"。其中,纳税人为非居民个人的,填写"是,且不超过90天"的,当年在境内实际居住超过90天的次月15日内,填写"是,且超过90天不超过183天"。

第7列"所得项目":填写纳税人取得的个人所得税法第二条规定的应税所得项目名称。同一纳税人取得多项或者多次所得的,应分行填写。

第8~21列"本月(次)情况":填写扣缴义务人当月(次)支付给纳税人的所得,以及按规定各所得项目当月(次)可扣除的减除费用、专项扣除、其他扣除等。其中,工资、薪金所得预扣预缴个人所得税时扣除的专项附加扣除,按照纳税年度内纳税人在该任职受雇单位截至当月可享受的各专项附加扣除项目的扣除总额,填写至"累计情况"中第25~30列相应栏,本月情况中则无须填写。

"收入额计算":包含"收入""费用""免税收入"。收入额=第8列-第9列-第10列。

第8列"收入":填写当月(次)扣缴义务人支付给纳税人所得的总额。

第9列"费用":取得劳务报酬所得、稿酬所得、特许权使用费所得时填写,取得其他各项所得时无须填写本列。居民个人取得上述所得,每次收入不超过4 000元的,费用填写"800"元;每次收入4 000元以上的,费用按收入的20%填写。非居民个人取得劳务报酬所得、稿酬所得、特许权使用费所得,费用按收入的20%填写。

第10列"免税收入":填写纳税人各所得项目收入总额中,包含的税法规定的免税收入金额。其中,税法规定"稿酬所得的收入额减按70%计算",对稿酬所得的收入额减计的30%部分,填入本列。

第11列"减除费用":按税法规定的减除费用标准填写。例如,2019年纳税人取得工资、薪金所得按月申报时,填写5 000元。纳税人取得财产租赁所得,每次收入不超过4 000元的,填写800元;每次收入4 000元以上的,按收入的20%填写。

第12~15列"专项扣除":分别填写按规定允许扣除的基本养老保险费、基本医疗保险费、失业保险费、住房公积金(以下简称"三险一金")的金额。

第16~21列"其他扣除":分别填写按规定允许扣除的项目金额。

第22~31列"累计情况":本栏适用于居民个人取得工资、薪金所得,保险营销员、证券经纪人取得佣金收入等按规定采取累计预扣法预扣预缴税款时填报。

第22列"累计收入额":填写本纳税年度截至当前月份,扣缴义务人支付给纳税人的工资、薪金所得,或者支付给保险营销员、证券经纪人的劳务报酬所得的累计收入额。

第23列"累计减除费用":按照5 000元/月乘以纳税人当年在本单位的任职受雇或者从业的月份数

计算。

第24列"累计专项扣除"：填写本年度截至当前月份，按规定允许扣除的"三险一金"的累计金额。

第25~30列"累计专项附加扣除"：分别填写截至当前月份，纳税人按规定可享受的子女教育、继续教育、住房贷款利息或者住房租金、赡养老人、3岁以下婴幼儿照护扣除的累计金额。大病医疗扣除由纳税人在年度汇算清缴时办理，此处无须填报。

第31列"累计其他扣除"：填写本年度截至当前月份，按规定允许扣除的年金（包括企业年金、职业年金）、商业健康保险、税延养老保险及其他扣除项目的累计金额。

第32列"减按计税比例"：填写按规定实行应纳税所得额减计税收优惠的减计比例。无减计规定的，可不填，系统默认为100%。例如，某项税收政策实行减按60%计入应纳税所得额，则本列填60%。

第33列"准予扣除的捐赠额"：它是指按照税法及相关法规、政策规定，可以在税前扣除的捐赠额。

第34~40列"税款计算"：填写扣缴义务人当月扣缴个人所得税款的计算情况。

第34列"应纳税所得额"：根据相关列次计算填报。

①居民个人取得工资、薪金所得，填写累计收入额减除累计减除费用、累计专项扣除、累计专项附加扣除、累计其他扣除后的余额。②非居民个人取得工资、薪金所得，填写收入额减去减除费用后的余额。③居民个人或者非居民个人取得劳务报酬所得、稿酬所得、特许权使用费所得，填写本月（次）收入额减除其他扣除后的余额。保险营销员、证券经纪人取得的佣金收入，填写累计收入额减除累计减除费用、累计其他扣除后的余额。④居民个人或者非居民个人取得利息、股息、红利所得和偶然所得，填写本月（次）收入额。⑤居民个人或者非居民个人取得财产租赁所得，填写本月（次）收入额减去减除费用、其他扣除后的余额。⑥居民个人或者非居民个人取得财产转让所得，填写本月（次）收入额减除财产原值、允许扣除的税费后的余额。

其中，适用"减按计税比例"的所得项目，其应纳税所得额按上述方法计算后乘以减按计税比例的金额填报。按照税法及相关法规、政策规定，可以在税前扣除的捐赠额，可以按上述方法计算后从应纳税所得额中扣除。

第35~36列"税率/预扣率""速算扣除数"：填写各所得项目按规定适用的税率（或预扣率）和速算扣除数。没有速算扣除数的，则不填。

第37列"应纳税额"：根据相关列次计算填报。第37列=第34列×第35列-第36列。

第38列"减免税额"：填写符合税法规定可减免的税额，并附报《个人所得税减免税事项报告表》。居民个人工资、薪金所得，以及保险营销员、证券经纪人取得佣金收入，填写本年度累计减免税额；居民个人取得工资、薪金以外的所得或非居民个人取得各项所得，填写本月（次）减免税额。

第39列"已缴税额"：填写本年或本月（次）纳税人同一所得项目，已由扣缴义务人实际扣缴的税款金额。

第40列"应补/退税额"：根据相关列次计算填报。

第40列=第37列-第38列-第39列。

（二）其他综合所得个人所得税预扣预缴的计算

其他综合所得包括劳务报酬所得、稿酬所得、特许权使用费所得。

扣缴义务人向居民个人支付劳动报酬所得、稿酬所得、特许权使用费所得,按次或者按月预扣预缴个人所得税。具体预扣预缴方法如下:

(1)劳务报酬所得、稿酬所得、特许权使用费所得以收入减除费用后的余额未收入额。其中,稿酬所得的收入额减按70%计算。

(2)减除费用:劳务报酬所得、稿酬所得、特许权使用费所得每次收入不超过4 000元的,减除费用按800元计算;每次收入4 000元以上的,减除费用按20%计算。

(3)应纳税所得额:劳务报酬所得、稿酬所得、特许权使用费所得,以每次收入额为预扣预缴应纳税所得额。劳务报酬所得适用20%至40%的超额累进预扣率(《个人所得税预扣率表二》),稿酬所得、特许权使用费所得适用20%的比例预扣率。

劳务报酬所得应预扣预缴税额=预扣预缴应纳税所得额×预扣率-速算扣除数

稿酬所得、特许使用权费所得应预扣预缴税额=预扣预缴应纳税所得额×20%

其他综合所得个人所得申报表同表7-7。

(三)综合所得的汇算清缴

年度终了取得综合所得要办理汇算清缴,将综合所得扣除6万元后,再扣除全年的专项扣除、专项附加扣除(大病医疗在汇算时扣除,其他预缴时扣)按适用税率及速算扣除数计算应缴的个人所得税。

每月预缴个人所得税时,工资薪金所得按《个人所得税预扣率表一》预扣预缴个人所得税。劳务报酬所得、稿酬所得、特许权使用费所得分别按照各自的适用率预扣预缴个人所得税。年度终了后四项综合所得合并一起按照综合所得的适用税率计算该年度应缴纳的个人所得税。

居民个人税综合所得年度汇算清缴应填写《个人所得年度自行纳税申报表》,如表7-8所示。

表7-8 个人所得年度自行纳税申报表

(仅取得境内综合所得年度汇算适用)

税款所属期:　　年　　月　　日至　　年　　月　　日

纳税人姓名:

纳税人识别号:□□□□□□□□□□□□□□□□□-□□　　　　　　　金额单位:人民币元(列至角分)

基本情况			
手机号码		电子邮箱	邮政编码 □□□□□□
联系地址	＿＿省(区、市)＿＿市＿＿区(县)＿＿街道(乡、镇)＿＿		
纳税地点(单选)			
1.有任职受雇单位的,需选本项并填写"任职受雇单位信息":			□任职受雇单位所在地
任职受雇单位信息	名称		
	纳税人识别号	□□□□□□□□□□□□□□□□□	
2.没有任职受雇单位的,可以从本栏次选择一地:		□户籍所在地	□经常居住地
户籍所在地/经常居住地	＿＿省(区、市)＿＿市＿＿区(县)＿＿街道(乡、镇)＿＿		
申报类型(单选)			
□首次申报		□更正申报	

续表

综合所得个人所得税计算		
项目	行次	金额
一、收入合计(第1行=第2行+第3行+第4行+第5行)	1	
（一）工资、薪金	2	
（二）劳务报酬	3	
（三）稿酬	4	
（四）特许权使用费	5	
二、费用合计［第6行=(第3行+第4行+第5行)×20%］	6	
三、免税收入合计(第7行=第8行+第9行)	7	
（一）稿酬所得免税部分［第8行=第4行×(1-20%)×30%］	8	
（二）其他免税收入(附报《个人所得税减免税事项报告表》)	9	
四、减除费用	10	
五、专项扣除合计(第11行=第12行+第13行+第14行+第15行)	11	
（一）基本养老保险费	12	
（二）基本医疗保险费	13	
（三）失业保险费	14	
（四）住房公积金	15	
六、专项附加扣除合计(附报《个人所得税专项附加扣除信息表》) (第16行=第17行+第18行+第19行+第20行+第21行+第22行)	16	
（一）子女教育	17	
（二）继续教育	18	
（三）大病医疗	19	
（四）住房贷款利息	20	
（五）住房租金	21	
（六）赡养老人	22	
七、其他扣除合计(第24行=第25行+第26行+第27行+第28行)	23	
（一）年金	24	
（二）商业健康保险(附报《商业健康保险税前扣除情况明细表》)	25	
（三）税延养老保险(附报《个人税收递延型商业养老保险税前扣除情况明细表》)	26	
（四）允许扣除的税费	27	
（五）其他	28	

续表

项目	行次	金额
八、准予扣除的捐赠额（附报《个人所得税公益慈善事业捐赠扣除明细表》）	29	
九、应纳税所得额 （第31行＝第1行－第6行－第7行－第10行－第11行－第16行－第24行－第30行）	30	
十、税率(％)	31	
十一、速算扣除数	32	
十二、应纳税额（第34行＝第31行×第32行－第33行）	33	
全年一次性奖金个人所得税计算		
（无住所居民个人预判为非居民个人取得的数月奖金，选择按全年一次性奖金计税的填写本部分）		
一、全年一次性奖金收入	34	
二、准予扣除的捐赠额（附报《个人所得税公益慈善事业捐赠扣除明细表》）	35	
三、税率(％)	36	
四、速算扣除数	37	
五、应纳税额[第39行＝(第35行－第36行)×第37行－第38行]	38	
税额调整		
一、综合所得收入调整额(需在"备注"栏说明调整具体原因、计算方式等)	39	
二、应纳税额调整额	40	
应补/退个人所得税计算		
一、应纳税额合计（第42行＝第34行＋第39行＋第41行）	41	
二、减免税额（附报《个人所得税减免税事项报告表》）	42	
三、已缴税额	43	
四、应补/退税额（第45行＝第42行－第43行－第44行）	44	
无住所个人附报信息		

纳税年度内在中国境内居住天数		已在中国境内居住年数	

退税申请

（应补/退税额小于0的填写本部分）

☐ 申请退税(需填写"开户银行名称""开户银行省份""银行账号")　☐ 放弃退税

开户银行名称		开户银行省份	
银行账号			

备注

续表

谨声明:本表是根据国家税收法律法规及相关规定填报的,本人对填报内容(附带资料)的真实性、可靠性、完整性负责。 纳税人签字:　　　　　年　月　日	
经办人签字: 经办人身份证件类型: 经办人身份证件号码: 代理机构签章: 代理机构统一社会信用代码:	受理人: 受理税务机关(章): 受理日期:　　　年　月　日

国家税务总局监制

填报说明(仅取得境内综合所得年度汇算适用):

上面基本情况的填写略。

第1行"收入合计":填写居民个人取得的综合所得收入合计金额。第1行=第2行+第3行+第4行+第5行。

第2~5行"工资、薪金""劳务报酬""稿酬""特许权使用费":填写居民个人取得的需要并入综合所得计税的"工资、薪金""劳务报酬""稿酬""特许权使用费"所得收入金额。

第6行"费用合计":根据相关行次计算填报。第6行=(第3行+第4行+第5行)×20%。

第7行"免税收入合计":填写居民个人取得的符合税法规定的免税收入合计金额。第7行=第8行+第9行。

第8行"稿酬所得免税部分":根据相关行次计算填报。第8行=第4行×(1-20%)×30%。

第9行"其他免税收入":填写居民个人取得的除第8行以外的符合税法规定的免税收入合计,并按规定附报《个人所得税减免税事项报告表》。

第10行"减除费用":填写税法规定的减除费用。

第11行"专项扣除合计":根据相关行次计算填报。第11行=第12行+第13行+第14行+第15行。

第12~15行"基本养老保险费""基本医疗保险费""失业保险费""住房公积金":填写居民个人按规定可以在税前扣除的基本养老保险费、基本医疗保险费、失业保险费、住房公积金金额。

第16行"专项附加扣除合计":根据相关行次计算填报,并按规定附报《个人所得税专项附加扣除信息表》。第16行=第17行+第18行+第19行+第20行+第21行+第22行。

第17~22行"子女教育""继续教育""大病医疗""住房贷款利息""住房租金""赡养老人":填写居民个人按规定可以在税前扣除的子女教育、继续教育、大病医疗、住房贷款利息、住房租金、赡养老人等专项附加扣除的金额。

第23行"其他扣除合计":根据相关行次计算填报。第23行=第24行+第25行+第26行+第27行+第28行。

第24~28行"年金""商业健康保险""税延养老保险""允许扣除的税费""其他":填写居民个人按规定可在税前扣除的年金、商业健康保险、税延养老保险、允许扣除的税费和其他扣除项目的金额。其中,填写商业健康保险的,应当按规定附报《商业健康保险税前扣除情况明细表》;填写税延养老保险的,应当按规定附报《个人税收递延型商业养老保险税前扣除情况明细表》。

第29行"准予扣除的捐赠额":填写居民个人按规定准予在税前扣除的公益慈善事业捐赠金额,并按规定附报《个人所得税公益慈善事业捐赠扣除明细表》。

第30行"应纳税所得额":根据相关行次计算填报。第30行=第1行-第6行-第7行-第10行-第11行-第16行-第23行-第29行。

第31、32行"税率""速算扣除数":填写按规定适用的税率和速算扣除数。

第33行"应纳税额":按照相关行次计算填报。第33行=第30行×第31行-第32行。无住所居民个人预缴时因预判为非居民个人而按取得数月奖金计算缴税的,汇缴时可以根据自身情况,将一笔数月奖金按照全年一次性奖金单独计算。

第34行"全年一次性奖金收入":填写无住所的居民个人纳税年度内预判为非居民个人时取得的一笔数月奖金收入金额。

第35行"准予扣除的捐赠额":填写无住所的居民个人按规定准予在税前扣除的公益慈善事业捐赠金额,并按规定附报《个人所得税公益慈善事业捐赠扣除明细表》。

第36、37行"税率""速算扣除数":填写按照全年一次性奖金政策规定适用的税率和速算扣除数。

第38行"应纳税额":按照相关行次计算填报。第38行=(第34行-第35行)×第36行-第37行。

第39行"综合所得收入调整额":填写居民个人按照税法规定可以办理的除第39行之前所填报内容之外的其他可以进行调整的综合所得收入的调整金额,并在"备注"栏说明调整的具体原因、计算方式等信息。

第40行"应纳税额调整额":填写居民个人按照税法规定调整综合所得收入后所应调整的应纳税额。

第41行"应纳税额合计":根据相关行次计算填报。第41行 = 第33行+第38行+第40行。

第42行"减免税额":填写符合税法规定的可以减免的税额,并按规定附报《个人所得税减免税事项报告表》。

第43行"已缴税额":填写居民个人取得在本表中已填报的收入对应的已经缴纳或者被扣缴的个人所得税。

第44行"应补/退税额":根据相关行次计算填报。第44行=第41行-第42行-第43行。

五、经营所得的计算及纳税申报表

个体工商户业主、个人独资企业投资者、合伙企业个人合伙人以及从事其他生产、经营活动的个人,以其每一纳税年度来源于个体工商户、个人独资企业、合伙企业以及其他生产、经营活动的所得,减除费用6万元、专项扣除以及已发确定的其他扣除后的余额,为应纳税所得额。

(一)个体工商户经营所得查账征收个人所得税的计算

个体工商户的生产、经营所得,以每一纳税年度的收入总额,减除成本、费用、税金、损失、其他支出以及允许弥补的以前年度亏算后的余额,为应纳税所得额。

应纳个人所得税=应纳税所得额×税率-速算扣除数

(二)个人所得税经营所得纳税申报表(A表)(个税预缴)

本表适用于查账征收和核定征收的个体工商户业主、个人独资企业投资人、合伙企业个人合伙人、承包承租经营者个人以及其他从事生产、经营活动的个人在中国境内取得经营所得,办理个人所得税预缴纳税申报时,向税务机关报送。

合伙企业有两个或者两个以上个人合伙人,应分别填报本表(表7-9)。

表7-9 个人所得税经营所得纳税申报表(A)表

税款所属期: 　　年　月　日至　　年　月　日

纳税人姓名:

纳税人识别号:□□□□□□□□□□□□□□□□□□　　　　金额单位:人民币元(列至角分)

被投资单位信息		
名称		
纳税人识别号(统一社会信用代码)	□□□□□□□□□□□□□□□□□□	
征收方式(单选)		
□查账征收(据实预缴)　　□查账征收(按上年应纳税所得额预缴)　　□核定应税所得率征收 □核定应纳税所得额征收　　□税务机关认可的其他方式＿＿＿＿＿＿＿＿＿＿＿＿		
个人所得税计算		
项目	行次	金额/比例
一、收入总额	1	
二、成本费用	2	
三、利润总额(3=1-2)	3	
四、弥补以前年度亏损	4	
五、应税所得率(%)	5	
六、合伙企业个人合伙人分配比例(%)	6	
七、允许扣除的个人费用及其他扣除(7=8+9+14)	7	
(一)投资者减除费用	8	
(二)专项扣除(9=10+11+12+13)	9	
1.基本养老保险费	10	
2.基本医疗保险费	11	
3.失业保险费	12	
4.住房公积金	13	
(三)依法确定的其他扣除(14=15+16+17)	14	
1.商业健康保险	15	
2.税延养老保险	16	
3.其他扣除	17	
八、准予扣除的捐赠额(附报《个人所得税公益慈善事业捐赠扣除明细表》)	18	
九、应纳税所得额	19	

续表

项目	行次	金额/比例
十、税率(%)	20	
十一、速算扣除数	21	
十二、应纳税额(22=19×20-21)	22	
十三、减免税额(附报《个人所得税减免税事项报告表》)	23	
十四、已缴税额	24	
十五、应补/退税额(25=22-2-24)	25	

填报说明：

第1行"收入总额"：填写本年度开始经营月份起截至本期从事经营以及与经营有关的活动取得的货币形式和非货币形式的各项收入总额，包括销售货物收入、提供劳务收入、转让财产收入、利息收入、租金收入、接受捐赠收入、其他收入。

第2行"成本费用"：填写本年度开始经营月份起截至本期实际发生的成本、费用、税金、损失及其他支出的总额。

第3行"利润总额"：填写本年度开始经营月份起截至本期的利润总额。

第4行"弥补以前年度亏损"：填写可在税前弥补的以前年度尚未弥补的亏损额。

第5行"应税所得率"：按核定应税所得率方式纳税的纳税人，填写税务机关确定的核定征收应税所得率。按其他方式纳税的纳税人不填本行。

第6行"合伙企业个人合伙人分配比例"：纳税人为合伙企业个人合伙人的，填写本行；其他则不填。分配比例按照合伙协议约定的比例填写；合伙协议未约定或不明确的，按合伙人协商决定的比例填写；协商不成的，按合伙人实缴出资比例填写；无法确定出资比例的，按合伙人平均分配。

第7~17行"允许扣除的个人费用及其他扣除"。

第8行"投资者减除费用"：填写根据本年实际经营月份数计算的可在税前扣除的投资者本人每月5 000元减除费用的合计金额。

第9~13行"专项扣除"：填写按规定允许扣除的基本养老保险费、基本医疗保险费、失业保险费、住房公积金的金额。

第14~17行"依法确定的其他扣除"：填写商业健康保险、税延养老保险以及其他按规定允许扣除项目的金额。

第18行"准予扣除的捐赠额"：填写按照税法及相关法规、政策规定，可以在税前扣除的捐赠额，并按规定附报《个人所得税公益慈善事业捐赠扣除明细表》。

第19行"应纳税所得额"：根据相关行次计算填报。

查账征收(据实预缴)：第19行=(第3行-第4行)×第6行-第7行-第18行。

查账征收(按上年应纳税所得额预缴)：第19行=上年度的应纳税所得额÷12×月份数。

核定应税所得率征收(能准确核算收入总额的)：第19行=第1行×第5行×第6行。

核定应税所得率征收(能准确核算成本费用的)：第19行=第2行÷(第1行-第5行)×第5行×第6行。

核定应纳税所得额征收：直接填写应纳税所得额。

税务机关认可的其他方式:直接填写应纳税所得额。

第20~21行"税率"和"速算扣除数":填写按规定适用的税率和速算扣除数。

第22行"应纳税额":根据相关行次计算填报。第22行=第19行×第20行-第21行。

第23行"减免税额":填写符合税法规定可以减免的税额,并附报《个人所得税减免税事项报告表》。

第24行"已缴税额":填写本年度在月(季)度申报中累计已预缴的经营所得个人所得税的金额。

第25行"应补/退税额":根据相关行次计算填报。第25行=第22行-第23行-第24行。

(三) 个人所得税经营所得纳税申报表(B表)(汇算清缴)

本表适用于个体工商户业务、个人独资企业投资人、合伙人企业个人合伙人、承包承租经营者个人以及其他从事生产、经营活动的个人在中国境内取得经营所得,且实行查账征收的,在办理个人所得税汇算清缴纳税申报时,向税务机关报送。

合伙企业有两个或者两个以上个人合伙人的,应分别填报本表(表7-10)。

表7-10 个人所得税经营所得纳税申报表(B表)

税款所属期: 年 月 日至 年 月 日

纳税人姓名:

纳税人识别号:□□□□□□□□□□□□□□□□□□ 金额单位:人民币元(列至角分)

被投资单位信息	名称		纳税人识别号 (统一社会信用代码)	
项目			行次	金额/比例
一、收入总额			1	
其中:国债利息收入			2	
二、成本费用(3=4+5+6+7+8+9+10)			3	
(一)营业成本			4	
(二)营业费用			5	
(三)管理费用			6	
(四)财务费用			7	
(五)税金			8	
(六)损失			9	
(七)其他支出			10	
三、利润总额(11=1-2-3)			11	
四、纳税调整增加额(12=13+27)			12	
(一)超过规定标准的扣除项目金额 (13=14+15+16+17+18+19+20+21+22+23+24+25+26)			13	
1.职工福利费			14	
2.职工教育经费			15	

续表

项目	行次	金额/比例
3.工会经费	16	
4.利息支出	17	
5.业务招待费	18	
6.广告费和业务宣传费	19	
7.教育和公益事业捐赠	20	
8.住房公积金	21	
9.社会保险费	22	
10.折旧费用	23	
11.无形资产摊销	24	
12.资产损失	25	
13.其他	26	
(二)不允许扣除的项目金额(27＝28+29+30+31+32+33+34+35+36)	27	
1.个人所得税税款	28	
2.税收滞纳金	29	
3.罚金、罚款和被没收财物的损失	30	
4.不符合扣除规定的捐赠支出	31	
5.赞助支出	32	
6.用于个人和家庭的支出	33	
7.与取得生产经营收入无关的其他支出	34	
8.投资者工资薪金支出	35	
9.其他不允许扣除的支出	36	
五、纳税调整减少额	37	
六、纳税调整后所得(38＝11+12-37)	38	
七、弥补以前年度亏损	39	
八、合伙企业个人合伙人分配比例(%)	40	
九、允许扣除的个人费用及其他扣除(41＝42+43+48+55)	41	
(一)投资者减除费用	42	
(二)专项扣除(43＝44+45+46+47)	43	
1.基本养老保险费	44	
2.基本医疗保险费	45	
3.失业保险费	46	

续表

项目	行次	金额/比例
4.住房公积金	47	
(三)专项附加扣除(48＝49+50+51+52+53+54)	48	
1.子女教育	49	
2.继续教育	50	
3.大病医疗	51	
4.住房贷款利息	52	
5.住房租金	53	
6.赡养老人	54	
(四)依法确定的其他扣除(55＝56+57+58+59)	55	
1.商业健康保险	56	
2.税延养老保险	57	
3.	58	
4.	59	
十、投资抵扣	60	
十一、准予扣除的个人捐赠支出	61	
十二、应纳税所得额(62＝38-39-41-60-61)或[62＝(38-39)×40-41-60-61]	62	
十三、税率(%)	63	
十四、速算扣除数	64	
十五、应纳税额(65＝62×63-64)	65	
十六、减免税额(附报《个人所得税减免税事项报告表》)	66	
十七、已缴税额	67	
十八、应补/退税额(68＝65-66-67)	68	

填报说明：

第1行"收入总额"：填写本年度从事生产经营以及与生产经营有关的活动取得的货币形式和非货币形式的各项收入总金额。包括销售货物收入、提供劳务收入、转让财产收入、利息收入、租金收入、接受捐赠收入、其他收入。

第2行"国债利息收入"：填写本年度已计入收入的因购买国债而取得的应予免税的利息金额。

第3~10行"成本费用"：填写本年度实际发生的成本、费用、税金、损失及其他支出的总额。

第4行"营业成本"：填写在生产经营活动中发生的销售成本、销货成本、业务支出以及其他耗费的金额。

第5行"营业费用"：填写在销售商品和材料、提供劳务的过程中发生的各种费用。

第6行"管理费用"：填写为组织和管理企业生产经营发生的管理费用。

第7行"财务费用"：填写为筹集生产经营所需资金等发生的筹资费用。

第 8 行"税金":填写在生产经营活动中发生的除个人所得税和允许抵扣的增值税以外的各项税金及其附加。

第 9 行"损失":填写生产经营活动中发生的固定资产和存货的盘亏、毁损、报废损失,转让财产损失,坏账损失,自然灾害等不可抗力因素造成的损失以及其他损失。

第 10 行"其他支出":填写除成本、费用、税金、损失外,生产经营活动中发生的与之有关的、合理的支出。

第 11 行"利润总额":根据相关行次计算填报。第 11 行=第 1 行-第 2 行-第 3 行。

第 12 行"纳税调整增加额":根据相关行次计算填报。第 12 行=第 13 行+第 27 行。

第 13 行"超过规定标准的扣除项目金额":填写扣除的成本、费用和损失中,超过税法规定的扣除标准应予调增的应纳税所得额。

第 27 行"不允许扣除的项目金额":填写按规定不允许扣除但被投资单位已将其扣除的各项成本、费用和损失,应予调增应纳税所得额的部分。

第 37 行"纳税调整减少额":填写在计算利润总额时已计入收入或未列入成本费用,但在计算应纳税所得额时应予扣除的项目金额。

第 38 行"纳税调整后所得":根据相关行次计算填报。第 38 行=第 11 行+第 12 行-第 37 行。

第 39 行"弥补以前年度亏损":填写本年度可在税前弥补的以前年度亏损额。

第 40 行"合伙企业个人合伙人分配比例":纳税人为合伙企业个人合伙人的,填写本栏;其他则不填。分配比例按照合伙协议约定的比例填写;合伙协议未约定或不明确的,按合伙人协商决定的比例填写;协商不成的,按合伙人实缴出资比例填写;无法确定出资比例的,按合伙人平均分配。

第 41 行"允许扣除的个人费用及其他扣除":填写按税法规定可以税前扣除的各项费用、支出。

第 42 行"投资者减除费用":填写按税法规定的减除费用金额。

第 43~47 行"专项扣除":分别填写本年度按规定允许扣除的基本养老保险费、基本医疗保险费、失业保险费、住房公积金的合计金额。

第 48~54 行"专项附加扣除":分别填写本年度纳税人按规定可享受的子女教育、继续教育、大病医疗、住房贷款利息、住房租金、赡养老人等专项附加扣除的合计金额。

第 55~59 行"依法确定的其他扣除":分别填写按规定允许扣除的商业健康保险、税延养老保险,以及国务院规定其他可以扣除项目的合计金额。

第 60 行"投资抵扣":填写按照税法规定可以税前抵扣的投资金额。

第 61 行"准予扣除的个人捐赠支出":填写本年度按照税法及相关法规、政策规定,可以在税前扣除的个人捐赠合计额。

第 62 行"应纳税所得额":根据相关行次计算填报。

纳税人为非合伙企业个人合伙人的:第 62 行=第 38 行-第 39 行-第 41 行-第 60 行-第 61 行。

纳税人为合伙企业个人合伙人的:第 62 行=(第 38 行-第 39 行)×第 40 行-第 41 行-第 60 行-第 61 行。

第 63~64 行"税率""速算扣除数":填写按规定适用的税率和速算扣除数。

第 65 行"应纳税额":根据相关行次计算填报。第 65 行=第 62 行×第 63 行-第 64 行。

第 66 行"减免税额":填写符合税法规定可以减免的税额,并附报《个人所得税减免税事项报告表》。

第 67 行"已缴税额":填写本年度累计已预缴的经营所得个人所得税金额。

第68行"应补/退税额":根据相关行次计算填报。第68行=第65行-第66行-第67行。

第二节 综合所得申报实务

一、工资、薪金所得个人所得税预扣预缴申报实操

(一)纳税申报资料

【例7-1】2021年1月北京宏兴房地产开发有限公司(统一社会信用代码:91110302560145385G)的职工张某(居民个人,居民身份证号码:385228198305180052)取得工资、奖金等20 000元,当月个人承担的三险一金合计为2 000元(假如养老779.28元、失业48.80元、医疗197.82元、公积金974.10元,下同),专项附加扣除项目合计4 000元(子女教育1 000元、住房贷款利息1 000元、张某为独生子女赡养老人费用2 000元,下同)。

1月份张某应纳所得额=2 0000-5 000-2 000-4 000=9 000(元)

1月份北京北京宏兴房地产公司应预扣张某个人所得税=9 000×3%-0=270(元)

2月张某取得工资、奖金等18 000元,当月个人承担的三险一金合计为2 000元,专项附加扣除4 000元。

2月份张某累计应纳税所得额=(20 000+18 000)-5 000×2-(2 000+2 000)-(4 000+4 000)
= 16 000元

2月份北京宏兴房地产公司应预扣张某个人所得税=(16000×3%-0)-270=210(元)

……

北京宏兴房地产对张某2021年全年工资、薪金的预扣预缴个人所得税的情况,如表7-11所示。

表7-11 2021年1~12月份工资、薪金个人所得税计算表

月份	工资薪金	减除费用	专项扣除	专项附加扣除	其他法定扣除	累计应纳税所得额	税率	累计应预扣预缴税额	本月预扣预缴税款
1	20 000	5 000	2 000	4 000	0	9 000	3%	270	270
2	18 000	5 000	2 000	4 000	0	16 000	3%	480	210
3	18 000	5 000	2 000	4 000	0	23 000	3%	690	210
4	18 000	5 000	2 000	4 000	0	30 000	3%	900	210
5	18 000	5 000	2 000	4 000	0	37 000	10%	1 180	280
6	18 000	5 000	2 000	4 000	0	44 000	10%	1 880	700
7	18 000	5 000	2 000	4 000	0	51 000	10%	2 580	700
8	18 000	5 000	2 000	4 000	0	58 000	10%	3 280	700
9	18 000	5 000	2 000	4 000	0	65 000	10%	3 980	700
10	18 000	5 000	2 000	4 000	0	72 000	10%	4 680	700

续表

月份	工资薪金	减除费用	专项扣除	专项附加扣除	其他法定扣除	累计应纳税所得额	税率	累计应预扣预缴税额	本月预扣预缴税款
11	18 000	5 000	2 000	4 000	0	79 000	10%	5 380	700
12	18 000	5 000	2 000	4 000	0	86 000	10%	6 080	700
合计	218 000	60 000	24 000	48 000	0	—	—	—	—

(二) 预缴申报表填列

以 2 月份为例，列示工资、薪金所得个人所得税预扣预缴申报表中主要需填列内容。个人所得税扣缴申报表如表 7-12 所示。

表 7-12 个人所得税扣缴申报表

税款所属期： 年 月 日至 年 月 日
扣缴义务人名称：
扣缴义务人纳税人识别号（统一社会信用代码）：□□□□□□□□□□□□□□□□□□

金额单位：人民币元（列至角分）

序号	姓名	身份证件类型	身份证件号码	纳税人识别号	是否为非居民个人	所得项目	本月（次）情况											累计情况（工资、薪金）										减按计税比例	准予扣除的捐赠额	税款计算					备注
							收入额计算				专项扣除					其他扣除					累计收入额	累计减除费用	累计专项扣除	累计专项附加扣除					累计其他扣除			应纳税所得额	税率/预扣率	速算扣除数	应纳税额	减免税额	已扣缴税额	应补（退）税额	
							收入	免税收入	减除费用	基本养老保险费	基本医疗保险费	失业保险费	住房公积金	年金	商业健康保险费	税延养老保险	财产原值	允许扣除的税费	其他				子女教育	赡养老人	住房贷款利息	住房租金	继续教育										
1	2	3	4	5	6	7	8	9	10	11	12	13	14	15	16	17	18	19	20	21	22	23	24	25	26	27	28	29	30	31	32	33	34	35	36	37	38	39	40
合计																																							

谨声明：本扣缴申报表是根据国家税收法律法规及相关规定填报的，是真实的、可靠的、完整的。

扣缴义务人（签章）：

代理机构签章：
代理机构统一社会信用代码：
经办人签字：
经办人身份证件号码：

受理人：
受理税务机关（章）：
受理日期： 年 月 日

国家税务总局监

由于表格太小,所填数据就不再填入表内,表内需要填列内容的项目展示如下:

第 2 列姓名:张某

第 3 列身份证件类型:身份证

第 4 列身份证件号码:385228198305180052

第 5 列纳税人识别号:385228198305180052

第 6 列是否为非居民个人:否(填否或不填自动默认否)

第 7 列所得项目:工资、薪金所得

第 8 列本月收入:18 000.00

第 11 列减除费用:5 000.00

第 12 列基本养老保险费:779.28

第 13 列基本医疗保险费:197.82

第 14 列失业保险费:48.80

第 15 列住房公积金:974.10

第 22 列累计收入额:38 000.00

第 23 列累计减除费用:10 000.00

第 24 列累计专项扣除:4 000.00

第 25 列累计子女教育:2 000.00

第 26 列累计赡养老人:4 000.00

第 27 列累住房计贷款利息:2 000.00

第 33 列应纳税所得额:16 000.00

第 34 列税率/预扣率:3%

第 36 列应纳税额:480.00

第 38 列已扣缴税额:270.00

第 39 列应补(退)税额:210.00

另外需要提醒的是,实际工作中自然人税收管理系统扣缴客户端显示的个人所得税扣缴申报表外观上可能与上面展示的不太相同。我们只需初次申报的时候进行人员的信息采集,每次可以直接在系统里填报相关数据,或者用导入的方式进行申报。

二、居民个人其他综合所得预扣预缴申报

(一) 纳税申报资料

接上列,北京宏兴房地产开发有限公司的职工张某在 2021 年 7 月份除工资、薪金收入外还有其他收入如下。

【例 7-2】张某利用业余时间为北京锦鸿建筑工程有限公司(统一社会信用代码:91110506560147245F)员工举行为期一个月的培训服务,收取费用 30 000 元。该建筑公司支付报酬时代扣个人所得税。

代扣个税=30 000×(1-20%)×30%-2 000=5 200(元)

张某业余为报社撰稿取得稿酬收入10 000元。北京现代经济日报社(统一社会信用代码:91110706580143246B)支付稿酬时代扣个人所得税。

$$代扣个税 = 10\,000 \times (1 - 20\%) \times 70\% \times 20\% = 1\,120(元)$$

(二)其他综合所得预缴申报表填列

根据以上计算数据,以稿酬所得为例列示张某7月份的个人所得税扣缴申报表中主要需填列的内容。申报表参照表7-12填列如下。

第2列姓名:张某

第3列身份证件类型:身份证

第4列身份证件号码:385228198305180052

第5列纳税人识别号:385228198305180052

第6列是否为非居民个人:否(填否或不填自动默认否)

第7列所得项目:稿酬所得

第8列本月收入:10 000.00

第9列本次费用:2 000.00(10 000×20%)

第10列免税收入:2 400.00(8 000×30%)

第33列应纳税所得额:5 600.00

第34列税率/预扣率:20%

第36列应纳税额:1 120.00

第39列应补(退)税额:1 120.00

三、综合所得个人所得税的年汇算清缴实操

(一)年度汇算清缴纳税申报资料

根据上面所给的资料,以张某202×年全年的综合所得汇算清缴2021年的个人所得税并填写《个人所得税年度自行纳税申报表》。

【例7-3】张某202×年工资、薪金所得218 000元,全年费用扣除标准60 000元,专项扣除24 000元(其中,养老保险9 351.36,基本医疗保险2 373.84,失业保险585.60元,住房公积金11 689.2元),专项附加扣除48 000元(其中,子女教育12 000元,住房贷款利息12 000元,赡养老人24 000元),劳务报酬所得30 000元,稿酬所得10 000元。

当年发生大病医疗费用,其中扣除医保报销后个人负担部分35 000元,年度汇算时允许扣除为20 000元(35 000-15 000)。

工资、薪金所得已预缴个人所得税6 080元,劳务报酬及稿酬所得已预缴个人所得税6 320元,合计已预缴个人所得税12 400元。

$$年度汇算清缴时综合所得 = 218\,000 + 30\,000 \times (1 - 20\%) + 10\,000 \times (1 - 20\%) \times 70\% - 60\,000 - 24\,000 - 48\,000 - 20\,000$$
$$= 95\,600(元)$$

应纳税额＝95 600×10%－2 520＝7 040(元)

应补税额＝7 040－12 400＝－5 360(元)

应补税额为负数,代表应退税额5 360元。

(二)年度汇算清缴纳税申报填列

根据上面计算数据填列张某202×年《个人所得税年度自行纳税申报表》,如表7-13所示。

表7-13 个人所得税年度自行纳税申报表

综合所得个人所得税计算		
项目	行次	金额
一、收入合计(第1行＝第2行+第3行+第4行+第5行)	1	258 000.00
(一)工资、薪金	2	218 000.00
(二)劳务报酬	3	30 000.00
(三)稿酬	4	10 000.00
(四)特许权使用费	5	0.00
二、费用合计［第6行＝(第3行+第4行+第5行)×20%］	6	8 000.00
三、免税收入合计(第7行＝第8行+第9行)	7	2 400.00
(一)稿酬所得免税部分［第8行＝第4行×(1－20%)×30%］	8	2 400.00
(二)其他免税收入(附报《个人所得税减免税事项报告表》)	9	0.00
四、减除费用	10	60 000.00
五、专项扣除合计(第11行＝第12行+第13行+第14行+第15行)	11	24 000.00
(一)基本养老保险费	12	9 351.36
(二)基本医疗保险费	13	2 373.84
(三)失业保险费	14	585.60
(四)住房公积金	15	11 689.20
六、专项附加扣除合计(附报《个人所得税专项附加扣除信息表》) (第16行＝第17行+第18行+第19行+第20行+第21行+第22行)	16	680 000.00
(一)子女教育	17	12 000.00
(二)继续教育	18	0.00
(三)大病医疗	19	20 000.00
(四)住房贷款利息	20	12 000.00
(五)住房租金	21	0.00
(六)赡养老人	22	
七、其他扣除合计(第23行＝第24行+第25行+第26行+第27行+第28行)	23	24 000.00
(一)年金	24	0.00

续表

项目	行次	金额
(二)商业健康保险(附报《商业健康保险税前扣除情况明细表》)	25	0.00
项目	行次	金额
(三)税延养老保险(附报《个人税收递延型商业养老保险税前扣除情况明细表》)	26	0.00
(四)允许扣除的税费	27	0.00
(五)其他	28	0.00
八、准予扣除的捐赠额(附报《个人所得税公益慈善事业捐赠扣除明细表》)	29	0.00
九、应纳税所得额 (第30行=第1行-第6行-第7行-第10行-第11行-第16行-第23行-第29行)	30	95 600.00
十、税率(%)	31	10%
十一、速算扣除数	32	2 520.00
十二、应纳税额(第33行=第30行×第31行-第32行)	33	7 040.00
全年一次性奖金个人所得税计算		
(无住所居民个人预判为非居民个人取得的数月奖金,选择按全年一次性奖金计税的填写本部分)		
一、全年一次性奖金收入	34	
二、准予扣除的捐赠额(附报《个人所得税公益慈善事业捐赠扣除明细表》)	35	
三、税率(%)	36	
四、速算扣除数	37	
五、应纳税额[第38行=(第34行-第35行)×第36行-第37行]	38	
税额调整		
一、综合所得收入调整额(需在"备注"栏说明调整具体原因、计算方式等)	39	0.00
二、应纳税额调整额	40	0.00
应补/退个人所得税计算		
一、应纳税额合计(第41行=第33行+第38行+第40行)	41	7 040.00
二、减免税额(附报《个人所得税减免税事项报告表》)	42	0.00
三、已缴税额	43	12 400.00
四、应补/退税额(第44行=第41行-第42行-第43行)	44	-5 360.00
无住所个人附报信息		
纳税年度内在中国境内居住天数	已在中国境内居住年数	
退税申请		
(应补/退税额小于0的填写本部分)		
√ 申请退税(需填写"开户银行名称""开户银行省份""银行账号") □ 放弃退税		
开户银行名称	开户银行省份	

续表

银行账号	
备注	
谨声明:本表是根据国家税收法律法规及相关规定填报的,本人对填报内容(附带资料)的真实性、可靠性、完整性负责。 纳税人签字: 年 月 日	
经办人签字: 经办人身份证件类型: 经办人身份证件号码: 代理机构签章: 代理机构统一社会信用代码:	受理人: 受理税务机关(章): 受理日期: 年 月 日

第三节 经营所得申报实务

一、个体工商户经营所得个人所得税预缴(查账征收)

根据个人所得税法规定,个体工商户的生产经营所得,以每一纳税年度的收入总额减除成本费用、税金、损失、其他支出以及允许弥补的以前年度亏算后的余额,为应纳税所得额。

纳税人取得经营所得,应当在月度或者季度终了后15日内,向税务机关办理预缴纳税申报。

(一)经营所得预交申报数据

【例7-4】王某(身份证号:410102198509060082)自营的"一路顺风运输部"为个体工商户,统一社会信用代码:914101086245684003,个人所得税实行查账征收且按季预缴。假设202×年第一季度的营业收入480 000元,成本费用370 000万元,个人每月允许扣除的基本养老费779.28元、基本医疗197.82元、失业48.80元。

第一季度个人所得税应纳税所得额为

480 000-370 000-5 000×3-(779.28+197.82+48.8)×3=91 922.30(元)

适用税率20%,速算扣除数10 500,应预缴的个人所得税为

91 922.3×20%-10 500=7 884.46(元)

(二)经营所得预缴申报表的填列

根据上面的资料填制王某第一季度个人所得税经营所得纳税申报表(A表)如表7-14所示。

表 7-14 个人所得税经营所得纳税申报表（A 表）

被投资单位信息	名　称	一路顺风运输部	纳税人识别号（统一社会信用代码）	914101086245684003
征收方式	√查账征收（据实预缴）　　□查账征收（按上年应纳税所得额预缴） □核定应税所得率征收　　□核定应纳税所得额征收 □税务机关认可的其他方式 _____			

项　目	行次	金额/比例
一、收入总额	1	480 000.00
二、成本费用	2	370 000.00
三、利润总额（3＝1-2）	3	110 000.00
四、弥补以前年度亏损	4	
五、应税所得率（%）	5	
六、合伙企业个人合伙人分配比例（%）	6	
七、允许扣除的个人费用及其他扣除（7＝8+9+14）	7	18 077.70
（一）投资者减除费用	8	15 000.00
（二）专项扣除（9＝10+11+12+13）	9	3 077.70
1.基本养老保险费	10	2 337.84
2.基本医疗保险费	11	593.46
3.失业保险费	12	146.40
4.住房公积金	13	
（三）依法确定的其他扣除（14＝15+16+17）	14	
1.商业健康保险	15	
2.税延养老保险	16	
3.其他扣除	17	
八、准予扣除的捐赠额（附报《个人所得税公益慈善事业捐赠扣除明细表》）	18	
九、应纳税所得额	19	91 922.30
十、税率（%）	20	20%
十一、速算扣除数	21	10 500.00
十二、应纳税额（22＝19×20-21）	22	7 884.46
十三、减免税额（附报《个人所得税减免税事项报告表》）	23	
十四、已缴税额	24	0.00
十五、应补/退税额（25＝22-23-24）	25	7 884.46

二、个体工商户经营所得个税汇算清缴(查账征收)

纳税人在取得经营所得的次年3月31日前,应向税务机关办理汇算清缴。

(一)经营所得汇算清缴数据

接上例,假设王某的运输部202×年全年的营业收入1 560 000元,营业成本1 020 000万元,税金50 000元;营业费用115 000元,其中广告费50 000元,工资、薪金50 000元,其他营业费用15 000元;管理费用120 000元,其中工资、薪金28 000元,职工福利费12 000元,业务招待费30 000元,其他管理费用50 000元;财务费用2 500元;其他支出5 000元,其中税收滞纳金500元。上述费用中有48 000元投资者王某用于了个人和家庭支出。全年允许扣除的投资者减除费用60 000元,全年王某允许扣除的专项扣除12 310元,其中基本养老9 350元,基本医疗2 370元,失业590元。全年王璐可以扣除的专项附加扣除36 000元,其中子女教育费12 000元,赡养老人12 000元,住房贷款利息12 000元。本年度已预交所得税税款为30 000元。

1.当年经营所得的利润总额

　　1 560 000-1 020 000-50 000-115 000-120 000-2 500-5 000=247 500(元)

2.需要调整的项目

(1)超过规定标准的项目,主要包括职工福利费、业务招待费、广告费三项内容。

第一项,职工福利费。

因当期可扣除的工资、薪金为78 000(元),则

　　职工福利费可以扣除限额=78 000×14%=10 920(元)

职工福利费因实际发生额为12 000元,故

　　应调增应纳税所得额=12 000-10 920=1080(元)

第二项,业务招待费。

因业务招待费可扣除限额①=30 000×60%=18 000(元),②=1 560 000×5‰=7 800(元),根据规定应按照扣除限额②扣除7 800元,实际发生30 000元,故

　　应调增应纳税所得额=30 000-7 800=22 200(元)

第三项、广告费。

因广告费扣除限额=1 560 000×15%=234 000(元),实际发生额50 000元,则该项不需要纳税调整。

　　三项合计应调增应纳税所得额=1 080+22 200=23 280(元)

(2)不允许扣除的项目包括业主的用于家庭和个人的支出、税收滞纳金的支出。

已知业主用于家庭和个人的支出48 000元,税收滞纳金支出500元,

　　合计调整增加应纳税所得额=48 000+500=48 500(元)

3.应纳个人所得税额

　　应纳税所得额=247 500+23 280+48 500-60 000-12 310-36 000=210 970(元)

适用税率20%,速算扣除数10 500,

　　应纳个人所得税=210 970×20%-10 500=31 694(元)

已预缴的个人所得税为30 000万元,则

应补缴个人所得税＝31 694－30 000＝1 694(元)

(二)经营所得个人所得税汇算清缴申报表填列

根据上面计算的数据填制个人所得税经营所得纳税申报表(B 表)如表 7-15 所示。

表 7-15 个人所得税经营所得纳税申报表(B 表)

被投资单位信息	名 称	一路顺风运营部	纳税人识别号(统一社会信用代码)		914101086245684003
项 目				行次	金额/比例
一、收入总额				1	1 560 000.00
其中:国债利息收入				2	
二、成本费用(3＝4+5+6+7+8+9+10)				3	1 312 500.00
(一)营业成本				4	1 020 000.00
(二)营业费用				5	115 000.00
(三)管理费用				6	120 000.00
(四)财务费用				7	2 500.00
(五)税金				8	50 000.00
(六)损失				9	
(七)其他支出				10	50 000.00
三、利润总额(11＝1-2-3)				11	247 500.00
四、纳税调整增加额(12＝13+27)				12	71 780.00
(一)超过规定标准的扣除项目金额(13＝14+15+16+17+18+19+20+21+22+23+24+25+26)				13	23 280.00
1.职工福利费				14	1 080.00
2.职工教育经费				15	
3.工会经费				16	
4.利息支出				17	
5.业务招待费				18	22 200.00
6.广告费和业务宣传费				19	
7.教育和公益事业捐赠				20	
8.住房公积金				21	
9.社会保险费				22	
10.折旧费用				23	
11.无形资产摊销				24	
12.资产损失				25	

续表

项　　目	行次	金额/比例
13.其他	26	
（二）不允许扣除的项目金额(27=28+29+30+31+32+33+34+35+36)	27	48 500.00
1.个人所得税税款	28	
2.税收滞纳金	29	500.00
3.罚金、罚款和被没收财物的损失	30	
4.不符合扣除规定的捐赠支出	31	
5.赞助支出	32	
6.用于个人和家庭的支出	33	48 000.00
7.与取得生产经营收入无关的其他支出	34	
8.投资者工资薪金支出	35	
9.其他不允许扣除的支出	36	
五、纳税调整减少额	37	
六、纳税调整后所得(38=11+12−37)	38	319 280.00
七、弥补以前年度亏损	39	
八、合伙企业个人合伙人分配比例（%）	40	100%
九、允许扣除的个人费用及其他扣除(41=42+43+48+55)	41	108 310.00
（一）投资者减除费用	42	60 000.00
（二）专项扣除(43=44+45+46+47)	43	12 310.00
1.基本养老保险费	44	9 350.00
2.基本医疗保险费	45	2 370.00
3.失业保险费	46	590.00
4.住房公积金	47	
（三）专项附加扣除(48=49+50+51+52+53+54)	48	36 000.00
1.子女教育	49	12 000.00
2.继续教育	50	
3.大病医疗	51	
4.住房贷款利息	52	12 000.00
5.住房租金	53	
6.赡养老人	54	1 2000.00
（四）依法确定的其他扣除(55=56+57+58+59)	55	
1.商业健康保险	56	

续表

项 目	行次	金额/比例
2.税延养老保险	57	
3.	58	
4.	59	
十、投资抵扣	60	
十一、准予扣除的个人捐赠支出	61	
十二、应纳税所得额(62=38-39-41-60-61)或[62=(38-39)×40-41-60-61]	62	210 970.00
十三、税率(%)	63	20%
十四、速算扣除数	64	10 500.00
十五、应纳税额(65=62×63-64)	65	31 694.00
十六、减免税额(附报《个人所得税减免税事项报告表》)	66	
十七、已缴税额	67	30 000.00
十八、应补/退税额(68=65-66-67)	68	1 694.00

第八章 其他税种

第一节 土地增值税

一、纳税义务人

转让国有土地使用权、地上的建筑物及其附着物(以下简称转让房地产)并取得收入的单位和个人,为土地增值税的纳税义务人(以下简称纳税人),应当依照本条例缴纳土地增值税。

二、税　率

土地增值税实行四级超率累进税率如表 8-1 所示。

表 8-1　土地增值税税率表

级数	增值额与扣除项目金额的比率	税率(%)	速算扣除系数(%)
1	不超过 50% 的部分	30	0
2	超过 50%~100% 的部分	40	5
3	超过 100%~200% 部分	50	15
4	超过 200% 的部分	60	35

三、土地增值税的计算

土地增值税按照纳税人转让房地产所取得的增值额和适用税率计算征收。

纳税人转让房地产所取得的收入减除规定的扣除项目金额后的余额,为增值额。

纳税人转让房地产所取得的收入,包括货币收入、实物收入和其他收入。

扣除项目主要内容包括:①取得土地使用权所支付的金额;②开发土地的成本、费用;③新建房及配套设施的成本、费用,或者旧房及建筑物的评估价格;④与转让房地产有关的税金;⑤财政部规定的其他扣除项目。

四、税收优惠

有下列情形之一的,免征土地增值税:①纳税人建造普通标准住宅出售,增值额未超过扣除项目金额 20% 的;②因国家建设需要依法征用、收回的房地产。

五、征收管理

纳税人应当自转让房地产合同签订之日起七日内向房地产所在地主管税务机关办理纳税申报,并在税务机关核定的期限内缴纳土地增值税。

土地增值税由税务机关征收。土地管理部门、房产管理部门应当向税务机关提供有关资料,并协助税务机关依法征收土地增值税。

纳税人未按照规定缴纳土地增值税的,土地管理部门、房产管理部门不得办理有关的权属变更手续。

六、土地增值税清算案例

(一)相关资料

【例8-1】某房地产开发公司建造一幢普通标准住宅出售,该项目期限为2019年5月至2021年12月,取得销售收入1 000万元(城建税7%,教育费附加3%)。该公司为建造普通标准住宅而支付的地价款为100万元,建造此楼投入了300万元的房地产开发成本(其中:土地征用及拆迁补偿费40万元,前期工程费40万元,建筑安装工程费100万元,基础设施费80万元,开发间接费用40万元),利息无法准确核算,该地区规定房地产开发费用扣除比例为10%。已预缴土地增值税15万元。其他清算相关资料如下:

(1)开发收入:1 000万元

(2)扣除项目金额:

①取得土地使用权支付地价款100万元;

②开发成本300万元;

③开发费用(100+300)×10%=40(万元);

④相关税金(假设不考虑进项抵扣的情况):

增值税=1 000×9%=90(万元)

城建税=90×7%=6.3(万元)

教育费附加=90×3%=2.7(万元)

加计扣除金额=(100+300)×20%=80(万元)

扣除金额合计=100+300+40+6.3+2.7+80=529(万元)

(3)增值额=1 000-529=471(万元)

(4)增值比例=471÷529≈89.04%

(5)应纳税额=471×40%-529×5%=161.95(万元)

已预缴土地增值税15万元

清算应补的土地增值税=161.95-15=146.95(万元)

(二)报表填列

根据以上资料填列该企业的土地增值税清算申报表,如表8-2、表8-3所示。

表 8-2　土地增值税及附加税费申报表(二)

(从事房地产开发的纳税人清算适用)

项　　目	行　次	金　额
		普通住宅
一、转让房地产收入总额　1＝2＋3＋4	1	10 000 000.00
其中 货币收入	2	10 000 000.00
其中 实物收入及其他收入	3	
其中 视同销售收入	4	
二、扣除项目金额合计　5＝6＋7＋14＋17＋21＋22	5	5 290 000.00
1.取得土地使用权所支付的金额	6	1 000 000.00
2.房地产开发成本　7＝8＋9＋10＋11＋12＋13	7	3 000 000.00
其中 土地征用及拆迁补偿费	8	400 000.00
其中 前期工程费	9	400 000.00
其中 建筑安装工程费	10	1 000 000.00
其中 基础设施费	11	800 000.00
其中 公共配套设施费	12	
其中 开发间接费用	13	400 000.00
3.房地产开发费用　14＝15＋16	14	400 000.00
其中 利息支出	15	
其中 其他房地产开发费用	16	400 000.00
4.与转让房地产有关的税金等　17＝18＋19＋20	17	90 000.00
其中 营业税	18	
其中 城市维护建设税	19	63 000.00
其中 教育费附加	20	27 000.00
5.财政部规定的其他扣除项目	21	800 000.00
6.代收费用	22	
三、增值额　23＝1－5	23	4 710 000.00
四、增值额与扣除项目金额之比(％)24＝23÷5	24	89.04％
五、适用税率(％)	25	40％
六、速算扣除系数(％)	26	5％
七、应缴土地增值税税额　27＝23×25－5×26	27	1 619 500.00
八、减免税额　28＝30＋32＋34	28	

续表

项目			行次	金额
				普通住宅
其中	减免税(1)	减免性质代码(1)	29	
		减免税额(1)	30	
	减免税(2)	减免性质代码(2)	31	
		减免税额(2)	32	
	减免税(3)	减免性质代码(3)	33	
		减免税额(3)	34	
九、已缴土地增值税税额			35	150 000.00
十、应补(退)土地增值税税额　36=27-28-35			36	1 469 500.00

表8-3　财产和行为税纳税申报表

序号	税种	税目	税款所属期起	税款所属期止	计税依据	税率	应纳税额	减免税额	已缴税额	应补(退)税额
1	土地增值税	普通住宅(清算)	2019.05	2021.12	4 710 000.00	40%	1 619 500.00		150 000.00	1 469 500.00
2										
3										
4										
5										
6										
7										
8										
9										
10										
11	合计		—	—	—		1 619 500.00		150 000.00	1 469 500.00

第二节　房产税和城镇土地使用税

一、房产税

现行房产税法的基本规范,是1986年9月15日国务院颁布的《中华人民共和国房产税暂行条例》(以下简称《房产税暂行条例》)。

房产税是以房屋为征税对象,按照房屋的计税余值或租金收入,向产权所有人征收的一种财产税。

征收房产税有利于地方政府筹集财政收入,也有利于加强房产管理。

(一) 纳税义务人

房产税以在征税范围内的房屋产权所有人为纳税人,房产税由产权所有人缴纳。产权属于国家所有的,由经营管理单位缴纳。产权属于集体和个人所有的,由集体单位和个人纳税。产权出典的,由承典人缴纳。产权所有人、承典人不在房产所在地的,或者产权未确定及租典纠纷未解决的,由房产代管人或者使用人缴纳。列举的产权所有人、经营管理单位、承典人、房产代管人或者使用人,统称为纳税义务人(以下简称纳税人)。

(二) 征税范围

房产税以房产为征税对象。房地产开发企业建造的商品房,在出售前,不征收房产税;但在出售前房地产开发企业已经使用或出租、出借的商品房应按规定征收房产税。房产税的征税范围为城市、县城、建制镇和工矿区。房产税的征税范围不包括农村,这主要是为了减轻农民的负担。

(三) 税 率

我国现行房产税采用的是比例税率。房产税的计税依据分为从价计征和从租计征两种形式,所以房产税的税率也有两种:①房产税依照房产原值一次减除10%至30%后的余值计征,税率为1.2%;②按房产出租的租金收入计征的,税率为12%。从2001年1月1日起,对个人按市场价格出租的居民住房,用于居住的,可暂减按4%的税率征收房产税。自2008年3月1日起,对个人出租住房,不区分用途,按4%的税率征收房产税。

(四) 计税依据

房产税的计税依据是房产的计税价值或租金收入。按照房产计税价值征税的,称为从价计征;按照房产租金收入计征的,称为从租计征。

1.从价计征

《房产税暂行条例》规定,房产税依照房产原值一次减除10%至30%后的余值计算缴纳。各地扣除比例由当地省、自治区、直辖市人民政府规定。没有房产原值作为依据的,由房产所在地税务机关参考同类房产核定。

2.从租计征

房产出租的,以房产租金收入为房产税的计税依据。

(五) 应纳税额的计算

1.从价计征

$$应纳税额 = 应税房产原值 \times (1-扣除比例) \times 1.2\%$$

2.从租计征

$$应纳税额 = 租金收入 \times 12\% (或4\%)$$

(六) 税收优惠

下列房产免征房产税:

(1)国家机关、人民团体、军队自用的房产。
(2)由国家财政部门拨付事业经费的单位自用的房产。
(3)宗教寺庙、公园、名胜古迹自用的房产。
(4)个人所有非营业用的房产。
(5)经财政部批准免税的其他房产。
(6)高校学生公寓免税。

除上述规定外,纳税人纳税确有困难的,可由省、自治区、直辖市人民政府确定,定期减征或者免征房产税。

2022年1月1日至2024年12月31日对增值税小规模纳税人、小型微利企业和个体工商户可以在50%的税额幅度内减征资源税、城市维护建设税、房产税、城镇土地使用税、印花税(不含证券交易印花税)、耕地占用税和教育费附加、地方教育附加。

(七)征收管理

房产税的纳税义务发生时间如下:
(1)纳税人将原有房产用于生产经营,从生产经营之月起缴纳房产税。
(2)纳税人自行新建房屋用于生产经营,从建成之次月起缴纳房产税。
(3)纳税人委托施工企业建设的房屋,从办理验收手续之次月起缴纳房产税。
(4)纳税人购置新建商品房,自房屋交付使用之次月起缴纳房产税。
(5)纳税人购置存量房,自办理房屋权属转移、变更登记手续,房地产权属登记机关签发房屋权属证书之次月起缴纳房产税。
(6)纳税人出租、出借房产,自交付出租、出借房产之次月起缴纳房产税。
(7)房地产开发企业自用、出租、出借本企业建造的商品房,自房屋使用或交付之次月起缴纳房产税。
(8)纳税人因房产的实物或权利状态发生变化而依法终止房产税纳税义务的,其应纳税额的计算应截止到房产的实物或权利状态发生变化的当月末。

房产税实行按年计算、分期缴纳的征收方法。纳税期限由省、自治区、直辖市人民政府规定。房产税由房产所在地的税务机关征收。

二、城镇土地使用税

现行城镇土地使用税法的基本规范,是2006年12月31日国务院修改并颁布的《中华人民共和国城镇土地使用税暂行条例》,2013年12月4日国务院第32次常务会议做了部分修改(以下简称《城镇土地使用税暂行条例》)。

城镇土地使用税是以国有土地为征税对象,对拥有土地使用权的单位和个人征收的一种税。征收城镇土地使用税有利于促进土地的合理利用,调节土地级差收入,也有利于筹集地方财政资金。

(一)纳税义务人

在城市、县城、建制镇、工矿区范围内使用土地的单位和个人,为城镇土地使用税(以下简称土地使用税)的纳税人。

城镇土地使用税的纳税人通常包括以下几类：

(1)拥有土地使用权的单位和个人。

(2)拥有土地使用权的单位和个人不在土地所在地的,其土地的实际使用人和代管人为纳税人。

(3)土地使用权未确定或权属纠纷未解决的,其实际使用人为纳税人。

(4)土地使用权共有的,共有各方都是纳税人,由共有各方分别纳税。

(5)在城镇土地使用税征税范围内,承租集体所有建设用地的,由直接从集体经济组织承租土地的单位和个人,缴纳城镇土地使用税。

(二)征税范围

城镇土地使用税的征税范围,包括城市、县城、建制镇和工矿区内的国家所有和集体所有的土地。建立在城市、县城、建制镇和工矿区以外的工矿企业不需要缴纳城镇土地使用税。土地使用税以纳税人实际占用的土地面积为计税依据,依照规定税额计算征收。土地占用面积的组织测量工作,由省、自治区、直辖市人民政府根据实际情况确定。

(三)税　率

城镇土地使用税采用定额税率,即采用有幅度的差别税额,按大、中、小城市和县城、建制镇、工矿区分别规定每平方米土地使用税年应纳税额。具体标准为：①大城市1.5元至30元；②中等城市1.2元至24元；③小城市0.9元至18元；④县城、建制镇、工矿区0.6元至12元。

各省、自治区、直辖市人民政府,应当在规定的税额幅度内,根据市政建设状况、经济繁荣程度等条件,确定所辖地区的适用税额幅度。市、县人民政府应当根据实际情况,将本地区土地划分为若干等级,在省、自治区、直辖市人民政府确定的税额幅度内,制定相应的适用税额标准,报省、自治区、直辖市人民政府批准执行。

经省、自治区、直辖市人民政府批准,经济落后地区土地使用税的适用税额标准可以适当降低,但降低额不得超过本条例规定最低税额的30%。经济发达地区土地使用税的适用税额标准可以适当提高,但须报经财政部批准。

(四)计税依据

城镇土地使用税以纳税人实际占用的土地面积为计税依据,土地面积计量标准为每平方米。纳税人实际占用的土地面积按下列办法确定：

(1)由省、自治区、直辖市人民政府确定的单位组织测定土地面积的,以测定的面积为准。

(2)尚未组织测量,但纳税人持有政府部门核发的土地使用证书的,以证书确认的土地面积为准。

(3)尚未核发土地使用证书的,应由纳税人申报土地面积,据以纳税,待核发土地使用证以后再作调整。

(4)对在城镇土地使用税征税范围内单独建造的地下建筑用地,按规定征收城镇土地使用税,暂按应纳税款的50%征收城镇土地使用税。

(五)应纳税额的计算方法

城镇土地使用税的应纳税额可以通过纳税人实际占用的土地面积乘以该土地所在地段的适用税额

求得。其计算公式为

$$全年应纳税额=实际占用应税土地面积(平方米)×适用税额$$

(六) 税收优惠

下列土地免缴土地使用税:
(1)国家机关、人民团体、军队自用的土地。
(2)由国家财政部门拨付事业经费的单位自用的土地。
(3)宗教寺庙、公园、名胜古迹自用的土地。
(4)市政街道、广场、绿化地带等公共用地。
(5)直接用于农、林、牧、渔业的生产用地。
(6)经批准开山填海整治的土地和改造的废弃土地,从使用的月份起免缴土地使用税5年至10年。
(7)由财政部另行规定免税的能源、交通、水利设施用地和其他用地。

符合小微企业的减免参考以上房产税税收优惠的规定。

(七) 征收管理

城镇土地使用税实行按年计算、分期缴纳的征收方法,具体纳税期限由省、自治区、直辖市人民政府确定。

纳税义务发生时间如下:
(1)纳税人购置新建商品房,自房屋交付使用之次月起,缴纳城镇土地使用税。
(2)纳税人购置存量房,自办理房屋权属转移、变更登记手续,房地产权属登记机关签发房屋权属证书之次月起,缴纳城镇土地使用税。
(3)纳税人出租、出借房产,自交付出租、出借房产之次月起,缴纳城镇土地使用税。
(4)以出让或转让方式有偿取得土地使用权的,应由受让方从合同约定交付土地时间的次月起缴纳城镇土地使用税;合同未约定交付时间的,由受让方从合同签订的次月起缴纳城镇土地使用税。
(5)纳税人新征用的耕地,自批准征用之日起满1年时开始缴纳城镇土地使用税。
(6)纳税人新征用的非耕地,自批准征用次月起缴纳城镇土地使用税。
(7)自2009年1月1日起,纳税人因土地的权利发生变化而依法终止城镇土地使用税纳税义务的,其应纳税款的计算应截止到土地权利发生变化的当月末。

三、房产税及城镇土地使用税申报实务

(一) 申报资料

【例8-2】甲生产企业为一般纳税人,拥有自己的厂房和两栋办公楼,房产原值分别为:厂房5 000 000元,两栋办公楼各3 000 000元,办公楼一栋自用,一栋出租,每月租金30 000元。从价计征房产税的,当地规定的原值比列为30%。厂房所占土地在城郊,占地面积5 000㎡,而办公楼则位于市中心,各占地面积500㎡,经税务机关核定办公区地段为2级地段的土地,土地使用税为每平方米税额12元,生产区地段为5级地段的土地,土地使用税为每平方米税额4元。该企业房产税及土地使用税均为按季度预缴

(假设不存在税收优惠减免的情况)。

计算202×年第四季度应纳房产税及土地使用税。

(1)从价计征房产税的,以房屋原值为计税依据,适用1.2%税率。

应纳房产税=(5 000 000+3 000 000)×(1-30%)×1.2%÷12×3=16 800(元)

(2)从租计征房产税的,以收取的租金为计税依据,适用12%税率。

应纳房产税=30 000×12%×3=10 800(元)

(3)生产区应纳城镇土地使用税=5 000×4÷12×3=5 000(元)

(4)办公区应纳城镇土地使用税=1 000×12÷12×3=3 000(元)

(三)申报表填列

根据以上计算数据填写《城镇土地使用税、房产税税源明细表》及《财产和行为税纳税申报表》,如表8-4、表8-5所示(此处只展示办公区自用办公楼的《城镇土地使用税、房产税税源明细表》的填列,厂区土地、房产及出租的房产土地使用税和房产税税源明细表填列不再展示。实际工作中,每一宗土地填写一张税源明细表,同一宗土地跨两个土地等级的,按照不同等级分别填表。同样,每一独立房产也要分别填写税源明细表)。

表 8-4 城镇土地使用税 房产税税源明细表

一、城镇土地使用税税源明细

*纳税人类型	土地使用权人√ 集体土地使用人□ 无偿使用人□ 代管人□ 实际使用人□（必选）	土地使用权人纳税人识别号（统一社会信用代码）	据实填	土地使用权人名称	甲生产企业
*土地编号	据实填	土地名称	据实填	不动产权证号	据实填
不动产单元代码	据实填	宗地号	据实填	*土地性质	国有√ 集体□（必选）
*土地取得方式	划拨□ 出让√ 转让□ 租赁□ 其他□（必选）	*土地用途	工业□ 商业√ 居住□ 综合□ 房地产开发企业的开发用地□ 其他□（必选）		
*土地坐落地址（详细地址）	××省（自治区、直辖市） ××市（区） ××县（区） ××乡镇（街道）（必填）				
*土地所属主管税务所（科、分局）					
*土地取得时间	20××年××月	变更类型	纳税义务终止□ 权属转移□ 信息项变更□ 土地面积变更□ 土地等级变更□ 减免税变更□ 其他□	变更时间	年 月
*占用土地面积	500	地价		*土地等级	2级	*税额标准	12

减免税部分	序号	减免性质代码和项目名称	减免起始月份	减免终止月份	减免土面积	月减免税金额
			年 月	年 月		
	1					
	2					
	3					

二、房产税税源明细

（一）从价计征房产税明细

*纳税人类型	产权所有人√ 经营管理人□ 承典人□ 房屋代管人□ 房屋使用人□ 融资租赁承租人□（必选）	所有权人纳税人识别号（统一社会信用代码）	据实填	所有权人名称	甲生产企业
*房产编号	据实填	房产名称	××	××	据实填
不动产权证号	据实填	不动产单元代码			

*房屋坐落地址（详细地址）	××省（自治区、直辖市）	××市（区）	××县（区）	××乡镇（街道）	（必填）
*房产所属主管税务所（科、分局）	据实填				
房屋所在土地编号	据实填		*房产用途	工业□ 商业及办公□ 住房□ 其他□（必选）	
*房产取得时间	20××年××月		变更类型	纳税义务终止（权属转移□ 其他□） 信息项变更（房产原值变更□ 出租房产原值变更□ 减免税变更□ 申报租金收入变更□ 其他□）	变更时间 年 月
*建筑面积	据实填		其中：出租房产面积		
*房产原值	3 000 000.00		其中：出租房产原值		计税比例 70%

减免税部分

序号	减免性质代码和项目名称	减免起止时间		减免税房产原值	月减免税金额
		减免起始月份	减免终止月份		
		年 月	年 月		
1					
2					
3					

（二）从租计征房产税明细

*房产编号		房产名称	
*房产所属主管税务所（科、分局）		承租方名称	
承租方纳税人识别号（统一社会信用代码）		*申报租金收入	
*出租面积			
*申报租金所属租赁期起		*申报租金所属租赁期止	

减免税部分

序号	减免性质代码和项目名称	减免起止时间		减免税房产原值	月减免税金额
		减免起始月份	减免终止月份		
		年 月	年 月		
1					
2					
3					

表 8-5 财产和行为税纳税申报表

序号	税种	税目	税款所属期起	税款所属期止	计税依据	税率	应纳税额	减免税额	已缴税额	应补(退)税额
1	城镇土地使用税	城镇土地使用税等级 2	202x年10月1日	202x年12月31日	250	12	3 000.00	0.00	0.00	3 000.00
2	城镇土地使用税	城镇土地使用税等级 5	202x年10月1日	202x年12月31日	1 250	4	5 000.00	0.00	0.00	5 000.00
3	房产税	从价计征	202x年10月1日	202x年12月31日	1 400 000.00	1.2%	16 800.00	0.00	0.00	16 800.00
4	房产税	从租计征	202x年10月1日	202x年12月31日	90 000	12%	10 800.00	0.00	0.00	10 800.00
5										
6										
7										
8										
9										
10										
11	合计	—	—	—	—	—	35 600.00	0.00	0.00	35 600.00

第三节 印花税

《中华人民共和国印花税法》自2022年7月1日施行。《中华人民共和国印花税暂行条例》同时废止。

一、纳税义务人

在中华人民共和国境内书立应税凭证、进行证券交易的单位和个人,为印花税的纳税人,应当依照《中华人民共和国印花税法》的规定缴纳印花税。

在中华人民共和国境外书立在境内使用的应税凭证的单位和个人,应当依照《中华人民共和国印花税法》规定缴纳印花税。

二、税目

印花税的税目,指印花税法明确规定的应当纳税的项目,它具体规定了印花税的征税范围。

下列凭证为应纳税凭证:①借款合同、融资租赁合同、买卖合同、承揽合同、建设工程合同、运输合同、技术合同、租赁合同、保管合同、仓储合同、财产保险合同;②产权转移书据;③营业账簿;④证券交易。

三、税率

印花税的税目、税率,具体依照印花税法执行,如表8-6所示。

表8-6 印花税税目税率表

税　目		税　率	备　注
合同（指书面合同）	借款合同	借款金额万分之零点五	指银行业金融机构、经国务院银行业监督管理机构批准设立的其他金融机构与借款人(不包括同业拆借)的借款合同
	融资租赁合同	租金的万分之零点五	
	买卖合同	价款的万分之三	指动产买卖合同(不包括个人书立的动产买卖合同)
	承揽合同	报酬的万分之三	
	建设工程合同	价款的万分之三	
	运输合同	运输费用的万分之三	指货运合同和多式联运合同(不包括管道运输合同)
	技术合同	价款、报酬或者使用费的万分之三	不包括专利权、专有技术使用权转让书据

续表

税　目		税　率	备　注
合同（指书面合同）	租赁合同	租金的千分之一	
	保管合同	保管费的千分之一	
	仓储合同	仓储费的千分之一	
	财产保险合同	保险费的千分之一	不包括再保险合同
产权转移书据	土地使用权出让书据	价款的万分之五	转让包括买卖（出售）、继承、赠与、互换、分割
	土地使用权、房屋等建筑物和构筑物所有权转让书据（不包括土地承包经营权和土地经营权转移）	价款的万分之五	
	股权转让书据（不包括应缴纳证券交易印花税的）	价款的万分之五	
	商标专用权、著作权、专利权、专有技术使用权转让书据	价款的万分之三	
营业账簿		实收资本（股本）、资本公积合计金额的万分之二点五	
证券交易		成交金额的千分之一	

四、应纳税额的计算

（一）计税依据

（1）应税合同的计税依据，为合同所列的金额，不包括列明的增值税税款。

（2）应税产权转移书据的计税依据，为产权转移书据所列的金额，不包括列明的增值税税款。

（3）应税营业账簿的计税依据，为营业账簿记载的实收资本（股本）、资本公积合计金额。

（4）证券交易的计税依据，为成交金额。

（5）应税合同、产权转移书据未列明金额的，印花税的计税依据按照实际结算的金额确定。计税依据按照前款规定仍不能确定的，按照书立合同、产权转移书据时的市场价格确定；依法应当执行政府定价或者政府指导价的，按照国家有关规定确定。

（6）证券交易无转让价格的，按照办理过户登记手续时该证券前一个交易日收盘价计算确定计税依据；无收盘价的，按照证券面值计算确定计税依据。

（二）计算方法

印花税的应纳税额按照计税依据乘以适用税率计算。

（1）同一应税凭证载有两个以上税目事项并分别列明金额的，按照各自适用的税目税率分别计应纳税额；未分别列明金额的，从高适用税率。

（2）同一应税凭证由两方以上当事人书立的，按照各自涉及的金额分别计算应纳税额。

（3）已缴纳印花税的营业账簿，以后年度记载的实收资本（股本）、资本公积合计金额比已缴纳印花税的实收资本（股本）、资本公积合计金额增加的，按照增加部分计算应纳税额。

五、税收优惠

对下列凭证免征印花税：

(1) 应税凭证的副本或者抄本。

(2) 依照法律规定应当予以免税的外国驻华使馆、领事馆和国际组织驻华代表机构为获得馆舍书立的应税凭证。

(3) 中国人民解放军、中国人民武装警察部队书立的应税凭证。

(4) 农民、家庭农场、农民专业合作社、农村集体经济组织、村民委员会购买农业生产资料或者销售农产品书立的买卖合同和农业保险合同。

(5) 无息或者贴息借款合同、国际金融组织向中国提供优惠贷款书立的借款合同。

(6) 财产所有权人将财产赠与政府、学校、社会福利机构、慈善组织书立的产权转移书据。

(7) 非营利性医疗卫生机构采购药品或者卫生材料书立的买卖合同。

(8) 个人与电子商务经营者订立的电子订单。

根据国民经济和社会发展的需要，国务院对居民住房需求保障、企业改制重组、破产、支持小型微利企业发展等情形可以规定减征或者免征印花税，报全国人民代表大会常务委员会备案。

六、征收管理

（一）纳税义务发生时间

印花税的纳税义务发生时间为纳税人书立应税凭证或者完成证券交易的当日。

印花税按季、按年或者按次计征，实行按季、按年计征的，纳税人应当自季度、年度终了之日起十五日内申报缴纳税款；实行按次计征的，纳税人应当自纳税义务发生之日起十五日内申报缴纳税款。

印花税可以采用粘贴印花税票或者由税务机关依法开具其他完税凭证的方式缴纳。印花税票贴在应税凭证上的，由纳税人在每枚税票的骑缝处盖戳注销或者画销。

（二）纳税地点

纳税人为单位的，应当向其机构所在地的主管税务机关申报缴纳印花税。纳税人为个人的，应当向应税凭证书立地或者纳税人居住地的主管税务机关申报缴纳印花税。

不动产产权发生转移的，纳税人应当向不动产所在地的主管税务机关申报缴纳印花税。

七、印花税申报实务

(一) 申报资料

【例8-3】甲公司为商品销售行业小规模纳税人,印花税为核定征收。202×年12月份销售收入为500 000元,运输业务收入50 000元,计算甲企业12月份应缴纳的印花税。

销售合同应缴纳的印花税=500 000×0.3‰=150(元)

运输合同应缴纳的印花税=50 000×0.3‰=15(元)

> 提示:根据财政部税务总局公告2022年第10号相关规定,2022年1月1日至2024年12月31日对增值税小规模纳税人、小型微利企业和个体工商户可以在50%的税额幅度内减征资源税、城市维护建设税、房产税、城镇土地使用税、印花税(不含证券交易印花税)、耕地占用税和教育费附加、地方教育附加。

因为甲企业为小规模纳税人,故印花税可以减征50%。

(二) 申报表填列

根据上面计算的数据,填制印花税纳税申报表,如表8-7、表8-8、表8-9所示。

第八章 其他税种

表 8-7 印花税税源明细表

纳税人识别号（统一社会信用代码）：□□□□□□□□□□□□□□□□□□

纳税人（缴费人）名称：

金额单位：人民币元（列至角分）

序号	应税凭证税务编号	应税凭证编号	*应税凭证名称	*申报期限类型	应税凭证数量	*税目	子目	*税款所属期起	*税款所属期止	*应税凭证书立日期	*计税金额	实际结算日期	实际结算金额	*税率	减免性质代码和项目名称	对方书立人信息			
																对方书立人名称	对方书立人纳税人识别号（统一社会信用代码）	对方书立人涉及金额
1				按期		买卖合同		202x-12-01	202x-12-31		500 000.00			0.3‰				
2				按期		运输合同	道路运输	202x-12-01	202x-12-31		50 000.00			0.3‰				
3																		

表 8-8 财产和行为税纳税申报表

序号	税种	税目	税款所属期起	税款所属期止	计税依据	税率	应纳税额	减免税额	已缴税额	应补(退)税额
1	印花税	买卖合同	202×年12月1日	202×年12月31日	500 000.00	0.3‰	150.00	75.00	0.00	75.00
2	印花税	运输合同	202×年12月1日	202×年12月31日	50 000.00	0.3‰	15.00	7.50	0.00	7.50
3										
4										
5										
6										
7										
8										
9										
10										
11	合计	—	—	—	—	—	165.00	82.50	0.00	82.50

8-9 财产和行为税减免税额明细申报表

本期是否适用小微企业"六税两费"减免政策	√是 □否	减免政策适用主体		增值税小规模纳税人：√是 □否
				增值税一般纳税人：□个体工商户 □小型微利企业
		适用减免政策起止时间		年 月 至 年 月
合计减免税额				

城镇土地使用税

序号	税目	税款所属期起	税款所属期止	减免性质代码和项目名称	减免税额
1					
2					
小计	—			—	

房产税

序号	税目	税款所属期起	税款所属期止	减免性质代码和项目名称	减免税额
1					
2					
小计	—			—	

印花税

序号	税目	税款所属期起	税款所属期止	减免性质代码和项目名称	减免税额
1	买卖合同	202×年12月1日	202×年12月31日	09049901 小规模纳税人减免	75.00
2	运输合同	202×年12月1日	202×年12月31日	09049901 小规模纳税人减免	7.50
小计	—			—	82.50

以下略

第四节 车船税

现行车船税法的基本规范,是2011年2月25日,由中华人民共和国第十一届全国人民代表大会常务委员会第十九次会议通过的《中华人民共和国车船税法》(以下简称《车船税法》),自2012年1月1日起实行。

车船税是以车船为征税对象,向拥有车船的单位和个人征收的一种税。

一、纳税义务人

所谓车船税,是指在中华人民共和国境内的车辆、船舶(以下简称车船)的所有人或者管理人,为车船税的纳税人,应当依照规定缴纳车船税。

二、征税范围

车船税的征税范围是在中华人民共和国境内属于本法所附《车船税税目税额表》规定的车辆、船舶。

三、税目与税率

车船税实行定额税率。定额税率,也称固定税额,是税率的一种特殊形式。定额税率计算简便,是适宜从量计征的税种。车船的适用税额依照本法所附《车船税税目税额表》执行。车辆的具体适用税额由省、自治区、直辖市人民政府依照本法所附《车船税税目税额表》规定的税额幅度和国务院的规定确定。船舶的具体适用税额由国务院在本法所附《车船税税目税额表》规定的税额幅度内确定。车船税税目税额如表8-10所示。

表8-10 车船税税目税额表

税 目		计税单位	年基准税额	备 注
乘用车〔按发动机汽缸容量(排气量)分档〕	1.0升(含)以下的	每辆	60元至360元	核定载客人数9人(含)以下
	1.0升以上至1.6升(含)的		300元至540元	
	1.6升以上至2.0升(含)的		360元至660元	
	2.0升以上至2.5升(含)的		660元至1200元	
	2.5升以上至3.0升(含)的		1200元至2400元	
	3.0升以上至4.0升(含)的		2400元至3600元	
	4.0升以上的		3600元至5400元	
商用车	客车	每辆	480元至1440元	核定载客人数9人以上,包括电车
	货车	整备质量每吨	16元至120元	包括半挂牵引车、三轮汽车和低速载货汽车等

续表

税　目		计税单位	年基准税额	备　注
挂车		整备质量每吨	按货车的50%计算	
其他车辆	专用作业车	整备质量每吨	16元至120元	不包括拖拉机
	轮式专用机械车		16元至120元	
摩托车		每辆	36元至180元	
船舶	机动船舶	净吨位每吨	3元至6元	拖船、非机动驳船分别按照机动船舶税额的50%计算
	游艇	艇身长度每米	600元至2000元	

四、应纳税额的计算

纳税人按照纳税地点所在的省、自治区、直辖市人民政府确定的具体适用税额缴纳车船税。

购置的新车船，购置当年的应纳税额自纳税义务发生的当月起按月计算。计算公式为

应纳税额=（年应纳税额÷12）×应纳税月份数

应纳税月份数=12-纳税义务发生时间（取月份）+1

在一个纳税年度内，已完税的车船被盗抢、报废、灭失的，纳税人可以凭有关管理机关出具的证明和完税证明，向纳税所在地的主管税务机关申请退还自被盗抢、报废、灭失月份起至该纳税年度终了期间的税款。已办理退税的被盗抢车船，失而复得的，纳税人应当从公安机关出具相关证明的当月起计算缴纳车船税。在一个纳税年度内，纳税人在非车辆登记地由保险机构代收代缴机动车车船税，且能够提供合法有效完税证明的，纳税人不再向车辆登记地的税务机关缴纳车辆车船税。已缴纳车船税的车船在同一纳税年度内办理转让过户的，不另纳税，也不退税。

五、税收优惠

下列车船减征或免征车船税：

（1）捕捞、养殖渔船。

（2）军队、武装警察部队专用的车船。

（3）警用车船。

（4）悬挂应急救援专用号牌的国家综合性消防救援车辆和国家综合性消防救援专用船舶。

（5）依照法律规定应当予以免税的外国驻华使领馆、国际组织驻华代表机构及其有关人员的车船。

（6）对节能汽车减半征或者免征车船税。对受严重自然灾害影响导致纳税困难以及有其他特殊原因确需减税、免税的，可以减征或者免征车船税。具体办法由国务院规定，并报全国人民代表大会常务委员会备案。

（7）省、自治区、直辖市人民政府根据当地实际情况，可以对公共交通车船，农村居民拥有并主要在农村地区使用的摩托车、三轮汽车和低速载货汽车定期减征或者免征车船税。

六、征收管理

从事机动车第三者责任强制保险业务的保险机构为机动车车船税的扣缴义务人,应当在收取保险费时依法代收车船税,并出具代收税款凭证。车船税的纳税地点为车船的登记地或者车船税扣缴义务人所在地。依法不需要办理登记的车船,车船税的纳税地点为车船的所有人或者管理人所在地。车辆所有人或者管理人在申请办理车辆相关登记、定期检验手续时,应当向公安机关交通管理部门提交依法纳税或者免税证明。公安机关交通管理部门核查后办理相关手续。

车船税纳税义务发生时间为取得车船所有权或者管理权的当月。车船税按年申报,分月计算,一次性缴纳。具体申报纳税期限由省、自治区、直辖市人民政府规定。公安、交通运输、农业、渔业等车船登记管理部门、船舶检验机构和车船税扣缴义务人的行业主管部门应当在提供车船有关信息等方面,协助税务机关加强车船税的征收管理。

七、车船税申报实务

(一) 申报资料

【例8-4】某运输企业202×年1月份外购2辆货车(整备质量为10吨/辆),两辆车的车架号分别为L586HYV5698457852、L586HYV5698457853,并于当月办理登记手续。假设货车年税额为整备质量每吨50元,计算该企业202×应交纳的车船税(假设不存在税收优惠减免的情况)。

应缴纳的车船税=10×50×2=1 000(元)

(二) 申报表填列

车船税的纳税人应按照《车船税法》的有关规定及时办理纳税申报,并如实填写《车船税税源明细表》和《财产和行为纳税申报表》。申报表如表8-11、表8-12所示。

表 8-11 车船税税源明细表

车辆税源明细

序号	车牌号码	*车辆识别代码（车架号）	*车辆类型	车辆品牌	车辆型号	*车辆发票日期或注册登记日期	排（气）量	核定载客	装备质量	*单位税额	减免性质代码和项目名称	纳税义务终止时间
1		L586HYV569845782	据实填			据实填	据实填		10	50		
2		L586HYV569845783	据实填			据实填	据实填		10	50		
3												

船舶税源明细表

序号	船舶登记号	*船舶识别号	*船舶种类	*中文船名	初次登记号码	船籍港	发证日期	取得所有权日期	建成日期	净吨位	主机功率	艇身长度（总长）	*单位税额	减免性质代码和项目名称	纳税义务终止时间
1															
2															
3															

表 8-12　财产和行为税纳税申报表

序号	税种	税目	税款所属期起	税款所属期止	计税依据	税率	应纳税额	减免税额	已缴税额	应补(退)税额
1	车船税	货车	202×年01月01日	202×年12月31日	20	50	1 000.00	0.00	0.00	1 000.00
2										
3										
4										
5										
6										
7										
8										
9										
10										
11	合计	—	—	—	—	—	1 000.00	0.00	0.00	1 000.00

第五节　车辆购置税

2018年12月29日第十三届全国人民代表大会常务委员会第七次会议通过《中华人民共和国车辆购置税法》自2019年7月1日起施行。2000年10月22日国务院公布的《中华人民共和国车辆购置税暂行条例》同时废止。

车辆购置税是以在中国境内购置规定的车辆为课税对象、在特定的环节向车辆购置者征收的一种税。就其性质而言，属于直接税的范畴。

一、纳税义务人

在中华人民共和国境内购置汽车、有轨电车、汽车挂车、排气量超过一百五十毫升的摩托车（以下统称应税车辆）的单位和个人，为车辆购置税的纳税人。应当依照规定缴纳车辆购置税。具体来讲，这种应税行为具体是指以购买、进口、自产、受赠、获奖或者其他方式取得并自用应税车辆的行为。

二、征税范围

车辆购置税以列举产品（商品）为征税对象。所谓"列举产品"即指《车辆购置税法》规定的应税车辆。因此，应税车辆是车辆购置税的征税对象。

车辆购置税的征税范围包括汽车、摩托车、电车、挂车、农用运输车。具体范围按《车辆购置税征收范围表》，未列举的车辆不纳税。

三、税　率

车辆购置税实行统一比例税率，税率为10%。

四、计税依据

应税车辆的计税价格，按照下列规定确定：

（1）纳税人购买自用应税车辆的计税价格，为纳税人实际支付给销售者的全部价款，不包括增值税税款。

（2）纳税人进口自用应税车辆的计税价格，为关税完税价格加上关税和消费税。

（3）纳税人自产自用应税车辆的计税价格，按照纳税人生产的同类应税车辆的销售价格确定，不包括增值税税款。

（4）纳税人以受赠、获奖或者其他方式取得自用应税车辆的计税价格，按照购置应税车辆时相关凭证载明的价格确定，不包括增值税税款。

纳税人申报的应税车辆计税价格明显偏低，又无正当理由的，由税务机关依照《中华人民共和国税收征收管理法》的规定核定其应纳税额。

$$计税价格 = (全部价款 + 价外费用) \div (1 + 增值税税率或征收率)$$

纳税人以外汇结算应税车辆价款的,按照申报纳税之日的人民币汇率中间价折合成人民币计算缴纳税款。

五、应纳税额的计算

车辆购置税实行从价定率的办法计算应纳税额,计算公式为

$$应纳税额 = 计税依据 \times 税率$$

由于应税车辆购置来源、应税行为发生以及计税价格组成的不同,车辆购置税应纳税额的计算方法也有区别。

六、税收优惠

下列车辆免征车辆购置税:

(1)依照法律规定应当予以免税的外国驻华使馆、领事馆和国际组织驻华机构及其有关人员自用的车辆。

(2)中国人民解放军和中国人民武装警察部队列入装备订货计划的车辆。

(3)悬挂应急救援专用号牌的国家综合性消防救援车辆。

(4)设有固定装置的非运输专用作业车辆。

(5)城市公交企业购置的公共汽电车辆。

根据国民经济和社会发展的需要,国务院可以规定减征或者其他免征车辆购置税的情形,报全国人民代表大会常务委员会备案。免税、减税车辆因转让、改变用途等原因不再属于免税、减税范围的,纳税人应当在办理车辆转移登记或者变更登记前缴纳车辆购置税。计税价格以免税、减税车辆初次办理纳税申报时确定的计税价格为基准,每满一年扣减百分之十。纳税人将已征车辆购置税的车辆退回车辆生产企业或者销售企业的,可以向主管税务机关申请退还车辆购置税。退税额以已缴税款为基准,自缴纳税款之日至申请退税之日,每满一年扣减10%。

七、征收管理

车辆购置税实行一次性征收,即实行一车一申报制度。购置已征车辆购置税的车辆,不再征收车辆购置税。车辆购置税由税务机关负责征收。

车辆购置税的纳税义务发生时间为纳税人购置应税车辆的当日。纳税人应当自纳税义务发生之日起60日内申报缴纳车辆购置税。

纳税人应当在向公安机关交通管理部门办理车辆注册登记前,缴纳车辆购置税。公安机关交通管理部门办理车辆注册登记时,应当根据税务机关提供的应税车辆完税或者免税电子信息对纳税人申请登记的车辆信息进行核对,核对无误后依法办理车辆注册登记。

纳税人购置应税车辆,应当向车辆登记地的主管税务机关申报缴纳车辆购置税;购置不需要办理车辆登记注册手续的应税车辆,应当向纳税人所在地的主管税务机关申报缴纳车辆购置税。

车辆购置税申报缴纳比较简单，一般都是当场缴纳或者由销售商等代为缴纳办理。

八、车辆购置税申报实务

（一）申报资料

【例 8-5】甲企业 202×年 2 月从汽车 4S 点（增值税一般纳税人）购置了一辆排气量为 1.8 升的乘用车，支付购车款（含增值税）248 600 元，取得"机动车销售统一发票"，支付车辆装饰费 5 650 元并取得 4S 店开具的票据。计算该企业应缴纳的车辆购置税。

应缴纳的车辆购置税 = 248 600 ÷ (1+13%) × 10% = 22 000（元）

（二）申报表填列

根据以上资料填写车辆购置税纳税申报表（填表说明详见国家税务总局公告 2019 年第 26 号附件），如表 8-13 所示。

表 8-13　车辆购置税纳税申报表

纳税人名称	甲企业	申报类型	√征税□免税□减税
证件名称	据实填	证件号码	据实填
联系电话	据实填	地　　址	据实填
合格证编号（货物进口证明书号）		车辆识别代号/车架号	据实填
厂牌型号	据实填		
排量(cc)	1.8 升	机动车销售统一发票代码	据实填
机动车销售统一发票号码	据实填	不含税价	220 000.00
海关进口关税专用缴款书（进出口货物征免税证明）号码			
关税完税价格		关　税	消费税
其他有效凭证名称		其他有效凭证号码	其他有效凭证价格
购置日期		申报计税价格	申报免（减）税条件或者代码
是否办理车辆登记		车辆拟登记地点	

纳税人声明：
　　本纳税申报表是根据国家税收法律法规及相关规定填报的，我确定它是真实的、可靠的、完整的。
　　纳税人（签名或盖章）：

续表

委托声明：					
现委托(姓名)＿＿＿＿(证件号码)＿＿＿＿＿＿＿＿＿办理车辆购置税涉税事宜,提供的凭证、资料是真实、可靠、完整的。任何与本申报表有关的往来文件,都可交予此人。					
委托人(签名或盖章)：　　　　　　被委托人(签名或盖章)：					
以 下 由 税 务 机 关 填 写					
免(减)税条件代码					
计税价格	税率	应纳税额	免(减)税额	实纳税额	滞纳金金额
220 000.00	10%	22 000.00	0.00	22 000.00	0.00
受理人： 　　年　月　日		复核人(适用于免、减税申报)： 　　年　月　日		主管税务机关(章)	

Shangye Kuaiji Shizhan

商业会计实战

会计教练教研中心 编

✓ 仿真票据

✓ 经典业务　　✓ 实账演练

西北大学出版社

前　言

会计作为一种专业要求强、知识面要求广的职业，其从业人员既要掌握相关专业知识及实务操作技能，又要全面了解税法、财经知识，同时还需及时获悉最新的法律、法规信息。因此，作为一名合格的会计，想要熟练、高效地做账，必须经过一个漫长的学习和实践过程。

万事开头难，刚刚入职的"菜鸟"会计们肯定希望有这么一本书：既有会计、税务理论知识，又有会计业务实操讲解，还可以手把手地让"菜鸟"变成一名合格的会计从业者。

《轻松学会计》就是为满足"菜鸟"会计从业者的学习需求而编写的。让每个入门的会计从业者能高效地掌握会计做账、报税的精髓，这正是我们"会计教练"教研团队编写《轻松学会计》这套书的初衷。

"会计教练"教研团队主要由各行业从事一线财税工作的优秀专家组成，包括会计师事务所的高级项目经理、集团企业的财务负责人、多行业的财税专家、高校的优秀教师等。我们根据十余年的从业、教学经验，针对入门会计从业者的学习需求编写了这套书。

本书共分为三篇：《轻松学做账》《轻松学税务》《商业会计实战》。从理论讲解到实际动手操作，真正做到理实一体，学以致用。在内容编写上，本书采取图文结合的呈现形式把抽象的理论化为形象的图表，轻松易学，更便于读者理解和掌握，快速提升其专业技能。

由于会计制度、会计准则、税务政策的更新调整，本书所涉及的相关内容也以目前实际法规制度为准。书中所使用的企业信息、印鉴均为虚构，使用的软件、网站仅供教学演示。不足之处，恳请读者在使用过程中给予谅解和支持，并将建议和意见及时反馈给我们，以便我们不断完善。

联系邮箱：tianhuabook@qq.com

会计教练教研中心
2022 年 8 月

目 录

第一部分　商贸企业理论知识

第一章　了解商业企业 ·· 1

第二章　商贸企业日常业务账务处理 ·· 7

　　第一节　采购与付款账务处理 ·· 7

　　第二节　销售与收款账务处理 ·· 9

　　第三节　期间费用账务处理 ·· 12

　　第四节　其他日常业务账务处理 ·· 12

　　第五节　期末业务 ·· 14

第二部分　商贸企业实训资料

第三章　实训目的和步骤 ·· 20

　　第一节　实训目的 ·· 20

　　第二节　实训步骤 ·· 21

第四章　公司基本情况简介 ·· 22

　　第一节　企业概况 ·· 22

　　第二节　企业相关会计政策 ·· 26

第五章　手工账实训 ··· 29

　　第一节　20××年1~6月经济业务摘要 ··· 29

　　第二节　记录及证明经济业务发生的原始凭证 ······························· 33

第一部分　商贸企业理论知识

第一章　了解商业企业

一、商业企业的概述

商业企业是指从事商品购销业务的组织。其经济行为简单来说就是买进货物,然后转手卖给他人,从中获取利润,但不进行货物的生产。例如,百货超市、综合超市、批发市场、专卖店等均属于商业企业。

二、商业企业的特征

商业企业的特征归纳起来主要有以下几个方面:
(1)以商品购、销、存为基本业务。
(2)对经营的商品基本上不进行加工或只进行浅度加工。
(3)商业企业的"商业利润"主要来自生产企业的让渡。
(4)经营周期短,资金周转快。
(5)商业企业比生产企业更接近市场。

三、商业企业的分类

商业企业按照其经营方式的不同,可以分为商品批发企业和商品零售企业。
(1)商品批发企业的销售特点表现为:经营规模大,商品储存多,经营网络分散,购销对象多,购销方式多。
(2)商品零售企业的销售特点表现为:经营品种多,交易次数频繁,数量零星,成交时间短,多为一手钱,一手货的现金交易。

四、商业企业的业务流程

商业企业的业务流程主要是通过商品的购、销行为,以及在购销过程中发生的运输和储存业务,由此来完成商品由生产领域到消费领域转移的过程。这一业务流程可以概括为以下4个环节:采购、仓储、运输、销售(图1-1)。其中,商品的购进和销售是商业企业最重要的环节。

图1-1　商业企业业务流程

(一) 采购

采购是指企业为满足和保障销售活动而进行的一系列业务活动,包括申请采购、制订采购计划、发出采购订单、采购商品入库和付款5个基本环节,如图1-2所示。

1.申请采购

申请采购是采购业务的起点,一般由企业需求部门填制采购申请单,向采购部提出需求商品的种类以及数量等相关信息。

采购申请单的内容主要包括请购部门,日期,需购商品的名称、单位、数量、希望到货时间、请购理由,以及相关人员的审批签字等。

采购申请单通常为一式三联,由请购部门、采购部和财务部各持一联。财务部持有采购申请单,主要用于后期审核采购合同。

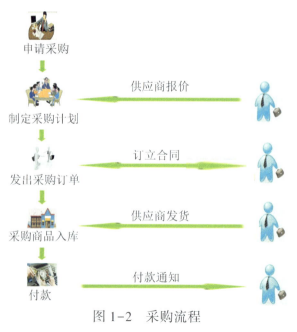

图1-2　采购流程

2.制订采购计划

采购部门接到采购申请后,就可以开始向供应商询价,货比三家后,结合供应商的报价单制订采购计划,提交领导审批。审批通过后,由采购部门负责实施采购。具体审批流程如图1-3所示。

图1-3 审批流程

3.发出采购订单

采购计划经过批准后,下达给采购部门,由采购部门安排采购事务,向供应商发出采购订单,并与供应商签订合同。本环节中,会计人员应当对合同进行审核,如将标的物信息与采购申请单和采购计划比对,审核付款方式等。

4.采购商品入库

采购商品到货后,由仓库进行验收,核对数量无误并检验合格后即可入库。

入库时,由仓库人员填写入库单。本环节中,根据供应商开票情况通常会出现3种情况:①货票一起到;②票到货未到;③货到票未到。会计人员应及时获取相关单据,并进行相应的账务处理。

5.付款

付款时应由采购部门填写付款申请书(图1-4),向财务部申请付款。

图1-4 付款申请书

财务部收到经相关人员审批的付款申请书后,由出纳按采购部申请的付款方式向供应商付款。付款流程如图1-5所示。

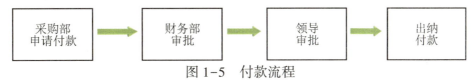

图1-5 付款流程

本环节中,会计人员应注意两个重要事项:

(1)审核审批程序是否符合财务制度规定。

(2)出纳付款后将付款凭证移交给会计,会计应及时入账。

（二）仓储

商业企业的仓储，简单来说就是将采购的商品储存在指定的仓库。仓储的主要目的是保证销售时有足够的货源。从采购商品到商品出库，会计人员应当加强对货物的管理，以防丢失、损毁和变质，并及时做好各项登记工作。

商业企业的仓储流程如图 1-6 所示。

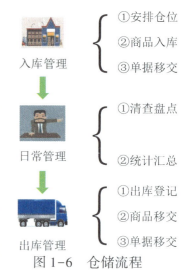

图 1-6　仓储流程

1.入库管理

企业采购商品抵达仓库前，仓库人员应根据该批商品的特点安排好仓位；商品抵达后，由仓管进行验收，并填写验收单或入库单（图 1-7）。

商品入库后，仓管应当将入库的财务联移交给财务部。会计人员根据入库单及其他资料进行入账。

教学专用

入　库　单

供应商：北京隆庆制衣有限公司　　20××年02月10日　　№ 31265721

编号	品名	规格	单位	数量	单价	金额 百	十万	千	百	十	元	角	分
1001	衬衫		件	1000	100.00		1	0	0	0	0	0	0
1002	西裤		件	500	200.00		1	0	0	0	0	0	0
1003	领带		条	300	50.00			1	5	0	0	0	0
备注	入库金额为不含税价格				合计	¥	2	1	5	0	0	0	0

会计：陈慧珊　　保管：罗雅君　　交货人：罗雅君　　制单：李顺娇

② 财务记账联

图 1-7　入库单

2.日常管理

商品入库后，仓库人员应定期查验商品，对各类商品登记造册，分类存放，尤其是对近似商品，要能够区分清楚，确保不出错误。财务部也应当加强对库存商品的管理，具体内容包括：①在库商品信息的管理，及时跟踪商品账面信息；②在库商品实物的管理，定期组织财产清查，进行盘点，并编制盘点表。

3.出库管理

在实务中，仓库人员收到发货通知后，应根据发货清单上的信息发出商品，并做好相应的出库登记工作，由仓管填制出库单（图 1-8）。

						金额								
编号	品名	规格	单位	数量	单价	百	十万	千	百	十	元	角	分	
1002	衬衫		件	1700	226.00		3	8	4	2	0	0	0	
1003	西裤		件	800	339.00		2	7	1	2	0	0	0	
1004	领带		条	400	113.00			4	5	2	0	0	0	

出库单

购货单位：河南远大服装有限公司　20××年03月31日　№ 41265784

备注：销售金额为含税价格　合计 ¥7 0 0 6 0 0 0 0

会计：陈慧珊　发货：罗雅君　审核：李顺娇　制单：罗雅君

（教学专用　②财务记账联）

图 1-8　出库单

商品出库后,仓管应当将出库单的记账联交给财务部。财务人员根据出库单及其他资料进行账务处理。

(三) 运输

商业企业商品流转过程中,为保证销售业务顺利进行,运输环节是必不可少的(客户上门提货除外)。本环节通常有两种运输方式：一是托运,二是自运。

1. 托运

托运就是企业将自己发出的商品,委托专门的物流公司进行运输。实务中,批发企业通常采用托运方式进行运输。托运流程如图1-9所示。

2. 自运

自运是指企业为了及时保证销售业务,专门成立一个配送部门负责商品运输业务。实务中,零售企业通常采用自运方式进行运输。自运流程如图1-10所示。

图 1-9　托运流程　　　　图 1-10　自运流程

(四) 销售

商品销售是商业活动最重要的环节,商业企业的一切活动都是围绕最终的商品销售进行的。销售活动(零售行业的现销除外)一般包括以下5个步骤：销售报价、评审客户、接受订单、商品出库、销售结算(图1-11)。

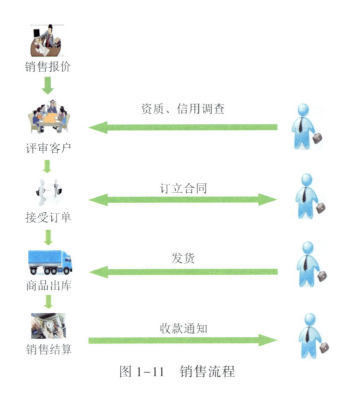

图 1-11　销售流程

1.销售报价

销售报价是指由销售部比照产品市场价格等多方面因素确定产品售价后,向客户报价,即让客户知道企业产品的价格。本环节中,会计人员通常不参与。

2.评审客户

实务中,企业销售业务发生前,应对即将达成协议的潜在客户的信用、偿债能力等尽可能多地进行调查分析,应及时与客户对账并催收货款,尽量减少坏账、死账。本环节通常由销售部进行,会计人员不参与。

3.接受订单

交易双方商定价格,本企业收到客户采购订单后,要与客户签订购销合同。

与客户签订购销合同时,会计人员应对合同内容进行审核,重点关注标的物是否与订单一致、收款方式是否明确等。

4.商品出库

企业销售商品时,仓管应根据合同上注明的信息发货,确保发出货物与发货通知单上的产品型号、名称、数量一致,做好出库登记,正确填写出库单,并向财务部移交出库单的记账联。

5.销售结算

发出货物,会计人员根据客户信息开具销售发票后,即可确认销售收入。客户验收货物后,应按照合同约定条款办理款项结算工作。

第二章 商贸企业日常业务账务处理

第一节 采购与付款账务处理

一、采购业务的账务处理

实务中,会计人员在进行采购业务账务处理时,要先区分相关单据的业务内容。采购业务账务处理的主要内容包括两部分:一是采购成本的确定;二是特殊业务处理。

(一)采购成本的确定

商业企业的采购成本是指商品从采购到入库前所发生的全部采购支出,主要包括购买价款、运输费和其他费用三部分(实际处理中也可将运费及其他费用直接作为期间费用)。

1.购买价款

购买价款,即采购商品的原始买入价,是采购成本必不可少的组成部分,通常能从供应商开具的发票中直接确定金额。不过,由于收到的发票种类不同,购买价款的确定也有差异。下面分别对收到增值税专用发票和增值税普通发票后的两种情况进行介绍。

(1)收到增值税专用发票(包括小规模纳税人税局代开的增值税专用发票)。

借:库存商品(不含税价款)

　　应交税费——应交增值税(进项税额)

　贷:银行存款/库存现金/应付账款等科目

(2)收到增值税普通发票。

借:库存商品(价税合计)

　贷:银行存款/应付账款等

2.运输费

商业企业采购商品过程中发生的与采购业务有关的运输费一般计入采购成本。下面分别对收到增值税专用发票和增值税普通发票的账务处理进行介绍。

(1)收到增值税专用发票。

借:库存商品(以不含税价款记采购成本)

　　应交税费——应交增值税(进项税额)

　贷:银行存款/库存现金/应付账款等科目

(2)收到增值税普通发票。

借:库存商品(按发票总金额记采购成本)

　贷:银行存款/库存现金/应付账款等科目

(二)特殊业务处理

实务中,商业企业采购过程中经常会出现以下两种情况:一是票到货未到;二是货到票未到。会计人员应根据不同情况分别做出账务处理,如表2-1所示。

表2-1 特殊业务处理

特殊业务	账务处理
票到货未到	采购成本先记"在途物资"科目核算
货到票未到	采购成本按暂估价值入账,记入"库存商品"科目

1.票到货未到

商业企业采购商品,先收到发票和相关单据,但商品未验收入库时,会计人员应作为"在途物资"进行核算。

借:在途物资
　　应交税费——应交增值税(进项税额)
　贷:应付账款等

待商品到达公司并验收入库后,会计人员应将该批商品从"在途物资"转入"库存商品"。

借:库存商品
　贷:在途物资

2.货到票未到

商业企业采购商品,商品已经到达,但发票和相关单据未到达时,会计人员月末应以合同价格(不含税价格)或者市场价格作为暂估价,将该批商品暂估入库。

借:库存商品(不含税价格)
　贷:应付账款(暂估应付款)

次月,待发票等单据到达后,会计人员先红字冲销暂估金额,再按发票及相关单据进行正常的账务处理。

第一步:收到发票时,先将暂估金额冲销。

借:库存商品(不含税价格)(红字)
　贷:应付账款(暂估应付款)(红字)

(说明:本步骤会计分录中的金额,实务中用红字登记。)

第二步:根据增值税专用发票上的不含税金额做如下处理。

借:库存商品
　　应交税费——应交增值税(进项税额)
　贷:应付账款

二、不同付款方式下的账务处理

实务中,出纳应按付款申请书上载明的付款方式进行付款。

(一) 银行存款付款

对于大额的采购业务,企业应采用银行存款付款。会计人员应根据收到的相关银行业务凭证进行账务处理。

借:应付账款
　　贷:银行存款

(二) 银行承兑汇票付款

银行承兑汇票是由在承兑银行开立存款账户的存款人出票,保证在指定日期无条件支付确定金额给收款人或者持票人的票据。企业采用银行承兑汇票付款时,会计人员应通过"应付票据"科目进行核算。

借:应付账款
　　贷:应付票据

(三) 其他付款方式

除了以上两种付款方式外,还有其他的一些付款方式,如现金、银行汇票、银行本票等,其账务处理方式与银行存款付款、银行承兑汇票付款相似。

第二节　销售与收款账务处理

一、销售业务账务处理

(一) 正常销售业务账务处理

商业企业销售其经营范围内的商品,需要给客户开具增值税专用发票或增值税普通发票。会计人员可以依据已开具的发票来确认相应的销售收入,并进行相应的账务处理。

借:应收账款
　　贷:主营业务收入
　　　　应交税费——应交增值税(销项税额)

(二) 特殊销售业务的账务处理

特殊销售业务是指在账务处理上与正常销售业务存在差异的销售业务,主要包括以下3种情形。

1.视同销售

视同销售是指商业企业将主营商品用于无偿赠送、对外投资、分配给股东等非销售行为。

例如,企业因业务需要将商品作为样品无偿赠送给客户的行为,就属于典型的视同销售行为。其账务处理如下:

借:销售费用——样品(同类商品价税合计金额)
　　贷:主营业务收入(发票注明的不含税金额)

　　　　应交税费——应交增值税(销项税额)
同时结转赠送商品的成本。

链接 对于视同销售行为价格的确定依据为:

《中华人民共和国增值税暂行条例实施细则》

第十六条　纳税人有条例第七条所称价格明显偏低并无正当理由或者有本细则第四条所列视同销售货物行为而无销售额者,按下列顺序确定销售额:

(一)按纳税人最近时期同类货物的平均销售价格确定。

(二)按其他纳税人最近时期同类货物的平均销售价格确定。

(三)按组成计税价格确定。组成计税价格的公式为

$$组成计税价格=成本\times(1+成本利润率)$$

属于应征消费税的货物,其组成计税价格中应加计消费税税额。公式中的成本是指:销售自产货物的为实际生产成本,销售外购货物的为实际采购成本。公式中的成本利润率由国家税务总局确定。

2.折扣销售

折扣销售是指商业企业为促进商品销售而在商品标注上给予价格扣除的销售行为。

如果销售额和折扣额在同一张发票上分别注明,会计人员应按折扣后的金额确认销售收入。其账务处理如下:

借:应收账款(根据发票上折扣后的价税合计金额)
　　贷:主营业务收入(根据发票上折扣后的不含税金额)
　　　　应交税费——应交增值税(销项税额)

税法规定,折扣销售将销售额与折扣额在同一张发票"金额"栏上分别注明的,可以按折扣后的价格作为销售额计算增值税;不在同一张发票"金额"栏分别体现的或仅在发票"备注"栏注明折扣额的,折扣额不得从销售额中减除。

3.销售退回或者销售折让

商业企业在日常商品销售中,可能因质量等问题发生销售退回或者销售折让,会计人员应掌握发生此类业务时的账务处理。

(1)销售退回。销售退回是指企业因销售出去的商品存在质量等问题,被客户退回已确认收入的商品。如果销售业务与退回业务发生在同一月份,可直接将原开具的发票及账务处理的凭证作废;如果跨月发生,会计人员应当开具红字发票(也就是实务当中所说的负数发票)冲减退回当月的销售收入,并将退回的商品入库,同时转回销售成本。其账务处理如下:

借:应收账款(红字)
　　贷:主营业务收入(红字)
　　　　应交税费——应交增值税(销项税额)(红字)

(说明:本分录中的金额在实务中用红字登记。)

待商品退回并入库时,会计人员应根据入库单冲减相应的销售商品成本。其账务处理如下:

借:库存商品
　　贷:主营业务成本

（2）销售折让。商业企业销售商品因质量等问题，给予客户销售折让。实际发生销售折让时，冲减企业的销售收入。其账务处理如下：

借：应收账款（红字）
　　贷：主营业务收入（红字）
　　　　应交税费——应交增值税（销项税额）（红字）

（说明：本分录中的金额在实务中用红字登记。）

（注：企业开具红字增值税专用发票，必须向税务管理员提出申请，获得批准后，才能开具。）

二、收款业务账务处理

商业企业对外销售商品，可以与客户协议、商定一种甚至几种收款方式。实务中，常见的收款方式主要有4种：一是现金收款；二是银行存款收款；三是银行承兑汇票收款；四是其他收款方式。会计人员应根据不同的收款业务凭证进行相应的账务处理。

（一）现金收款

现金收款适用零售或者小额业务。实务中，会计人员一般根据收款凭证进行如下账务处理。

借：库存现金
　　贷：应收账款

（二）银行存款收款

商业企业日常经营中发生的货款收付，大多数情况下都是通过银行进行结算的，会计人员应掌握银行结算业务的特点。根据收到的银行结算单据进行如下账务处理。

借：银行存款
　　贷：应收账款

（三）银行承兑汇票收款

商业企业销售商品，为了扩大销售量，同时避免收款风险，可要求客户以银行承兑汇票方式承诺付款。实务中，会计人员应根据收到的银行承兑汇票的票面金额进行如下账务处理。

借：应收票据
　　贷：应收账款

（四）其他业务方式

除了上述几种付款方式外，实务中可采用的结算方式还有银行汇票、商业承兑汇票、银行本票、托收承付等。由于这些付款方式各自的局限性大（如商业承兑汇票风险较高）、普及率低，实务中较少使用，因此不再赘述。

第三节 期间费用账务处理

一、销售费用的账务处理

销售费用是指企业在销售商品过程中发生的各种费用,如保险费、包装费、展览费和广告费、商品维修费、预计产品质量保证损失、运输费、装卸费等以及为销售本企业商品而专设的销售机构(含销售网点、售后服务网点等)的职工薪酬、业务费、折旧费等经营费用。实务中,销售部门发生的费用一般通过"销售费用"科目进行核算,会计核算时应按费用项目设置明细。账务处理如下:

借:销售费用——明细科目(根据情况自行设置)
  贷:库存现金/银行存款等

若为一般纳税人,又取得了增值税专用发票,进项税额要单独列示(招待费除外),不能并入销售费用中。

二、管理费用的账务处理

管理费用是指企业为组织和管理企业生产经营所发生的费用,包括在筹建期间内发生的开办费、行政管理部门职工薪酬、低值易耗品摊销、办公费和差旅费、经营租赁费、折旧费、聘请中介机构费、咨询费(含顾问费)、诉讼费、业务招待费、技术转让费、无形资产摊销、劳动保险费等。行政管理部门发生的固定资产修理费用等后续支出,也在本科目核算。实务中会计人员核算管理费用要在"管理费用"科目下设置明细科目,进行明细核算。

借:管理费用——明细科目(根据情况自行设置)
  贷:库存现金/银行存款等

若为一般纳税人,又取得了增值税专用发票,进项税额要单独列示(除招待费),不能并入管理费用中。

三、财务费用的账务处理

财务费用是指企业为筹集业务经营所需资金等而发生的费用。商业企业的财务费用一般包括利息支出、相关的手续费、利息收入等。实务中,会计核算财务费用时,在"财务费用"科目下设置不同的明细科目,进行明细核算。

借:财务费用——明细科目(根据情况自行设置)
  贷:银行存款等

第四节 其他日常业务账务处理

商业企业的日常经营中,除了采购与付款、销售与收款、期间费用这几类与营业相关的业务外,经常还会涉及一些其他日常业务,如其他业务收支,营业外收支,其他应收、应付款,预付费用。

一、其他业务收支

(1)其他业务收支是指除主营业务收支以外的其他经营活动实现的收入与支出,主要通过"其他业务收入"和"其他业务成本"科目核算。其他业务收支的核算内容如表2-2所示。

表2-2 其他业务收支的核算内容

其他业务收入	其他业务成本
房屋出租收入	房屋发生的折旧
出租包装物收入	出租包装物摊销、维修费、破损损失
销售包装物等材料的收入	销售包装物等材料的成本
其他	其他

(2)企业发生其他业务收入时,会计人员应根据自行或者代开的发票进行账务处理如下。

借:银行存款等
　　贷:其他业务收入
　　　　应交税费——应交增值税

若为一般纳税人明细到三级(销项税额)。

二、营业外收支

营业外收支是指与企业的业务经营无直接关系的收益和支出,其核算内容如表2-3所示。

表2-3 营业外收支的核算内容

营业外收入	营业外支出
固定资产报废收益	固定资产报废损失、自然灾害等非正常原因造成的损失、盘亏等
	无形资产报废
扣款收入	罚款支出
因债权人原因无法支付的应付款项	捐赠支出
其他	其他

三、其他应收、应付款

其他应收、应付款是指企业除了营业收支以外的其他各项应收、暂付款项等,其核算内容如表2-4

所示。

表 2-4 其他应收、应付款的核算内容

其他应收款核算内容	其他应付款核算内容
应收各种赔款	应付经营租入固定资产租金
应收垫付款项	应付租入包装物租金
应收存出保证金等	应付暂收款项

四、预付费用

预付费用是指企业预先支付,可在之后若干会计期间进行分摊的费用,如企业预付的房租、水电费等。新《企业会计准则》实施后,企业预付费用在发生时计入当期损益,涉及跨期费用通过"预付账款""长期待摊费用"进行核算。其账务处理如下:

(1)支付费用时,

借:管理费用等(当期费用)
　　预付账款(不超过一年的跨期费用)
　　长期待摊费用(超过一年的待摊费用)
　贷:库存现金/银行存款等

(2)后期分摊时,

借:管理费用等
　贷:预付账款/长期待摊费用

第五节　期末业务

一、职工薪酬的计提与发放

(一)计提职工薪酬的账务处理

按照最新的《企业会计准则》规定,企业的职工薪酬都要通过"应付职工薪酬"科目进行核算。"应付职工薪酬"科目下可以设"工资""福利费""工会经费""职工教育经费""社会保险费""住房公积金"等二级科目。

商业企业不涉及生产成本的核算问题,因此,计提职工薪酬时,只需将销售部门发生的职工薪酬计入"销售费用"科目进行核算,将其他部门的职工薪酬计入"管理费用"核算。例如,某企业8月份计提工资的分录如下:

借:销售费用——工资
　　销售费用——社会保险费

销售费用——住房公积金
管理费用——工资
管理费用——社会保险费
管理费用——住房公积金
贷：应付职工薪酬——工资
　　应付职工薪酬——社会保险费
　　应付职工薪酬——住房公积金

(二) 发放职工薪酬

实务中，会计人员一般于月末计提当月工资，次月发放。

1.发放职工薪酬的账务处理

次月初，企业发放职工薪酬，会计做账务处理时要注意以下3点：①代扣个人社保费；②代扣个人住房公积金；③代扣个人所得税。

接上例，某企业9月份发放工资的分录如下：

借：应付职工薪酬——工资
　贷：银行存款(发放部分)
　　其他应付款——社会保险费/公积金(个人部分)
　　应交税费——个人所得税(代扣代缴)

2.缴纳税费的账务处理

借：应付职工薪酬——社会保险费/公积金(单位部分)【9月份缴纳】
　　其他应付款——社会保险费/公积金(个人部分)【9月份缴纳】
　　应交税费——个人所得税【10月份缴纳】
　贷：银行存款

(说明：9月份缴纳社保，10月份缴纳个税。)

二、计提折旧

企业拥有的固定资产会在日常经营活动中发生损耗，因此，在固定资产的有效使用期内，企业需要采用一定的方法计提折旧。其账务处理如下：

借：管理费用——折旧费
　　销售费用——折旧费
　贷：累计折旧

三、月末摊销

月末，企业应对无形资产、长期待摊费用等进行摊销。此时，会计人员应做好两项工作：一是编制摊销表；二是进行相应的账务处理。

(一) 无形资产摊销的账务处理

企业应当按月对无形资产进行摊销,无形资产的摊销一般应计入当期损益。企业自用的无形资产,根据收益部门,其摊销金额可计入"管理费用""销售费用"等科目;用于出租的无形资产,其摊销金额可计入"其他业务成本"。其账务处理如下:

借:管理费用/销售费用/其他业务成本
　　贷:累计摊销

(二) 长期待摊费用的账务处理

商业企业应计入长期待摊费用的情况包括以经营租赁方式租入办公室、仓库等支付的租赁费。实务中,长期待摊费用摊销通常使用年限平均法计算摊销金额。其账务处理如下:

借:管理费用/销售费用
　　贷:长期待摊费用

四、应交税费账务处理

一般纳税人增值税核算的科目设置两个二级科目,即

应交税费——应交增值税

应交税费——未交增值税

同时,应交税费——应交增值税有7个常见的三级明细科目,即

应交税费——应交增值税(进项税额)

应交税费——应交增值税(销项税额)

应交税费——应交增值税(转出未交增值税)

应交税费——应交增值税(转出多交增值税)

应交税费——应交增值税(已交税金)

应交税费——应交增值税(减免税款)

应交税费——应交增值税(进项税额转出)

增值税核算的账务处理可分为4步,即购、销、转、交。

第一步:购进时,取得增值税专用发票。

借:库存商品等
　　应交税费——应交增值税(进项税额)
　　贷:相关科目

购进时,取得增值税普通发票。

借:库存商品
　　贷:相关科目

第二步:销售商品,企业不论开具的是增值税专用发票,还是增值税普通发票全部要确认销项税额。

借:银行存款(或其他相关科目)
　　贷:主营业务收入

应交税费——应交增值税(销项税额)

第三步:月末结转本月应交未交增值税。

月末结转本月应交未交增值税,即

　　应交未交增值税＝销项税额-进项税额+进项税额转出-已交税金-减免税款

若上面计算结果>0,账务处理为

借:应交税费——应交增值税(转出未交增值税)

　　贷:应交税费——未交增值税

若上面计算结果<0,账务处理为

借:应交税费——未交增值税

　　贷:应交税费——应交增值税(转出多交增值税)

涉及增值税进项税额转出和减免税的账务处理。

(1)进项税额转出的会计处理。

借:相关科目

　　贷:应交税费——应交增值税(进项税额转出)

(2)减免税款的账务处理。

借:应交税费——应交增值税(减免税额)

　　贷:损益类相关科目

第四步:下月申报期缴纳税款时。

借:应交税费——未交增值税

　　贷:银行存款

五、结转销售成本

企业在确认销售收入的同时,还需要结转商品的销售成本。无论采用哪种方法,结转本期商品销售成本都需要按以下方式做出账务处理。

借:主营业务成本

　　贷:库存商品

六、结转损益

(一)结转收入、利得的账务处理

月末,会计人员应将"主营业务收入""其他业务收入""投资收益""营业外收入"等收入利得类科目的期末贷方余额结转到"本年利润"科目的贷方。结转后,收入、利得类科目的余额应为零。

借:主营业务收入

　　其他业务收入

　　公允价值变动损益

　　投资收益

营业外收入
　　资产处置损益
　贷：本年利润

(二) 结转费用、损失的账务处理

月末，会计人员应将"主营业务成本""其他业务成本""销售费用""管理费用""财务费用"等费用、损失类科目的期末借方余额结转到"本年利润"科目的借方。结转后，费用、损失类科目的余额应为零。

借：本年利润
　贷：主营业务成本
　　　其他业务成本
　　　税金及附加
　　　销售费用
　　　管理费用
　　　财务费用
　　　资产减值损失
　　　信用减值损失
　　　资产处置损益
　　　营业外支出

实务中，会计将收入、利得、费用、损失结转到本年利润后，如果本期贷方金额大于借方金额，则表示公司本月盈利，应缴纳企业所得税；反之，则表示本月亏损。

七、结转与分配利润

商业企业的经营活动一般会有两个结果：盈利或者亏损。实务中会计人员应当关注两点：一是将净利润或净亏损结转至利润分配(即结转本年利润至利润分配)；二是进行利润分配。

(一) 结转本年利润

借：本年利润
　贷：利润分配——未分配利润

或者做相反的分录。

(二) 利润分配

商业企业通过经营活动取得净利润，在年度终了时，应将净利润进行分配。实务中，利润分配主要在企业和投资者之间进行。利润分配的顺序为：首先，提取盈余公积；其次，发放现金股利；最后，结转利润分配。

1. 提取盈余公积相关分录

借：利润分配——提取法定盈余公积(必须按照企业净利润的10%提取)
　贷：盈余公积——法定盈余公积

2.发放现金股利相关分录

实务中,企业提取足够的盈余公积后,按照企业管理当局的决定,可向投资者分配股利。分配股利应通过"应付股利"科目进行核算。

(1)分配现金股利的账务处理。

借:利润分配——向投资者分配利润
　　贷:应付股利——投资者

(2)发放现金股利的账务处理。

分配完股利后,企业应向投资者发放现金股利。

借:应付股利——投资者
　　贷:银行存款
　　　　应交税费——应交个人所得税

3.结转利润分配

企业利润分配完毕后,需将"利润分配"下的二级科目"利润分配——提取法定盈余公积""利润分配——向投资者分配利润"的余额结转到"利润分配——未分配利润"科目。结转后,只有"利润分配——未分配利润"科目有余额。

借:利润分配——未分配利润
　　贷:利润分配——提取法定盈余公积
　　　　利润分配——向投资者分配利润

第二部分　商贸企业实训资料

第三章　实训目的和步骤

第一节　实训目的

现以新开办的商贸企业连续六个月的经济业务发展为背景,从其经营规模由小到大,产业发展由单一到多元化经营演变,让大家充分了解一个完整的商贸企业经济业务的会计核算全程。在手工账阶段,主要从了解公司架构、公司运营流程、公司会计政策入手,掌握如何建账,如何进行会计核算,如何将会计政策与税收政策结合到具体实务工作中,通过亲自动手体验会计核算由简单到复杂的渐进过程,对会计核算工作从建账(起点),到每月申报纳税(终点),都能全面掌握。让大家具备一个商贸企业主办会计的实战能力。

每月业务练习重点如下：

1月,重点练习手工账从原始凭证到报表的整套账务流程,熟悉公司筹建期间费用和投资业务。

2月,通过上个月整套的账务流程的练习,本月将增加购进业务并对增值税会计分录进行涉及。手工账中注意做账的前后衔接。

3月,本月在购进业务的基础上增加了销售业务,本月增值税累计达到需要缴纳的界点,此时附加税费也需要一并计提,这是新手需要注意的地方。此外,企业所得税的算法(按季预缴)也是本月的重点。

4月,本月增加了增值税、附加税、印花税及企业所得税扣缴的知识点。体现在分录方面需要注意。

5月,本月增加了个税扣缴的知识点,本月需要初学者对前面连续4个月所涉及的知识点进行总结、综合练习和沉淀。

6月,本月是手工账练习的最后一个月,将涉及连续计算企业所得税的业务。

通过半年业务的练习和学习,认真做完6个月业务的手工账后,大家对全盘账务处理、日常涉税处理基本已经掌握,为更快适应实际工作节奏已做好准备。

第二节　实训步骤

手工账实训系统练习步骤：

首先,收看网站手工账演示视频,跟着老师练习建账并完成第一个月的做账处理。

第二,做账流程步骤详解。

(1)建账:对照本书清单检查一下书和记账凭证等资料的完整性和数量。

(2)原始凭证:把教材中的原始凭证按照剪切线剪裁下来以便做账时附于记账凭证后。

(3)记账凭证:认真写好分录,全套1~6月的答案可在会计教练网站实训中心——手工账实训中查找。

(4)T形账户和科目汇总表:两部分已配有资料,1~6月的答案可在会计教练网站实训中心——手工账实训中查找。

(5)账簿:1~6月的答案可在会计教练网站实训中心——手工账实训中查找。

(6)报表:配有整套的空白报表,答案可参考实训中心——手工账。

第三,装订。此步骤可观看网站视频演示。

第四,后续。自我总结,再通过学习行业账加深理解。

注意:一定要亲手完成整套账务。做完后可查阅参考答案。

第四章 公司基本情况简介

因企业的组织模式、会计政策等不同,对企业的账务处理方法也不尽相同。了解企业的基本情况,可以帮助我们更准确地进行会计核算。

第一节 企业概况

一、公司基本情况简介

北京大河服饰有限公司的工商、税务登记及开户等相关信息如图4-1、图4-2所示。

图 4-1 工商营业执照

图 4-2 基本存款账户信息

二、组织构架及岗位配置

北京大河服饰有限公司的组织构架图如图 4-3 所示,人员信息情况如表 4-1 所示。

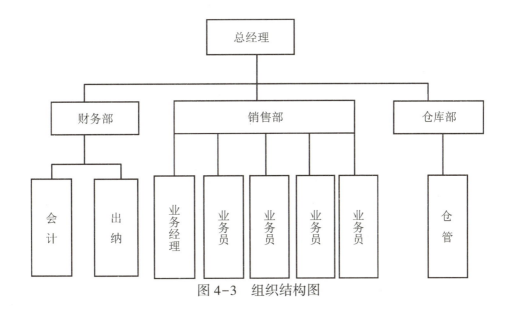

图 4-3 组织结构图

表 4-1 主要人员信息表

部　门	职　务	姓　名	入职时间
总经理室	总经理	洪庆山	20××年1月
财务部	出　纳	李顺娇	20××年1月
财务部	会　计	陈慧珊	20××年1月
销售部	业务经理	张亮亮	20××年1月
销售部	业务员	冯青青	20××年1月
销售部	业务员	毛小薇	20××年1月
销售部	业务员	刘玲玲	20××年1月
销售部	业务员	李俊杰	20××年1月
仓库部	库　管	罗雅君	20××年1月

三、会计科目及账页设置

(一) 会计科目

北京大河服饰有限公司20××年所用会计科目如表4-2所示。

表 4-2　会计科目

序　号	代　码	总账科目	二级明细
1	1001	库存现金	
2	1002	银行存款	工行东大街支行
3	1122	应收账款	河南远大服装有限公司
4	1123	预付账款	北京隆庆制衣有限公司
4	1123	预付账款	房　租
5	1221	其他应收款	李俊杰
6	1405	库存商品	衬　衫
6	1405	库存商品	西　裤
6	1405	库存商品	领　带

续表

序 号	代 码	总账科目	二级明细
7	1601	固定资产	电脑
8	1602	累计折旧	电脑
9	1701	无形资产	品牌使用费
10	1702	累计摊销	品牌使用费
11	2211	应付职工薪酬	工资
			公司承担社保
12	2221	应交税费	应交增值税(含9个三级明细)
			未交增值税
			应交城市维护建设税
			应交教育费附加
			应交地方教育附加
			应交企业所得税
			应交印花税
			应交个人所得税
13	2241	其他应付款	罗雅君
			个人承担社保
14	4001	实收资本	罗雅君
			洪庆山
15	4103	本年利润	
16	6001	主营业务收入	
17	6401	主营业务成本	
18	6403	税金及附加	
19	6601	销售费用	工资/社会保险费/业务招待费/折旧费/差旅费/广告费/其他
20	6602	管理费用	办公费/工资/社会保险费/无形资产摊销/房租/折旧费/其他
21	6801	所得税费用	
合 计			21个总账科目

(二) 手工账材料

手工账练习需要的材料如表 4-3 所示。

表 4-3 手工账材料

序 号	项 目	内 容	数 量
1	记账凭证		2本
2	总 账		1本
3	明细账	1.三栏式	1本
		2.库存现金日记账	1本
		3.银行存款日记账	1本
		4.数量金额式	1本
		5.固定资产	1本
		6.应交增值税	1本
		7.多栏式(销售/管理/财务费用)	1本
4	科目汇总表		6张
5	试算平衡表		6张
6	文具用品	1.黑/红色水笔、尺子、计算器、剪刀、夹子、回形针	各1个(盒)
		2.口序纸	2张
7	财务报表	资产负债表	6份
		利润表	6份
		现金流量表	6份

第二节 企业相关会计政策

一、采用会计标准

根据公司发展战略,公司执行《企业会计准则》并在《企业会计准则》框架下建立内部核算制度。

二、货币资金核算方法

货币资金由出纳负责日常管理和核算,实行定额备用金管理办法。

三、会计年度

本公司会计年度自公历1月1日起至12月31日止。

四、记账本位币

本公司以人民币为记账本位币。

五、会计核算

以权责发生制为记账基础。除某些金融工具外,均以历史成本为计价原则。资产如果发生减值,按照相关规定计提相应的减值准备。

六、账务处理程序

本公司采用科目汇总表账务处理程序,它是根据记账凭证定期编制科目汇总表,再根据科目汇总表登记总分类账的一种账务处理程序。完整的科目汇总表账务程序如下所示(图4-4)。

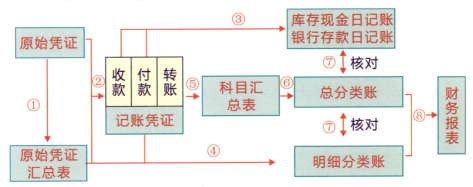

图4-4 科目汇总表账务程序

(1)根据原始凭证编制汇总原始凭证。
(2)根据原始凭证或汇总原始凭证编制记账凭证。
(3)根据收款凭证、付款凭证逐笔登记现金日记账和银行存款日记账。
(4)根据原始凭证、汇总原始凭证和记账凭证登记各种明细分类账。
(5)根据各种记账凭证编制科目汇总表。
(6)根据科目汇总表登记总分类账。
(7)期末,现金日记账、银行存款日记账和明细分类账的余额同有关总分类账的余额核对相符。
(8)期末,根据总分类账和明细分类账的记录,编制会计报表。

七、应收款项

本公司的坏账确认标准为:对债务人破产或死亡,以其破产财产或遗产清偿后,仍然不能收回的应收款项;或因债务人逾期未履行其清偿责任,且具有明显特征表明无法收回时经公司批准确认为坏账。

本公司采用备抵法核算坏账损失。坏账发生时,冲销原已提取的坏账准备。坏账准备不足冲销的差额,计入当期损益。

八、存　货

存货按存放地点采用分仓核算,存货按照实际成本进行初始计量。发出存货采用月末一次加权平均法确定实际成本。低值易耗品和包装物采用一次转销法进行摊销。年末依据商品类别按成本与可变现净值孰低原则调整账面价值。

九、固定资产

固定资产的折旧采用年限平均法计提,折旧年限与税法规定的最低年限一致。本公司在每年年度终了,对固定资产的使用寿命、预计净残值和折旧方法进行复核,必要时进行调整。

链接 对于固定资产的折旧年限税法的规定如下:

《中华人民共和国企业所得税法实施条例》国务院令第 512 号

第六十条　除国务院财政、税务主管部门另有规定外,固定资产计算折旧的最低年限如下:

(一)房屋、建筑物,为 20 年;

(二)飞机、火车、轮船、机器、机械和其他生产设备,为 10 年;

(三)与生产经营活动有关的器具、工具、家具等,为 5 年;

(四)飞机、火车、轮船以外的运输工具,为 4 年;

(五)电子设备,为 3 年。

会计准则折旧年限是企业自行判断的,所得税方面则只规定了最低折旧年限。所以从实务来讲,一般是参照税法最低折旧年限比较方便。

十、公司涉税税种

公司涉税税种如表 4-4 所示。

表 4-4　税种一览表

序　号	税　种	税　率	申报期
1	增值税	13%	月　报
2	企业所得税	25%	季　报
3	城市维护建设税	7%	月　报
4	教育费附加	3%	月　报
5	地方教育附加	2%	月　报
6	印花税	比例税率	季　报
7	个人所得税	7级税率表	月　报

第五章 手工账实训

第一节 20××年1~6月经济业务摘要

20××年1月份业务

(1) 8日接受投资500 000元:其中罗雅君200 000元、洪庆山300 000元。
(2) 9日李顺娇从银行取现金5 000元。
(3) 10日报销工商注册代理费800元,刻章费200元。
(4) 11日报销业务招待费500元。
(5) 12日报销办公用品一批600元,现金支付。
(6) 13日购入电脑9台,每台3 700元,可用3年,净残值率5%,款项已付(取得的是增值税专用发票,以上是价说合计)。
(7) 14日支付品牌使用费36 000元,三年有效期分摊。
(8) 15日支付房租60 000元,6个月分摊。
(9) 31日计提工资10 000元(4人×2 500元),全部是管理人员。
(10) 31日计提社保。
(11) 31日摊销品牌使用费。
(12) 31日摊销房租。
(13) 31日结转本月增值税。
(14) 31日结转本月损益。

20××年2月份业务

(1) 1日通过网银预付给供应商270 000元。
(2) 5日发上月工资。
(3) 5月缴纳社保。
(4) 10日收到供应商发货并开具的增值税专用发票,购进清单如表5-1所示(购进价格不含增值税税额)。

表 5-1 购进清单

名　称	单　位	购进数量	单　价
衬衫	件	1 000	100.00
西裤	件	500	200.00
领带	件	300	50.00

(5) 28 日计提本月工资。

(6) 28 日社保计提。

(7) 28 日计提折旧。

(8) 28 日摊销品牌使用费。

(9) 28 日摊销房租。

(10) 28 日结转本月增值税。

(11) 28 日结转本期损益。

20××年3月份业务

(1) 1 日向罗雅君借款 500 000 元。

(2) 2 日购入办公用品 500 元，现金支付。

(3) 10 日发上月工资。

(4) 10 日缴纳社保。

(5) 10 日向供应商打款 300 000 元。

(6) 15 日收到供应商发货并开具增值税专用发票。购进清单如表 5-2 所示（购进价格不含增值税税额）。

表 5-2 购进清单

名　称	单　位	购进数量	单　价
衬衫	件	1 000	120.00
西裤	件	500	240.00
领带	件	300	70.00

(7) 31 日本月累计销售情况，其中有一半货款银行收讫，另外一半下月 5 日收取。销售清单如表 5-3 所示。

表 5-3 销售清单

名　称	单　位	销售数量	单　价
衬衫	件	1 700	226.00
西裤	件	800	339.00
领带	件	400	113.00

(8) 31 日结转本月销售商品成本。

(9) 31 日计提本月工资。

(10) 31 日计提社保。

(11) 31 日计提电脑折旧。

(12) 31 日分摊品牌使用费。

(13) 31 日摊销房租。

(14) 31 日结转本月增值税。

(15) 31 日计提附加税及印花税。

(16) 31 日结转本月损益。

(17) 31 日计提本季度企业所得税。

(18) 31 日结转所得税费用。

20××年4月份业务

(1) 1 日业务部李俊杰借支差旅费 2 000 元，现金支付。

(2) 5 日收回 3 月未收的销售货款。

(3) 6 日业务员李俊杰报销差旅费 3 000 元，剩余款项网银支付。

(4) 8 日通过网银支付 100 000 元给供应商。

(5) 10 日收到供应商发货并开具的增值税专用发票。购进清单如表 5-4 所示（购进价格不含增值税税额）。

表 5-4　购进清单

名　称	单　位	购进数量	单　价
衬衫	件	500	110.00
西裤	件	300	220.00
领带	件	100	60.00

(6) 10 日缴纳上月增值税、附加税及 1 季度企业所得税、印花税。

(7) 10 日发上月工资。

(8) 10 日缴纳社保。

(9) 30 日计提本月工资。

(10) 30 日计提社保。

(11) 30 日计提电脑折旧、摊销房租、品牌使用费。

(12) 30 日本月累计销售情况，其中有一半货款银行收讫，另外一半下月 5 日收到。销售清单如表 5-5 所示。

表 5-5　销售清单

名　称	单　位	销售数量	单　价
衬衫	件	500	226.00
西裤	件	150	339.00
领带	件	120	113.00

(13) 30 日结转本月销售商品成本。

(14) 30 日结转本月增值税。

(15) 30 日计提本月税金。

(16) 30 日结转本月损益。

20××年5月份业务

(1) 3 日支付广告费 30 000 元。

(2) 3 日通过网银支付给供应商 200 000 元。

(3) 5 日收到 4 月未收的销售货款。

(4) 5 日收到供应商发货并开具的增值税专用发票。购进清单如表 5-6 所示(购进价格不含增值税税额)。

表 5-6　购进清单

名　称	单　位	购进数量	单　价
衬衫	件	650	110.00
西裤	件	350	220.00
领带	件	500	60.00

(5) 8 日缴纳上月份相关税费。

(6) 10 日发上月工资。

(7) 10 日缴纳社保。

(8) 30 日本月累计销售情况,其中有一半货款银行收讫,另外一半下月 5 日收到。销售清单如表 5-7 所示。

表 5-7　销售清单

名　称	单　位	销售数量	单　价
衬衫	件	850	226.00
西裤	件	500	339.00
领带	件	450	113.00

(9) 31 日结转本月销售商品成本。

(10) 31 日计提本月工资。

(11) 31 日计提社保。

(12) 31 日计提电脑折旧、摊销房租、品牌使用费。

(13) 31 日结转本月增值税。

(14) 31 日计提本月附加税。

(15) 31 日结转本月损益。

20××年6月份业务

(1) 3日通过网银支付给供应商400 000元。

(2) 5日收回5月未收的销售货款。

(3) 5日收到供应商发货并开具的增值税专用发票。购进清单如表5-8所示（购进价格不含增值税税额）。

表5-8 购进清单

名　　称	单　位	购进数量	单　价
衬衫	件	1 500	110.00
西裤	件	1 000	220.00
领带	件	500	60.00

(4) 6日缴纳上月相关税费。

(5) 10日发上月工资。

(6) 10日缴纳社保。

(7) 30日本月累计销售情况，其中有一半货款银行收讫，另外一半下月5日收取。销售清单如表5-9所示（销售价格不含增值税税额）。

表5-9 销售清单

名　　称	单　位	销售数量	单　价
衬衫	件	1 300	226.00
西裤	件	1 000	339.00
领带	件	600	113.00

(8) 30日结转本月销售商品成本。

(9) 30日计提本月工资。

(10) 30日计提社保。

(11) 30日计提电脑折旧、摊销房租、品牌使用费。

(12) 30日结转本月增值税。

(13) 30日计提附加税及印花税。

(14) 30日结转本月损益。

(15) 30日计提本季度企业所得税。

(16) 30日结转所得税费用。

第二节　记录及证明经济业务发生的原始凭证

一、北京大河服饰有限公司原始单据目录表

表 5-10　（20××年1月）原始单据目录表

业务序号	业务摘要	原始单据		
		序　号	名　称	页　码
业务1	收到投资款	1-1-1	网银电子回单	41
		1-1-2	网银电子回单	41
业务2	从银行提取备用金	1-2-1	提现申请单	43
		1-2-2	网银电子回单	43
业务3	报销工商代理等费用	1-3-1	费用报销单	45
		1-3-2	增值税专用发票	45
		1-3-3	增值税专用发票	47
业务4	报销业务招待费	1-4-1	费用报销单	47
		1-4-2	增值税电子普通发票	49
		1-4-3	网银电子回单	49
业务5	报销办公用品	1-5-1	费用报销单	51
		1-5-2	增值税专用发票	51
业务6	购买电脑	1-6-1	固定资产申购单	53
		1-6-2	增值税专用发票	53
		1-6-3	固定资产验收单	55
		1-6-4	付款申请单	55
		1-6-5	网银电子回单	57
业务7	支付品牌使用费	1-7-1	增值税专用发票	57
		1-7-2	付款申请单	59
		1-7-3	网银电子回单	59
业务8	支付房租	1-8-1	增值税专用发票	61
		1-8-2	付款申请单	61
		1-8-3	网银电子回单	63
业务9	计提1月工资	1-9-1	工资计提明细表	63
业务10	计提社保	1-10-1	社保计提表	65

续表

业务序号	业务摘要	原始单据		
		序 号	名 称	页 码
业务 11	摊销品牌使用费	1-11-1	无形资产摊销表	65
业务 12	摊销房租	1-12-1	房租摊销表	65
业务 13	结转增值税	1-13-1	未交增值税结转表	67
业务 14	结转损益	1-14-1	损益汇总表	67

表 5-11 (20××年 2 月)原始单据目录表

业务序号	业务摘要	原始单据		
		序 号	名 称	页 码
业务 1	预付货款	2-1-1	付款申请单	69
		2-1-2	网银电子回单	69
业务 2	发 1 月工资	2-2-1	工资发放明细表	71
		2-2-2	网银电子回单	71
业务 3	缴纳社保	2-3-1	电子缴税付款凭证	73
		2-3-2	税收完税证明	73
业务 4	采购货物	2-4-1	增值税专用发票	75
		2-4-2	入库单	75
业务 5	计提 2 月工资	2-5-1	工资计提明细表	77
业务 6	计提社保	2-6-1	社保计提表	77
业务 7	计提折旧	2-7-1	固定资产折旧表	77
业务 8	摊销品牌使用费	2-8-1	无形资产摊销表	79
业务 9	摊销房租	2-9-1	房租摊销表	79
业务 10	结转增值税	2-10-1	未交增值税结转表	79
业务 11	结转损益	2-11-1	损益汇总表	81

表 5-12 （20××年3月）原始单据目录表

业务序号	业务摘要	原始单据		
		序号	名称	页码
业务 1	向罗雅君借款	3-1-1	借条	81
		3-1-2	网银电子回单	83
业务 2	报销办公用品	3-2-1	增值税专用发票	83
		3-2-2	费用报销单	85
业务 3	发 2 月工资	3-3-1	工资发放明细表	85
		3-3-2	网银电子回单	87
业务 4	缴纳社保	3-4-1	电子缴税付款凭证	87
		3-4-2	税收完税证明	89
业务 5	支付货款	3-5-1	付款申请单	89
		3-5-2	网银电子回单	91
业务 6	采购货物	3-6-1	增值税专用发票	91
		3-6-2	入库单	93
业务 7	销售货物	3-7-1	网银电子回单	93
		3-7-2	增值税专用发票	95
		3-7-3	销售单	95
业务 8	结转销售成本	3-8-1	销售成本结转表	97
业务 9	计提 3 月工资	3-9-1	工资计提明细表	97
业务 10	计提社保	3-10-1	社保计提表	97
业务 11	计提折旧	3-11-1	固定资产折旧表	99
业务 12	摊销品牌使用费	3-12-1	无形资产摊销表	99
业务 13	摊销房租	3-13-1	房租摊销表	99
业务 14	结转增值税	3-14-1	未交增值税结转表	99
业务 15	计提附加税、印花税	3-15-1	附加税及印花税计提表	101
业务 16	结转损益	3-16-1	损益汇总表	101
业务 17	计提企业所得税	3-17-1	企业所得税计提表	103
业务 18	结转所得税费用	3-18-1	损益汇总表	103

表 5-13　(20××年 4 月)原始单据目录表

业务序号	业务摘要	原始单据		
		序　号	名　称	页　码
业务 1	预支差旅费	4-1-1	借款单	103
业务 2	收到货款	4-2-1	网银电子回单	105
业务 3	报销差旅费	4-3-1	差旅费报销单	105
		4-3-2	增值税专用发票	107
		4-3-3	增值税电子普通发票	107
		4-3-4	火车票	109
		4-3-5	火车票	109
		4-3-6	网银电子回单	111
业务 4	支付货款	4-4-1	付款申请单	111
		4-4-2	网银电子回单	113
业务 5	采购货物	4-5-1	增值税专用发票	113
		4-5-2	入库单	115
业务 6	缴纳税费	4-6-1	电子缴税付款凭证	115
		4-6-2	税收完税证明	117
		4-6-3	电子缴税付款凭证	117
		4-6-4	税收完税证明	119
		4-6-5	电子缴税付款凭证	119
		4-6-6	税收完税证明	121
		4-6-7	电子缴税付款凭证	121
		4-6-8	税收完税证明	123
业务 7	发 3 月工资	4-7-1	工资发放明细表	123
		4-7-2	网银电子回单	125
业务 8	缴纳社保	4-8-1	电子缴税付款凭证	125
		4-8-2	税收完税证明	127
业务 9	计提 4 月工资	4-9-1	工资计提明细表	127
业务 10	计提社保	4-10-1	社保计提表	129

业务序号	业务摘要	原始单据		
		序　号	名　　称	页　码
业务 11	计提折旧	4-11-1	固定资产折旧表	129
	摊销房租	4-11-2	房租摊销表	129
	摊销品牌使用费	4-11-3	无形资产摊销表	129
业务 12	销售货物	4-12-1	网银电子回单	131
		4-12-2	增值税专用发票	131
		4-12-3	销售单	133
业务 13	结转销售成本	4-13-1	销售成本结转表	133
业务 14	结转增值税	4-14-1	未交增值税结转表	133
业务 15	计提附加税	4-15-1	附加税计提表	135
业务 16	结转损益	4-16-1	损益汇总表	135

表 5-14　(20××年 5 月)原始单据目录表

业务序号	业务摘要	原始单据		
		序　号	名　　称	页　码
业务 1	支付广告费	5-1-1	增值税专用发票	137
		5-1-2	付款申请单	137
		5-1-3	网银电子回单	139
业务 2	支付货款	5-2-1	付款申请单	139
		5-2-2	网银电子回单	141
业务 3	收到货款	5-3-1	网银电子回单	141
业务 4	采购货物	5-4-1	增值税专用发票	143
		5-4-2	入库单	143

业务序号	业务摘要	原始单据		
		序号	名称	页码
业务5	缴纳税费	5-5-1	电子缴税付款凭证	145
		5-5-2	税收完税证明	145
		5-5-3	电子缴税付款凭证	147
		5-5-4	税收完税证明	147
		5-5-5	电子缴税付款凭证	149
		5-5-6	税收完税证明	149
业务6	发4月工资	5-6-1	工资发放明细表	151
		5-6-2	网银电子回单	151
业务7	缴纳社保	5-7-1	电子缴税付款凭证	153
		5-7-2	税收完税证明	153
业务8	销售货物	5-8-1	网银电子回单	155
		5-8-2	增值税专用发票	155
		5-8-3	销售单	157
业务9	结转销售成本	5-9-1	销售成本结转表	157
业务10	计提5月工资	5-10-1	工资计提明细表	157
业务11	计提社保	5-11-1	社保计提表	159
业务12	计提折旧	5-12-1	固定资产折旧表	159
	摊销房租	5-12-2	房租摊销表	159
	摊销品牌使用费	5-12-3	无形资产摊销表	159
业务13	结转增值税	5-13-1	未交增值税结转表	161
业务14	计提附加税	5-14-1	附加税计提表	161
业务15	结转损益	5-15-1	损益汇总表	163

表 5-15 （20××年 6 月）原始单据目录表

业务序号	业务摘要	原始单据		
		序　号	名　　称	页　码
业务 1	支付货款	6-1-1	付款申请单	163
		6-1-2	网银电子回单	165
业务 2	收到货款	6-2-1	网银电子回单	165
业务 3	采购货物	6-3-1	增值税专用发票	167
		6-3-2	入库单	167
业务 4	缴纳税费	6-4-1	电子缴税付款凭证	169
		6-4-2	税收完税证明	169
		6-4-3	电子缴税付款凭证	171
		6-4-4	税收完税证明	171
业务 5	发 5 月份工资	6-5-1	工资发放明细表	173
		6-5-2	网银电子回单	173
业务 6	缴纳社保	6-6-1	电子缴税付款凭证	175
		6-6-2	税收完税证明	175
业务 7	销售货物	6-7-1	网银电子回单	177
		6-7-2	增值税专用发票	177
		6-7-3	销售单	179
业务 8	结转销售成本	6-8-1	销售成本结转表	179
业务 9	计提 6 月工资	6-9-1	工资计提明细表	179
业务 10	计提社保	6-10-1	社保计提表	181
业务 11	计提折旧	6-11-1	固定资产折旧表	181
	摊销房租	6-11-2	房租摊销表	181
	摊销品牌使用费	6-11-3	无形资产摊销表	181
业务 12	结转增值税	6-12-11	未交增值税结转表	183
业务 13	计提附加税及印花税	6-13-1	附加税及印花税计提表	183
业务 14	结转损益	6-14-1	损益汇总表	185
业务 15	计提企业所得税	6-15-1	企业所得税计提表	185
业务 16	结转所得税费用	6-16-1	损益汇总表	185

二、原始业务单据

一月业务

中国工商银行 网上银行电子回单 1-1-1

电子回单号码：0012-10073-9651-1582　　打印日期：20××年01月08日

付款人	户名	罗雅君	收款人	户名	北京大河服饰有限公司
	账号	6222022585461246789		账号	0202020362428396521
	开户银行	工行东大街支行		开户银行	工行东大街支行

金额	￥200,000.00	金额（大写）	人民币 贰拾万元整
摘要	投资款	业务（产品）种类	同城转账
用途			
交易流水号	58533150	时间戳	20××-01-08-15.04.05.468628

备注：
附言：支付交易序号：8845302 报文种类：小额客户发起普通贷记业务 委托日期:0202020362 业务类型（种类）:普通汇兑 指令编号：QYH3087905596 提交人：090200341263000001.c.1702 最终授权人:09200341263000002.c.1702

验证码:L179MI799yxWqXJkb5742S530593C

| 记账网点 | 00275 | 记账柜号 | 57850 | 记账日期 | 20××年01月08日 |

中国工商银行 网上银行电子回单 1-1-2

电子回单号码：0012-9457-9256-1582　　打印日期：20××年01月08日

付款人	户名	洪庆山	收款人	户名	北京大河服饰有限公司
	账号	6222157862428752596		账号	0202020362428396521
	开户银行	工行东大街支行		开户银行	工行东大街支行

金额	￥300,000.00	金额（大写）	人民币 叁拾万元整
摘要	投资款	业务（产品）种类	同城转账
用途			
交易流水号	67177184	时间戳	20××-01-08-15.04.05.468628

备注：
附言：支付交易序号：655194 报文种类：小额客户发起普通贷记业务 委托日期:0202020362 业务类型（种类）:普通汇兑 指令编号：KVL7419648492 提交人：090200341263000001.c.1702 最终授权人:09200341263000002.c.1702

验证码:A156RV582mdXlVJnv1414X487227P

| 记账网点 | 00275 | 记账柜号 | 4097 | 记账日期 | 20××年01月08日 |

教学专用			1-2-1

北京大河服饰有限公司提现申请单

编制时间：20××年01月09日　　　单位：元　　　币种：人民币

申请人	李顺娇	现有库存现金	0.00
提现金额	（小写）￥5,000.00	取现方式	单位结算卡取现
	（大写）人民币伍仟元整	取现卡号	0202020362428396521
提现用途	备用金		
出纳：	李顺娇	财务审批：	陈慧珊

教学专用			1-2-2

中国工商银行　网上银行电子回单

电子回单号码：0012-7785-2883-1582　　　打印日期：20××年01月09日

	户名	北京大河服饰有限公司		户名	
付款人	账号	0202020362428396521	收款人	账号	
	开户银行	工行东大街支行		开户银行	
金额	￥5,000.00		金额（大写）	人民币 伍仟元整	
摘要	备用金		业务（产品）种类	现金	
用途					
交易流水号	15799718		时间戳	20××-01-09-15.04.05.468628	

备注：
附言：支付交易序号：4832252 报文种类：小额客户发起普通贷记业务 委托日期:6222022585 业务类型（种类）:普通汇兑 指令编号：BVY9804104996 提交人：090200341263000001.c.1702 最终授权人:0920034126300002.c.1702

验证码:J192VL454ibMxQPor4864I952041Z

记账网点	00275	记账柜号	8701	记账日期	20××年01月09日

费用报销单

教学专用　　　　　　　　　　　　　　　　　　　　　　　　　　1-3-1

北京大河服饰有限公司

现金付讫

20××年01月10日

报销部门	财务部	经办人	陈慧珊	附单据	（2）张
事由用途	报销工商注册代理费、刻章费				
报销金额	人民币壹仟元整			小写	￥1,000.00
单位负责人审批意见	同意 洪庆山	财务负责人审批意见	同意 陈慧珊	费用归类项目	单据张数	金额
				办公费	2	￥1,000.00

部门负责人　洪庆山　　　会计审核　陈慧珊　　　　出纳：李顺娇

1-3-2

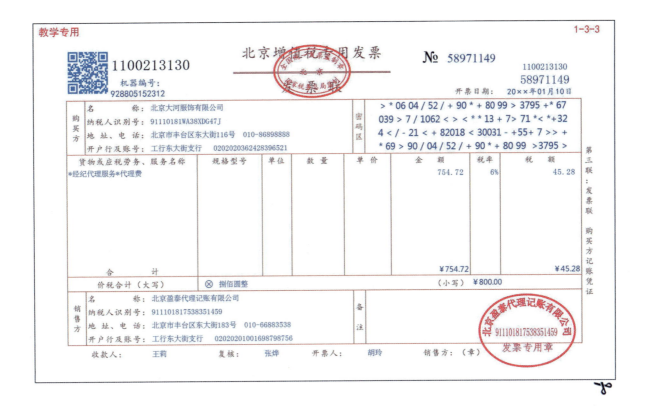

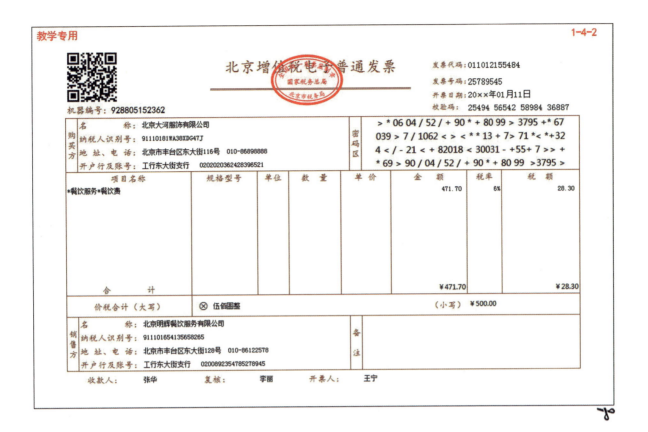

费用报销单

教学专用 1-5-1

北京大河服饰有限公司

现金付讫

20××年01月12日

报销部门	仓库部	经办人	罗雅君	附单据	（1）张
事由用途	报销办公用品				
报销金额	人民币陆佰元整			小写	￥600.00

单位负责人审批意见	同意 洪庆山	财务负责人审批意见	同意 陈慧珊	费用归类项目	单据张数	金额
				办公用品	1	￥600.00

部门负责人 罗雅君　　会计审核 陈慧珊　　出纳： 李顺娇

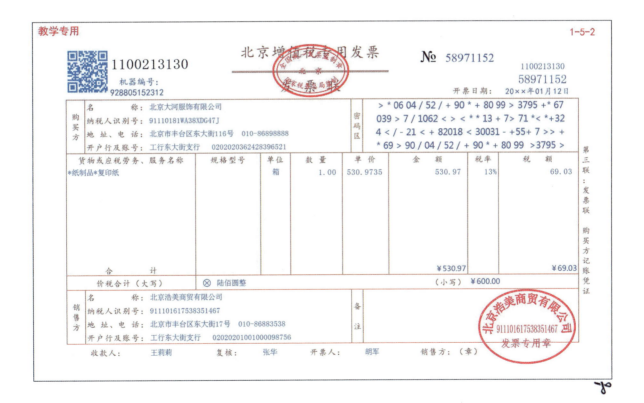

北京增值税专用发票　1-5-2

教学专用

发票代码 1100213130　No 58971152

机器编号：928805152312　开票日期：20××年01月12日

购买方：
名　称：北京大河服饰有限公司
纳税人识别号：91110181WA38XDG47J
地址、电话：北京市丰台区东大街116号　010-86898888
开户行及账号：工行东大街支行　0202020362428396521

密码区：
\> * 06 04 / 52 / + 90 * + 80 99 > 3795 +* 67
039 > 7 / 1062 < > < ** 13 + 7> 71 *< *+32
4 < / - 21 < + 82018 < 30031 - +55+ 7 >> +
* 69 > 90 / 04 / 52 / + 90 * + 80 99 >3795 >

货物或应税劳务、服务名称	规格型号	单位	数量	单价	金额	税率	税额
*纸制品*复印纸		箱	1.00	530.9735	530.97	13%	69.03
合　计					￥530.97		￥69.03
价税合计（大写）	⊗ 陆佰圆整				（小写）￥600.00		

销售方：
名　称：北京浩美商贸有限公司
纳税人识别号：911101617538351467
地址、电话：北京市丰台区东大街17号　010-86883538
开户行及账号：工行东大街支行　02020201001000098756

收款人： 王莉莉　　复核： 张华　　开票人： 胡军　　销售方：（章）

教学专用						1-6-1
<td colspan="6" align="center">**固定资产申购单**</td>						
申购日期	20××年01月13日					
申购理由	办公使用					
总经理确认	洪庆山			部门确认	罗雅君	
设备名称	型号	单位	数量	金额	税额	价税合计
电脑		台	9	29469.03	3830.97	33300.00
合计			9	¥29469.03	¥3830.97	¥33300.00
财务审批	陈慧珊	总经理		洪庆山	部门经理	罗雅君

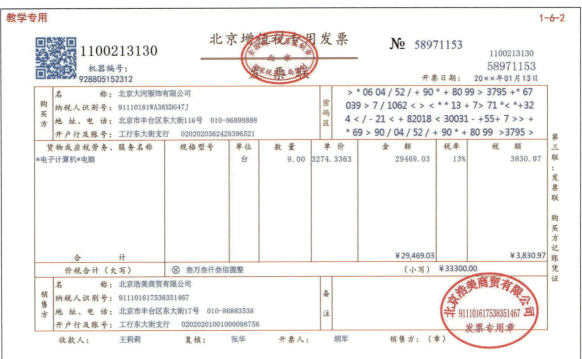

固定资产验收单

1-6-3

设备名称	电脑	台件	9	到货日期	1月13日	采购人	罗雅君
型号、规格		单价	3274.3363	存放地点	办公室	使用年限	3
粗检	外包装及设备外观是否毁损				验收结论与意见		合格
	装箱单、合格证、说明书、附件是否齐全				验收人：陈慧珊		
	其他						
质量性能检测	产品使用说明书要求性能指标				对验收结果的意见		合格
		检测人：李顺娇			主管领导签字：罗雅君		
资产管理部门处理意见	验收合格，准予使用。						

1-6-4

北京大河服饰有限公司

付 款 申 请 单

20××年01月13日

银行付讫

字 号

收款单位	北京浩美商贸有限公司	付款原因
账 号	020202010010000098756	购买9台电脑
开户银行	工行东大街支行	
金额大写	人民币叁万叁仟叁佰元整	
附件	（ 3 ）张　　小 写　　￥33300.00	
审批	同意　洪庆山　　财务　同意　陈慧珊	

部门负责人：　罗雅君　　出纳：　李顺娇　　申请人：　罗雅君

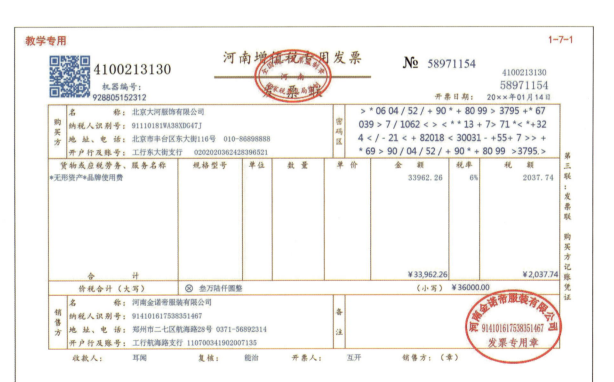

付款申请单

教学专用　　　　　　　　　　　　　　　　　　　　　　1-7-2

北京大河服饰有限公司

付款申请单

20××年01月14日

银行付讫

收款单位	河南金诺帝服装有限公司	付款原因	品牌使用费
账　号	110700341902007135	字　号	
开户银行	工行航海路支行		
金额大写	人民币叁万陆仟元整		
附　件	（ 1 ）张　　小　写　￥36000.00		
审　批	同意　洪庆山　　财务　同意　陈慧珊		

部门负责人：罗雅君　　出纳：李顺娇　　申请人：罗雅君

教学专用　　　　　　　　　　　　　　　　　　　　　　1-7-3

中国工商银行　网上银行电子回单

电子回单号码：0012-9956-5763-1582　　　　打印日期：20××年01月14日

付款人	户名	北京大河服饰有限公司	收款人	户名	河南金诺帝服装有限公司
	账号	0202020362428396521		账号	110700341902007135
	开户银行	工行东大街支行		开户银行	工行航海路支行
金额		￥36,000.00	金额（大写）		人民币 叁万陆仟元整
摘要		品牌使用费	业务（产品）种类		汇划发报
用途					
交易流水号		41651077	时间戳		20××-01-14-15.04.05.468628

备注：
附言：支付交易序号：4788790 报文种类：小额客户发起普通贷记业务 委托日期：0202021702 业务类型（种类）：普通汇兑 指令编号：XDB30512419 提交人：090200341263000001.c.1702 最终授权人：09200341263000002.c.1702

验证码：M151VH974tmYnDWav1711I823706P

| 记账网点 | 00275 | 记账柜号 | 93725 | 记账日期 | 20××年01月14日 |

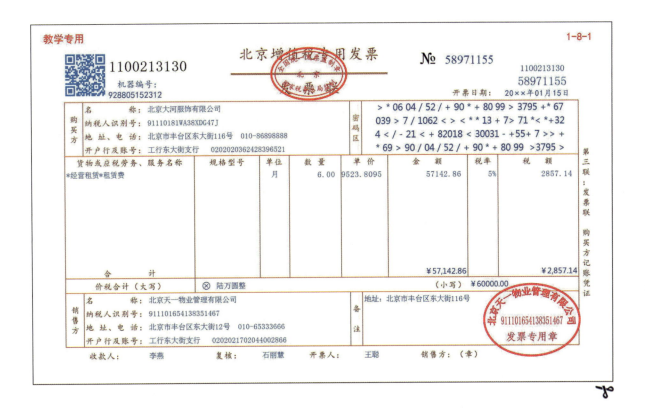

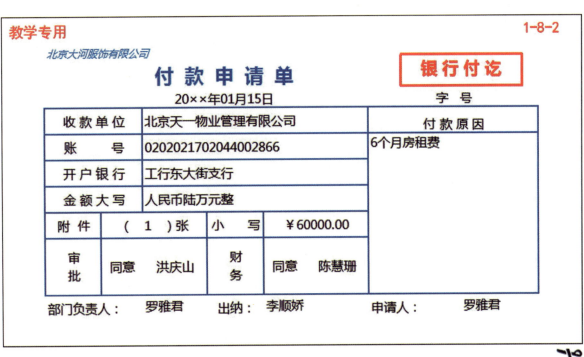

中国工商银行 网上银行电子回单

1-8-3

电子回单号码：0012-2604-8530-1582　　　　打印日期：20××年01月15日

付款人	户名	北京大河服饰有限公司	收款人	户名	北京天一物业管理有限公司
	账号	0202020362428396521		账号	0202021702044002866
	开户银行	工行东大街支行		开户银行	工行东大街支行
金额		¥60,000.00	金额（大写）		人民币 陆万元整
摘要		6个月房租	业务（产品）种类		同城转账
用途					
交易流水号		59903210	时间戳		20××-01-15-15.04.05.468628

备注：
附言：支付交易序号：4251741 报文种类：小额客户发起普通贷记业务 委托日期：0202589645 业务类型（种类）：普通汇兑 指令编号：CMI3138772740 提交人：090200341263000001.c.1702 最终授权人:09200341263000002.c.1702

验证码:Q180JD173cjBaXJcw7865T990042G

| 记账网点 | 00275 | 记账柜号 | 92549 | 记账日期 | 20××年01月15日 |

工资计提明细表

1-9-1

编制单位：北京大河服饰有限公司　　20××年01月31日　　　　单位：元

姓名	部门	基本工资	岗位工资	工龄工资	绩效考核	应发工资
洪庆山	总经办	6500.00	100.00	100.00	0.00	6700.00
罗雅君	仓库部	6000.00	100.00	100.00	0.00	6200.00
陈慧珊	财务部	5500.00	100.00	100.00	0.00	5700.00
李顺娇	财务部	5000.00	100.00	100.00	0.00	5200.00
小计		23000.00	400.00	400.00	0.00	23800.00
张亮亮	销售部	4000.00	100.00	100.00	0.00	4200.00
冯青青	销售部	3000.00	100.00	100.00	0.00	3200.00
毛小薇	销售部	3000.00	100.00	100.00	0.00	3200.00
刘玲玲	销售部	3000.00	100.00	100.00	0.00	3200.00
李俊杰	销售部	3000.00	100.00	100.00	0.00	3200.00
小计		16000.00	500.00	500.00	0.00	17000.00
合计		39000.00	900.00	900.00	0.00	40800.00

审核人：陈慧珊　　　　领导签字：洪庆山　　　　制表人：罗雅君

社保计提表

1-10-1

教学专用

单位名称：北京大河服饰有限公司　　　日期：20××年01月31日　　　单位：元

姓名	部门	缴费基数	基本养老保险		基本医疗保险		失业保险		工伤保险	生育保险	公司承担小计	个人承担小计	合计
			单位16%	个人8%	单位4%	个人2%	单位0.7%	个人0.3%	单位0.4%	单位1%			
洪庆山	总经办	3500.00	560.00	280.00	0.00	0.00	24.50	10.50	14.00	0.00	598.50	290.50	889.00
罗雅君	仓库部	3500.00	560.00	280.00	0.00	0.00	24.50	10.50	14.00	0.00	598.50	290.50	889.00
陈慧珊	财务部	3500.00	560.00	280.00	0.00	0.00	24.50	10.50	14.00	0.00	598.50	290.50	889.00
李顺娇		3500.00	560.00	280.00	0.00	0.00	24.50	10.50	14.00	0.00	598.50	290.50	889.00
小计		14000.00	2240.00	1120.00	0.00	0.00	98.00	42.00	56.00	0.00	2394.00	1162.00	3556.00
张亮亮	销售部	3500.00	560.00	280.00	0.00	0.00	24.50	10.50	14.00	0.00	598.50	290.50	889.00
冯青青		3500.00	560.00	280.00	0.00	0.00	24.50	10.50	14.00	0.00	598.50	290.50	889.00
毛小薇		3500.00	560.00	280.00	0.00	0.00	24.50	10.50	14.00	0.00	598.50	290.50	889.00
刘玲玲		3500.00	560.00	280.00	0.00	0.00	24.50	10.50	14.00	0.00	598.50	290.50	889.00
李俊杰		3500.00	560.00	280.00	0.00	0.00	24.50	10.50	14.00	0.00	598.50	290.50	889.00
小计		17500.00	2800.00	1400.00	0.00	0.00	122.50	52.50	70.00	0.00	2992.50	1452.50	4445.00
合计		31500.00	5040.00	2520.00	0.00	0.00	220.50	94.50	126.00	0.00	5386.50	2614.50	8001.00

制单人：罗雅君　　　领导签字：洪庆山　　　复核人：陈慧珊

无形资产摊销表

1-11-1

教学专用

编制单位：北京大河服饰有限公司　　　20××年01月31日　　　单位：元

资产名称	待摊原值	开始摊销月份	结束摊销月份	摊销月份	月摊销额	已摊月份	本月实际摊销	累计摊销	未摊销净值
品牌使用费	33962.26	20××年01月	20××年12月	36.00	943.40	1.00	943.40	943.40	33018.86

审核人：陈慧珊　　　领导签字：洪庆山　　　制表人：罗雅君

房租摊销表

1-12-1

教学专用

编制单位：北京大河服饰有限公司　　　20××年01月31日　　　单位：元

序号	部门	摊销起始日	待摊销总金额	摊销期（月）	月摊销额	本期摊销金额	累计摊销额	未摊销净值
1	管理部门	20××.01	57142.86	6.00	9523.81	9523.81	9523.81	47619.05

审核人：陈慧珊　　　领导签字：洪庆山　　　制表人：罗雅君

教学专用 1-13-1

未交增值税结转表
20××年01月

项目	栏次	金额
本期销项税额	1	0.00
本期进项税额	2	8851.48
本期进项税额转出	3	0.00
本期实际可以抵扣的进项税额	4=2-3	8851.48
上期留抵	5	0.00
减免税额	6	0.00
本期应纳税额	7=1-4-5-6	-8851.48

教学专用 损益类账户发生额汇总表 1-14-1

所属期：20××年01月　　　　　　　　　　　　　第1页共1页

科目名称	本月借方发生额	本月贷方发生额
主营业务收入		
其他业务收入		
主营业务成本		
其他业务成本		
税金及附加		
管理费用	38135.58	
销售费用	20492.50	
财务费用		
营业外收入		
营业外支出		
合计	58628.08	0.00

二月业务

教学专用　　　　　　　　　　　　　　　　　　　　　　　　　　　　2-1-1

北京大河服饰有限公司

付款申请单

20××年02月01日

银行付讫

字号

收款单位	北京隆庆制衣有限公司	付款原因	
账　　号	0207412341565213201	预付货款	
开户银行	工行西四环路支行		
金额大写	人民币贰拾柒万元整		
附　件	（ 0 ）张	小　写	￥270000.00
审批	同意　洪庆山	财务	同意　陈慧珊

部门负责人：　陈慧珊　　　出纳：　李顺娇　　　申请人：　陈慧珊

教学专用　　　　　　　　　　　　　　　　　　　　　　　　　　　　2-1-2

中国工商银行　网上银行电子回单

电子回单号码：0012-7636-4452-1582　　　　　　　　　　打印日期：20××年02月01日

付款人	户名	北京大河服饰有限公司	收款人	户名	北京隆庆制衣有限公司
	账号	0202020362428396521		账号	0207412341565213201
	开户银行	工行东大街支行		开户银行	工行西四环路支行
金额		￥270,000.00	金额（大写）		人民币 贰拾柒万元整
摘要		预付货款	业务（产品）种类		同城转账
用途					
交易流水号		2783564	时间戳		20××-02-01-15.04.05.468628
备注： 附言：支付交易序号：7289614 报文种类：小额客户发起普通贷记业务 委托日期：业务类型（种类）：普通汇兑 指令编号：TFM7845808650 提交人：090200341263000001.c.1702 最终授权人：09200341263000002.c.1702 验证码：B180QE397wtYnRRps5305O408865K					
记账网点	00275	记账柜号	61275	记账日期	20××年02月01日

（中国工商银行 电子回单专用章）

教学专用 2-2-1

工资发放明细表

单位：北京大河服饰有限公司　　　　20××年02月05日　　　　　　　单位：元

姓名	所属部门	工资项目					本月专项扣除 ②	全年累计工资 ③	累计基本减除费用 ④	累计专项扣除 ⑤	累计专项附加扣除 ⑥	累计应纳税所得额 ⑦=③-④-⑤-⑥	累计应预缴个税 ⑧	累计缴纳个税 ⑨	本月应缴纳个税 ⑩=⑧-⑨	实发工资 ⑪=①-②-⑩
		基本工资	岗位工资	工龄工资	绩效考核	应发合计 ①										
洪庆山	总经办	6500.00	100.00	100.00	0.00	6700.00	651.00	13400.00	10000.00	651.00	4000.00	0.00	0.00	0.00	0.00	6049.00
罗雅君	仓库部	6000.00	100.00	100.00	0.00	6200.00	651.00	12400.00	10000.00	651.00	4000.00	0.00	0.00	0.00	0.00	5549.00
陈慧珊	财务部	5500.00	100.00	100.00	0.00	5700.00	651.00	11400.00	10000.00	651.00	4000.00	0.00	0.00	0.00	0.00	5049.00
李顺娇		5000.00	100.00	100.00	0.00	5200.00	651.00	10400.00	10000.00	651.00	4000.00	0.00	0.00	0.00	0.00	4549.00
小计		23000.00	400.00	400.00	0.00	23800.00	2604.00	47600.00	40000.00	2604.00	16000.00	0.00	0.00	0.00	0.00	21196.00
张亮亮	销售部	4000.00	100.00	100.00	0.00	4200.00	651.00	8400.00	10000.00	651.00	4000.00	0.00	0.00	0.00	0.00	3549.00
冯青青		3000.00	100.00	100.00	0.00	3200.00	651.00	6400.00	10000.00	651.00	4000.00	0.00	0.00	0.00	0.00	2549.00
毛小薇		3000.00	100.00	100.00	0.00	3200.00	651.00	6400.00	10000.00	651.00	4000.00	0.00	0.00	0.00	0.00	2549.00
刘玲玲		3000.00	100.00	100.00	0.00	3200.00	651.00	6400.00	10000.00	651.00	4000.00	0.00	0.00	0.00	0.00	2549.00
李俊杰		3000.00	100.00	100.00	0.00	3200.00	651.00	6400.00	10000.00	651.00	4000.00	0.00	0.00	0.00	0.00	2549.00
小计		16000.00	500.00	500.00	0.00	17000.00	3255.00	34000.00	50000.00	3255.00	20000.00	0.00	0.00	0.00	0.00	13745.00
合计		39000.00	900.00	900.00	0.00	40800.00	5859.00	81600.00	90000.00	5859.00	36000.00	0.00	0.00	0.00	0.00	34941.00

制表人：罗雅君　　　　　　　领导签字：洪庆山　　　　　　　会计：陈慧珊

教学专用 2-2-2

中国工商银行　网上银行电子回单

电子回单号码：0012-1410-9061-1582　　　　　打印日期：20××年02月05日

付款人	户名	北京大河服饰有限公司	收款人	户名	
	账号	0202020362428396521		账号	
	开户银行	工行东大街支行		开户银行	
金额		¥34,941.00	金额（大写）		人民币 叁万肆仟玖佰肆拾壹元整
摘要		发放工资	业务（产品）种类		代理业务
用途					
交易流水号		26460357	时间戳		20××-02-05-15.04.05.468628

备注：
附言：支付交易序号：3380511 报文种类：小额客户发起普通贷记业务 委托日期:0202020100 业务类型（种类）：普通汇兑 指令编号：AAA6391863791 提交人：090200341263000001.c.1702 最终授权人：09200341263000002.c.1702

验证码:M154MR873jzDgMOpm2897L676284F

| 记账网点 | 00275 | 记账柜号 | 38368 | 记账日期 | 20××年02月05日 |

（中国工商银行 电子回单专用章）

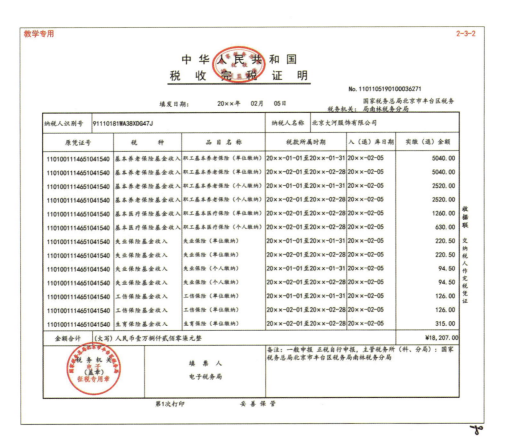

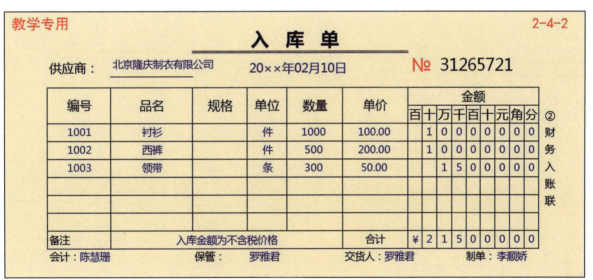

教学专用 2-5-1

工资计提明细表

编制单位：北京大河服饰有限公司　　20××年02月28日　　　　单位：元

姓名	部门	基本工资	岗位工资	工龄工资	绩效考核	应发工资
洪庆山	总经办	6500.00	100.00	100.00	0.00	6700.00
罗雅君	仓库部	6000.00	100.00	100.00	0.00	6200.00
陈慧珊	财务部	5500.00	100.00	100.00	0.00	5700.00
李顺娇		5000.00	100.00	100.00	0.00	5200.00
小计		23000.00	400.00	400.00	0.00	23800.00
张亮亮	销售部	4000.00	100.00	100.00	0.00	4200.00
冯青青		3000.00	100.00	100.00	0.00	3200.00
毛小薇		3000.00	100.00	100.00	0.00	3200.00
刘玲玲		3000.00	100.00	100.00	0.00	3200.00
李俊杰		3000.00	100.00	100.00	0.00	3200.00
小计		16000.00	500.00	500.00	0.00	17000.00
合计		39000.00	900.00	900.00	0.00	40800.00

审核人：陈慧珊　　　　领导签字：洪庆山　　　　制表人：罗雅君

教学专用 2-6-1

社保计提表

单位名称：北京大河服饰有限公司　　日期：20××年02月28日　　　　单位：元

姓名	部门	缴费基数	基本养老保险		基本医疗保险		失业保险		工伤保险	生育保险	公司承担小计	个人承担小计	合计
			单位16%	个人8%	单位4%	个人2%	单位0.7%	个人0.3%	单位0.4%	单位1%			
洪庆山	总经办	3500.00	560.00	280.00	140.00	70.00	24.50	10.50	14.00	35.00	773.50	360.50	1134.00
罗雅君	仓库部	3500.00	560.00	280.00	140.00	70.00	24.50	10.50	14.00	35.00	773.50	360.50	1134.00
陈慧珊	财务部	3500.00	560.00	280.00	140.00	70.00	24.50	10.50	14.00	35.00	773.50	360.50	1134.00
李顺娇		3500.00	560.00	280.00	140.00	70.00	24.50	10.50	14.00	35.00	773.50	360.50	1134.00
小计		14000.00	2240.00	1120.00	560.00	280.00	98.00	42.00	56.00	140.00	3094.00	1442.00	4536.00
张亮亮	销售部	3500.00	560.00	280.00	140.00	70.00	24.50	10.50	14.00	35.00	773.50	360.50	1134.00
冯青青		3500.00	560.00	280.00	140.00	70.00	24.50	10.50	14.00	35.00	773.50	360.50	1134.00
毛小薇		3500.00	560.00	280.00	140.00	70.00	24.50	10.50	14.00	35.00	773.50	360.50	1134.00
刘玲玲		3500.00	560.00	280.00	140.00	70.00	24.50	10.50	14.00	35.00	773.50	360.50	1134.00
李俊杰		3500.00	560.00	280.00	140.00	70.00	24.50	10.50	14.00	35.00	773.50	360.50	1134.00
小计		17500.00	2800.00	1400.00	700.00	350.00	122.50	52.50	70.00	175.00	3867.50	1802.50	5670.00
合计		31500.00	5040.00	2520.00	1260.00	630.00	220.50	94.50	126.00	315.00	6961.50	3244.50	10206.00

制单人：罗雅君　　　　领导签字：洪庆山　　　　复核人：陈慧珊

教学专用 2-7-1

固定资产折旧表

编制单位：北京大河服饰有限公司　　日期：20××年02月28日　　　　单位：元

所属部门	资产名称	折旧方法	数量	计量单位	原值	入库日期	折旧期限（月）	净残值率	净残值	本月折旧	累计折旧	净值
管理部门	电脑	年限平均法	4	台	13097.35	20××.01	36	0.05	654.87	345.62	345.62	12751.73
销售部门	电脑	年限平均法	5	台	16371.68	20××.01	36	0.05	818.58	432.03	432.03	15939.65
小计					29469.03				1473.45	777.65	777.65	28691.38

制单人：罗雅君　　　　领导签字：洪庆山　　　　复核人：陈慧珊

无形资产摊销表

编制单位：北京大河服饰有限公司　　　20××年02月28日　　　单位：元

资产名称	待摊原值	开始摊销月份	结束摊销月份	摊销月份	月摊销额	已摊月份	本月实际摊销	累计摊销	未摊销净值
品牌使用费	33962.26	20××年01月	20××年12月	36.00	943.40	2.00	943.40	1886.80	32075.46

审核人：陈慧珊　　　领导签字：洪庆山　　　制表人：罗雅君

房租摊销表

编制单位：北京大河服饰有限公司　　　20××年02月28日　　　单位：元

序号	部门	摊销起始日	待摊销总金额	摊销期（月）	月摊销额	本期摊销金额	累计摊销额	未摊销净值
1	管理部门	20××.01	57142.86	6.00	9523.81	9523.81	19047.62	38095.24

审核人：陈慧珊　　　领导签字：洪庆山　　　制表人：罗雅君

未交增值税结转表

20××年02月

项目	栏次	金额
本期销项税额	1	0.00
本期进项税额	2	27950.00
本期进项税额转出	3	0.00
本期实际可以抵扣的进项税额	4=2-3	27950.00
上期留抵	5	8851.48
减免税额	6	0.00
本期应纳税额	7=1-4-5-6	-36801.48

教学专用	损益类账户发生额汇总表		2-11-1
所属期：20××年02月			第1页共1页
科目名称	本月借方发生额	本月贷方发生额	
主营业务收入			
其他业务收入			
主营业务成本			
其他业务成本			
税金及附加			
管理费用	37706.83		
销售费用	21299.53		
财务费用			
营业外收入			
营业外支出			
合计	59006.36	0.00	

三月业务

教学专用　　　　　　　　　　　　　　　　　　　　　　3-1-1

借　　条

　　因公司在筹建过程中需要支付各项费用，于20××年03月01日向罗雅君借款，合计人民币伍拾万元整（小写：500 000.00元），作为企业运营资金，特此为据。

　　　　　　　　　　　　　　　借款人：北京大河服饰有限公司

　　　　　　　　　　　　　　　20××年03月01日

第五章 手工账实训

教学专用 3-1-2

中国工商银行 网上银行电子回单

电子回单号码：0012-7197-2916-1582   打印日期：20××年03月01日

付款人	户名	罗雅君	收款人	户名	北京大河服饰有限公司
	账号	6222022585461246789		账号	0202020362428396521
	开户银行	工行东大街支行		开户银行	工行东大街支行

金额	￥500,000.00	金额（大写）	人民币 伍拾万元整
摘要	借款	业务（产品）种类	同城转账
用途			
交易流水号	16270838	时间戳	20××-03-01-15.04.05.468628

备注：附言：支付交易序号：1336254 报文种类：小额客户发起普通贷记业务 委托日期：0202020362 业务类型（种类）：普通汇兑 指令编号：TWN3266453005 提交人：090200341263000001.c.1702 最终授权人：09200341263000002.c.1702

验证码：P143BR349qsYdXZsq8677C833043N

| 记账网点 | 00275 | 记账柜号 | 78770 | 记账日期 | 20××年03月01日 |

(中国工商银行 电子回单专用章)

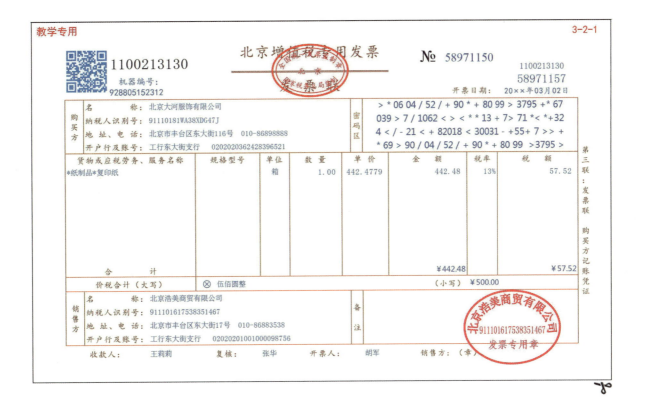

费用报销单

教学专用 3-2-2

北京大河服饰有限公司 **现金付讫**

20××年03月02日

报销部门	仓库部	经办人	罗雅君	附单据	（1）张
事由用途	报销办公用复印纸费用				
报销金额	人民币伍佰元整			小写	￥500.00
单位负责人 审批意见	同意 洪庆山	财务负责人 审批意见	同意 陈慧珊	费用归类项目	单据张数	金额
				办公费	1	￥500.00

部门负责人 罗雅君　　　会计审核 陈慧珊　　　出纳：　　李顺娇

工资发放明细表

教学专用 3-3-1

单位：北京大河服饰有限公司　　　20××年03月10日　　　单位：元

姓名	所属部门	工资项目				本月专项扣除	全年累计工资	累计基本减除费用	累计专项扣除	累计专项附加扣除	累计应纳税所得额 ⑦=③-④-⑤-⑥	累计应预缴个税 ⑧	累计缴纳个税 ⑨	本月应缴纳个税 ⑩=⑧-⑨	实发工资 ⑪=①-②-⑩
		基本工资	岗位工资	工龄工资	绩效考核	应发合计 ①	②	③	④	⑤	⑥				
洪庆山	总经办	6500.00	100.00	100.00	0.00	6700.00	360.50	20100.00	15000.00	1081.50	6000.00	0.00	0.00	0.00	6339.50
罗雅君	仓库部	6000.00	100.00	100.00	0.00	6200.00	360.50	18600.00	15000.00	1081.50	6000.00	0.00	0.00	0.00	5839.50
陈慧珊	财务部	5500.00	100.00	100.00	0.00	5700.00	360.50	17100.00	15000.00	1081.50	6000.00	0.00	0.00	0.00	5339.50
李顺娇		5000.00	100.00	100.00	0.00	5200.00	360.50	15600.00	15000.00	1081.50	6000.00	0.00	0.00	0.00	4839.50
小计		23000.00	400.00	400.00	0.00	23800.00	1442.00	71400.00	60000.00	4326.00	24000.00	0.00	0.00	0.00	22358.00
张亮亮	销售部	4000.00	100.00	100.00	0.00	4200.00	360.50	12600.00	15000.00	1081.50	6000.00	0.00	0.00	0.00	3839.50
冯青青		3000.00	100.00	100.00	0.00	3200.00	360.50	9600.00	15000.00	1081.50	6000.00	0.00	0.00	0.00	2839.50
毛小薇		3000.00	100.00	100.00	0.00	3200.00	360.50	9600.00	15000.00	1081.50	6000.00	0.00	0.00	0.00	2839.50
刘玲玲		3000.00	100.00	100.00	0.00	3200.00	360.50	9600.00	15000.00	1081.50	6000.00	0.00	0.00	0.00	2839.50
李俊杰		3000.00	100.00	100.00	0.00	3200.00	360.50	9600.00	15000.00	1081.50	6000.00	0.00	0.00	0.00	2839.50
小计		16000.00	500.00	500.00	0.00	17000.00	1802.50	51000.00	75000.00	5407.50	30000.00	0.00	0.00	0.00	15197.50
合计		39000.00	900.00	900.00	0.00	40800.00	3244.50	122400.00	135000.00	9733.50	54000.00	0.00	0.00	0.00	37555.50

制表人：罗雅君　　　领导签字：洪庆山　　　会计：陈慧珊

教学专用　　　　　　　　　　　　　　　　　　　　　　　　　　　　　　3-3-2

中国工商银行　网上银行电子回单

电子回单号码：0012-527-8745-1582　　　　　　　　打印日期：20××年03月10日

付款人	户名	北京大河服饰有限公司	收款人	户名	
	账号	0202020362428396521		账号	
	开户银行	工行东大街支行		开户银行	
金额		¥37,555.50	金额（大写）		人民币 叁万柒仟伍佰伍拾伍元伍角
摘要		发放工资	业务（产品）种类		代理业务
用途					
交易流水号		50250028	时间戳		20××-03-10-15.04.05.468628

备注：
附言：支付交易序号：4447789 报文种类：小额客户发起普通贷记业务 委托日期：0202020100 业务类型（种类）：普通汇兑 指令编号：KOA9644326278 提交人：090200341263000001.c.1702 最终授权人：09200341263000002.c.1702

验证码：W131LF458bsPmNRmw2130C124164B

| 记账网点 | 00275 | 记账柜号 | 14776 | 记账日期 | 20××年03月10日 |

教学专用　　　　　　　　　　　　　　　　　　　　　　　　　　　　　　3-4-1

中国工商银行电子缴税付款凭证

缴税日期：20××年03月10日　　　　　　　　　　　　　　凭证字号：18052006584

纳税人全称及纳税人识别号：北京大河服饰有限公司 91110181WA38XDG47J

付款人全称：北京大河服饰有限公司
付款人账号：00202020362428396521　　　　　　征收机关名称：国家税务总局北京市丰台区税务局
付款人开户银行：工行东大街支行　　　　　　　　收款国库（银行）名称：国家金库北京市丰台区支库
小写（合计）金额：　　¥10,206.00　　　　　　缴款书交易流水号：22020060114656104512
大写（合计）金额：人民币 壹万零贰佰零陆元整　　税票号码：3410105190100036271

税（费）种名称	所属日期	实缴金额（单位:元）
职工基本养老保险（单位缴纳）	20××0301-20××0331	5040.00
职工基本养老保险（个人缴纳）	20××0301-20××0331	2520.00
职工基本医疗保险（单位缴纳）	20××0301-20××0331	1260.00
职工基本医疗保险（个人缴纳）	20××0301-20××0331	630.00
失业保险（单位缴纳）	20××0301-20××0331	220.50
失业保险（个人缴纳）	20××0301-20××0331	94.50
工伤保险（单位缴纳）	20××0301-20××0331	126.00
生育保险（单位缴纳）	20××0301-20××0331	315.00

第1次打印　　　　　　　　　　　　　打印时间：　20××年03月10日 16时28分

客户回单联　　　　验证码：D53CE888853　　　复核　　　　记账

中华人民共和国税收完税证明

教学专用　　　　　　　　　　　　　　　　　　　　　　　　　　3-4-2

No. 1101105190100036271

填发日期：20××年 03月 10日　　　税务机关：国家税务总局北京市丰台区税务局南林税务分局

纳税人识别号	91110181WA38XDG47J		纳税人名称	北京大河服饰有限公司	
原凭证号	税　种	品目名称	税款所属时期	入（退）库日期	实缴（退）金额
11010011114651041540	基本养老保险基金收入	职工基本养老保险（单位缴纳）	20××-03-01至20××-03-31	20××-03-10	5040.00
11010011114651041540	基本养老保险基金收入	职工基本养老保险（个人缴纳）	20××-03-01至20××-03-31	20××-03-10	2520.00
11010011114651041540	基本医疗保险基金收入	职工基本医疗保险（单位缴纳）	20××-03-01至20××-03-31	20××-03-10	1260.00
11010011114651041540	基本医疗保险基金收入	职工基本医疗保险（个人缴纳）	20××-03-01至20××-03-31	20××-03-10	630.00
11010011114651041540	失业保险基金收入	失业保险（单位缴纳）	20××-03-01至20××-03-31	20××-03-10	220.50
11010011114651041540	失业保险基金收入	失业保险（个人缴纳）	20××-03-01至20××-03-31	20××-03-10	94.50
11010011114651041540	工伤保险基金收入	工伤保险（单位缴纳）	20××-03-01至20××-03-31	20××-03-10	126.00
11010011114651041540	生育保险基金收入	生育保险（单位缴纳）	20××-03-01至20××-03-31	20××-03-10	315.00
金额合计	（大写）人民币壹万零贰佰零陆元整				¥10,206.00
税务机关（盖章）征税专用章	填票人　电子税务局		备注：一般申报 正税自行申报，主管税务所（科、分局）：国家税务总局北京市丰台区税务局南林税务分局		

收据联　交纳税人作完税凭证

第1次打印　　　妥善保管

付款申请单

教学专用　　　　　　　　　　　　　　　　　　　　　　　　　　3-5-1

北京大河服饰有限公司

20××年03月10日　　　　　　　　　　　　银行付讫

字　号

收款单位	北京隆庆制衣有限公司		付款原因	货款
账　号	02074123415652213201			
开户银行	工行西四环路支行			
金额大写	人民币叁拾万元整			
附件	（ 0 ）张	小写	￥300000.00	
审批	同意　洪庆山	财务	同意　陈慧珊	

部门负责人：陈慧珊　　出纳：李顺娇　　申请人：陈慧珊

中国工商银行 网上银行电子回单

教学专用　　　　　　　　　　　　　　　　　　　　　　　　　　　　　　3-5-2

电子回单号码：0012-4093-285-1582　　　　　　　打印日期：20××年03月10日

付款人	户名	北京大河服饰有限公司	收款人	户名	北京隆庆制衣有限公司
	账号	0202020362428396521		账号	0207412341565213201
	开户银行	工行东大街支行		开户银行	工行西四环路支行

金额	￥300,000.00	金额（大写）	人民币 叁拾万元整
摘要	货款	业务（产品）种类	同城转账
用途			
交易流水号	64274971	时间戳	20××-03-10-15.04.05.468628

备注：附言：支付交易序号：7093951 报文种类：小额客户发起普通货记业务 委托日期：业务类型（种类）：普通汇兑 指令编号：TMP4081382716 提交人：090200341263000001.c.1702 最终授权人：09200341263000002.c.1702

验证码：S179SB776liHpXDoq3279N371356E

记账网点	00275	记账柜号	88469	记账日期	20××年03月10日

（中国工商银行 电子回单专用章）

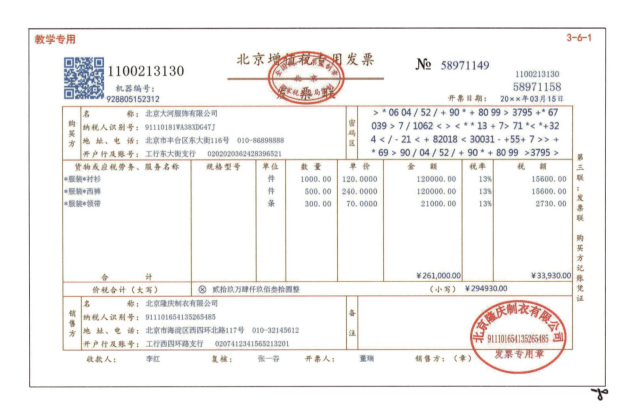

教学专用　　　　　　　　　　　　　　　　　　　　　　　　　　　　　　3-6-1

北京增值税专用发票　　№ 58971149

1100213130　　　　　　　　　　　　　　　　　　　　　　　　1100213130
机器编号：928805152312　　　　　　　　　　　　　　　　　　　58971158

开票日期：20××年03月15日

密码区：
> * 06 04 / 52 / + 90 * + 80 99 > 3795 +* 67
039 > 7 / 1062 < > < ** 13 + 7> 71 *< *+32
4 < / -21 < + 82018 < 30031 - +55 + 7 >> +
* 69 > 90 / 04 / 52 / + 90 * + 80 99 >3795 >

购买方：
名称：北京大河服饰有限公司
纳税人识别号：91110181WA38XDG47J
地址、电话：北京市丰台区东大街116号　010-86898888
开户行及账号：工行东大街支行　0202020362428396521

货物或应税劳务、服务名称	规格型号	单位	数量	单价	金额	税率	税额
*服装*衬衫		件	1000.00	120.0000	120000.00	13%	15600.00
*服装*西裤		件	500.00	240.0000	120000.00	13%	15600.00
*服装*领带		条	300.00	70.0000	21000.00	13%	2730.00
合计					￥261,000.00		￥33,930.00

价税合计（大写）：⊗ 贰拾玖万肆仟玖佰叁拾圆整　　　　　（小写）￥294930.00

销售方：
名称：北京隆庆制衣有限公司
纳税人识别号：911101654135265485
地址、电话：北京市海淀区西四环北路117号　010-32145612
开户行及账号：工行西四环路支行　0207412341565213201

收款人：李红　　复核：张一谷　　开票人：董瑞　　销售方：（章）

第三联：发票联　购买方记账凭证

入 库 单

教学专用　　3-6-2

供应商：北京隆庆制衣有限公司　　20××年03月15日　　№ 31265722

编号	品名	规格	单位	数量	单价	金额 百	十	万	千	百	十	元	角	分
1001	衬衫		件	1000	120.00		1	2	0	0	0	0	0	0
1002	西裤		件	500	240.00		1	2	0	0	0	0	0	0
1003	领带		条	300	70.00			2	1	0	0	0	0	0
备注		入库金额为不含税价格			合计	¥		2	6	1	0	0	0	0

会计：陈慧珊　　保管：罗雅君　　交货人：罗雅君　　制单：李顺娇

② 财务入账联

教学专用   3-8-1

销售成本结转表

编制单位：北京大河服饰有限公司　　　　20××年03月31日　　　　单位：元

商品编码	商品名称	期初 数量	期初 金额	本月购进 数量	本月购进 金额	加权平均单价	本月销售 数量	本月销售 金额	期末结余 数量	期末结余 金额
1001	衬衫	1000.00	100000.00	1000.00	120000.00	110.00	1700.00	187000.00	300.00	33000.00
1002	西裤	500.00	100000.00	500.00	120000.00	220.00	800.00	176000.00	200.00	44000.00
1003	领带	300.00	15000.00	300.00	21000.00	60.00	400.00	24000.00	200.00	12000.00
	合计	1800.00	215000.00	1800.00	261000.00		2900.00	387000.00	700.00	89000.00

审核人：陈慧珊　　　　领导签字：洪庆山　　　　制表人：李顺娇

教学专用   3-9-1

工资计提明细表

编制单位：北京大河服饰有限公司　　20××年03月31日　　　　单位：元

姓名	部门	基本工资	岗位工资	工龄工资	绩效考核	应发工资
洪庆山	总经办	6500.00	100.00	100.00	0.00	6700.00
罗雅君	仓库部	6000.00	100.00	100.00	0.00	6200.00
陈慧珊	财务部	5500.00	100.00	100.00	0.00	5700.00
李顺娇	财务部	5000.00	100.00	100.00	0.00	5200.00
	小计	23000.00	400.00	400.00	0.00	23800.00
张亮亮	销售部	4000.00	100.00	100.00	4100.00	8300.00
冯青青	销售部	3000.00	100.00	100.00	4100.00	7300.00
毛小薇	销售部	3000.00	100.00	100.00	4100.00	7300.00
刘玲玲	销售部	3000.00	100.00	100.00	4100.00	7300.00
李俊杰	销售部	3000.00	100.00	100.00	4100.00	7300.00
	小计	16000.00	500.00	500.00	20500.00	37500.00
	合计	39000.00	900.00	900.00	20500.00	61300.00

审核人：陈慧珊　　　　领导签字：洪庆山　　　　制表人：罗雅君

教学专用   3-10-1

社保计提表

单位名称：北京大河服饰有限公司　　日期：20××年03月31日　　　　单位：元

姓名	部门	缴费基数	基本养老保险 单位16%	基本养老保险 个人8%	基本医疗保险 单位4%	基本医疗保险 个人2%	失业保险 单位0.7%	失业保险 个人0.3%	工伤保险 单位0.4%	生育保险 单位1%	公司承担小计	个人承担小计	合计
洪庆山	总经办	3500.00	560.00	280.00	140.00	70.00	24.50	10.50	14.00	35.00	773.50	360.50	1134.00
罗雅君	仓库部	3500.00	560.00	280.00	140.00	70.00	24.50	10.50	14.00	35.00	773.50	360.50	1134.00
陈慧珊	财务部	3500.00	560.00	280.00	140.00	70.00	24.50	10.50	14.00	35.00	773.50	360.50	1134.00
李顺娇	财务部	3500.00	560.00	280.00	140.00	70.00	24.50	10.50	14.00	35.00	773.50	360.50	1134.00
	小计	14000.00	2240.00	1120.00	560.00	280.00	98.00	42.00	56.00	140.00	3094.00	1442.00	4536.00
张亮亮	销售部	3500.00	560.00	280.00	140.00	70.00	24.50	10.50	14.00	35.00	773.50	360.50	1134.00
冯青青	销售部	3500.00	560.00	280.00	140.00	70.00	24.50	10.50	14.00	35.00	773.50	360.50	1134.00
毛小薇	销售部	3500.00	560.00	280.00	140.00	70.00	24.50	10.50	14.00	35.00	773.50	360.50	1134.00
刘玲玲	销售部	3500.00	560.00	280.00	140.00	70.00	24.50	10.50	14.00	35.00	773.50	360.50	1134.00
李俊杰	销售部	3500.00	560.00	280.00	140.00	70.00	24.50	10.50	14.00	35.00	773.50	360.50	1134.00
	小计	17500.00	2800.00	1400.00	700.00	350.00	122.50	52.50	70.00	175.00	3867.50	1802.50	5670.00
	合计	31500.00	5040.00	2520.00	1260.00	630.00	220.50	94.50	126.00	315.00	6961.50	3244.50	10206.00

制单人：罗雅君　　　　领导签字：洪庆山　　　　复核人：陈慧珊

教学专用 3-11-1

固定资产折旧表

编制单位：北京大河服饰有限公司　　　　　　日期：20××年03月31日　　　　　　单位：元

所属部门	资产名称	折旧方法	数量	计量单位	原值	入库日期	折旧期限（月）	净残值率	净残值	本月折旧	累计折旧	净值
管理部门	电脑	年限平均法	4	台	13097.35	20××.01	36	0.05	654.87	345.62	691.24	12406.11
销售部门	电脑	年限平均法	5	台	16371.68	20××.01	36	0.05	818.58	432.03	864.06	15507.62
	小计				29469.03				1473.45	777.65	1555.30	27913.73

制单人：罗雅君　　　　领导签字：洪庆山　　　　复核人：陈慧珊

教学专用 3-12-1

无形资产摊销表

编制单位：北京大河服饰有限公司　　　　20××年03月31日　　　　单位：元

资产名称	待摊原值	开始摊销月份	结束摊销月份	摊销月份	月摊销额	已摊月份	本月实际摊销	累计摊销	未摊销净值
品牌使用费	33962.26	20××年01月	20××年12月	36.00	943.40	3.00	943.40	2830.20	31132.06

审核人：陈慧珊　　　　领导签字：洪庆山　　　　制表人：罗雅君

教学专用 3-13-1

房租摊销表

编制单位：北京大河服饰有限公司　　　　20××年03月31日　　　　单位：元

序号	部门	摊销起始日	待摊销总金额	摊销期（月）	月摊销额	本期摊销金额	累计摊销额	未摊销净值
1	管理部门	20××.01	57142.86	6.00	9523.81	9523.81	28571.43	28571.43

审核人：陈慧珊　　　　领导签字：洪庆山　　　　制表人：罗雅君

教学专用 3-14-1

未交增值税结转表

20××年03月

项目	栏次	金额
本期销项税额	1	80600.00
本期进项税额	2	33987.52
本期进项税额转出	3	0.00
本期实际可以抵扣的进项税额	4=2-3	33987.52
上期留抵	5	36801.48
减免税额	6	0.00
本期应纳税额	7=1-4-5-6	9811.00

教学专用   附加税及印花税计提表（20××年第一季度）   3-15-1

税目	计税基数	税率	税额	备注
城市维护建设税	9811.00	7%	686.77	
教育费附加	9811.00	3%	294.33	
地方教育附加	9811.00	2%	196.22	
印花税（营业账簿）	500000.00	0.25‰	125.00	1月：业务1:500000
印花税（买卖合同）	1125469.00	0.3‰	337.64	1月：业务6:29469.03+2月：业务4:215000+3月：业务6:261000+业务7:620000
印花税（租赁合同）	57142.86	1‰	57.14	1月：业务8:57142.86
合计			1697.10	

教学专用   损益类账户发生额汇总表   3-16-1

所属期：20××年03月   第1页共1页

科目名称	本月借方发生额	本月贷方发生额
主营业务收入		620000.00
其他业务收入		
主营业务成本	387000.00	
其他业务成本		
税金及附加	1697.10	
管理费用	38149.31	
销售费用	41799.53	
财务费用		
营业外收入		
营业外支出		
合计	468645.94	620000.00

教学专用 3-17-1

企业所得税计提表（20××年第一季度）

计税依据	计税金额 （1）	税率 （2）	应纳税额 （3=1×2）	已纳税额 （4）	应补（退）税额 （5=3-4）
利润总额	33719.62	25%	8429.91	0.00	8429.91
合计	33719.62		8429.91	0.00	8429.91

教学专用 3-18-1

损益类账户发生额汇总表

所属期：20××年03月　　　　　　　　　　　　　　　第1页共1页

科目名称	本月借方发生额	本月贷方发生额
所得税费用	8429.91	
合计	8429.91	0.00

四月业务

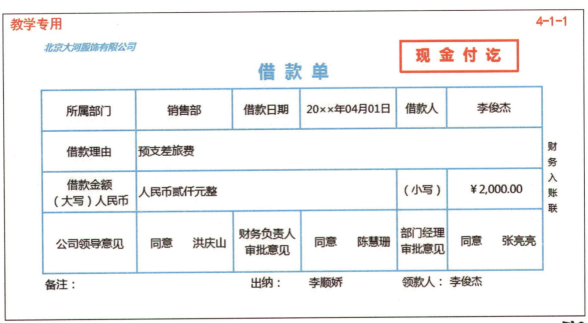

中国工商银行 网上银行电子回单

教学专用 4-2-1

电子回单号码：0012-3546-7825-1582　　　　打印日期：20××年04月05日

付款人	户名	河南远大服装有限公司	收款人	户名	北京大河服饰有限公司
	账号	1107003200413245016		账号	0202020362428396521
	开户银行	工行西大街支行		开户银行	工行东大街支行
金额		￥350,300.00	金额（大写）		人民币 叁拾伍万零叁佰元整
摘要		剩余货款	业务（产品）种类		汇划发报
用途					
交易流水号		12935123	时间戳		20××-04-05-15.04.05.468628

备注：
附言：支付交易序号：4273965 报文种类：小额客户发起普通贷记业务 委托日期:0202020362 业务类型（种类）:普通汇兑 指令编号：PMI221233287 提交人：090200341263000001.c.1702 最终授权人:09200341263000002.c.1702

验证码:U135SV750qpWvGTee8707K78764C

| 记账网点 | 00275 | 记账柜号 | 45980 | 记账日期 | 20××年04月05日 |

差旅费报销单

教学专用 4-3-1

20××年04月06日　　银 行 付 讫

所属部门		销售部	姓名	李俊杰	出差事由		洽谈商务	
出发		到达		起止地点	交通费	住宿费	伙食费	其他
月	日	月	日					
4	3	4	3	北京-广州	￥862.00	￥0.00	￥0.00	￥0.00
4	5	4	6	广州-北京	￥862.00	￥700.00	￥576.00	￥0.00
合计	小写金额：		￥3,000.00	预支金额	￥2000.00	退回金额		￥0.00
	大写金额：		人民币叁仟元整			补付金额		￥1000.00

财务经理：陈慧珊　　会计：陈慧珊　　出纳：李顺娇　　部门经理：张亮亮　　报销人：李俊杰

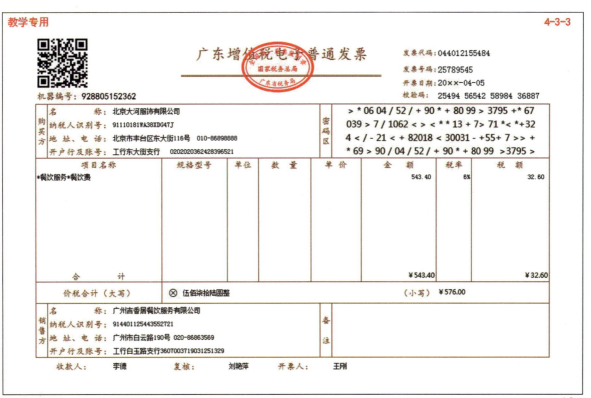

教学专用 4-3-4

```
5333B2358
北京西 站  G3142  → 广州南 站
Beijingxi              Guangzhounan
20××年04月03日 10:30开    08车02A号
￥862.0元         网      高铁二等座
仅供报销使用

1103811987****6578  李俊杰
买票请到12306  发货请到95306
中国铁路祝您旅途愉快

6388523753549633B2358    北京西售    chepiao100.com
```

教学专用 4-3-5

```
5333B2358
广州南 站  G3142  → 北京西 站
Guangzhounan            Beijingxi
20××年04月05日 20:22开    05车11F号
￥862.0元         网      高铁二等座
仅供报销使用

1103811987****6578  李俊杰
买票请到12306  发货请到95306
中国铁路祝您旅途愉快

7584123753549633302593   北京西售    chepiao100.com
```

中国工商银行 网上银行电子回单

教学专用 4-3-6

电子回单号码：0012-5450-3765-1582　　　　打印日期：20××年04月06日

付款人	户名	北京大河服饰有限公司	收款人	户名	李俊杰
	账号	0202020362428396521		账号	02020201001000245786
	开户银行	工行东大街支行		开户银行	工行南如街支行
金额		￥1,000.00	金额（大写）		人民币 壹仟元整
摘要		差旅费	业务（产品）种类		同城转账
用途					
交易流水号		72864888	时间戳		20××-04-06-15.04.05.468628

备注：
附言：支付交易序号：4586938 报文种类：小额客户发起普通贷记业务 委托日期:1107003419 业务类型（种类）：普通汇兑 指令编号：ILL2704546277 提交人：090200341263000001.c.1702 最终授权人:09200341263000002.c.1702

（中国工商银行 电子回单专用章）

验证码:N116IO957fgTfFAwe3156P131166Y

| 记账网点 | 00275 | 记账柜号 | 13707 | 记账日期 | 20××年04月06日 |

教学专用 4-4-1

北京大河服饰有限公司

付款申请单

20××年04月08日

银行付讫

字　号

收款单位	北京隆庆制衣有限公司	付款原因	
账　号	0207412341565213201	货款	
开户银行	工行西四环路支行		
金额大写	人民币壹拾万元整		
附件	（ 0 ）张	小写	￥100000.00
审批	同意　洪庆山	财务	同意　陈慧珊

部门负责人：陈慧珊　　出纳：李顺娇　　申请人：陈慧珊

4-4-2 中国工商银行 网上银行电子回单

电子回单号码：0012-3383-1974-1582				打印日期：20××年04月08日	
付款人	户名	北京大河服饰有限公司	收款人	户名	北京隆庆制衣有限公司
	账号	0202020362428396521		账号	0207412341565213201
	开户银行	工行东大街支行		开户银行	工行西四环路支行
金额		￥100,000.00	金额（大写）		人民币 壹拾万元整
摘要		货款	业务（产品）种类		同城转账
用途					
交易流水号		45928075	时间戳		20××-04-08-15.04.05.468628

备注：
附言：支付交易序号：4220680 报文种类：小额客户发起普通贷记业务 委托日期：业务类型（种类）：普通汇兑 指令编号：CRD2623659237 提交人：090200341263000001.c.1702 最终授权人：09200341263000002.c.1702

验证码：V196JJ548roOsAMol1584M829527L

| 记账网点 | 00275 | 记账柜号 | 76460 | 记账日期 | 20××年04月08日 |

（中国工商银行 电子回单专用章）

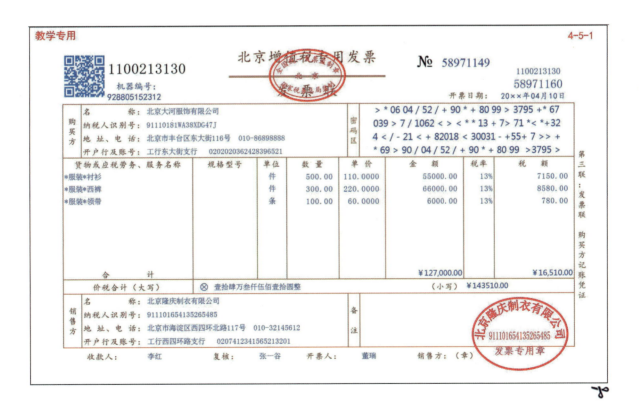

4-5-1 北京增值税专用发票 №58971149

发票代码 1100213130 / 58971160
开票日期：20××年04月10日

购买方：北京大河服饰有限公司
纳税人识别号：91110181WA38XDG47J
地址、电话：北京市丰台区东大街116号 010-86898888
开户行及账号：工行东大街支行 0202020362428396521

货物或应税劳务、服务名称	规格型号	单位	数量	单价	金额	税率	税额
*服装*衬衫		件	500.00	110.0000	55000.00	13%	7150.00
*服装*西裤		件	300.00	220.0000	66000.00	13%	8580.00
*服装*领带		条	100.00	60.0000	6000.00	13%	780.00
合计					￥127000.00		￥16510.00

价税合计（大写）：壹拾肆万叁仟伍佰壹拾圆整 （小写）￥143510.00

销售方：北京隆庆制衣有限公司
纳税人识别号：911101654135265485
地址、电话：北京市海淀区西四环北路117号 010-32145612
开户行及账号：工行西四环路支行 0207412341565213201

收款人：李红 复核：张一谷 开票人：董瑞 销售方：（章）

入库单

4-5-2 教学专用

供应商：北京隆庆制衣有限公司　20××年04月10日　№ 31265723

编号	品名	规格	单位	数量	单价	金额 百 十 万 千 百 十 元 角 分
1001	衬衫		件	500	110.00	5 5 0 0 0 0 0
1002	西裤		件	300	220.00	6 6 0 0 0 0 0
1003	领带		条	100	60.00	6 0 0 0 0 0
备注	入库金额为不含税价格				合计	¥ 1 2 7 0 0 0 0 0

会计：陈慧珊　　保管：罗雅君　　交货人：罗雅君　　制单：李顺娇

② 财务入账联

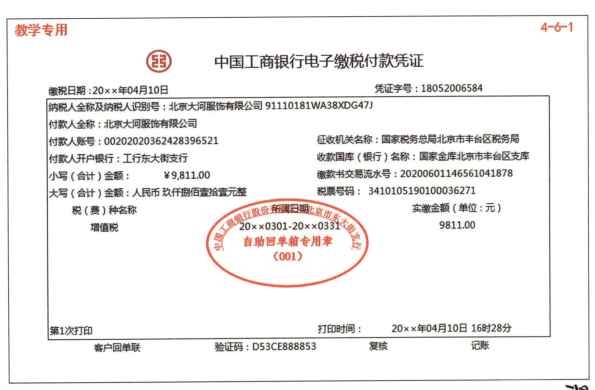

4-6-1 教学专用

中国工商银行电子缴税付款凭证

缴税日期：20××年04月10日　　　　　凭证字号：18052006584

纳税人全称及纳税人识别号：北京大河服饰有限公司 91110181WA38XDG47J
付款人全称：北京大河服饰有限公司
付款人账号：00202020362428396521　　征收机关名称：国家税务总局北京市丰台区税务局
付款人开户银行：工行东大街支行　　　收款国库（银行）名称：国家金库北京市丰台区支库
小写（合计）金额：　¥9,811.00　　　缴款书交易流水号：20200601146561041878
大写（合计）金额：人民币 玖仟捌佰壹拾壹元整　税票号码：3410105190100036271

税（费）种名称	所属日期	实缴金额（单位：元）
增值税	20××0301-20××0331	9811.00

第1次打印　　　　　　　　　　　　打印时间：20××年04月10日 16时28分
客户回单联　　验证码：D53CE888853　　复核　　记账

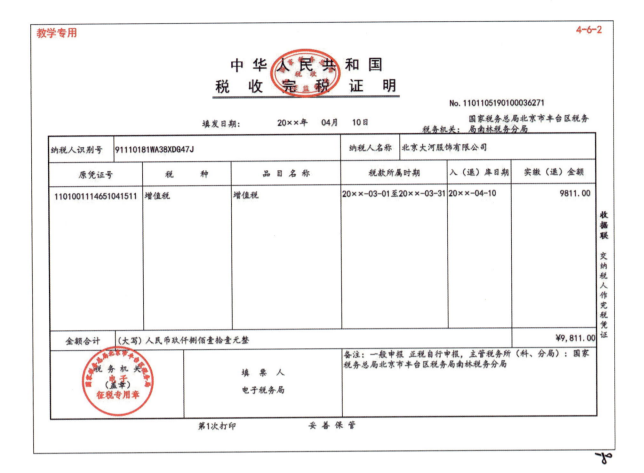

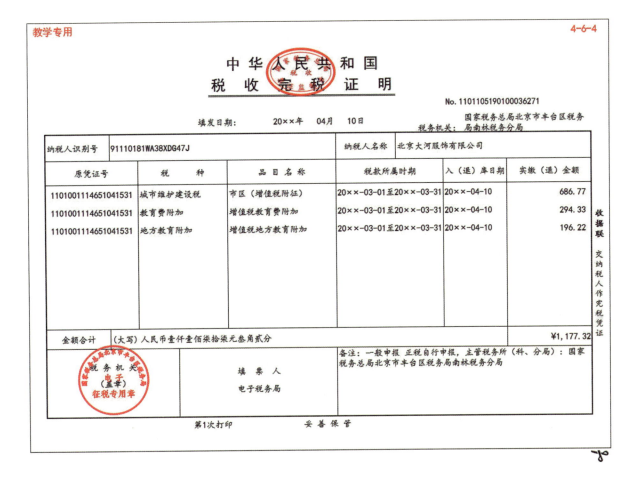

第五章 手工账实训

中华人民共和国税收完税证明

4-6-6

No. 1101105190100036271

填发日期：20××年 04月 10日

税务机关：国家税务总局北京市丰台区税务局南林税务分局

纳税人识别号	91110181WA38XDG47J		纳税人名称	北京大河服饰有限公司		
原凭证号	税 种	品 目 名 称	税款所属时期	入（退）库日期	实缴（退）金额	
1101001114651041511	印花税	营业账簿	20××-01-01至20××-03-31	20××-04-10	125.00	
1101001114651041511	印花税	买卖合同	20××-01-01至20××-03-31	20××-04-10	337.64	
1101001114651041511	印花税	租赁合同	20××-01-01至20××-03-31	20××-04-10	57.14	
金额合计	（大写）人民币伍佰壹拾玖元柒角捌分				¥519.78	

备注：一般申报 正税自行申报，主管税务所（科、分局）：国家税务总局北京市丰台区税务局南林税务分局

税务机关（盖章） 填票人 电子税务局

第1次打印 妥善保管

收据联 交纳税人作完税凭证

中国工商银行电子缴税付款凭证

4-6-7

缴税日期：20××年04月10日　　　凭证字号：18052006584

纳税人全称及纳税人识别号：北京大河服饰有限公司 91110181WA38XDG47J

付款人全称：北京大河服饰有限公司

付款人账号：00202020362428396521　　征收机关名称：国家税务总局北京市丰台区税务局

付款人开户银行：工行东大街支行　　收款国库（银行）名称：国家金库北京市丰台区支库

小写（合计）金额：　¥8,429.91　　缴款书交易流水号：20200601146561041878

大写（合计）金额：人民币 捌仟肆佰贰拾玖元玖角壹分　　税票号码：3410105190100036271

税（费）种名称	所属日期	实缴金额（单位：元）
企业所得税	20××0101-20××0331	8429.91

第1次打印　　　　　　　　　　打印时间：　20××年04月10日 16时28分

客户回单联　　验证码：D53CE888853　　复核　　记账

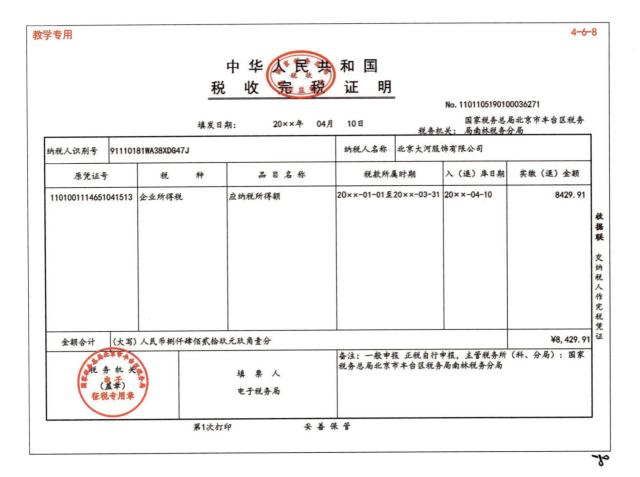

中华人民共和国 税收完税证明

No. 1101105190100036271

填发日期： 20××年 04月 10日

税务机关：国家税务总局北京市丰台区税务局南林税务分局

纳税人识别号	91110181WA38XDG47J		纳税人名称	北京大河服饰有限公司	
原凭证号	税 种	品目名称	税款所属时期	入（退）库日期	实缴（退）金额
11010011146510141513	企业所得税	应纳税所得额	20××-01-01至20××-03-31	20××-04-10	8429.91

金额合计 （大写）人民币捌仟肆佰贰拾玖元玖角壹分　　　　　¥8,429.91

备注：一般申报 正税自行申报，主管税务所（科、分局）：国家税务总局北京市丰台区税务局南林税务分局

填票人 电子税务局

第1次打印　　妥善保管

收据联 交纳税人作完税凭证

工资发放明细表

单位：北京大河服饰有限公司　　　　　　　　20××年04月10日　　　　　　　　单位：元

姓名	所属部门	工资项目				应发合计	本月专项扣除	全年累计工资	累计基本减除费用	累计专项扣除	累计专项附加扣除	累计应纳税所得额	累计应预缴个税	累计缴纳个税	本月应缴纳个税	实发工资
		基本工资	岗位工资	工龄工资	绩效考核							⑦=③-④-⑤-⑥	⑧	⑨	⑩=⑧-⑨	⑪=①-②-⑩
						①	②	③	④	⑤	⑥					
洪庆山	总经办	6500.00	100.00	100.00	0.00	6700.00	360.50	26800.00	20000.00	1442.00	8000.00	0.00	0.00	0.00	0.00	6339.50
罗雅君	仓库部	6000.00	100.00	100.00	0.00	6200.00	360.50	24800.00	20000.00	1442.00	8000.00	0.00	0.00	0.00	0.00	5839.50
陈慧珊	财务部	5500.00	100.00	100.00	0.00	5700.00	360.50	22800.00	20000.00	1442.00	8000.00	0.00	0.00	0.00	0.00	5339.50
李顺娇		5000.00	100.00	100.00	0.00	5200.00	360.50	20800.00	20000.00	1442.00	8000.00	0.00	0.00	0.00	0.00	4839.50
小计		23000.00	400.00	400.00	0.00	23800.00	1442.00	95200.00	80000.00	5768.00	32000.00	0.00	0.00	0.00	0.00	22358.00
张亮亮	销售部	4000.00	100.00	100.00	4100.00	8300.00	360.50	33200.00	20000.00	1442.00	8000.00	3758.00	112.74	0.00	112.74	7826.76
冯青青		3000.00	100.00	100.00	4100.00	7300.00	360.50	29200.00	20000.00	1442.00	8000.00	0.00	0.00	0.00	0.00	6939.50
毛小薇		3000.00	100.00	100.00	4100.00	7300.00	360.50	29200.00	20000.00	1442.00	8000.00	0.00	0.00	0.00	0.00	6939.50
刘玲玲		3000.00	100.00	100.00	4100.00	7300.00	360.50	29200.00	20000.00	1442.00	8000.00	0.00	0.00	0.00	0.00	6939.50
李俊杰		3000.00	100.00	100.00	4100.00	7300.00	360.50	29200.00	20000.00	1442.00	8000.00	0.00	0.00	0.00	0.00	6939.50
小计		16000.00	500.00	500.00	20500.00	37500.00	1802.50	150000.00	100000.00	7210.00	40000.00	3758.00	112.74	0.00	112.74	35584.76
合计		39000.00	900.00	900.00	20500.00	61300.00	3244.50	245200.00	180000.00	12978.00	72000.00	3758.00	112.74	0.00	112.74	57942.76

制表人：罗雅君　　　　　　领导签字：洪庆山　　　　　　会计：陈慧珊

教学专用			中国工商银行 网上银行电子回单			4-7-2	
电子回单号码：0012-8349-6840-1582						打印日期：20××年04月10日	
付款人	户名	北京大河服饰有限公司		收款人	户名		
	账号	0202020362428396521			账号		
	开户银行	工行东大街支行			开户银行		
金额		¥57,942.76		金额（大写）		人民币 伍万柒仟玖佰肆拾贰元柒角陆分	
摘要		发放工资		业务（产品）种类		代理业务	
用途							
交易流水号		47622499		时间戳		20××-04-10-15.04.05.468628	
备注： 附言：支付交易序号：952654 报文种类：小额客户发起普通贷记业务 委托日期:0202020100 业务类型（种类）:普通汇兑 指令编号：NSU4353949147 提交人：090200341263000001.c.1702 最终授权人:09200341263000002.c.1702							
验证码:F140VO397aoViHZby6809K490410V							
记账网点		00275		记账柜号	44954	记账日期	20××年04月10日

教学专用			中国工商银行电子缴税付款凭证		4-8-1
缴税日期：20××年04月10日				凭证字号：18052006584	
纳税人全称及纳税人识别号：北京大河服饰有限公司 91110181WA38XDG47J					
付款人全称：北京大河服饰有限公司					
付款人账号：00202020362428396521			征收机关名称：国家税务总局北京市丰台区税务局		
付款人开户银行：工行东大街支行			收款国库（银行）名称：国家金库北京市丰台区支库		
小写（合计）金额：¥10,206.00			缴款书交易流水号：22020060114656104512		
大写（合计）金额：人民币 壹万零贰佰零陆元整			税票号码：34101051901000036271		

税（费）种名称	所属日期	实缴金额（单位：元）
职工基本养老保险（单位缴纳）	20××0401-20××0430	5040.00
职工基本养老保险（个人缴纳）	20××0401-20××0430	2520.00
职工基本医疗保险（单位缴纳）	20××0401-20××0430	1260.00
职工基本医疗保险（个人缴纳）	20××0401-20××0430	630.00
失业保险（单位缴纳）	20××0401-20××0430	220.50
失业保险（个人缴纳）	20××0401-20××0430	94.50
工伤保险（单位缴纳）	20××0401-20××0430	126.00
生育保险（单位缴纳）	20××0401-20××0430	315.00

第1次打印　　　　　　　　　　　　　　　　打印时间：20××年04月10日 16时28分

客户回单联　　　验证码：D53CE888853　　　复核　　　记账

教学专用						4-8-2

中华人民共和国税收完税证明

No. 1101105190100036271

填发日期： 20××年 04月 10日

税务机关：国家税务总局北京市丰台区税务局南林税务分局

纳税人识别号	91110181WA38XDG47J		纳税人名称	北京大河服饰有限公司	
原凭证号	税 种	品 目 名 称	税款所属时期	入（退）库日期	实缴（退）金额
1101001114651041540	基本养老保险基金收入	职工基本养老保险（单位缴纳）	20××-04-01至20××-04-30	20××-04-10	5040.00
1101001114651041540	基本养老保险基金收入	职工基本养老保险（个人缴纳）	20××-04-01至20××-04-30	20××-04-10	2520.00
1101001114651041540	基本医疗保险基金收入	职工基本医疗保险（单位缴纳）	20××-04-01至20××-04-30	20××-04-10	1260.00
1101001114651041540	基本医疗保险基金收入	职工基本医疗保险（个人缴纳）	20××-04-01至20××-04-30	20××-04-10	630.00
1101001114651041540	失业保险基金收入	失业保险（单位缴纳）	20××-04-01至20××-04-30	20××-04-10	220.50
1101001114651041540	失业保险基金收入	失业保险（个人缴纳）	20××-04-01至20××-04-30	20××-04-10	94.50
1101001114651041540	工伤保险基金收入	工伤保险（单位缴纳）	20××-04-01至20××-04-30	20××-04-10	126.00
1101001114651041540	生育保险基金收入	生育保险（单位缴纳）	20××-04-01至20××-04-30	20××-04-10	315.00
金额合计	（大写）人民币壹万零贰佰零陆元整				¥10,206.00
税务机关（盖章）征税专用章		填票人 电子税务局		备注：一般申报 正税自行申报，主管税务所（科、分局）：国家税务总局北京市丰台区税务局南林税务分局	

收据联 交纳税人作完税凭证

第1次打印　　　妥善保管

教学专用	4-9-1

工资计提明细表

编制单位：北京大河服饰有限公司　　20××年04月30日　　单位：元

姓名	部门	基本工资	岗位工资	工龄工资	绩效考核	应发工资
洪庆山	总经办	6500.00	100.00	100.00	0.00	6700.00
罗雅君	仓库部	6000.00	100.00	100.00	0.00	6200.00
陈慧珊	财务部	5500.00	100.00	100.00	0.00	5700.00
李顺娇	财务部	5000.00	100.00	100.00	0.00	5200.00
小计		23000.00	400.00	400.00	0.00	23800.00
张亮亮	销售部	4000.00	100.00	100.00	3670.00	7870.00
冯青青	销售部	3000.00	100.00	100.00	3670.00	6870.00
毛小薇	销售部	3000.00	100.00	100.00	3670.00	6870.00
刘玲玲	销售部	3000.00	100.00	100.00	3670.00	6870.00
李俊杰	销售部	3000.00	100.00	100.00	3670.00	6870.00
小计		16000.00	500.00	500.00	18350.00	35350.00
合计		39000.00	900.00	900.00	18350.00	59150.00

审核人：陈慧珊　　　　领导签字：洪庆山　　　　制表人：罗雅君

社保计提表 4-10-1

教学专用

单位名称：北京大河服饰有限公司　　日期：20××年04月30日　　单位：元

姓名	部门	缴费基数	基本养老保险		基本医疗保险		失业保险		工伤保险	生育保险	公司承担小计	个人承担小计	合计
			单位16%	个人8%	单位4%	个人2%	单位0.7%	个人0.3%	单位0.4%	单位1%			
洪庆山	总经办	3500.00	560.00	280.00	140.00	70.00	24.50	10.50	14.00	35.00	773.50	360.50	1134.00
罗雅君	仓库部	3500.00	560.00	280.00	140.00	70.00	24.50	10.50	14.00	35.00	773.50	360.50	1134.00
陈慧珊	财务部	3500.00	560.00	280.00	140.00	70.00	24.50	10.50	14.00	35.00	773.50	360.50	1134.00
李顺娇		3500.00	560.00	280.00	140.00	70.00	24.50	10.50	14.00	35.00	773.50	360.50	1134.00
小计		14000.00	2240.00	1120.00	560.00	280.00	98.00	42.00	56.00	140.00	3094.00	1442.00	4536.00
张亮亮	销售部	3500.00	560.00	280.00	140.00	70.00	24.50	10.50	14.00	35.00	773.50	360.50	1134.00
冯青青		3500.00	560.00	280.00	140.00	70.00	24.50	10.50	14.00	35.00	773.50	360.50	1134.00
毛小薇		3500.00	560.00	280.00	140.00	70.00	24.50	10.50	14.00	35.00	773.50	360.50	1134.00
刘玲玲		3500.00	560.00	280.00	140.00	70.00	24.50	10.50	14.00	35.00	773.50	360.50	1134.00
李俊杰		3500.00	560.00	280.00	140.00	70.00	24.50	10.50	14.00	35.00	773.50	360.50	1134.00
小计		17500.00	2800.00	1400.00	700.00	350.00	122.50	52.50	70.00	175.00	3867.50	1802.50	5670.00
合计		31500.00	5040.00	2520.00	1260.00	630.00	220.50	94.50	126.00	315.00	6961.50	3244.50	10206.00

制单人：罗雅君　　领导签字：洪庆山　　复核人：陈慧珊

固定资产折旧表 4-11-1

教学专用

编制单位：北京大河服饰有限公司　　日期：20××年04月30日　　单位：元

所属部门	资产名称	折旧方法	数量	计量单位	原值	入库日期	折旧期限（月）	净残值率	净残值	本月折旧	累计折旧	净值
管理部门	电脑	年限平均法	4	台	13097.35	20××.01	36	0.05	654.87	345.62	1036.86	12060.49
销售部门	电脑	年限平均法	5	台	16371.68	20××.01	36	0.05	818.58	432.03	1296.09	15075.59
小计					29469.03					1473.45	777.65	2332.95	27136.08

制单人：罗雅君　　领导签字：洪庆山　　复核人：陈慧珊

房租摊销表 4-11-2

教学专用

编制单位：北京大河服饰有限公司　　20××年04月30日　　单位：元

序号	部门	摊销起始日	待摊销总金额	摊销期（月）	月摊销额	本期摊销金额	累计摊销额	未摊销净值
1	管理部门	20××.01	57142.86	6.00	9523.81	9523.81	38095.24	19047.62

审核人：陈慧珊　　领导签字：洪庆山　　制表人：罗雅君

无形资产摊销表 4-11-3

教学专用

编制单位：北京大河服饰有限公司　　20××年04月30日　　单位：元

资产名称	待摊原值	开始摊销月份	结束摊销月份	摊销月份	月摊销额	已摊月份	本月实际摊销	累计摊销	未摊销净值
品牌使用费	33962.26	20××年01月	20××年12月	36.00	943.40	4.00	943.40	3773.60	30188.66

审核人：陈慧珊　　领导签字：洪庆山　　制表人：罗雅君

中国工商银行 网上银行电子回单

4-12-1

教学专用

电子回单号码：0012-8955-3914-1582		打印日期：20××年04月30日	
付款人	户名：河南远大服装有限公司	收款人	户名：北京大河服饰有限公司
	账号：1107003200413245016		账号：0202020362428396521
	开户银行：工行西大街支行		开户银行：工行东大街支行
金额	¥88,705.00	金额（大写）	人民币 捌万捌仟柒佰零伍元整
摘要	货款	业务（产品）种类	汇划发报
用途			
交易流水号	20007446	时间戳	20××-04-30-15.04.05.468628

备注：
附言：支付交易序号：3516987 报文种类：小额客户发起普通贷记业务 委托日期:0202020362 业务类型（种类）：普通汇兑 指令编号：AFV1767310184 提交人：090200341263000001.c.1702 最终授权人：09200341263000002.c.1702

验证码：F158QB980ryGzIHgl7077W732720S

| 记账网点 | 00275 | 记账柜号 | 94951 | 记账日期 | 20××年04月30日 |

4-12-2

销售单

教学专用　　　　　　　　　　　　　　　　　　　　　　　4-12-3

购货单位：河南远大服装有限公司　　20××年04月30日　　№ 41265785

编号	品名	规格	单位	数量	单价	金额 百 十 万 千 百 十 元 角 分	
1002	衬衫		件	500	226.00	1 1 3 0 0 0 0 0	②财务入账联
1003	西裤		件	150	339.00	5 0 8 5 0 0 0	
1004	领带		条	120	113.00	1 3 5 6 0 0 0	
备注	销售金额为含税价格				合计	¥ 1 7 7 4 1 0 0 0	

会计：陈慧珊　　发货：罗雅君　　审核：李顺娇　　制单：罗雅君

销售成本结转表

教学专用　　　　　　　　　　　　　　　　　　　　　　　4-13-1

编制单位：北京大河服饰有限公司　　20××年04月30日　　单位：元

商品编码	商品名称	期初		本月购进		加权平均单价	本月销售		期末结余	
		数量	金额	数量	金额		数量	金额	数量	金额
1001	衬衫	300.00	33000.00	500.00	55000.00	110.00	500.00	55000.00	300.00	33000.00
1002	西裤	200.00	44000.00	300.00	66000.00	220.00	150.00	33000.00	350.00	77000.00
1003	领带	200.00	12000.00	100.00	6000.00	60.00	120.00	7200.00	180.00	10800.00
合计		700.00	89000.00	900.00	127000.00		770.00	95200.00	830.00	120800.00

审核人：陈慧珊　　领导签字：洪庆山　　制表人：李顺娇

未交增值税结转表

教学专用　　　　　　　　　　　　　　　　　　　　　　　4-14-1

20××年04月

项目	栏次	金额
本期销项税额	1	20410.00
本期进项税额	2	16691.97
本期进项税额转出	3	0.00
本期实际可以抵扣的进项税额	4=2-3	16691.97
上期留抵	5	0.00
减免税额	6	0.00
本期应纳税额	7=1-4-5-6	3718.03

教学专用   4-15-1

附加税计提表

税目	计税基数	税率	税额	备注
城市维护建设税	3718.03	7%	260.26	
教育费附加	3718.03	3%	111.54	
地方教育附加	3718.03	2%	74.36	
合计			446.16	

时间：20××年04月30日

教学专用   4-16-1

损益类账户发生额汇总表

所属期：20××年04月   第1页共1页

科目名称	本月借方发生额	本月贷方发生额
主营业务收入		157000.00
其他业务收入		
主营业务成本	95200.00	
其他业务成本		
税金及附加	446.16	
管理费用	37706.83	
销售费用	42467.56	
财务费用		
营业外收入		
营业外支出		
合计	175820.55	157000.00

五月业务

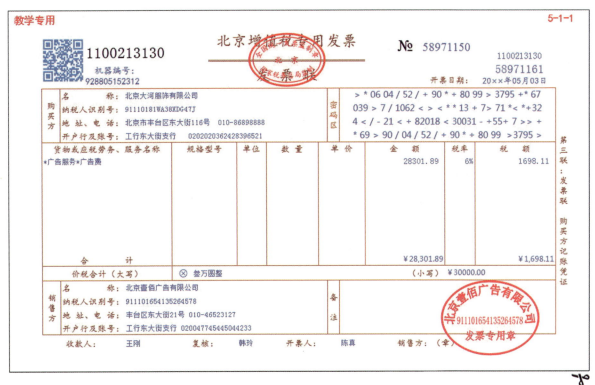

教学专用					5-1-3
中国工商银行 网上银行电子回单					
电子回单号码：0012-3929-7168-1582				打印日期：20××年05月03日	
付款人	户名	北京大河服饰有限公司	收款人	户名	北京壹佰广告有限公司
	账号	0202020362428396521		账号	020047745445044233
	开户银行	工行东大街支行		开户银行	工行东大街支行
金额		¥30,000.00	金额（大写）		人民币 叁万元整
摘要		广告费	业务（产品）种类		同城转账
用途					
交易流水号		84726965	时间戳		20××-05-03-15.04.05.468628
	备注：附言：支付交易序号：2811472 报文种类：小额客户发起普通贷记业务 委托日期：1107003419 业务类型（种类）：普通汇兑 指令编号：BHR5825498595 提交人：090200341263000001.c.1702 最终授权人：09200341263000002.c.1702 验证码：H191IF367gqXwRZiu7558A154714W				
记账网点		00275	记账柜号	11013	记账日期	20××年05月03日

教学专用		中国工商银行 网上银行电子回单					5-2-2
电子回单号码：0012-1729-4642-1582						打印日期：20××年05月03日	
付款人	户名	北京大河服饰有限公司		收款人	户名	北京隆庆制衣有限公司	
	账号	0202020362428396521			账号	0207412341565213201	
	开户银行	工行东大街支行			开户银行	工行西四环路支行	
金额		¥200,000.00		金额（大写）		人民币 贰拾万元整	
摘要		货款		业务（产品）种类		同城转账	
用途							
交易流水号		5524847		时间戳		20××-05-03-15.04.05.468628	
		备注： 附言：支付交易序号：8220762 报文种类：小额客户发起普通贷记业务 委托日期：业务类型（种类）：普通汇兑 指令编号：EWD2716896718 提交人：090200341263000001.c.1702 最终授权人:09200341263000002.c.1702 验证码:C102LG171hoObQYsz524I845835B					
记账网点		00275		记账柜号	66953	记账日期	20××年05月03日

教学专用		中国工商银行 网上银行电子回单					5-3-1
电子回单号码：0012-2704-1584-1582						打印日期：20××年05月05日	
付款人	户名	河南远大服装有限公司		收款人	户名	北京大河服饰有限公司	
	账号	1107003200413245016			账号	0202020362428396521	
	开户银行	工行西大街支行			开户银行	工行东大街支行	
金额		¥88,705.00		金额（大写）		人民币 捌万捌仟柒佰零伍元整	
摘要		剩余货款		业务（产品）种类		汇划发报	
用途							
交易流水号		66171023		时间戳		20××-05-05-15.04.05.468628	
		备注： 附言：支付交易序号：7770932 报文种类：小额客户发起普通贷记业务 委托日期:0202020362 业务类型（种类）：普通汇兑 指令编号：BJI6518037905 提交人：090200341263000001.c.1702 最终授权人:09200341263000002.c.1702 验证码:L120YU113jxAiCZpe467U955855Y					
记账网点		00275		记账柜号	7578	记账日期	20××年05月05日

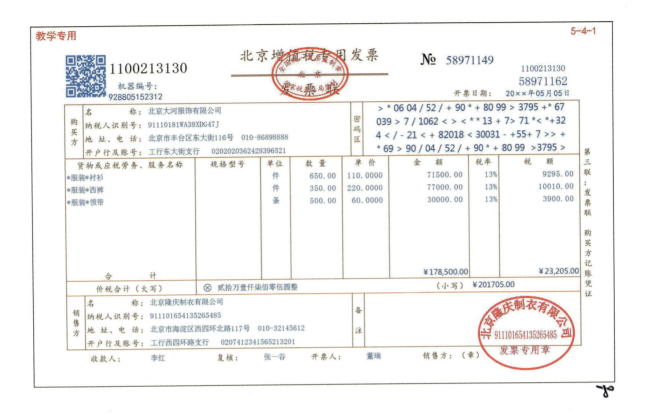

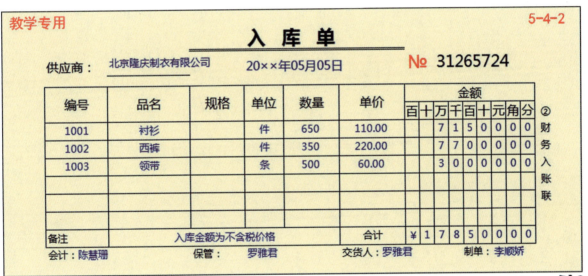

教学专用		5-5-1

中国工商银行电子缴税付款凭证

缴税日期：20××年05月08日　　　　　　　　　凭证字号：18052006584

纳税人全称及纳税人识别号：北京大河服饰有限公司 91110181WA38XDG47J
付款人全称：北京大河服饰有限公司
付款人账号：0202020362428396521　　　征收机关名称：国家税务总局北京市丰台区税务局
付款人开户银行：工行东大街支行　　　　　收款国库（银行）名称：国家金库北京市丰台区支库
小写（合计）金额：　¥3,718.03　　　　　缴款书交易流水号：20200601146561045416
大写（合计）金额：人民币 叁仟柒佰壹拾捌元零叁分　税票号码：34101051900100036271

税（费）种名称	所属日期	实缴金额（单位：元）
增值税	20××0401-20××0430	3718.03

第1次打印　　　　　　　　　　　　打印时间：　20××年05月08日 16时28分

客户回单联　　　验证码：D53CE888852　　　复核　　　　记账

教学专用		5-5-2

中华人民共和国税收完税证明

No. 11011051900100036271

填发日期：　20××年 05月 08日　　　税务机关：国家税务总局北京市丰台区税务局南苑林税务分局

纳税人识别号	91110181WA38XDG47J		纳税人名称	北京大河服饰有限公司	
原凭证号	税　种	品目名称	税款所属时期	入（退）库日期	实缴（退）金额
11010011146510041536	增值税	增值税	20××-04-01至20××-04-30	20××-05-08	3718.03

金额合计　（大写）人民币 叁仟柒佰壹拾捌元零叁分　　　　　　　　　¥3,718.03

备注：一般申报 正税自行申报，主管税务所（科、分局）：国家税务总局北京市丰台区税务局南苑林税务分局

税务机关（盖章）　　填票人：电子税务局

第1次打印　　　　　妥善保管

教学专用　　　　　　　　　　　　　　　　　　　　　　　　　　　　5-5-3

中国工商银行电子缴税付款凭证

缴税日期：20××年05月08日　　　　　　　　　　　凭证字号：18052006584

纳税人全称及纳税人识别号：北京大河服饰有限公司 91110181WA38XDG47J
付款人全称：北京大河服饰有限公司
付款人账号：00202020362428396521　　　　征收机关名称：国家税务总局北京市丰台区税务局
付款人开户银行：工行东大街支行　　　　　　收款国库（银行）名称：国家金库北京市丰台区支库
小写（合计）金额：￥446.16　　　　　　　　缴款书交易流水号：20200601146561041878
大写（合计）金额：人民币 肆佰肆拾陆元壹角陆分　　税票号码：3410105190100036271

税（费）种名称	所属日期	实缴金额（单位：元）
城市维护建设税	20××0401-20××0430	260.26
教育费附加	20××0401-20××0430	111.54
地方教育附加	20××0401-20××0430	74.36

第1次打印　　　　　　　　　　　　　　　打印时间：20××年05月08日 16时28分

客户回单联　　　　验证码：D53CE888853　　　复核　　　　记账

教学专用　　　　　　　　　　　　　　　　　　　　　　　　　　　　5-5-4

中华人民共和国
税　收　完　税　证　明

填发日期：　20××年 05月 08日　　　　　　No. 1101105190100036271

国家税务总局北京市丰台区税务
税务机关：局南林税务分局

纳税人识别号	91110181WA38XDG47J		纳税人名称		北京大河服饰有限公司	
原凭证号	税　种	品目名称	税款所属时期	入（退）库日期	实缴（退）金额
11010011114651041531	城市维护建设税	市区（增值税附征）	20××-04-01至20××-04-30	20××-05-08	260.26
11010011114651041531	教育费附加	增值税教育费附加	20××-04-01至20××-04-30	20××-05-08	111.54
11010011114651041531	地方教育附加	增值税地方教育附加	20××-04-01至20××-04-30	20××-05-08	74.36

金额合计　（大写）人民币肆佰肆拾陆元壹角陆分　　　　　　　　　￥446.16

备注：一般申报 正税自行申报，主管税务所（科、分局）：国家税务总局北京市丰台区税务局南林税务分局

税务机关（章）　　　填票人　　电子税务局

第1次打印　　妥善保管

教学专用		5-5-5

中国工商银行电子缴税付款凭证

缴税日期：20××年05月08日　　　　　　　　　凭证字号：18052006584

纳税人全称及纳税人识别号：北京大河服饰有限公司 91110181WA38XDG47J

付款人全称：北京大河服饰有限公司

付款人账号：00202020362428396521	征收机关名称：国家税务总局北京市丰台区税务局
付款人开户银行：工行东大街支行	收款国库（银行）名称：国家金库北京市丰台区支库
小写（合计）金额：　¥112.74	缴款书交易流水号：2020060114656104516
大写（合计）金额：人民币 壹佰壹拾贰元柒角肆分	税票号码：34101051901000036271

税（费）种名称	所属日期	实缴金额（单位：元）
个人所得税	20××0401-20××0430	112.74

（中国工商银行股份有限公司北京市东大街支行 自助回单箱专用章（001））

第1次打印　　　　　　　　　　　　打印时间：　20××年05月08日 16时28分

客户回单联　　　验证码：D53CE888853　　　复核　　　记账

教学专用		5-5-6

中华人民共和国
税 收 完 税 证 明

No. 11011051901000036271

填发日期：　20××年 05月 08日　　　税务机关：国家税务总局北京市丰台区税务局南林税务分局

纳税人识别号	91110181WA38XDG47J		纳税人名称	北京大河服饰有限公司		
原凭证号	税　种	品目名称	税款所属时期	入(退)库日期	实缴(退)金额
1101001114651041512	个人所得税	工资薪金所得	20××-04-01至20××-04-30	20××-05-08	112.74

金额合计　（大写）人民币壹佰壹拾贰元柒角肆分　　　　　　　　　　　　　　¥112.74

备注：一般申报 正税自行申报，主管税务所（科、分局）：国家税务总局北京市丰台区税务局南林税务分局

税务机关（盖章）电子征税专用章　　填票人　电子税务局

收据联　交纳税人作完税凭证

第1次打印　　　妥善保管

工资发放明细表

单位：北京大河服饰有限公司　　　　20××年05月10日　　　　单位：元

姓名	所属部门	工资项目 基本工资	岗位工资	工龄工资	绩效考核	应发合计 ①	本月专项扣除 ②	全年累计工资 ③	累计基本减除费用 ④	累计专项扣除 ⑤	累计专项附加扣除 ⑥	累计应纳税所得额 ⑦=③-④-⑤-⑥	累计应预缴个税 ⑧	累计缴纳个税 ⑨	本月应缴纳个税 ⑩=⑧-⑨	实发工资 ⑪=①-②-⑩
洪庆山	总经办	6500.00	100.00	100.00	0.00	6700.00	360.50	33500.00	25000.00	1802.50	10000.00	0.00	0.00	0.00	0.00	6339.50
罗雅君	仓库部	6000.00	100.00	100.00	0.00	6200.00	360.50	31000.00	25000.00	1802.50	10000.00	0.00	0.00	0.00	0.00	5839.50
陈慧珊	财务部	5500.00	100.00	100.00	0.00	5700.00	360.50	28500.00	25000.00	1802.50	10000.00	0.00	0.00	0.00	0.00	5339.50
李顺娇	财务部	5000.00	100.00	100.00	0.00	5200.00	360.50	26000.00	25000.00	1802.50	10000.00	0.00	0.00	0.00	0.00	4839.50
小计		23000.00	400.00	400.00	0.00	23800.00	1442.00	119000.00	100000.00	7210.00	40000.00	0.00	0.00	0.00	0.00	22358.00
张亮亮	销售部	4000.00	100.00	100.00	3670.00	7870.00	360.50	39350.00	25000.00	1802.50	10000.00	2547.50	76.43	112.74	0.00	7509.50
冯青青	销售部	3000.00	100.00	100.00	3670.00	6870.00	360.50	34350.00	25000.00	1802.50	10000.00	0.00	0.00	0.00	0.00	6509.50
毛小薇	销售部	3000.00	100.00	100.00	3670.00	6870.00	360.50	34350.00	25000.00	1802.50	10000.00	0.00	0.00	0.00	0.00	6509.50
刘玲玲	销售部	3000.00	100.00	100.00	3670.00	6870.00	360.50	34350.00	25000.00	1802.50	10000.00	0.00	0.00	0.00	0.00	6509.50
李俊杰	销售部	3000.00	100.00	100.00	3670.00	6870.00	360.50	34350.00	25000.00	1802.50	10000.00	0.00	0.00	0.00	0.00	6509.50
小计		16000.00	500.00	500.00	18350.00	35350.00	1802.50	176750.00	125000.00	9012.50	50000.00	2547.50	76.43	112.74	0.00	33547.50
合计		39000.00	900.00	900.00	18350.00	59150.00	3244.50	295750.00	225000.00	16222.50	90000.00	2547.50	76.43	112.74	0.00	55905.50

制表人：罗雅君　　　　　　领导签字：洪庆山　　　　　　会计：陈慧珊

中国工商银行 网上银行电子回单

电子回单号码：0012-1111-8242-1582　　　　打印日期：20××年05月10日

付款人	户名	北京大河服饰有限公司	收款人	户名	
	账号	0202020362428396521		账号	
	开户银行	工行东大街支行		开户银行	
金额		¥55,905.50	金额（大写）		人民币 伍万伍仟玖佰零伍元伍角
摘要		发放工资	业务（产品）种类		代理业务
用途					
交易流水号		56758997	时间戳		20××-05-10-15.04.05.468628
备注		附言：支付交易序号：1916797 报文种类：小额客户发起普通贷记业务 委托日期:0200477454 业务类型（种类）:普通汇兑 指令编号：CDD3804812103 提交人：090200341263000001.c.1702 最终授权人:0920034126300002.c.1702			
验证码:Y163BX22dvSiIMuv4730Y2481F					
记账网点		00275	记账柜号	66646	记账日期	20××年05月10日

教学专用			5-7-1

中国工商银行电子缴税付款凭证

缴税日期：20××年05月10日　　　　　　　　　　　凭证字号：18052006584

纳税人全称及纳税人识别号：北京大河服饰有限公司 91110181WA38XDG47J
付款人全称：北京大河服饰有限公司
付款人账号：00202020362428396521　　　征收机关名称：国家税务总局北京市丰台区税务局
付款人开户银行：工行东大街支行　　　　收款国库（银行）名称：国家金库北京市丰台区支库
小写（合计）金额：¥10,206.00　　　　　缴款书交易流水号：22020060114656104512
大写（合计）金额：人民币 壹万零贰佰零陆元整　　税票号码：3410105190100036271

税（费）种名称	所属日期	实缴金额（单位：元）
职工基本养老保险（单位缴纳）	20××0501-20××0531	5040.00
职工基本养老保险（个人缴纳）	20××0501-20××0531	2520.00
职工基本医疗保险（单位缴纳）	20××0501-20××0531	1260.00
职工基本医疗保险（个人缴纳）	20××0501-20××0531	630.00
失业保险（单位缴纳）	20××0501-20××0531	220.50
失业保险（个人缴纳）	20××0501-20××0531	94.50
工伤保险（单位缴纳）	20××0501-20××0531	126.00
生育保险（单位缴纳）	20××0501-20××0531	315.00

第1次打印　　　　　　　　　　　　　　打印时间：　20××年05月10日 16时28分

客户回单联　　　验证码：D53CE888853　　　复核　　　记账

教学专用		5-7-2

中华人民共和国税收完税证明

No. 1101105190100036271

填发日期：　20××年 05月 10日　　　税务机关：国家税务总局北京市丰台区税务局南林税务分局

纳税人识别号	91110181WA38XDG47J		纳税人名称	北京大河服饰有限公司		
原凭证号	税　种	品目名称	税款所属时期	入（退）库日期	实缴（退）金额
1101001114651041540	基本养老保险基金收入	职工基本养老保险（单位缴纳）	20××-05-01至20××-05-31	20××-05-10	5040.00
1101001114651041540	基本养老保险基金收入	职工基本养老保险（个人缴纳）	20××-05-01至20××-05-31	20××-05-10	2520.00
1101001114651041540	基本医疗保险基金收入	职工基本医疗保险（单位缴纳）	20××-05-01至20××-05-31	20××-05-10	1260.00
1101001114651041540	基本医疗保险基金收入	职工基本医疗保险（个人缴纳）	20××-05-01至20××-05-31	20××-05-10	630.00
1101001114651041540	失业保险基金收入	失业保险（单位缴纳）	20××-05-01至20××-05-31	20××-05-10	220.50
1101001114651041540	失业保险基金收入	失业保险（个人缴纳）	20××-05-01至20××-05-31	20××-05-10	94.50
1101001114651041540	工伤保险基金收入	工伤保险（单位缴纳）	20××-05-01至20××-05-31	20××-05-10	126.00
1101001114651041540	生育保险基金收入	生育保险（单位缴纳）	20××-05-01至20××-05-31	20××-05-10	315.00
金额合计	（大写）人民币壹万零贰佰零陆元整				¥10,206.00

备注：一般申报 正税自行申报，主管税务所（科、分局）：国家税务总局北京市丰台区税务局南林税务分局

填票人　电子税务局

第1次打印　　妥善保管

销售单

5-8-3

教学专用

购货单位：河南远大服装有限公司　20××年05月30日　№ 41265786

编号	品名	规格	单位	数量	单价	金额 百 十 万 千 百 十 元 角 分	
1002	衬衫		件	850	226.00	1 9 2 1 0 0 0 0	②财务入账联
1003	西裤		件	500	339.00	1 6 9 5 0 0 0 0	
1004	领带		条	450	113.00	5 0 8 5 0 0 0	
备注		销售金额为含税价格			合计	¥ 4 1 2 4 5 0 0 0	

会计：陈慧珊　　　发货：罗雅君　　　审核：李顺娇　　　制单：罗雅君

销售成本结转表

5-9-1

教学专用

编制单位：北京大河服饰有限公司　　20××年05月31日　　单位：元

商品编码	商品名称	期初		本月购进		加权平均单价	本月销售		期末结余	
		数量	金额	数量	金额		数量	金额	数量	金额
1001	衬衫	300.00	33000.00	650.00	71500.00	110.00	850.00	93500.00	100.00	11000.00
1002	西裤	350.00	77000.00	350.00	77000.00	220.00	500.00	110000.00	200.00	44000.00
1003	领带	180.00	10800.00	500.00	30000.00	60.00	450.00	27000.00	230.00	13800.00
	合计	830.00	120800.00	1500.00	178500.00		1800.00	230500.00	530.00	68800.00

审核人：陈慧珊　　　领导签字：洪庆山　　　制表人：李顺娇

工资计提明细表

5-10-1

教学专用

编制单位：北京大河服饰有限公司　　20××年05月31日　　单位：元

姓名	部门	基本工资	岗位工资	工龄工资	绩效考核	应发工资
洪庆山	总经办	6500.00	100.00	100.00	0.00	6700.00
罗雅君	仓库部	6000.00	100.00	100.00	0.00	6200.00
陈慧珊	财务部	5500.00	100.00	100.00	0.00	5700.00
李顺娇		5000.00	100.00	100.00	0.00	5200.00
小计		23000.00	400.00	400.00	0.00	23800.00
张亮亮	销售部	4000.00	100.00	100.00	3650.00	7850.00
冯青青		3000.00	100.00	100.00	3650.00	6850.00
毛小薇		3000.00	100.00	100.00	3650.00	6850.00
刘玲玲		3000.00	100.00	100.00	3650.00	6850.00
李俊杰		3000.00	100.00	100.00	3650.00	6850.00
小计		16000.00	500.00	500.00	18250.00	35250.00
合计		39000.00	900.00	900.00	18250.00	59050.00

审核人：陈慧珊　　　领导签字：洪庆山　　　制表人：罗雅君

教学专用 5-11-1

社保计提表

单位名称：北京大河服饰有限公司　　日期：20××年05月31日　　单位：元

姓名	部门	缴费基数	基本养老保险		基本医疗保险		失业保险		工伤保险	生育保险	公司承担小计	个人承担小计	合计
			单位16%	个人8%	单位4%	个人2%	单位0.7%	个人0.3%	单位0.4%	单位1%			
洪庆山	总经办	3500.00	560.00	280.00	140.00	70.00	24.50	10.50	14.00	35.00	773.50	360.50	1134.00
罗雅君	仓库部	3500.00	560.00	280.00	140.00	70.00	24.50	10.50	14.00	35.00	773.50	360.50	1134.00
陈慧珊	财务部	3500.00	560.00	280.00	140.00	70.00	24.50	10.50	14.00	35.00	773.50	360.50	1134.00
李顺娇		3500.00	560.00	280.00	140.00	70.00	24.50	10.50	14.00	35.00	773.50	360.50	1134.00
小计		14000.00	2240.00	1120.00	560.00	280.00	98.00	42.00	56.00	140.00	3094.00	1442.00	4536.00
张亮亮	销售部	3500.00	560.00	280.00	140.00	70.00	24.50	10.50	14.00	35.00	773.50	360.50	1134.00
冯青青		3500.00	560.00	280.00	140.00	70.00	24.50	10.50	14.00	35.00	773.50	360.50	1134.00
毛小薇		3500.00	560.00	280.00	140.00	70.00	24.50	10.50	14.00	35.00	773.50	360.50	1134.00
刘玲玲		3500.00	560.00	280.00	140.00	70.00	24.50	10.50	14.00	35.00	773.50	360.50	1134.00
李俊杰		3500.00	560.00	280.00	140.00	70.00	24.50	10.50	14.00	35.00	773.50	360.50	1134.00
小计		17500.00	2800.00	1400.00	700.00	350.00	122.50	52.50	70.00	175.00	3867.50	1802.50	5670.00
合计		31500.00	5040.00	2520.00	1260.00	630.00	220.50	94.50	126.00	315.00	6961.50	3244.50	10206.00

制单人：罗雅君　　领导签字：洪庆山　　复核人：陈慧珊

教学专用 5-12-1

固定资产折旧表

编制单位：北京大河服饰有限公司　　日期：20××年05月31日　　单位：元

所属部门	资产名称	折旧方法	数量	计量单位	原值	入库日期	折旧期限（月）	净残值率	净残值	本月折旧	累计折旧	净值
管理部门	电脑	年限平均法	4	台	13097.35	20××.01	36	0.05	654.87	345.62	1382.48	11714.87
销售部门	电脑	年限平均法	5	台	16371.68	20××.01	36	0.05	818.58	432.03	1728.12	14643.56
	小计				29469.03				1473.45	777.65	3110.60	26358.43

制单人：罗雅君　　领导签字：洪庆山　　复核人：陈慧珊

教学专用 5-12-2

房租摊销表

编制单位：北京大河服饰有限公司　　20××年05月31日　　单位：元

序号	部门	摊销起始日	待摊销总金额	摊销期（月）	月摊销额	本期摊销金额	累计摊销额	未摊销净值
1	管理部门	20××.01	57142.86	6.00	9523.81	9523.81	47619.05	9523.81

审核人：陈慧珊　　领导签字：洪庆山　　制表人：罗雅君

教学专用 5-12-3

无形资产摊销表

编制单位：北京大河服饰有限公司　　20××年05月31日　　单位：元

资产名称	待摊原值	开始摊销月份	结束摊销月份	摊销月份	月摊销额	已摊月份	本月实际摊销	累计摊销	未摊销净值
品牌使用费	33962.26	20××年01月	20××年12月	36.00	943.40	5.00	943.40	4717.00	29245.26

审核人：陈慧珊　　领导签字：洪庆山　　制表人：罗雅君

| 教学专用 | | 5-13-1 |

未交增值税结转表
20××年05月

项目	栏次	金额
本期销项税额	1	47450.00
本期进项税额	2	24903.11
本期进项税额转出	3	0.00
本期实际可以抵扣的进项税额	4=2-3	24903.11
上期留抵	5	0.00
减免税额	6	0.00
本期应纳税额	7=1-4-5-6	22546.89

| 教学专用 | | | | 5-14-1 |

附加税计提表

税目	计税基数	税率	税额	备注
城市维护建设税	22546.89	7%	1578.28	
教育费附加	22546.89	3%	676.41	
地方教育附加	22546.89	2%	450.94	
合计			2705.63	

时间：20××年05月31日

损益类账户发生额汇总表

所属期：20××年05月　　　　　　　　　　　　　　　　第1页共1页

科目名称	本月借方发生额	本月贷方发生额
主营业务收入		365000.00
其他业务收入		
主营业务成本	230500.00	
其他业务成本		
税金及附加	2705.63	
管理费用	37706.83	
销售费用	67851.42	
财务费用		
营业外收入		
营业外支出		
合计	338763.88	365000.00

5-15-1

六月业务

6-1-1

教学专用   6-1-2

中国工商银行　网上银行电子回单

电子回单号码：0012-7020-4821-1582　　　　打印日期：20××年06月03日

付款人	户名	北京大河服饰有限公司	收款人	户名	北京隆庆制衣有限公司
	账号	0202020362428396521		账号	0207412341565213201
	开户银行	工行东大街支行		开户银行	工行西四环路支行
金额		¥400,000.00	金额（大写）		人民币 肆拾万元整
摘要		货款	业务（产品）种类		同城转账
用途					
交易流水号		72665692	时间戳		20××-06-03-15.04.05.468628

备注：
附言：支付交易序号：5914360 报文种类：小额客户发起普通贷记业务 委托日期：业务类型（种类）:普通汇兑 指令编号：FFG7889923354 提交人：090200341263000001.c.1702 最终授权人:09200341263000002.c.1702

验证码:Y117JF980znPuZOar8509M793877Y

| 记账网点 | 00275 | 记账柜号 | 86856 | 记账日期 | 20××年06月03日 |

教学专用   6-2-1

中国工商银行　网上银行电子回单

电子回单号码：0012-10055-6145-1582　　　　打印日期：20××年06月05日

付款人	户名	河南远大服装有限公司	收款人	户名	北京大河服饰有限公司
	账号	1107003200413245016		账号	0202020362428396521
	开户银行	工行西大街支行		开户银行	工行东大街支行
金额		¥206,225.00	金额（大写）		人民币 贰拾陆仟贰佰贰拾伍元整
摘要		剩余货款	业务（产品）种类		汇划发报
用途					
交易流水号		15212898	时间戳		20××-06-05-15.04.05.468628

备注：
附言：支付交易序号：231476 报文种类：小额客户发起普通贷记业务 委托日期:0202020362 业务类型（种类）：普通汇兑 指令编号：OUH7303795450 提交人：090200341263000001.c.1702 最终授权人:09200341263000002.c.1702

验证码:T186XV754egDtJCqr5590F924026M

| 记账网点 | 00275 | 记账柜号 | 16957 | 记账日期 | 20××年06月05日 |

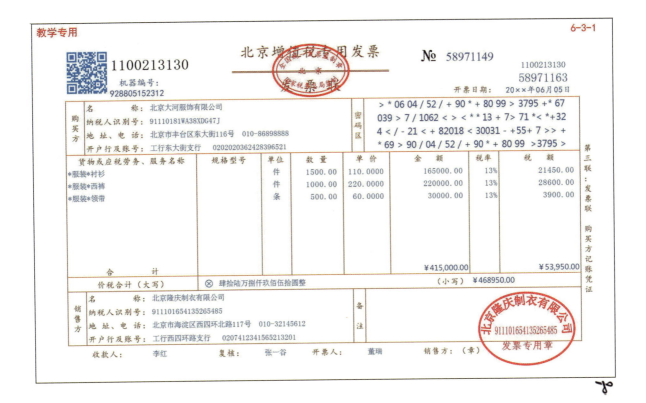

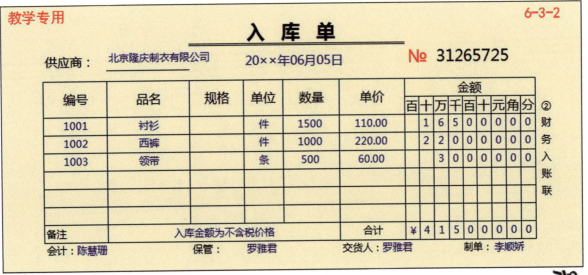

教学专用		6-4-1

中国工商银行电子缴税付款凭证

缴税日期：20××年06月06日　　　　　　　　　　　凭证字号：18052006584

纳税人全称及纳税人识别号：北京大河服饰有限公司 91110181WA38XDG47J

付款人全称：北京大河服饰有限公司

付款人账号：0202020362428396521　　　　征收机关名称：国家税务总局北京市丰台区税务局

付款人开户银行：工行东大街支行　　　　　　收款国库（银行）名称：国家金库北京市丰台区支库

小写（合计）金额：　￥22,546.89　　　　　缴款书交易流水号：2020060114656104516

大写（合计）金额：人民币 贰万贰仟伍佰肆拾陆元捌角玖分　　税票号码：34101051900100036271

税（费）种名称	所属日期	实缴金额（单位：元）
增值税	20××0501-20××0531	22546.89

第1次打印　　　　　　　　　　　　　打印时间：　20××年06月06日 16时28分

客户回单联　　　　　验证码：D53CE888852　　　　复核　　　　记账

教学专用		6-4-2

中华人民共和国 税收完税证明

No. 11011051900100036271

填发日期：　20××年 06月 06日　　　　税务机关：国家税务总局北京市丰台区税务局南林税务分局

纳税人识别号	91110181WA38XDG47J		纳税人名称	北京大河服饰有限公司		
原凭证号	税　种	品目名称	税款所属时期	入（退）库日期	实缴（退）金额
11010011146510041536	增值税	增值税	20××-05-01至20××-05-31	20××-06-06	22546.89

金额合计　（大写）人民币贰万贰仟伍佰肆拾陆元捌角玖分　　　　￥22,546.89

备注：一般申报 正税自行申报，主管税务所（科、分局）：国家税务总局北京市丰台区税务局南林税务分局

填票人：电子税务局

第1次打印　　妥善保管

教学专用			6-4-3

中国工商银行电子缴税付款凭证

缴税日期：20××年06月06日　　　　　　　　　　凭证字号：18052006584

纳税人全称及纳税人识别号：北京大河服饰有限公司 91110181WA38XDG47J
付款人全称：北京大河服饰有限公司
付款人账号：00202020362428396521　　　征收机关名称：国家税务总局北京市丰台区税务局
付款人开户银行：工行东大街支行　　　　　收款国库（银行）名称：国家金库北京市丰台区支库
小写（合计）金额：　¥2,705.63　　　　　　缴款书交易流水号：20200601146561041878
大写（合计）金额：人民币 贰仟柒佰零伍元陆角叁分　　税票号码：3410105190100036271

税（费）种名称	所属日期	实缴金额（单位：元）
城市维护建设税	20××0501-20××0531	1578.28
教育费附加	20××0501-20××0531	676.41
地方教育附加	20××0501-20××0531	450.94

第1次打印　　　　　　　　　　　　　　打印时间：　20××年06月06日 16时28分

客户回单联　　　验证码：D53CE888853　　　复核　　　记账

教学专用			6-4-4

中华人民共和国税收完税证明

No. 11011051900100036271

填发日期：　20××年 06月 06日　　　　　税务机关：国家税务总局北京市丰台区税务局南林税务分局

纳税人识别号	91110181WA38XDG47J		纳税人名称	北京大河服饰有限公司	
原凭证号	税种	品目名称	税款所属时期	入（退）库日期	实缴（退）金额
1101001114651041531	城市维护建设税	市区（增值税附征）	20××-05-01至20××-05-31	20××-06-06	1578.28
1101001114651041531	教育费附加	增值税教育费附加	20××-05-01至20××-05-31	20××-06-06	676.41
1101001114651041531	地方教育附加	增值税地方教育附加	20××-05-01至20××-05-31	20××-06-06	450.94

金额合计　（大写）人民币贰仟柒佰零伍元陆角叁分　　　　　　　　　　　¥2,705.63

备注：一般申报 正税自行申报，主管税务所（科、分局）：国家税务总局北京市丰台区税务局南林税务分局

填票人　电子税务局

第1次打印　　　妥善保管

收据联　交纳税人作完税凭证

教学专用 6-5-1

工资发放明细表

单位：北京大河服饰有限公司　　　20××年06月10日　　　单位：元

姓名	所属部门	基本工资	岗位工资	工龄工资	绩效考核	应发合计 ①	本月专项扣除 ②	全年累计工资 ③	累计基本减除费用 ④	累计专项扣除 ⑤	累计专项附加扣除 ⑥	累计应纳税所得额 ⑦=③-④-⑤-⑥	累计应预缴个税 ⑧	累计缴纳个税 ⑨	本月应缴纳个税 ⑩=⑧-⑨	实发工资 ⑪=①-②-⑩
洪庆山	总经办	6500.00	100.00	100.00	0.00	6700.00	360.50	40200.00	30000.00	2163.00	12000.00	0.00	0.00	0.00	0.00	6339.50
罗雅君	仓库部	6000.00	100.00	100.00	0.00	6200.00	360.50	37200.00	30000.00	2163.00	12000.00	0.00	0.00	0.00	0.00	5839.50
陈慧珊	财务部	5500.00	100.00	100.00	0.00	5700.00	360.50	34200.00	30000.00	2163.00	12000.00	0.00	0.00	0.00	0.00	5339.50
李顺娇		5000.00	100.00	100.00	0.00	5200.00	360.50	31200.00	30000.00	2163.00	12000.00	0.00	0.00	0.00	0.00	4839.50
小计		23000.00	400.00	400.00	0.00	23800.00	1442.00	142800.00	120000.00	8652.00	48000.00	0.00	0.00	0.00	0.00	22358.00
张亮亮		4000.00	100.00	100.00	3650.00	7850.00	360.50	47100.00	30000.00	2163.00	12000.00	5100.00	153.00	112.74	40.26	7449.24
冯青青		3000.00	100.00	100.00	3650.00	6850.00	360.50	41100.00	30000.00	2163.00	12000.00	0.00	0.00	0.00	0.00	6489.50
毛小薇	销售部	3000.00	100.00	100.00	3650.00	6850.00	360.50	41100.00	30000.00	2163.00	12000.00	0.00	0.00	0.00	0.00	6489.50
刘玲玲		3000.00	100.00	100.00	3650.00	6850.00	360.50	41100.00	30000.00	2163.00	12000.00	0.00	0.00	0.00	0.00	6489.50
李俊杰		3000.00	100.00	100.00	3650.00	6850.00	360.50	41100.00	30000.00	2163.00	12000.00	0.00	0.00	0.00	0.00	6489.50
小计		16000.00	500.00	500.00	18250.00	35250.00	1802.50	211500.00	150000.00	10815.00	60000.00	5100.00	153.00	112.74	40.26	33407.24
合计		39000.00	900.00	900.00	18250.00	59050.00	3244.50	354200.00	270000.00	19467.00	108000.00	5100.00	153.00	112.74	40.26	55765.24

制表人：罗雅君　　　领导签字：洪庆山　　　会计：陈慧珊

教学专用 6-5-2

中国工商银行　网上银行电子回单

电子回单号码：0012-553-7102-1582　　　打印日期：20××年06月10日

付款人	户名	北京大河服饰有限公司	收款人	户名	
	账号	0202020362428396521		账号	
	开户银行	工行东大街支行		开户银行	
金额		￥55,765.24	金额（大写）		人民币 伍万伍仟柒佰陆拾伍元贰角肆分
摘要		发放工资	业务（产品）种类		代理业务
用途					
交易流水号		54784837	时间戳		20××-06-10-15.04.05.468628

备注：
附言：支付交易序号：8191998 报文种类：小额客户发起普通贷记业务 委托日期：0200477454 业务类型（种类）：普通汇兑 指令编号：BOC8674732596 提交人：090200341263000001.c.1702 最终授权人：09200341263000002.c.1702

验证码：F167JL177mtMfRXgr2424Q369074I

记账网点	00275	记账柜号	87255	记账日期	20××年06月10日

教学专用 6-6-1

中国工商银行电子缴税付款凭证

缴税日期：20××年06月10日 凭证字号：18052006584

纳税人全称及纳税人识别号：北京大河服饰有限公司 91110181WA38XDG47J
付款人全称：北京大河服饰有限公司
付款人账号：00202020362428396521 征收机关名称：国家税务总局北京市丰台区税务局
付款人开户银行：工行东大街支行 收款国库（银行）名称：国家金库北京市丰台区支库
小写（合计）金额：¥10,206.00 缴款书交易流水号：22020060114656104512
大写（合计）金额：人民币 壹万零贰佰零陆元整 税票号码：3410105190100036271

税（费）种名称	所属日期	实缴金额（单位：元）
职工基本养老保险（单位缴纳）	20××0601-20××0630	5040.00
职工基本养老保险（个人缴纳）	20××0601-20××0630	2520.00
职工基本医疗保险（单位缴纳）	20××0601-20××0630	1260.00
职工基本医疗保险（个人缴纳）	20××0601-20××0630	630.00
失业保险（单位缴纳）	20××0601-20××0630	220.50
失业保险（个人缴纳）	20××0601-20××0630	94.50
工伤保险（单位缴纳）	20××0601-20××0630	126.00
生育保险（单位缴纳）	20××0601-20××0630	315.00

第1次打印 打印时间：20××年06月10日 16时28分

客户回单联 验证码：D53CE888853 复核 记账

教学专用 6-6-2

中华人民共和国税收完税证明

No. 1101105190100036271

填发日期：20××年 06月 10日 税务机关：国家税务总局北京市丰台区税务局南林税务分局

纳税人识别号	91110181WA38XDG47J		纳税人名称	北京大河服饰有限公司		
原凭证号	税　种	品目名称	税款所属时期	入（退）库日期	实缴（退）金额
11010011146510041540	基本养老保险基金收入	职工基本养老保险（单位缴纳）	20××-06-01至20××-06-30	20××-06-10	5040.00
11010011146510041540	基本养老保险基金收入	职工基本养老保险（个人缴纳）	20××-06-01至20××-06-30	20××-06-10	2520.00
11010011146510041540	基本医疗保险基金收入	职工基本医疗保险（单位缴纳）	20××-06-01至20××-06-30	20××-06-10	1260.00
11010011146510041540	基本医疗保险基金收入	职工基本医疗保险（个人缴纳）	20××-06-01至20××-06-30	20××-06-10	630.00
11010011146510041540	失业保险基金收入	失业保险（单位缴纳）	20××-06-01至20××-06-30	20××-06-10	220.50
11010011146510041540	失业保险基金收入	失业保险（个人缴纳）	20××-06-01至20××-06-30	20××-06-10	94.50
11010011146510041540	工伤保险基金收入	工伤保险（单位缴纳）	20××-06-01至20××-06-30	20××-06-10	126.00
11010011146510041540	生育保险基金收入	生育保险（单位缴纳）	20××-06-01至20××-06-30	20××-06-10	315.00
金额合计	（大写）人民币壹万零贰佰零陆元整				¥10,206.00

备注：一般申报 正税自行申报，主管税务所（科、分局）：国家税务总局北京市丰台区税务局南林税务分局

税务机关（盖章） 征税专用章 填票人 电子税务局

收据联 交纳税人作完税凭证

第1次打印 妥善保管

教学专用 6-7-3

销 售 单

购货单位：河南远大服装有限公司　　20××年06月30日　　№ 41265787

编号	品名	规格	单位	数量	单价	金额 百	十	万	千	百	十	元	角	分
1002	衬衫		件	1300	226.00			2	9	3	8	0	0	0
1003	西裤		件	1000	339.00			3	3	9	0	0	0	0
1004	领带		条	600	113.00				6	7	8	0	0	0
备注		销售金额为含税价格			合计	￥		7	0	0	6	0	0	0

② 财务入账联

会计：陈慧珊　　发货：罗雅君　　审核：李顺娇　　制单：罗雅君

教学专用 6-8-1

销售成本结转表

编制单位：北京大河服饰有限公司　　20××年06月30日　　单位：元

商品编码	商品名称	期初		本月购进		加权平均单价	本月销售		期末结余	
		数量	金额	数量	金额		数量	金额	数量	金额
1001	衬衫	100.00	11000.00	1500.00	165000.00	110.00	1300.00	143000.00	300.00	33000.00
1002	西裤	200.00	44000.00	1000.00	220000.00	220.00	1000.00	220000.00	200.00	44000.00
1003	领带	230.00	13800.00	500.00	30000.00	60.00	600.00	36000.00	130.00	7800.00
合计		530.00	68800.00	3000.00	415000.00		2900.00	399000.00	630.00	84800.00

审核人：陈慧珊　　领导签字：洪庆山　　制表人：李顺娇

教学专用 6-9-1

工资计提明细表

编制单位：北京大河服饰有限公司　　20××年06月30日　　单位：元

姓名	部门	基本工资	岗位工资	工龄工资	绩效考核	应发工资
洪庆山	总经办	6500.00	100.00	100.00	0.00	6700.00
罗雅君	仓库部	6000.00	100.00	100.00	0.00	6200.00
陈慧珊	财务部	5500.00	100.00	100.00	0.00	5700.00
李顺娇		5000.00	100.00	100.00	0.00	5200.00
小计		23000.00	400.00	400.00	0.00	23800.00
张亮亮	销售部	4000.00	100.00	100.00	6200.00	10400.00
冯青青		3000.00	100.00	100.00	6200.00	9400.00
毛小薇		3000.00	100.00	100.00	6200.00	9400.00
刘玲玲		3000.00	100.00	100.00	6200.00	9400.00
李俊杰		3000.00	100.00	100.00	6200.00	9400.00
小计		16000.00	500.00	500.00	31000.00	48000.00
合计		39000.00	900.00	900.00	31000.00	71800.00

审核人：陈慧珊　　领导签字：洪庆山　　制表人：罗雅君

教学专用 6-10-1

社保计提表

单位名称：北京大河服饰有限公司　　日期：20××年06月30日　　单位：元

姓名	部门	缴费基数	基本养老保险		基本医疗保险		失业保险		工伤保险	生育保险	公司承担小计	个人承担小计	合计
			单位16%	个人8%	单位4%	个人2%	单位0.7%	个人0.3%	单位0.4%	单位1%			
洪庆山	总经办	3500.00	560.00	280.00	140.00	70.00	24.50	10.50	14.00	35.00	773.50	360.50	1134.00
罗雅君	仓库部	3500.00	560.00	280.00	140.00	70.00	24.50	10.50	14.00	35.00	773.50	360.50	1134.00
陈慧珊	财务部	3500.00	560.00	280.00	140.00	70.00	24.50	10.50	14.00	35.00	773.50	360.50	1134.00
李顺娇		3500.00	560.00	280.00	140.00	70.00	24.50	10.50	14.00	35.00	773.50	360.50	1134.00
小计		14000.00	2240.00	1120.00	560.00	280.00	98.00	42.00	56.00	140.00	3094.00	1442.00	4536.00
张亮亮	销售部	3500.00	560.00	280.00	140.00	70.00	24.50	10.50	14.00	35.00	773.50	360.50	1134.00
冯青青		3500.00	560.00	280.00	140.00	70.00	24.50	10.50	14.00	35.00	773.50	360.50	1134.00
毛小薇		3500.00	560.00	280.00	140.00	70.00	24.50	10.50	14.00	35.00	773.50	360.50	1134.00
刘玲玲		3500.00	560.00	280.00	140.00	70.00	24.50	10.50	14.00	35.00	773.50	360.50	1134.00
李俊杰		3500.00	560.00	280.00	140.00	70.00	24.50	10.50	14.00	35.00	773.50	360.50	1134.00
小计		17500.00	2800.00	1400.00	700.00	350.00	122.50	52.50	70.00	175.00	3867.50	1802.50	5670.00
合计		31500.00	5040.00	2520.00	1260.00	630.00	220.50	94.50	126.00	315.00	6961.50	3244.50	10206.00

制单人：罗雅君　　领导签字：洪庆山　　复核人：陈慧珊

教学专用 6-11-1

固定资产折旧表

编制单位：北京大河服饰有限公司　　日期：20××年06月30日　　单位：元

所属部门	资产名称	折旧方法	数量	计量单位	原值	入库日期	折旧期限（月）	净残值率	净残值	本月折旧	累计折旧	净值
管理部门	电脑	年限平均法	4	台	13097.35	20××.01	36	0.05	654.87	345.62	1728.10	11369.25
销售部门	电脑	年限平均法	5	台	16371.68	20××.01	36	0.05	818.58	432.03	2160.15	14211.53
小计					29469.03				1473.45	777.65	3888.25	25580.78

制单人：罗雅君　　领导签字：洪庆山　　复核人：陈慧珊

教学专用 6-11-2

房租摊销表

编制单位：北京大河服饰有限公司　　20××年06月30日　　单位：元

序号	部门	摊销起始日	待摊销总金额	摊销期（月）	月摊销额	本期摊销金额	累计摊销额	未摊销净值
1	管理部门	20××.01	57142.86	6.00	9523.81	9523.81	57142.86	0.00

审核人：陈慧珊　　领导签字：洪庆山　　制表人：罗雅君

教学专用 6-11-3

无形资产摊销表

编制单位：北京大河服饰有限公司　　20××年06月30日　　单位：元

资产名称	待摊原值	开始摊销月份	结束摊销月份	摊销月份	月摊销额	已摊月份	本月实际摊销	累计摊销	未摊销净值
品牌使用费	33962.26	20××年01月	20××年12月	36.00	943.40	6.00	943.40	5660.40	28301.86

审核人：陈慧珊　　领导签字：洪庆山　　制表人：罗雅君

教学专用　　　　　　　　　　　　　　　　　　　　　　　　　　　　6-12-1

未交增值税结转表
20××年06月

项目	栏次	金额
本期销项税额	1	80600.00
本期进项税额	2	53950.00
本期进项税额转出	3	0.00
本期实际可以抵扣的进项税额	4=2-3	53950.00
上期留抵	5	0.00
减免税额	6	0.00
本期应纳税额	7=1-4-5-6	26650.00

教学专用　　　　　　　　　　　　　　　　　　　　　　　　　　6-13-1

附加税及印花税计提表（20××年第二季度）

税目	计税基数	税率	税额	备注
城市维护建设税	26650.00	7%	1865.50	
教育费附加	26650.00	3%	799.50	
地方教育附加	26650.00	2%	533.00	
印花税（买卖合同）	1862500.00	0.3‰	558.75	4月：业务5:127000+业务12:157000+5月：业务4:178500+业务8:365000+6月：业务3:415000+业务7:620000
合计			3756.75	

损益类账户发生额汇总表 6-14-1

所属期：20××年06月　　　　　第1页共1页

科目名称	本月借方发生额	本月贷方发生额
主营业务收入		620000.00
其他业务收入		
主营业务成本	399000.00	
其他业务成本		
税金及附加	3756.75	
管理费用	37706.83	
销售费用	52299.53	
财务费用		
营业外收入		
营业外支出		
合计	492763.11	620000.00

企业所得税计提表（20××年第二季度） 6-15-1

计税依据	计税金额（1）	税率（2）	应纳税额（3=1×2）	已纳税额（4）	应补（退）税额（5=3-4）
利润总额	168372.08	25%	42093.02	8429.91	33663.11
合计	168372.08		42093.02	8429.91	33663.11

损益类账户发生额汇总表 6-16-1

所属期：20××年06月　　　　　第1页共1页

科目名称	本月借方发生额	本月贷方发生额
所得税费用	33663.11	
合计	33663.11	0.00